신영일 평전

김형수

광주의 불씨 하나가 6월 항쟁으로 타오르다

책머리에

내가 살았던 시대를 이야기하고 싶었다.

배경은 광주이다. 그곳에서 나는 고등학교를 마쳤고, 대학을 다녔으며, 5·18을 겪었다. 전두환 군대가 학살을 벌일 때, 계엄군이 특히 스무 살, 스물한 살, 스물두 살짜리 청년들을 쫓느라 거리와 골목을 뒤지고 주택가를 수색할 때, 나는 그곳에 군거하던 문학청년의 하나였다.

광주는 근대적 소외의 본향이요, 변혁적 열정의 발원지이며, 한국 근현대사를 끌고 가는 예인선 같은 장소이니, 1980년 5·18을 겪은 청춘들의 후일담을 누군가는 반드시 추적해야 한다. 그래서 그들의 격정이 가장 뜨거웠던 때를 나는 '내가 살았던 시대'라고 칭하고 있다.

인간은 때로 '정치적 백치'들 속에서 동시대를 견뎌야 한다. 그러나 모든 상황 속에서 어떤 존재는 희생을 담당하고, 어떤 존재는 열매를 수확하며, 또 어떤 존재는 시대가 안긴 상처를 평생 떠안기도 한다. 물론 끝까지 혼비백산하는 사람도 있다. 요점은 모두가 대지의 자식이요, 공동체의 산물이며, 어쩔 수 없이 '정치 안'에 놓인 존재라는 사실이다.

이 글은 광주의 역사를 가장 '광주답게' 살다 간 청년에 대한 헌사로 준비한 것이다. 나는 20세기의 청년들 속에서 이 사람만큼은 꼭 21세기의 청년들에게 전해졌으면 좋겠다고 생각해왔다. 그를 위해 좀 더 깊이, 좀 더 선명하게 그려야 하는데, 나의 집중력이 모자라서 아쉽기 그지없다.

끝으로, 나의 취지를 이해하고 출간을 서둘러 준 김성규 시인에게 감사드린다. 취재에 응해 준 신영일 선생의 아내 김정희, 그리고 신영일 선생의 후배 김전승, 이상걸 기타 여러분에게도 절을 올리고 싶다.

2023년 3월에 부여 신동엽문학관에서

프롤로그
짧은 불꽃에 대한 기억

관찰자 시점…9

1983년 광주…13

백제화원에서…17

일과 놀이…21

까치 만화방…24

제1부 살아 있는 것은 저 푸른 생명의 나무이다

특이한 인간형…27

매혹의 문을 열다…33

보헤미안 시대…38

조나단 신…43

제2부 검은 태양

1반 반장…49

아무리 밟아도 일어나는 잔디…55

인문대 등나무 벤치 앞에서…62

교수들…69

6·29 시위…76

제3부 박기순의 시간

하늘을 날기 전에 상처 입은 새 …87

내력 …94

꽃도 새도 날아들지 않는 동네 …100

광천동 일지 …109

광주공단 실태조사 …117

골방 전투 …127

제4부 박관현의 시간

들불은 꺼지지 않는다 …141

김영철이라는 의인 …147

불온한 도시 …152

신군부 앞에서 …159

어제는 가고 내일은 오지 않았다 …168

용봉골을 흔들다 …176

도청 앞 횃불들 …182

제5부 윤상원의 시간

학살 앞에서… 197

투사회보… 211

신영일의 '가지 않은 길'… 219

김태종을 만나다… 229

제6부 살아남은 자들의 세계

모란이 지고 나면 내 한 해는 다 가고 말아… 243

죽은 자의 말밖에 듣지 않았다… 255

재회… 271

나팔꽃 투쟁… 278

아, 관현이 형… 294

제7부 신영일의 시간

광주를 깨우다… 305

꿈에 쓴 시… 314

겨울나무에서 봄나무로… 324

제5의 정치세력을 향하여… 339

썰물이 질 때… 355

제8부 저 먼 별들의 곁으로

광주에 돌아와서… 369

아무도 신영일을 멈추게 할 수 없었다… 373

마지막 지상에서… 385

에필로그
20세기의 청년이 21세기의 청년들에게

다시 관찰자 시점으로… 391

잊힌 정거장… 394

실존주의에서 민중주의로… 398

그의 죽음은 지나간 추억이 아니다… 403

사진 자료… 408

신영일 연보… 422

이야기를 전해 주신 분들… 425

참고 문헌… 426

프롤로그
짧은 불꽃에 대한 기억

관찰자 시점

  부끄럽지만 나는 이 이야기를 '나'라는 관찰자가 서 있는 자리를 밝히는 일에서 시작하지 않을 수 없다.

  그해에 내가 머물렀던 도시와 시민들의 상황을 설명하는 건 매우 어렵다. 아마도 세 해 전에 출현한 5·18의 잔해가 거리에 뒹굴고 있었던 까닭일 것이다. 역사를 기록하는 책자들은 5·18을 '광주민중항쟁'이라 부르고, 정의로운 시민들과 그 공동체의 위대성을 기념하지만, 당시의 체험자에게 그 일은 떨치기 어려운 악몽일 뿐이었다. 그러니까 5·18은 마치 끝을 알 수 없는 맹수 떼가 평화로운 도시 하나를 쑥밭으로 만들어 버린 사태처럼 괴기스러운 참변이었다. 광주에서 이를 예측한 사람이 아예 없었던 건 아니지만 (그러한 내용은 윤한봉 추모문집에 일부 소개돼 있다), 사전 경보를 울린 단체도 재난을 미리 준비한 사람도 없었다. 목격자들은 진압군이 환각제를 복용했다는 말도 하고, 국군이 임신부의 배를 갈랐으며, 여학생의 유방을 도려냈다는 말도 전한다.

  나는 그때 시가전이 펼쳐지는 장소를 통과하지 못해 5월 31일에야 겨우 고향에 갈 수 있었다. 내가 두 주일 동안 떠돌았던 거리와 골목은 기억이 뒤죽박죽되어서 도대체 앞뒤가 맞지 않는다. 시골에서는 죽었다는 소문이 돌기도 해서 어머니는 나를 보자 죽은 자식이 살아온 듯이 반겼다. 전라도에 있는 모든 농촌 마을이 그랬다. 그 엄청난 사변이 일으킨 집단적 공황 상태로부터 자유로운 사람이 아무도 없었다. 한적한 시골조차 허깨비들 밖에 남아 있지 않았다. 감정이 없는, 사랑도 미움도, 희망도 절망도, 환호도 떨림도 없는 사람들. 그래서 논밭에도 계절이 한참 지나도록 농작물이 방치된 채 남아 있었다. 멀쩡한 일손이 없어서, 나는 고향의 허깨비들 틈에 끼어서 '보리 베기'를 하고 모내기도 했다. 그러면서 들었던 흉흉한 소문을 잊을 수 없다. 시골 옆집에 사는 고등학교를 중퇴한 말썽꾸러기 하나가 동네 친구들을 데리고 버스를 탈취해 '비상계엄 해제하라'를 써 붙이고 다녔다고 해서 마을 어른들이 수습하고 다닌 일도 생각난다. 평생 일만 하고 살아온 어른 중에도 어떤 사람은 총상을 입고, 또 어떤 사람은 계엄군에게 체포되기도 했다. 5·18은 그렇게 엉뚱한 함평의 변방 장터까지 쓸어간 것이다.

그래도 생명은 목숨이 붙어 있는 물체를 움직여서 또 다른 기적을 만들어낸다. 허깨비들 속에서도 청년에게는 청년의 시간이 있는 법이다. 그 시절에 연애를 한 사람도 있고 아이를 낳은 사람도 있었다. 내게도 가을이 지나고 첫눈이 오는 날 찾아온 손님이 있었다. 한 사람은 시를 쓰는 선배이고 한 사람은 평론을 공부하는 후배인데, 전남대 용봉문학회 사람들이었다. 나는 모처럼 손님이 방문한 터라 술상을 보아야 했는데, 그 형이 자꾸 밖으로 나가자 하여 소주 두 병을 사서 들판으로 나갔다. 눈 덮인 들판이 아무 데도 앉을 자리가 없다는 것쯤은 누구나 상상할 수 있을 것이다. 내 고향 함평의 문장 들판은 세상에서 가장 낮은 자리처럼 오목해서 눈이 한 홀도 달아나지 않고 몽땅 벌판에 쌓이는 느낌을 준다. 한없이 탐스럽고 눈부신 눈더미가 벼 낟가리와 냇둑과 논두렁 위에 둥글고 둥글게 쌓인 모습은 한없이 아련한 겨울 동화 같은 절경을 이룬다. 간혹 눈이 덮이지 않은 빈틈은 세상에서 가장 차갑고 맑은 냇물이 지나가는 자리이다. 우리는 그런 자리에서 빠져나온 찬바람이 매운 소리를 내며 이동해 다니는 눈길을 한참이나 걸어서 벼 낟가리가 반쯤 허물어진 자리를 찾았다. 아직 무너지지 않은 볏단이 바람벽처럼 등을 막아주는 자리는 얼마나 따뜻한지 정오의 햇살이 소복소복 발등에 쌓이는 느낌이었다. 그래서 눈 녹는 소리가 들리는 자리는 비밀 이야기를 나누기에 안성맞춤이었다.

"네가 최근에 쓴 시를 볼 수 있냐?"

대화의 서두는 이렇게 평범하게 시작됐다. 그때 나는 담배 종이에 쓴 짤막한 시 한 편을 가지고 있었다.

"「대마초의 겨울」이라. 야, 시가 죽인다."

나는 그 입에서 무슨 말이 나올지 몰라 귀를 곤두세웠다. 선배가 한참 뜸을 들이다가 그다음에 내놓은 말은 발음 하나하나가 고막에 찍힌 듯이 음악적 여운까지 통째로 남아 있다.

"그런디 말이다. 시를 총칼로 막을 땐 어째야 되냐?"

내가 답한 말은 잘 생각나지 않는다. 다만 오후 햇살이 식어서 기온이 뚝 떨어질 때까지 매우 불온한 이야기를 속삭였던 건 사실이다.

"펜을 들 수 없으면 총을 들어야지. 우리도 총을 듭시다."

인간이 부끄러운 감정을 느끼는 건 창피한 일에 속할까 숭고한 일에 속할까? 당시에는 모든 실존의 상태가 창피의 극단에서 시작되어야 했다. 세계 앞에서, 또 역사 앞에서 나는 왜 이토록 무참하고 수치스러운 자리를 벗어날 수 없을까? 부끄러운 감정이 격류처럼 떠밀려서 잠시도 정신을 차릴 수 없었다. 그날 당장에 밤차를 타고 광주로 올라간 일도 그런 감정의 발로였을 것이다. 그 어둠 속, 광주 시가지가 끝나고 광천동 너머의 들판 한가운데에 남겨진 농가 서너 채 중 하나에 내가 자취하는 방이 있었다. 5·18 당일부터 비워둔 그 방으로 돌아가 나는 삼수, 찬수와 함께 광주의 문학청년들을 만나기 시작했다. 진태, 규태, 상록이. 그런 패잔병에 속하는 문학청년들이 만나 의기투합을 이루고, 러시아 혁명사를 공부하며, 혁명기의 '이스크라' 즉 '불꽃'을 구상하고 미래를 결의했다. 그런데 나 또한 한국 나이로 스물세 살을 맞고 있었으니, 군대 문제를 피할 여지가 없었다. 지하신문을 내기로 약속한 일은 삼수 형이 책임지기로 하고, 나는 군복무를 마치고 복귀하라는 것이 우리가 내린 결정이었다.

제길, 모든 시간은 사라진다. 인간의 기억 속에 새겨진 것도 암각화처럼 오래 남지 못하고 바람처럼 흩어져 버린다. 그리고 어떤 기억은 한번 흩어지고 나면 영영 제 모습을 되찾지 못한다.

1983년 광주

다시 말하지만, 그 시절의 나는 혁명가가 되지 않으면 안 된다고 생각했다. 그러나 어처구니없이 군인이 되었고, 군 복무를 하는 동안에도 '보이지 않는' 조직원의 한 사람이라는 사실을 잊지 않았다. 면회가 허용되지 않는 철책 근무를 하는 동안 바깥세상에 대한 정보를 얻을 수 없으니, 되도록 학생운동을 경험한 '전우'들에게 접근하여 그들의 세계를 경청하고 몸에 익히려 애썼다. 그래서 나는 2중대 병력인데, 이웃 중대에 소속된 문수 형도 찾아다니고, 더 먼 중대에 배치된 선출 형에게도 찾아갔다. 현역 사병이 그렇게 '혁명적이어도 되느냐' 하는 소리를 들으며 휴가를 기다린 끝에 광주에 닿아 보니 삼수 형은 어디론가 모습을 감추고 없었다. 5·18 이듬해 시위로 구속됐다가 나왔다는데 수소문을 해도 닿지 않았다. 끈 떨어진 뒤웅박 신세로 초라하게 귀대했다가 제대한 뒤에 보니 광주는 텅 비어 있었다. 그 공허감을 없애려고 찾아다닌 고참 선출 형, 동기 문수 형, 거리에서 사라진 삼수 형 그 모든 이들이 이구동성으로 들려주던 이름이 있었다.

이제 내가 그 이름을 알게 된 자리를 설명하겠다. 내 기억으로는 그 꽃집 이름이 '백제화원'이었다. 내가 그곳에 드나들게 된 건 역시 삼수 형을 만나 혁명의 길을 가야 한다는 사명감 때문이었다. 군대에서 짧게 자른 머리카락이 덥수룩하게 자라서 장발이 되었을 때 삼수 형의 후배들이 매일 출근하듯이 나와서 잡담이나 하고 노는 곳이 대인동 백제화원이었다. 물론 그곳은 혁명은커녕 쓸모없는 청년 백수 문화 건달들이 세상을 한탄하는 도시의 동굴에 불과했지만, 나는 이후 바쁜 와중에도 그곳을 생각하면 가슴이 지지지 타는 그리움에 사무치고는 했다. 마음이 적적할 때는 눈물이 아롱아롱 맺히는 상태로 그곳에서 부르던 유행가를 부르기도 했다. 지금도 나는 그 시절에 만난 백제화원의 광수를 생각하려면 가슴 저 밑바닥에서부터 올라오는 심연의 울혈을 주체할 길이 없다.

세상에! 어떤 희비극도 광수를 당할 수는 없다. 그는 생김새부터 달마 대사를 닮았는데, 반쯤 벗겨져 훤한 이마와 광대뼈가 툭 튀어나온 두상을 아무나 가질 수 있는 건 아니다. 생김새만 그러는 게 아니라 성품 또한 고전적이어서 거리를 지나다가 노인들을 만나면 경배의 기도를 올리고는 했다. 하지만 그 밖의 모든 게 짝퉁 모조품 같은지라 육신의 포장조차 심히 부실했다. 이렇게 성자가 될 뻔한 용모를 불량품으로 만든 건 항용 닫혀 있는 눈꺼풀이었다. 한 번은 졸고 있는 광수의 코앞에 신문지가 놓여 있기에 내가 슬쩍 집어 들었더니, "내가 보고 있어야, 시방." 했다. 제기럴, 아무리 훑어봐도 그것은 깨어 있는 사람의 얼굴이 아니었다. 눈만 감긴 게 아니라 몸도 축 늘어져서 금방이라도 의자 밑으로 흘러버릴 것 같았다. 더욱 심각한 것은 그의 한심한 두개골을 고스란히 확대 복사한 신체가 머리통 밑에 또 하나 달려 있다는 점이다. 불룩 솟아난 배가 터질 듯이 팽만해서 아무리 옷매무새를 잘해도 네 번째 단추와 다섯 번째 단추 사이로 배꼽

이 드러나곤 했다. 그로 인해 그와 마주치면 누구나 뜻하지 않은 폭소를 터뜨리게 되어 있었다.

여기에 광수의 슬픔이 있었다. 그의 용모가 사람의 눈에 띄면 볼에서 바람 빠지는 소리가 픽픽 터져 나오게 돼 있는데, 그 시절에는 도시 전체가 아주 무겁고 깊은 슬픔에 잠겨 있었다. 엄청난 비극 하나가 도시를 휩쓸고 간 터라 아무리 거리를 누벼도 도대체 웃는 얼굴을 찾을 수 없었다. 나는 기억한다. 그 난리 통에 내가 아는 후배 하나는 금남로에서 총기 관리를 하다가 제 친구를 찾겠다고 길을 나섰는데 정신 차리고 보니 강원도 원주 비행장에 서 있었다. 후배가 어떻게 해서 그곳에 있었는지, 자신이 갔는지 아니면 누가 옮겨다 놓았는지 지금도 알 수 없다. 후배가 찾던 친구는 고교를 중퇴하고 용달차를 운전하던 소년이었다. 의리를 맹세한 형들과 시시껄렁하게 몰려다니다가 공수 부대원에게 머리가 깨진 형의 복수를 하고자 용달차로 질주해 간 끝에 항쟁 마지막 날 도청에서 생포되었다. 감히 말하건대, 그런 도시에서는 실실 웃음을 날리며 살아야 하는 정신병 환자조차도 암각화처럼 표정이 굳어 있지 않으면 안 되었다. 침통하기 이를 데 없는 거리와 골목들은 오직 울음소리가 흘러 다니기 좋게 고안된 것 같았다. 웃음은 인간의 존엄을 뒤엎는 범죄였다. 그래서 광수는 거리에 나가면 호통을 듣거나 뒤통수를 맞거나 돌멩이 세례를 받을 위험이 있었다.

그나마 광수에게 다행한 일은 비통한 거리에서 유일하게 장사가 되는 업종이 꽃가게였다는 점이다. 나중에 안 사실이지만 그해에 백제화원 지하 창고를 광수가 송두리째 차지할 수 있었던 것도 꽃가게가 성수기를 누린 탓이었다. 온통 퀴퀴한 곰팡내에 절은 공간이지만 광주 대로변에 그런 장소가 있다는 건 하나의 축복에 속했다. 조화로 팔려나간 화환이 털 뽑힌 꿩처럼 뼈다귀가 앙상한 모습으로 돌아와서 재단장하는 곳. 우리가 그해 여름부터 그곳에 머물게 된 이유가 그 때문이었다. 광수의 피난처. 백제화원 지하 창고는 늘 음습하고 침침했으니 미래의 희망이라고는 없이 막연히 문학적인 문약文弱한 놈팽이들이 안식을 취하기에 너무 좋았다.

그런데 내가 이토록 쓸데없는 얘기를 왜 하게 되었는가? 그해 도시 전체가 그런 집단 공황 상태에서 깨어나지 못하고 있었음을 말하기 위함이다. 사람으로 치자면 술 마시고 필름이 끊긴 상태, 모든 시민이 그런 상태에 빠져 있었다. 그뿐만 아니라 앞으로도 깨어날 가망이 없는 환자 같았다. 그곳에서 문학을 꿈꾸는 일은 윤리의식이 모자란 풍속 사범 같은 행위로 취급되었다. 그래서 한동안은 광수가 상갓집에 꽃 배달을 하고 얻어온 돼지머리를 안주 삼아서 소주잔을 돌리는 것이 유일한 낙이었다.

"2천 명이 맞을 거야."

"그랬을 거여. 틀림없어."

2천 명이란 그 도시에서 그해 여름에 죽어 나간 사람의 숫자였다. 다들 2천 명을 확신했는데, 왜냐면 인구조사에서 그해 여름 인구가 직전의 숫자보다 2천 명이 부족하게 집계된 까닭이었다. 국가에서 운영하는 온갖 발표문, 미디어가 모두 그 일을 감추고, 함부로 추정하는 것조차 막았던 까닭에 우리는 더욱 그것을 사실로 믿었는데, 나중에 인구조사를 수행한 공무원은 해고되었다고 들었다. 유언비어를 퍼뜨렸다는 죄목이었다.

백제화원에서

　다시 말하지만, 우리가 모이는 백제화원 지하 창고는 언제나 그늘지고, 언제나 축축하고, 언제나 음습했다. 대낮에도 달밤처럼 침침한 계단에는 언제라도 배달을 나갈 준비가 돼 있는 조화와 화환이 즐비해 있고, 창고 문을 열고 들어가면 한쪽에는 조화를 만드는 데 사용할 나무틀과 작대기와 사철나무 따위가 쟁여져 있으며, 맞은편에는 몇 종류의 꽃과 화분들이 있었다. 우리는 창고 한복판, 작업장소로 쓸 만한 빈터에 난로와 주전자와 회의용 탁자 곁에 접이식 의자를 펼쳐 놓고 매일 둘러앉아 잡담을 나누곤 했다. 누가 나오라고 요청할 리도 없고, 기다리는 사람도 없는데, 학창 시절에 그토록 결석이 잦았다는 친구들까지도 꼭 출석해서 조퇴 한번 없이 놀다가 갔다. 다들 한때 문학청년이라는 공통점이 있으나 그 무렵에는 시를 쓴다는 사람도 없을 뿐 아니라, 5·18을 겪고 나서는 문학의 '문'자만 꺼내도 욕설을 먹기가 십상이었다. 그래서 그 새파란 청춘들이 세파에 지친 영감들처럼 그 흔한 데이트 한 번 하는 사람이 없었다. 허깨비라는 말이 영락없이 들어맞아서 몇 날 며칠 몇 달이 지나도 생산적인 대화라고는 나오지 않았다. 그런데 어느 날 정신을 퍼뜩 깨우는 얘기를 듣게 되었다. 광주교도소에서 나팔꽃 씨 때문에 단식한 선배들의 이야기가 전해져온 것이다. 사건의 전말이 매우 그로테스크했다. 장소가 꽃집이기도 하려니와 '나팔꽃'은 군대에서 아침마다 잠을 깨우던 기상나팔을 연상시키는 꽃이라 다소 힘찰 수도 있으련만 그해의 나팔꽃 씨 사연은 세상에서 가장 슬프고 침통하기 짝이 없었다.

그러니까 5·18이 터지기 직전, 도청 앞 횃불 시위가 열릴 때까지만 해도 전남대학교 총학생회장 박관현은 광주 시민의 학생회장이나 마찬가지였다. 김대중이 '내란음모 사건'이라는 누명을 쓰고 구속되자 이 도시의 시민들은 다들 박관현이 그 뒤를 이어주기를 소원처럼 빌고 있었다. 다행인 것은 박관현이 5·17 쿠데타 전야에 시행된 예비 검속을 피해 다니느라 정작 5·18이 났을 때는 죽음의 명단에서 빠졌다는 점이었다. 그런데 그가 오랜 잠행 끝에 구속됐을 때 교도소에서 콩밥을 제공할 때마다 나팔꽃 씨가 나왔다고 한다. 나팔꽃 씨앗은 피를 말려 죽이는 것이라 해서 조선 시대 때도 비상약으로 사용됐다. 박관현이 여기에 항의하여 단식 투쟁을 하다가 끝내 숨지고 말았다.

이야기는 여기서 끝나지 않는다. 나는 전남대 출신이 아니라 학내 서클 활동에 대해서는 어두웠는데, 얘기를 들어 보니 박관현은 합법적인 대외 지도자이고, 후배들에게는 대외에 알려지지 않은 비합법 지도자가 또 한 사람이 있었는데, 그도 박관현과 함께 장기간 단식 투쟁을 해서 목숨이 위태로운 상황이라며 다들 걱정이 태산 같았다. 그의 이름이 신영일인데, 내가 신영일이라는 이름을 명토 박아 외운 것은 이 나팔꽃 씨 사건 때문이었다.

부끄럽지만 고백하지 않을 수 없다. 내가 신영일이라는 이름에 관심이 꽂힌 건 너무나 엉뚱하게도 그가 5·18 현장을 피했다는 사실 때문이었다. 나는 아무리 생각해도 그날 그 현장들이 너무나 무서웠고, 치열한 현장을 회피하는 방법 외에는 달리 길이 없었다. 그런데 솔직히 말하자면 어떻게 피할 수 있단 말인가? 나처럼 겁이 많은 사람도 '저항'을 피한 것이지 '도시'를 피할 수는 없었다. 나중에 보니 두려워서 전투 현장을 에돌아 다닌 사람일수록 오히려 격전지 근처만을 뱅뱅 돌고 있었다. 공포심은 더욱 가중되었을 것이다. 그런데 더욱 중요한 건 설명되지 않는 세계를 향해 어떻게 총을 들고 방아쇠를 당긴단 말인가? 여기서 정말 중요한 문제가 나온다. 그다음에 뭘 어떻게 해야 하는가 하는 문제이다. 내가 신영일에 대해 가졌던 관심의 초점이 여기에 있었다. 5·18이 끝난 후, 자신이 도피했던 자리에서 선후배 동료들이 저항하다 숨져간 사실을 알았을 때, 베르톨트 브레히트가 노래했듯이 그 참혹한 '살아남은 자의 슬픔'이 앞으로 맞아갈 시간을 어떻게 가져가야 하는가에 대한 답을 어떻게 구하지 않고 살 수 있단 말인가? 그나마 계엄군에 항거하고 총을 들었던 의인들이 있어서 늘 눈치가 보였지만, 솔직히 말하면 폐허에서 목숨을 연명하기 시작한 사람들이 감당할 일이 무엇이란 말인가? 그것이 신영일에 대한 그리움의 총체였다. 그리고 그게 어떻게 5·18이 아니란 말인가?

이제 그 이야기를 하기 위해 광수 이야기를 서둘러 접어야겠다. 우리 백수들은 백제화원에서 곧 쫓겨날 위기에 처했다. 찬바람이 불기 시작하자 난리 통에 중단되었던 징병제도가 되살아나 장정들을 입대시키기 시작했는데, 광수는 그해 겨울에 입영통지서를 받아들었다. 우리는 날마다 송별식을 했다. 시간을 최대한 끌다가 마침내 까까머리가 된 광수는 완벽히 달마 대사였다. 영락없이 달마 대사를 옮겨 놓은 광수가 어떻게 군대 생활을 하느냐? 이것은 그를 아는 모두의 관심사이자 근심거리이기도 했다. 마지막 송별식 자리에서 눈물 바람이 일어난 건 너무나 당연한 순서였다.

광수가 입대한 뒤 백제화원을 드나들던 백수들은 다들 어디론가 흩어져 버렸다. 나는 못내 아쉬워서 대인동 사거리를 지나갈 때마다 백제화원이 있는 자리를 쳐다보고 또 쳐다보고 했다. 그나마 바람처럼 흘러 다니는 풍문이 광수의 추억을 일깨워주고는 했다. 그에 따르면 광수는, 입대했을 때 훈련소에서 나눠 준 담배를 모아 두었다가 그 많은 양을 연거푸 다 피워서 졸도했다. 이를 발견한 장교가 그를 후송시켜서 엑스레이를 찍어 보니 폐가 온통 까맣게 나왔다 한다. 그래서 국군병원에서 조제 받은 약을 모았다가 관물대 검사를 하는 날 한입에 털어 넣고 정신을 잃었는데, 이번에는 엑스레이상에 폐가 온통 하얗게 나왔다고 한다. 중요한 것은 다들 왜 그랬는지 모른다는 사실이다. 나도 모른다. 거리의 나무들이 선 채로 죽어 있었고, 눈을 감았다 뜰 때마다 백 년의 세월이 지나가는 것 같았다.

여기까지가 신영일 이야기에 전제되어야 할 배경 화면에 속한다.

일과 놀이

　광수가 떠난 뒤 나는 신영일 이야기를 듣고 싶어서 김선출을 찾아갔다. 선출 형은 나를 아끼는 군대 고참이자 신영일의 고교 동창이요 대학 선배였는데, 내가 궁금해하는 바를 귀담아듣는지 마는지 알 수 없는 표정으로 나를 데려다가 '일과 놀이'에 앉혀 놓았다. 나는 하는 수 없이 그곳에서 다시 외로운 길을 걷기로 작심하고, 낯가림이 그토록 심한 내가, 아는 얼굴도 없는 소극장 '일과 놀이'를 찾아다니며 그해 겨울을 버티게 되었다.

　당시 '일과 놀이'가 얼마나 중요한 장소였는지를 간단히 설명할 길은 없다. 그곳에는 어둡고 음습하나 범인이 감히 범접할 수 없는 아우라의 강물이 굽이치고 있는데, 그 보이지 않은 물줄기 위에 김지하에서 황석영을 거쳐서 김남주, 윤한봉의 역사에 이르는 저항의 서사가 묻어 있었다. 여기서 주목할 것은 '일과 놀이'를 이끌어가는 주역이 전용호 형이라는 점인데, 전용호야말로 학창 시절부터 신영일과 어울렸던 단짝 친구였다. 내가 구태여 그 이야기를 꺼내는 까닭은 내 이야기가 아직 끝나지 않은 탓이다.

　그 작은 체구에 거인의 역사가 뒤따른다는 데 전용호의 신비가 있었다. 내가 화가라면 그 그림을 반드시 그렸을 것이다. 전남여고 담 밑에 흐르는 작은 개울가에 그 소극장이 있었는데, 내가 '일과 놀이'에 나가기 시작했을 때 그곳에는 전남대 출신 광대들이 매일같이 나와서 연습에 열중하고 있었다. 형사들이 감시하기 좋은 장소였고, 또 실제로 행사가 있을 때는 형사들이 소극장 문 앞을 지키기도 했다. 그래도 아랑곳없이 출입하는, 눈에 띄게 많은 숫자는 풍물패들이었고, 탈패, 춤패들이 답사 연수 등을 마치고 기량을 닦았다. 그 작고 어두운 소극장에서 홍성담의 '시민판화교실'이 열려서 민중 문화의 살아 있는 학습장이 되기도 했다. 여타 지역과 연대 사업도 많았는데, 한 번은 서울에서 영화 소모임이 내려와 짤막한 단편 영화를 보여주기도 했다. 그곳에서 유일하게 뒤처지는 예술 장르가 노래와 문학이었다. 그나마 노래패는 문성인(이 친구가 나중에 정세현이라 불리다가 입산하여 범능스님이 되었다.)이 출현하여 그 무렵에 활성화되기 시작한 대중집회에서 공연하기도 했으나 문학만은 딱히 그에 맞는 형식을 찾지 못하고 있었다. 나는 조진태 시인과 함께 이를 고민하다가 한 번은 '시민 글마당'을 열게 되었다. 그래서 후배 두 명과 더불어 일주일에 두 번씩 글쓰기 강좌를 운영하였다. 그때 만난 친구 중 순희가 생각난다. 하필 '나팔꽃' 이야기를 시로 쓴 사람이 있었는데, 순희가 이를 매우 신기하게 생각했다.

그러던 어느 날이었다. '일과 놀이' 사무실을 나가다가 우연히 윤창 형을 만났다. 하필 그 가까운 곳에서 마주친 건데, 아마도 선출 형, 태종 형, 윤기 형과 함께였을 것이다. 윤창 형은 저 옛날 내가 광주고 문예반 신입생일 때 광주일고 문예부장이었다. 그래서 고교백일장 행사에서 몇 번 보게 되었는데, 내게서 유독 많이 풍기는 시골 냄새 탓인지 윤창 형이 나를 보면 그렇게 반갑게 대해주었다. 물론 나는 이때 윤창 형의 아우라를 전혀 모르고 있었다. 윤창 형은 광주일고에서 학생 시위로 정학을 당한 뒤에 대학에 진학하지 않고 곧장 공장으로 진출한 사람이었다. 내가 그런 이야기를 들은 자리도 '일과 놀이'였는데, 그 동창인 영일 형도, 용호 형도 다들 그 점을 존경한다고 했다.

"형수야, 니가 왜 일과 놀이에서 나오냐?"

나는 5·18을 겪은 후 혁명의 길을 가기로 작정했으며, 지금은 군 복무를 마치고 노동운동에 뛰어들려고 준비한다고 말했다. 에구, 간도 크셔라. 윤창 형이 내 말을 들었을 때 얼마나 우스꽝스러웠을까?

"그런데 그런 중요한 일을 하려고 마음먹은 사람이 어쩌자고 그런 무서운 곳에 드나드냐. 생각해 봐라. 여기는 학생운동을 하다가 퇴학당한 사람이 대부분이여. 뒤에 형사들이 붙어 있는데 무슨 일을 하겠냐? 너처럼 감시하는 사람도 없고, 특별히 주목하는 정보원도 없는 사람은 일하기가 얼마나 좋겠냐? 그런 훌륭한 신분을 이렇게 망가뜨리면 누가 이익이겠냐?"

농담처럼 웃으면서 건넨 말이지만, 나는 갑자기 머리가 띵했다. 곰곰이 짚어 보니 너무도 지당한 말이었다. 그날부터 나는 윤창 형의 말을 따르기 시작했다. 윤창 형은 나의 성격이 모질지 못해서 노동운동보다 문학운동을 하는 게 좋겠다고 했다. 5·18을 겪고 다시는 문학 따위에 관심을 두지 않겠다고 마음먹었던 나는 새로 개안이 된 사람처럼 태도가 바뀌어서 한동안 윤창 형 곁에 머물렀는데, 그곳이 계림동에 있는 '까치 만화방'이었다.

까치 만화방

　나는 그해에 까치 만화방에 드나들던 얼굴들을 기억한다. 가장 많이 본 얼굴은 신영일의 후배 김상전과 선배 노준현 형이었다. 낮에는 윤창 형이 밖에 나가고 내가 혼자서 만화방을 지키고는 했다. 그 무렵 나는 김남주 시인이 녹두서점에서 가르쳤던 일어 강독팀이 보던 유인물을 구해서 일본 이와나미 서점에서 출간한 『철학입문』을 읽었다. 일본어 한자 읽기 사전을 뒤져가며 더듬더듬 읽다가 서술체 종결어미들 때문에 해독할 수 없는 문장을 만나면 접어 두었다가 윤창 형의 지인들에게 묻고는 했다. 그런 식으로 혼자서 낑낑대며 내가 몇 개월 동안 읽은 양이 아마도 서른 쪽 정도가 되지 않을까 생각한다. 그러던 어느 날이다. 밤 11시 30분이 되면 통행금지 시간 때문에 만화방 손님도 자동으로 끊긴다. 그것이 문을 닫는 시간인데, 그날 문단속을 마치고 방에 들어오자 누군가 뒷문을 두드리는 소리가 났다. 빼꼼히 열어 보니 낯선 청년이 서 있었다.
　"윤창이 있어요?"
　인상이 좋았다.
　"형은 아직 안 돌아왔어요. 뉘신지 들어와서 기다리세요."
　"윤창이 친굽니다. 이름이 신영일인데, 윤창이한테 내일 낮에 다시 오겠다고 꼭 좀 전해주세요."

　나는 뒤통수를 한 대 맞은 것 같았다. 아, 저 양반이 저렇게 밤에만 활동하는구나. 저게 혁명가의 모습이로구나. 이게 나로서는 상당한 문화 충격이었다. 돌이켜 보면, 역사가 다시 신영일의 지칠 줄 모르는 열정과 탁월한 능력을 요구할 때 나도 그 길가에 있었던 셈이다.

　그해 여름까지 신영일이 까치 만화방에 방문한 횟수는 몇 번 되지 않는다. 만화방에서 논의했던 내용이 어떤 것이었는지도 나는 잘 알지 못한다. 그러나 숲속의 나무들은 숲의 생태계에 영향을 받는다. 나는 까치 만화방을 드나드는 사람들을 아주 좋아했다. 그러면서 문학에 대해 다시 생각하게 됐고, 문학이 혁명을 향해 걷는 중요한 비상구의 하나라고 믿게 되었다. 그리하여 오래지 않아 나는 윤창 형에게 갈 길을 찾았다고 말하고 서울행 열차에 올랐다. 당시에 문학운동을 펼치고 있는 이영진 · 박몽구 시인을 향해 길을 나선 것이다. 나의 문예부 선배 나종영 형님을 찾아가면 그들을 만날 수 있다.

　이것이 내가 글쟁이가 된 내력이다. 문단에 등단한 이후 나는 신영일 형을 인천 5 · 3 항쟁의 현장에서 한 번, 또 6월 항쟁 때 두 번, 그리고 어떤 열사인가의 장례식에서 한 번 마주쳐서 길 인사를 나누었다. 부족하지만 그것이 내가 글쟁이가 된 내력이며, 또 이 글을 쓰게 된 이유이다.

1
살아 있는 것은
저 푸른 생명의 나무이다

특이한 인간형

시인 김준태가 "오, 광주여 이 나라의 십자가여"라고 노래한 도시에서 청년 신영일이 얼마나 사랑받았는지 알려면 언론이나 역사 자료를 뒤져서는 안 된다. 사랑의 소리는 오직 살아 있는 인간의 숨결 속에서만 확인될 수 있다. 대학 신입생 시절에 스무 살의 김정희는 사범대 앞 잔디밭에서 기타를 든 이 남자를 발견하고는 주위에서 매혹된 이들이 하도 많아서 현기증이 일었다고 한다. 사랑의 경쟁에 도대체 승산이 없는 남자 쪽으로는 고개를 돌리지 않는 게 상수였다. 그러나 잠시도 부정할 수 없이 시선을 빼앗는 이 남자가 주는 느낌을 뭐라 설명할 표현이 없었다. 그러다 어느 날 문득 괴테의 한 구절을 발견하고는 그 사람의 인상에 너무나 적확하게 들어맞는다고 생각하게 되었다.

'모든 것은 회색이요, 살아 있는 것은 오직 저 푸른 생명의 나무이다.'

모두가 우중충한 회색을 하고 있을 때 그는 이제 막 안개가 걷힌 벌판의 소나무처럼 푸른 생명의 빛을 발산하고 있었다. 누구에게나 신영일의 첫인상은 늘 이렇게 '청년'의 것이었다. 그 시절에 《전대신문》 기자였던 안진은 신영일의 이미지를 이렇게 그린다.

자신이 가진 이념의 틀 속에서 쉽게 교조주의자가 되어 인간 개개인의 진실과 고통을 망각해 버리기 쉬운 메마른 풍토에서 그는 늘 태양과도 같은 존재였다. 시인인 한 선배는 검은 피부를 지닌 그를 '검은 태양'으로 불렀다. 그는 자신의 주변에서 고통받고 억압받는 사람들에 대해 끊임없이 솟아나는 뜨거운 인간애를 지녔다. 간혹 나는 그가 좀 더 좋은 세상에서 태어났더라면 신부님이나 스님과 같은 성직자가 되어 남다르게 그가 지닌 인간에 대한 사랑을 평화적인 방법으로 나누며 살지 않았을까 생각하곤 한다. (안진 「뜨거운 인간애를 지녔던 잊지 못할 나의 벗」, 『신영일을 배우자』 신영일을 생각하는 모임, 산하기획, 1998. 43쪽)

그러나 사람들은 오늘날 그를 혁명가? 성직자? 아니 '선생님' 이라고도 부르지 못한다. 친구들이 아직 청년 시절을 다 벗어나기도 전에 그가 생애의 끝을 마감해 버린 까닭이다. 이 눈부신 영혼의 매력은 오직 거리를 함께 누비고 다닌 사람들의 일상 속에서 사용된 말들과 함께 소멸하여 자취를 찾을 수 없다. 다 어디로 갔을까? 그의 친구 박순이 회고하듯이 "장강長江의 일파—波가 실로 만파萬波가 되어 만경창파에 흩어져 버린"것일까? 그러나 그의 매혹이 발견된 시점으로부터 무려 반세기에 이르는 세월이 흐른 지금에도 그 후배들, 그 친구들, 그 선배들이 두고두고 기억하고 추모하며 그리워하는 모임을 이어오고 있는 것은 그를 아끼는 마음이 남아 있다는 점에서 오히려 자신의 젊음을 구원 받는 느낌이 드는 때문일 것이다. 그리고 그것은 지금 이 시각에도 여전히 힘을 발휘하고 있다. 그의 아버지는 일찍부터 '정당'에 몸을 담고, 이 지역이 배출한 신화적인 정치인 김대중의 수난 시대를 지키고도 소위 '정치적 집성촌'이라 부를 만한 이들의 도시에 아들이 남긴 이미지와 그를 사랑하는 세대의 마음을 방해할 수 없어서, 하다못해 기초단체 의회에 진출하는 일마저도 포기하고 말았다.

그러나 신영일을 회고하는 유일한 책 『신영일을 배우자』에 소개된 연표는 그의 무대를 매우 한정된 장소로 특정하고 있다.

1958년 10월 8일 : 전남 나주시 남평면에서 부친 신만원 님과 모친 김순례 여사의 3남 1녀 중 장남으로 태어남.

전남 나주시 남평면은 광주와 접경해 있는 시골이었다. 남평 사람들은 대부분 장터를 찾듯이 광주에 드나들었다. 신영일의 아버지는 초등학교 졸업에 불과했으나 바깥세상을 두려워하거나 세태에 어두운 사람이 아니었다. 조상에게 물려받은 토지가 없는 탓도 있었겠지만, 일찍이 농사꾼의 길을 접고 도회로 나갈 궁리를 시작했으며, 정치에도 관심이 깊어서 김대중을 열심히 지지하고 다녔다. 그에 비해 어머니는 학교라고는 아예 문턱도 안 밟은 무학인데, 신영일을 낳아 기를 때 남평에서 시금치를 캐서 남광주시장에 내다 팔았다 한다. 물론 그 길을 오갈 때 모두 걸어서 다녔다.

1977년 3월 : 광주로 이사, 광주 중흥초등학교, 북성중학교, 광주 제일고를 졸업하고 전남대학교 사범대학 국사교육학과에 입학.

연표의 두 번째 줄을 차지한 인용문은 들여다볼수록 한심하기 그지없다. 그러니까 1977년 3월은 신영일이 광주로 이사를 온 해가 아니라 전남대학교 사범대학에 들어간 해이며, 그해에는 그가 국사교육학과가 아니라 사범대 인문계에 속해 있었다. 이는 아직 어디에도 신영일을 연구한 자료가 없다는 걸 증명한다. 제기랄! 세상에는 분명히 역사적 사건을 상징하는 이름들이 있지만, 그렇다고 그것이 가장 중요한 인물이라거나 남에게 미치는 영향력이 가장 큰 인물이었음을 방증하는 건 아니다. 어떤 이름은 죽은 땅을 살리는 거름이나 퇴비처럼 흩어져 그 스스로 대지의 일부가 돼 버리기도 하는데, 이는 훗날 그 정체를 특정해야 하는 기록자들에게 매우 어려운 숙제를 떠안기기도 한다. 이를테면 신영일은 그런 이름에 속했다.

그는 소위 운동가였지만 단순한 학생운동가도 아니었고, 관념적인 이념주의자도, 그렇다고 노동운동가도 아니었다. 굳이 그에게 명칭을 붙인다면 그는 총체적 삶의 운동가였다. 그는 아기자기한 재미와 건전한 삶을 사랑했고, 아름다운 문화와 사랑을 소중하게 가꿀 줄 알았다. 그는 항상 바빴지만, 여유가 있었다.
(이세천 「영일이를 생각하며」, 『신영일을 배우자』, 44쪽)

그의 영혼을 직조하고 있는 것이 무엇인지를 딱 잡아서 말할 수 없는 이 특이한 인간형의 정체를 밝히는 일은 그래서 어렵다.

신영일의 모습이 타인의 눈에 처음 포착된 것은 중학교 때이다.

내가 신영일을 처음 만난 때는 1971년 광주 북성중학교 2학년 때인 것으로 기억된다. 당시에는 오전 수업은 자기 반에서 공부하고 오후는 성적순으로 편성하여 전월고사 시험성적순위에 해당되는 반에서 공부하는데, 오후반에서 1개월 정도 같이 공부하였다. (나상진 「들불야학과 신영일」, 『신영일을 배우자』, 38쪽)

광주일고 동창이 전하는 말이니 둘이 함께 선발된 '오후반'은 성적 우수반이 틀림없을 것이다. 그가 기억하는 신영일의 인상은 매우 재미있다.

영일이는 항상 웃음 띤 얼굴이었으며 조용한 아이였다. 한 번은 항상 눈이 충혈되어 토끼라는 별명을 가진 수학 선생님이 영일이를 물끄러미 바라보다가 씩 웃으면서 하는 말이 "너 참 잘생겼구나"라는 것이었다. 그 말을 듣고 영일이의 얼굴을 들여다보니 그 말의 참뜻이 무엇인가를 짐작하고 나도 웃고 말았다. (나상진 「들불야학과 신영일」, 『신영일을 배우자』, 38쪽)

나상진은 한때 까까머리에 새까만 얼굴을 가진 신영일의 눈이 크고 둥글어서 스리랑카 인도 계통의 사람을 연상시켰다고 설명한다. 지구촌에서 '스리랑카 인도 계통'의 미소년 용모처럼 잘생긴 얼굴은 없을 것이다. 그뿐 아니라 신영일과 어울렸던 사람들은 누구나 그가 '사람을 감화시키는 놀라운 힘'을 가졌다고 말한다. 다정하고, 섬세하고, 부드러운 성품에서 나오는 뜨거운 인간애는 그의 '인성'을 논할 때 결코 빼놓을 수 없는 미덕이었던 것으로 보인다. 그런 성품이 발현되는 양상에 대해서 친구들은 그가 늘 '고민과 고통에 빠져 있는' 사람을 만나면 '그 고통 속에 자신을 완전히 몰입시킴으로써 그것을 극복할 수 있게' 도와주었다고 설명하는데, 이는 아직 계량화되지 않은 그의 공적이라 해도 된다. 역시 동료 안진은 말한다.

그는 주변의 청년 노동자들을 친형제나 누이처럼 대했고, 동아리의 후배들도 늘 자신의 살붙이처럼 보살폈다. 그에게는 나와 남의 구분이 없는 듯이 보일 정도였다. (안진 「뜨거운 인간애를 지녔던 잊지 못할 나의 벗」, 『신영일을 배우자』, 43쪽)

타인을 살붙이처럼 보살핀다거나 나와 남의 구분이 없는 성품이 어머니의 영향이었다는 말은 그것이 '천성'이었다는 것을 뜻하기도 하고, 어릴 때부터 그랬다는 말이기도 하다. 과연 그 영향력은 컸다. 신영일은 집에 누구를 데리고 들어가도 걱정할 일이 전혀 없었다. 집안의 중심은 어머니였다. 살림은 어렵고 집안 정경은 누추하나 인간을 따뜻하게 품는 일에 어머니는 천하장사였다. 집에 데리고 가는 친구의 숫자가 아무리 많아도 걱정할 것이 전혀 없었다. 그래서 신영일은 항상 밝고 항상 명랑하고 이웃에게 늘 온정을 품고 지냈는데, 그런 넉넉함은 어려서부터 화목하지 않은 적이 한 번도 없었던 집에서 태어나고 자란 사람의 성품이었다.

매혹의 문을 열다

　고교 시절의 신영일을 아는 친구들은 다들 "영일이는 그때 날라리"였다고 말한다. 나는 한동안 이 말뜻을 잘 알아듣지 못했다. '날라리'라는 말은 공부와 담을 쌓은 불량 학생이라는 소리인데, 신영일의 실제 모습은 매우 밝고 다정하며 지적으로 아주 세련돼 있었다. 그 어디에 말썽꾸러기가 숨어 있다는 말인가. 더구나 신영일이 광주일고 21회라는 사실은 그런 말을 더욱 믿기 어렵게 만든다. 내 고향 선배 중에도 그 동기생이 있는데, 이 선배가 합격했을 때 그 캄캄한 골짜기에도 희소식을 경축하는 현수막이 걸렸다. 어쩌다 그 마을 주민을 만나면 선배의 근황을 묻기가 일쑤였다. 그토록 이목을 끄는 학교에 들어간 이상 함부로 궤도를 이탈할 권리도 없었다. 온 도민이 그랬으니 광주라고 다르지 않았을 것이다. 그래도 어쨌든 그의 매력이 '날라리' 이미지 속에서 탄생한 사실은 부정할 수 없다. 내가 들은 이야기 중 가장 오래된 장면은 광주일고 1학년 때의 것이다.

　따뜻한 봄날, 점심시간을 맞은 고교 1학년 교실처럼 소란한 장소는 더 없을 것이다. 어려운 입학시험을 통과한 학교라고 해서 다를 게 없었다. 공부를 잘하고, 사리를 분별하는 능력을 타고나는 것도 어쩌면 생물학적 우성의 한 발로였을 터이니, 아마도 그들의 교실은 생명의 기운이 더욱 약동했는지 모른다. 예부터 이팔청춘이라 부르는 나이, 16~17세의 청소년처럼 중구난방은 없을 것이다. 책상 위를 징검다리 삼아 밟고 뛰어다니는 아이, 약장수처럼 친구들을 모아 놓고 박장대소를 유발하는 아이, 세상을 뒤집을 중차대한 모의라도 꾸미는 양 쉴 새 없이 킥킥거리고 쫑알대는 아이, 이 모든 소란을 일거에 잠재우는 건 수업 시작을 알리는 종소리이다. 그날도 시작종이 울리자 일거에 모든 동작이 중단되었다. 미리 교실 앞에 대기해 있다가 시작종이 울리자마자 문을 열고 들어오는 선생님이 가끔 있기 때문이었다. 서둘러 자리를 찾아가는 아이들이 일으킨 바람결 때문이었는지 창틀에 얹힌 화분 하나가 흔들리더니 이내 바닥으로 떨어져 버렸다. 그 정적과 함께 파편이 튀고 작은 흙더미가 교실 마루와 책가방 주위에 널브러졌다. 흡사 자동차 바퀴에 깔린 짐승들처럼 바닥에 떨어져 박살 난 화분의 시체도 어지러웠다. 제길, 당번이 쏜살같이 빗자루를 들고 덤벼들었으나 물리 선생님이 교단에 서서 그 광경을 죄다 지켜본 뒤였다. 물리 수업은 학생들에게 가장 인기 없는 과목이었다. 그래서 혹시 학생들이 스승에게 보일 외경심을 잃었다고 생각한 걸까? 선생님의 얼굴이 잔뜩 일그러져서는 기분이 몹시 나쁘다는 표정을 하고 있었다.

"어떤 놈이 그랬어?"

화분은 저 혼자 넘어진 것이다. 하지만 누구도 그걸 설명하기가 쉽지 않았다. 더구나 선생님의 표정이 몹시 굳어 있는 바람에 선뜻 답하는 사람이 없는데, 그 때문에 선생님은 또 학생들이 자신을 속인다고 생각하는지 비장감이 들 만큼 음성을 깔았다.

"안 나온다 이거지. 모두 눈 감아. 선생님이 아니라 남자로서 얘기하겠다. 용서를 받으려면 지금 자수해라."

무슨 말로도 설명할 수 없는 상황이었다. 선생님은 화가 머리 끝까지 올라서 험한 표정을 짓고, 당사자는 빨리 손을 들라고 다그치는데, 누구나 알다시피 손을 들 사람이 있을 리 없었다.

"마지막 기회를 주겠다. 당사자가 자백하지 않으면 반 전체에게 벌을 내릴 수밖에 없다."

시간이 흐를수록 선생님은 화가 더욱 많이 났으므로 다들 단단히 혼날 것으로 작심하고 눈을 꼭 감고 있었다. 그런데 얼마 안 지나서 선생님이 뜻밖의 종결을 선포했다.

"너야? 좋아. 나도 약속을 지키마."

신기한 일이었다. 화분은 분명히 저 혼자 떨어졌고, 선생님은 화가 머리 꼭대기까지 차 있었는데, 까닭을 알 수 없는 누군가가 손을 들어 상황이 감쪽같이 종료되었다. 다들 어리둥절하지 않을 수 없었는데 선생님은 마치 없었던 일처럼 노여움을 풀었다.

"당사자가 용기 있게 손을 들었으므로 오늘 소동은 없던 일로 하겠다. 다들 눈을 뜨고 책을 펴라."

인간 군상은 어리석어서 다들 누가 손을 들었는지 궁금해했으면서도 수업이 시작되자 금방 잊어버렸다. 그런데 신영일의 급우 전용호는 이 사건이 매우 충격적이었다고 한다. 그는 사태의 추이가 궁금해 몰래 실눈을 뜨고 훔쳐봤는데, 앞자리에 있는 키 작은 아이가 조용히 손을 들었다. 신영일이 분명했다. 몸집도 작고 조용하며 한없이 온순한 녀석인데, 도대체 저 아이는 어디에서 그런 용기가 나왔을까? 그러나 이 모습이야말로 신영일의 인간적 원형이 담긴 '실상'인지 모른다. 인간의 문제는 신체의 문제가 아니다. 또 삶의 시간에는 순식간에 영혼을 사로잡는 '매

35

혹'의 문이 있다. 전용호는 고1 때 처음 그 문을 연 셈이다. 하여튼 전용호는 이 일로 신영일에게 잔뜩 호감을 품게 되었고, 두 사람은 이내 자석처럼 끌어당기는 사이로 발전했다. 전용호는 키가 작은 편이지만 신영일보다는 컸고, 모든 종류의 운동을 잘했다. 싸움질도 누구에게 지지 않을 만큼 신체 능력이 뛰어났다. 반면에 신영일은 너무 작고 착하고 온순하기만 했다.

전용호의 회고에 의하면 신영일에게 변화가 오기 시작한 것은 2학년 때부터였다. 두 사람은 공교롭게도 다시 같은 반이 됐는데, 그 사이에 신영일의 키가 눈에 띄게 자라서 대략 15번쯤 되는 자리로 옮겨가야 했다. 전용호는 1학년 때와 똑같이 다시 7번이 되었다. 그러자 신영일이 살짝 무릎을 굽혀서 억지로 8번 자리를 차지하고 말았다. 이것이 두 사람이 단짝이 된 이유였다.

맨 앞줄 구석 자리에 앉은 작은 아이들의 우정을 뒷자리의 아이들은 잘 이해하지 못한다. 더구나 신영일은 매우 온순할 뿐 아니라 몸집도 허약해서 덩치 큰 뒤쪽 아이들이 자꾸 귀찮게 굴고 괴롭혔다. 그때마다 전용호가 보호자처럼 나섰다. 두 사람의 우정은 그 때문에 더욱 돈독해졌다. 제법 평화롭던 어느 날 신영일에게 미세한 변화가 찾아왔다. 세상의 누구도 감지할 수 없는 조용한 변화였지만 전용호는 이를 또렷하게 느꼈다. 딱히 간섭할 말은 없었으나 그래도 신영일이 자꾸 혼자만의 사념에 잠겨 학교 수업에 열중하지 못했다. 전에 없던 예쁜 손수건을 가지고 다니며 애지중지하기도 하고, 쉬는 시간에도 창밖을 내다보며 멍을 때리기가 일쑤였다. 마치 명상 수도를 하는 사람처럼 정신을 자꾸 다른 쪽에 두는 걸 전용호도 언제까지고 모른 체할 수 없었다. 그래서 몰래 가방을 뒤져 보니 평소에 보이지 않던 수첩이 있었다. 슬쩍 열어보았더니 여학생 이름과 전화번호가 적혀 있는데, 그게 그토록 낯설 수가 없었다.

"영일아, 수첩 좋더라. 그런데 거기 적힌 여자 이름은 뭐냐?"

그러자 신영일이 씨익 웃었다. 그러고는 만면에 어른 같은 표정을 띠더니 나직하게 속삭이기를, 며칠 전에 만난 여학생인데 둘이 사귀게 되었노라고 한참을 자랑했다. 전용호는 잔뜩 호기심이 일었다. '저게 어떻게 여학생을 만나게 됐지?' 아니나 다를까 신영일이 그 일에 푹 빠져들었는지 나날이 변해가는 모습을 보이기 시작했다. 기타를 배우는가 하면 틈만 나면 유행가를 부르고, 성격도 활달해져서 뒷자리의 친구들과도 곧잘 어울려 놀았다. 전용호는 신영일이 급변하는 모습이 신기해서 학교가 파한 후 그의 집까지 따라가 보았다.

신영일은 산수동 오거리에 살았다. 그 동네는 광주에서도 가난한 지역이라 실업계 고등학교에 다니는 아이들이 대부분이고, 고등학교에 진학하지 못해서 집에서 놀고 있는 애들도 많았다. 분명히 제 또래밖에 안 되는데, 전용호는 그때까지 생각하지도 못했던 담배를 피우는가 하면 새파란 꼬마들이 거리낌 없이 술을 마시곤 했다. 그리고 더욱 놀랄 일은 남녀가 마구 뒤섞여서 어른인 양 어울리고, 일상의 대화도 누구와 사귀고 헤어진 이야기를 아무렇지 않게 떠든다는 점이었다. 전용호와 신영일이 다니는 광주일고는 최고의 명문 학교로 소문나 있지만, 신영일의 산수동 친구들은 학교 공부와는 담쌓은 아이들이 태반인 대신에 여학생들과 어울려 노는 일에 매우 익숙했다. 그들 속에 섞이자 전용호에게도 해방감이 찾아왔다. 두 사람은 곧잘 그들과 어울려 노는 재미에 빠졌다. 자연히 학업에 소홀할 수밖에 없었다.

보헤미안 시대

실업계 학생들 사이에서 신영일의 인기가 높다는 사실은 신영일이라는 인간의 품성에 대해서 매우 새로운 정보를 제공한다. 성적 우수 학생들이 다니는 고교생이 대학 진학을 포기한 동네 친구들과 어울린다는 말은 그에게 계급적인 편견이 없음을 의미하기도 하고, 또 이웃에 대한 연민이 많다는 것을 뜻하기도 한다. 이를 증명하는 회고가 있다.

그도 가난한 '산수동' 출신이다. 나나 용주나 우리들 대개가 그러했듯이 민초民草는 우리에겐 너무나 자연스러운 사회 신분이었다. 그러나 그가 '갖는 자'들에게 계급적 증오나 혐오를, 혹은 숨겨진 무의식적인 동경 선망을 표현하거나 느끼게 한 적은 전혀 없었다. 늘 바쁜 일상 중에도 항상 함께 일선에 서지 못하는 친구들의 마음을 혹여 상할까 배려하는 자세를 어떤 역사상의 혁명가나 운동가들에게서 쉽게 발견할 수 있었던가? (박순 「지우추상」, 『신영일을 배우자』 72쪽)

여기서 가장 주목할 표현은 '일선에 서지 못하는 친구들의 마음을 혹여 상할까 배려하는 자세'이다. 그것은 학업에서도 마찬가지이지만 사회운동의 대열에서도 마찬가지였다. 세속 질서에서도 그랬음은 물론이다. 그는 언제나 친구들 속에서 '엄친아'가 아니라 '골목 친구'로 존재했다. 특히 그 속에서도 기타쟁이로 통하면서 우정과 화합의 중심을 놓치지 않고 있었다. 거기에 신영일의 기타는 매우 중요한 역할을 했을 것이다.

신영일이 기타를 언제 어디서 누구에게 배웠는지는 알 수 없다. 그러나 기타를 치는 사람에게는 기타의 선율과 악보가 끌고 가는 또 다른 오솔길이 있기 마련이다. 신영일이 기타를 보듬고 다니던 1974년은 미국에서 건너온 '청년 문화 바람'이 절정이었다. 학업에만 열중인 학생은 청년 문화 바람이 일으킨 젊음의 광풍과 청소년의 일탈을 제대로 식별하지 못한다. 어쩌면 신영일의 동기들도 그 시대가 불러온 '문명에 대한 보헤미안들의 저항'을 전혀 알지 못한 채 그런 분위기에 휩쓸렸을 것이다. 그 시절에 신영일이 가장 좋아했다는 노래 〈타박네〉는 이연실의 버전과 서유석의 버전이 있는데, 둘의 공통점은 포크송의 정신에 충실했던 한국 포크계의 1세대라는 점이다. 나는 여기에서 받은 영감이 소년 신영일의 행동 양식에 지대한 영향을 미쳤으리라 본다. 당시 '날라리'는 날라리로 오해된 '모던 보이'의 다른 표현이었다.

한국 청년 문화의 이중성을 감추고 있는 것은 국경이었다. 그것은 일견 청년 학생들의 소비문화에 불과해 보였지만, 그 실상은 오히려 국경 너머에서 20세기 최고치의 정치력을 폭발시킨 지구촌 문화운동의 한 구성 부분이었다고 해야 옳다. 히피와 모던 포크의 주역들이 가진 문제의식을 미국의 젊은이들이 광범

위하게 받아들이게 만든 것은 1960년대의 시민권운동과 반反베트남전쟁의 체험이었다. 특히 베트남전쟁은 인류의 양심을 실험하는 전쟁이라 하여 지구촌 전체를 흔들어 놓았다. 세계의 이목을 끌었던 권투선수 무하마드 알리가 미국에서 베트남전 참전을 위한 입대를 정식으로 거부하면서 했던 말은 유명하다. "베트콩들은 나를 깜둥이라고 욕하지 않는다. 그런데 내가 왜 그들과 싸운단 말이냐." 이 당연한 의지가 제도와 체제와 국가 이데올로기에 속박돼 여론의 조리돌림을 당할 때 피부색이 다른 청년들이 동조해 주면 얼마나 힘이 될까? 지구촌 곳곳에서 울려 퍼진 그러한 외침이 널리 파장을 일으킨다. 영국의 비틀즈도 그러한 역할을 했다. 그들의 정신적 거점이었던 미국의 문학동인 '비트제너레이션'은 훗날 아메리카 고유 정신의 아버지로 칭송받는다. 그리고 이러한 저항운동은 유럽에서 마침내 반전, 반핵, 여성, 인권, 환경, 노동, 빈민, 학생운동 등을 통해 "불가능한 것을 요구하라!"라는 구호로 저항의 역사를 만드는 '68혁명'이 된다. 미국의 용병으로 베트남전에 군대를 파병한 한국이 여기에 어떻게 자유로울 수 있었을까? 번안가요 〈소낙비〉를 부른 이연실은 이 노랫말의 참뜻을 정확히 인지하지 못했을 수도 있지만, 무하마드 알리는 제3국의 포크송도 분명히 자신을 향한 응원가로 들었을 것이다. 어쩌면 그 후폭풍이라고 해도 될지 모른다. 한국 청년 문화운동의 지평을 20세기적 가치관으로 승화시켜 가면서 향후 가요 운동의 방향타를 바로잡는 이정표가 세워진다. 바로 양희은이 퍼뜨린 김민기의 노래들이다.

광주에서 신영일이 이런 국제적 청년 문화의 한 자락을 붙들고 있었다는 것은 그의 영혼이 얼마나 자유를 꿈꾸고 희구하는

분위기에 젖어 있었는지를 짐작할 수 있게 한다. 그것은 광주일
고생에게는 매우 이례적인 현상이었다. 신영일이 기타를 들고
다니기 시작한 일은 이 반듯하고 규격화된 사회에서 파격과 일
탈을 꿈꾸기 시작했음을 의미하는 것이었다. 그런 점에서 그의
저항은 아주 일찍부터 시작된 셈이다.

　1970년대까지도 한국은 아직 전후 세대의 늪지대를 빠져나오
지 못하고 있었다. 독재 권력이 자신의 체제를 유지하기 위해서
사용하는 전략의 하나는 대중의 취향을 획일화하는 것이다. 독
재자는 항상 음악에 주목한다. 그러나 통제와 폭력만으로 독재
가 유지되고 강화될 수는 없다. 모든 독재자는 대중을 통제하고
탄압하지만, 역설적으로 독재는 대중의 지지와 협력을 먹고 자
란다. 그래서 독재자는 집단의 감정을 구축할 가치와 사상이 필
요해지는데, 박정희 시대에 가장 권장된 정서는 '근면성'과 '명
랑성'이었다. 집단적 비애의 반대편에 자리한 '명랑'이라는 감
정 상태는 회의와 성찰의 감정을 지워 버리는 것이다. 그래서 나
치의 오락영화 장르 중 '명랑 영화'로 지칭된 코미디와 뮤지컬이
나치 체제하에 제작된 총 영화 중 절반에 이른다. 그뿐만 아니
라 '국가 주도형 노래 부르기 운동'의 연원은 일제 강점기 때 식
민지 문화 전략의 일환이었던 국민가요 및 건전가요 개창 운동
이었다. 이제 가요를 통해 국가에 순종적이고 복종적이며 근면
하고 성실한 노동력을 창출한다는 목표 아래 관제 계몽가요들
이 보급된다. '건전 · 애국 · 국민가요 음반'이 유행가와 충돌되
지 않을 수 없다. 하필 1969년 3선 개헌, 1970년 전태일 열사 분
신, 1971년 대통령 선거, 1972년 유신체제 선포, 1974년 긴급조
치 선포에 이르는 불안 상황이 그칠 새 없었다. 그래서 당국은

'퇴폐풍조 단속', '퇴폐가요 정화', '대중가요 금지곡 선정'을 더욱 강화한다. 국가적 요구에 장애가 되는 음악들을 정책적 차원에서 단죄를 내리는 것이다. 그리하여 센티멘털리즘, 처연함, 애상적 감정과 정서가 담겨 있는 노래들을 정부는 퇴폐와 저속이라는 덫을 씌워서 퇴치한다. 그 구체적인 사례들은 충격적이다. 송창식의 〈왜 불러〉는 반말을 한다는 이유로 금지곡이 됐다. 이장희의 〈그건 너〉는 남에게 책임을 전가한다는 이유에서, 조영남의 〈불 꺼진 창〉은 창에 불이 꺼졌다는 이유로 금지곡이 됐다.

이 모두가 신영일이 고등학교에 다니던 시절에 일어난 일이다. 그는 친구들과 어울려 충장로에 나가면 불가피하게 불량 청소년으로 분류되지 않을 수 없었다. 그 자신도 그런 이미지를 피할 이유가 하등 없었을 것이다. 당시의 '퇴폐'에는 독재에 순응하지 않는다는 어떤 영예가 있었다. 그래서 청바지, 생맥주, 통기타로 상징되는 청년 문화의 회오리가 고등학생들까지 마구 삼켰다. 일부 학생들은 교복 바지도 '당꼬'로 고쳐 입고 학생용 까까머리도 길러서 장발하는 친구가 출현할 정도였다. 그 시절에 나온 영화 〈바보들의 행진〉은 거의 '시대의 자화상'에 준하는 문화적 모델이 되었다. 원작은 역시 최인호의 소설이고 영화감독은 하길종이었는데, 장발 단속, 막걸리 마시기 대회, 단체 미팅 등이 소개되는 이 영화의 압권은 송창식의 노래 〈왜 불러〉와 〈고래사냥〉이었다. 이 노래들은 금방 금지가요가 됐지만, 그와는 별개로 송창식의 목소리가 그 시대의 뒷골목을 얼마나 흔들어 놓았는지 모른다. 신영일은 이 같은 흐름의 변방을 떠돌다가 졸업을 맞았다. 당연히 그에 따르는 대가가 없을 수 없었다. 대학 시험에 떨어진 것이다.

조나단 신

  신영일이 대학 입시에 낙방한 사건은 낭만파 문화에 일격을 맞은 중대한 사건이었다. 하지만 부모님은 이를 그리 심각하게 받아들이지 않았다. 애당초 초등학교 입학 나이가 남보다 빨랐던 탓에 운동회나 체육대회를 할 때면 남보다 키도 작고 힘이 약한 모습이 안쓰럽기 그지없었다. 어지간하면 1년 쉬게 하려다 공부를 잘해서 놔두었는데, 그 길로 고등학교까지 잘 마쳤으니 이제 또래를 되찾아가는 게 오히려 안심되는 측면도 있었다. 그러나 그것은 어머니의 생각이고 신영일의 입장은 달랐다. 가난한 살림에 자신은 남동생 둘에, 여동생까지 딸린 집안의 장남이니 한 해라도 빨리 돈벌이를 하는 게 도리였다. 그래서 입시에 실패하자 '어제는 끝나고 내일은 아직 시작되지 않은' 셈이라 여간 속상하지 않았다. 학교생활이 빡빡할 때는 그토록 자유를 갈망했는데, 등교할 곳이 없게 되니 마음도 정처를 잃었다. 자신의 처지가 세상에 떠도는 먼지 같았다. 먼지란 놓일 자리가 없는 물체를 말한다. 신영일은 이제 진지하게 진로에 대한 고민을 다시 시작하지 않으면 안 되었다. 물론 청소년기의 결심이란 그다지 오래 가는 게 아니다. 비상 상황을 인지한 긴장이 항구적으로 풀어지지 않으면 심각한 병이 된다. 신영일은 모진 사람이 아니었을뿐더러 실용적으로 성취를 추구하는 성격도 아니었다. 그래서 어릴 때부터 간직한 아름다운 영혼을 꿈꾸던 본디 기질은 사라지지 않았다.

　재수생 시절에 신영일의 마음을 늘 사로잡고 있었던 것은 '자유' 그리고 '사랑'이었다. 그 탓일 것이다. 입시 공부를 하다가 리처드 바크의 소설 『갈매기의 꿈』을 읽었는데, 그는 여기에 엄청나게 감동했다. 『갈매기의 꿈』의 주인공은 조나단 리빙스턴이라는 갈매기인데, 조나단은 멋지고 값진 삶을 살기 위해 평범한 삶을 거부한다. 자신은 비록 갈매기이지만 단지 먹이를 구하려고 나래짓을 반복하는 다른 갈매기들과 달리 조나단은 하늘을 나는 비행 그 자체를 사랑한다. 그래서 늘 멋지게 날기 위해 노력하고 진정한 자유와 자아실현을 위해 고단한 비상의 꿈을 꾼다. 조나단의 이런 행동은 갈매기 사회의 오랜 관습에 저항하는 것이라 다른 갈매기로부터 따돌림을 받고 무리로부터 추방되지만 조나단은 동료들의 배척과 자신의 한계에도 좌절하지 않는다. 눈앞의 일에만 매달릴 필요 없이 멀리 앞날을 내다보며 끊임없는 자기 수련을 통해 완전한 비행술을 터득한다. 그리하여 마침내 무한한 자유를 느낄 수 있는 공간에 이르며 그걸로 자기만족에 그치지 않고 동료 갈매기들을 초월의 경지에 도달하는 길로 이끈다. 이 작품은 자유의 참 의미를 깨닫기 위해 비상을 꿈꾸는 한 마리 갈매기를 통해 인간 삶의 본질을 상징적으로 그린 소설인데, 이 책은 1970년에 미국에서 출판될 당시 미국의 청년 문화를 이끌던 히피들에게 입에서 입으로 전해져서 베스트셀러에 이를 만큼 큰 영향을 주었다.

　고독한 갈매기 '조나단 리빙스턴'은 신영일에게 꽤 충격적이었다. 그는 그때까지 한 번도 '생의 주인'이 되려는 생각 따위를 해보지 않았다. 자신의 영혼이 자신의 것이라는 사실, 자신의 육신에 가해져 오는 어떤 시련도 자신의 영혼이 느끼고 받아들이며 헤쳐가야 한다는 것, 이는 기꺼이 받아들이지 않으면 안 되는 명제였다. 그래서 신영일은 이제 날마다 그가 발견한 세계, 저 깊고도 심오한 인간 세상의 아수라 속을 최대한 아름답게 헤쳐가는 꿈을 꾸었다. 여기에 마음이 얼마나 깊이 꽂혔던지 동네 친구들을 모아서 '조나단'이라고 명명할 모임을 만들었다. 한 번은 조그마한 찻집을 빌려서 '갈매기 조나단의 밤'이라는 일일 찻집도 열었다. 물론 그러는 동안에도 장래 직업은 교사였으므로, 훌륭한 교사가 되는 첫 관문으로써 입시시험을 통과하고자 최선의 노력을 기울였다. 그리고 원서 접수하는 날, 신영일은 찬 바람 부는 학교 벤치에 혼자 앉아 생각했다.

'나는 이곳에서 나의 혼이나 감성이 자유롭길 꿈꾼다.'

이쯤 되면 대입 걱정은 크게 할 필요가 없었다. 그는 두뇌가 명석하여 적은 시간을 공부하고도 지식을 많이 습득하는 능력이 있었다. 까닭에, 시험을 보자 여부없이 전남대학교 사범대학에 합격했고, 또 여기에 만족했다. 전남대 사범대학은 지방대학이지만 수재들이 가는 곳이었다. 그 시절 이화여대 학비가 67만 원이었는데, 전남대는 6만 5천 원이었다. 그래서 가난한 집 아이들은 서울에 있는 사립대학에 지원하지 않고 대부분 전남대 사범대학에 가기를 희망했다. 당연히 경쟁률이 치열하고 합격하기가 어려웠다. 이를 알고 아버지가 흡족한 얼굴로 등록금을 만들어줬다.

신영일은 시내버스에서 내려 전남대학교를 향해 걸을 때 그렇게 가슴이 설렐 수가 없었다. 수위실 옆 플라타너스 나무가 검은 방울만 매단 채 흔들리고 있었다. 잔디밭에도 눈이 내리고, 정문 왼쪽 늙은 당산나무도 큰 가지를 벌려 눈을 맞고 있었다. 미끄러운 상대 앞 고갯길을 조심스럽게 걸었다. 인문대 붉은 벽돌 건물 앞 벤치 위의 등꽃이 필 무렵이면 그는 새로운 친구들 속에서 떠들고 있을 거라는 상상을 했다. 이것이 신영일의 대학 시절이 열리는 첫 장면이었다.

2
검은 태양

1반 반장

　신영일이 대학에 들어갈 무렵은 개발 도상국이 으레 앓는 근대화의 신파극이 아직 끝나지 않은 시점이었다. 광주가 제법 큰 도시라고는 하지만, 도시 외곽에는 아직도 소달구지가 지나다녔다. 번화가는 이미 개발의 유혹에 사로잡혀 있었으나 농촌을 떠난 변두리 사람들은 저마다 '속울음'을 달고 살았다. 날마다 세상의 불평등과 삶의 비애를 곱씹지 않는 사람이 한 명도 없었다. 그래서 광주 학생회관 뒷골목은 막걸리와 소주로 매일같이 난장판이 펼쳐지고, 대낮에도 술 취한 사람들로 북새통을 이루었다. 다들 공허한 마음에 세상이 언제나 외롭고 슬펐다. 두메산골에서 밤 보따리를 싸서 올라온 사내와 서울에서 명문대에 다니다 내려온 청년이 똑같이 '사나이'가 되고, 전날 밤 이빨 서너 개가 부러지는 혈투를 치르고 나도 다음 날이면 언제 그랬냐는 듯이 의좋은 친구가 되는 곳, 그런 역류의 힘이 속절없이 흐르는 광주천처럼 방치된 뽕짝의 시대, 한국은 그때까지도 여전히 전쟁의 상처를 치유할 능력도 갖추지 못했고 어떠한 전망도 낳을 수 없었다. 이를 극복할 힘은 어디에 있을까? 국가? 정부? 천만의 말씀이다. 국가는 어떤 의미에서 거리 폭력의 주범이라 해야 옳았다. 자신이 마치 국민을 지옥에서 천국으로 데리고 갈 구세

주나 되는 듯이 떠들며 무소불위의 권력을 휘둘러대는 박정희 정권이 휘두르는 진단과 처방은 너무나 거칠기만 했다.

개인의 내면을 치밀하고 집요하게 병영화시키는 통치를 '독재'라 한다. 독재자는 온통 무언가를 지시하는 명령어로 천지를 가득 채우려 한다. 박정희는 일제 강점기를 거치며 사라져 버린 판소리와 창이 흐르던 자리에 근근이 남아 있던 재래식 마을의 민요나 타령 같은 것들조차 모조리 군가로 바꿔 버렸다. 정부가 통제하는 라디오와 텔레비전에서는 마치 군대의 기상나팔처럼 하루의 시작을 애국가로 열고, 또 밤이 되면 하루가 끝났다는 애국가를 내보내서 이후 활동을 마감시켰다. 매일 아침 국민체조의 구령에 맞추어 육체 감각을 깨우고, 신체 활동이 가장 왕성한 시간에 사이렌 소리를 보내서 점심을 먹도록 했으며, 오후가 되면 국기 하강식을 집행하여 온 국민이 일시 정지하고 국가에 대한 예의를 표하도록 했다. 아마도 국가가 국민을 향해 그토록 집요하게 수행하고자 했던 이데올로기 전투의 최전선을 담당한 곳이 학교였을 것이다. 이런 어처구니없는 시대의 꽁지가 보이기 시작하는 자리에서 신영일은 대학생이 되었다.

아무리 그렇다고 해도, 아니 그래서 더욱, 학비도 싸고 취업자리도 보장된 사범대학 신입생들은 대학 문턱을 넘어서는 순간 천지를 모르고 날뛰고 싶었을 게 틀림없다. 전남대학교 사범대학은 1971년 12월 31일에 설립 인가된 후 1972년에 교육학과, 가정교육과, 수학교육과로 출범하였다. 1973년 국사교육과, 외국어교육과, 과학교육과, 체육교육과가 신설되고, 1974년에 미술교육과, 음악교육과가 증설되었는데, 그 시절만 해도 광주 전남지역에 대졸 여성이 취업할 만한 자리는 교직 말고는 거의 없었다. 당연히 전남여고 출신이 가장 많았다. 그래서인지 전남대학교 캠퍼스에서 가장 설레는 집단은 사대 인문계열이었다. 근동에서 공부깨나 한다고 소문난 '변방의 인재'들이 여기에 모여 있었다. 사대 인문계열 학생들이 신입생 환영 행사가 끝나고 잔디밭에 둘러앉았을 때 그간 통제가 심한 고등학교 교실에서 대학 캠퍼스로 옮겨온 젊음의 열기는 하늘을 찌를 듯했다. 타인의 눈에 대학생 신영일이 처음 목격된 자리는 이곳이었다.

신입생 환영식을 하는 날, 모두가 잔디밭에 둥글게 앉아서 낯선 얼굴을 익히느라 두리번거리고 있었다. 여학생이 많아서인지 아는 얼굴과 마주치면 저마다 호들갑을 피우며 떠드는 소리가 가득 찼다. 산만한 자리를 정돈할 사람이 필요했다. 이때 통기타를 들고 가운데로 나온 사람이 1반 반장인데, 낯빛은 검고 얼굴은 미남이었다. 초롱초롱 빛나는 눈동자 위에 그려진 쌍꺼풀이 유난히 눈길을 끄는데, 꾸미지 않은 동작과 말투, 도대체 인위적인 구석이라고는 없는, 순박한 입담까지 곁들여져 다들 편한 마음이 되었다. 그가 기타를 치면서 노래를 시작하자 모두가 따라 부르면서 분위기가 정돈되고, 이내 그가 한 사람씩 가리켜 인사를 시키자 다들 편안하게 자기소개를 하면서 좋아했다. 권위주의적 호령을 할 것 같은 냄새라고는 없이 순식간에 좌중을 화목하게 만드는 솜씨가 보통이 아니었다.

목포에서 올라온 김정희는 1반 반장이 좌중을 휘어잡는 솜씨에 놀라서 눈을 동그랗게 뜨고 바라보았다. 자신은 초등학교 때부터 오직 집과 학교만 왕복하다가 고등학교 때 모험을 떠난다고 시도한 일이 유달산에 오르는 경험이었다. 어쩌자고 세상을 그리 좁게 살았는지…. 그런데 광주로 유학하여 같은 또래의 대학생이 아무 통제도 없이 낯선 대중을 이끄는 모습이 너무도 신기하기만 했다. 그리하여 잠시도 시선을 떼지 못하는 게 특이했는지 곁에 앉은 친구가 나직하게 물었다.

"야, 1반 반장 멋있지 않냐?"

"응, 통째로 살아 있는 사람 같아."

"저 사람 별명이 검은 태양이란다."

"와아."

검은 태양! 김정희는 그러나 이날 감탄사를 남기는 정도로 신영일에 대한 호기심을 강 건너로 떠밀어 버렸다. 타지에서 온 동료들을 보니 기껏 동네 뒷산에 불과한 유달산을 마치 세상의 가장 높은 곳인 줄 알았던 사실이 얼마나 어처구니없는지 몰랐다. 그래서 1반 반장은 특히 자기와는 마치 다른 별에서 온 사람처럼 까마득하게 느껴졌다. 이럴 때 김정희는 독특한 자기만의 처방법이 있었다. 좋은 걸 함부로 탐내는 마음을 허영이라고 하지.

인간의 첫 느낌 속에는 마법이 살고 있는지 모른다. 김정희는 신영일에게 어떤 호의도 베풀 생각이 없었다. 그는 단지 자신과 종류가 다른 사람일 뿐이다. 예컨대, 김정희는 본래 목포의 작은 포목상을 하는 집 손녀였다. 가족들이 굶지 않게 집안 살림을 꾸려온 건 그나마 할아버지였고, 아버지는 학교에서 직업을 물을 때마다 뭐라 답할 수가 없는 분이었다. 뚜렷한 일자리도 없이 항용 친구들과 어울려 다니는 목포의 건달이라고나 할까? 그래서 혈기가 왕성한 나이에 어머니를 만난 터라 두 분 다 세상을 보는 눈이 넓으나 삶의 내실이 없었다. 김정희는 부모님이 겉으로는 세련되고 안으로는 허술하여 가끔 이웃들을 눈 아래로 깔아보는 게 아닌가 의심이 들기도 했다. 한낱 전라도 변방의 딸로 태어난 자신이 아무 차별도 받지 않고 대학에 진학한 이유도 어쩌면 두 분이 가진 허세 때문인지도 몰랐다. 당시의 시골 사람들은 공부를 아무리 잘해도 딸은 집안에 가둬 놓는 풍습이 있었는데, 그의 집은 분위기가 사뭇 달랐다. 아버지는 곧 죽어도 자식을 도회로 보내야 했고, 어머니는 당장 굶더라도 절대로 초라해 보이면 안 되었다. 집안의 법도도 허술해서 바깥출입도 절제하지 않았다. 그리하여 사치스러운 느낌이 들 만큼 허황한 집에서 성장한 사람은 내부의 힘이 분출하는 집에서 사는 사람의 느낌을 금방 아는 법이다. 김정희의 눈에는 신영일의 모습이 그렇게 보였다. 안으로부터 흘러나오는 밝음과 자유로움과 친절이 마치 샘물이 솟는 듯이 자연스러웠던 까닭이다.

그러나 아무리 마음을 접어도 신영일의 모습은 여학생들의 눈에 자꾸 띄었다. 사실, 전남대학교 사범대학에 입학한 77학번들은 3개월이 채 지나지 않아서 다들 질려 버렸다. 우선 첫 중간고사 때 받은 시험지를 보고 대실망을 하고 말았는데, 이게 무슨 대학생 시험지인지 고등학교 시절의 문제지와 하등 다를 바가 없었다. 게다가 강의실에서 접하는 내용도 특별히 새로운 지식이 아니고, 학생들도 사범대학의 특성상 여학생이 태반인 데다 남학생이라는 게 온통 광주고와 광주일고 출신뿐이어서 말투조차 지겹기 짝이 없었다. 대학생 문화라는 게 대개 학번 중심으로 형성되기 마련인데, 전남대 사범대는 고등학교 동문 중심 체계가 모든 관계를 덮어버렸다. 합격률이 낮은 입시 경쟁을 치르다 보면 재수는 흔하고 3수, 4수를 하는 사람들도 있어서 한 강의실 안에도 학생들의 나이 차가 꽤 있었는데, 특히 사범대는 온통 전남여고, 광주일고, 광주고 출신들뿐이라 다들 고등학교 동문 관계로 엮여 있었다. 특정 고교 동창들이 캠퍼스만 옮겨 앉은 듯이 죄다 학번은 뒷전이고 예전 서열만 들먹여대니, 김정희는 대학에 들어오기 이전에 머리에 그렸던 그림과 대학에서 마주한 현실 사이에 벌어진 틈새를 메울 수 없었다. 그래서 모처럼 술을 마실 자리가 생기면 그런 자리에서라도 대학생 기분을 내야 직성이 풀릴 거 같아서 자못 객기를 부렸다.

"야, 너도 나랑 같은 학번이면 말 놔야지."

나이 어린 여학생이 나이 많은 남학생에게 학번이 같다는 이유로 이렇게 막무가내로 덤비는 걸 따질 수도 없는 일이다. 다들 양해하고 지나가긴 하지만, 그렇다고 지겹고 따분한 남성들의 서열 문화가 해체되는 건 아니었다. 그나마 이런 객기라도 부리는 사람이 겨우 김정희 정도밖에 없어서 캠퍼스는 이내 식상하기 짝이 없는 서열 문화에 종속되고 말았다. 그래도 이를 자꾸 뒤흔들고 싶은 여학생 그룹이 없지 않아서 그나마 외롭지 않았는데, 그 특이한 친구들, 즉 김정희, 고희숙, 김경희, 박유순을 동료들은 '77학번 사인방'이라 부르고는 했다. 이들은 대개 공부를 잘하고 똑똑하다는 공통점이 있었다. 그래서 학교에 나오면 뭔가 새로운 것이 있어야 한다고 투덜대곤 했는데, 이들의 눈에 '대학의 낭만'을 호흡할 수 있는 유일한 환풍구가 신영일이었다. 77학번 사인방은 잔디밭에서 이야기하다 멀리서 신영일이 나타나면 그들 앞을 지나갈 때까지 기다리곤 했다.

"잘생긴 머슴애가 오늘은 기타를 안 멨네."

아무리 밟아도 일어나는 잔디

조나단 신영일에게 전남대 교정은 어쩌면 보헤미안 기질을 자랑할 최적의 환경이었는지 모른다. 그가 후문 앞 포장마차에서 어쩌다 소주 한 잔이라도 걸치고 나온 날이면 노래가 절로 퍼져서 젊음의 온기가 데워지고는 했다. 신영일의 노래는 뛰어난 명창은 아니나 분위기가 구수해서 단연 인기였는데, 그는 트윈폴리오가 열창하는 '웨딩케익'을 특히 즐겨 불렀다. '이제 밤도 깊어 고요한데 창문을 두드리는 소리~~그 누가 두고 갔나 나는 아네 서글픈 나의 사랑이여'.

대학 교정과는 전혀 어울리지 않는, 이 난데없는 '센티멘탈'을 멋들어지게 입에 달고 사는 신영일이 노래경연대회에 나간다는 소문은 여학생들에게도 단골 화제였다. 하필 그 시기에 대학생들의 건전한 음악 생활 향유와 한국 대중음악의 발전을 기치로 내걸고 대학생을 위한 가요경연대회 '대학가요제'가 공모되었다. 신영일도 여기에 도전할 꿈을 꾸었다. 그러려면 기타 연습도 더 해야 하고 자작곡도 준비해야 해서 주위를 소란하게 만들지 않을 수 없었다.

"신영일이 지은 노래도 있다등만. 제목이 '사생아'래."

나중에는 그가 기타는 잘 치는데 고무신을 신고 출연하여 예선에서 탈락했다는 소문도 돌았다. 그래서 전남대 교정에서, 특히 여학생이 많은 사범대 교정에서, 신영일과 사귀는 행운을 누릴 사람이 누가 될지 몰라 다들 관심이 쏠려 있었다. 겉으로는 짐짓 모른 척하나 속으로는 신영일의 필체가 담긴 우편물이 오기를 기다리는 사람도 많았다. 왜냐면 신영일은 편지 쓰기를 잘한다는 소문이 자자했기 때문이다. 그래서 어떤 친구는 사람들 어깨너머로 신영일의 책상을 엿보는가 하면, 어떤 친구는 그 앞에서 일부러 책을 소리 내어 읽기도 했다.

그러나 연인을 갈망하는 사람들은 늘 마음을 숨기고 사는 법이다. 신영일은 비록 형편이 어렵더라도 옹색하고 속물로 비치는 걸 허용하지 않는 성격이었다. 다들 농담처럼 취급하지만, 그의 영혼 속에는 늘 고독한 갈매기 조나단이 살고 있어서 신선한 자유의 기운이 흘러나왔다. 그 때문인지 김정희에게 신영일의 존재는 목격될 때마다 눈빛을 빛내게 하는 '경이로움' 그 자체였다. 흙냄새가 나는 것도 같고, 규범화가 덜 되어 도식적이지 않고, 모든 게 너무나 자연스러워서 뭔가 원시적인 힘이 흘러나오는 순수의 매력을 어찌할 수 없었다. 말이라도 걸어볼까? 그런데 안타까운 것은, 신영일의 미세한 마음의 움직임을 포착하기에는 그가 너무나 바쁘게 산다는 점이었다. 아마도 신영일이 동아리 활동을 하느라 눈코 뜰 새 없었을 것이다. 예컨대 그 무렵부터 신영일은 늘 사회과학 도서를 들고 다녔는데, 여학생들에게는 그게 또한 진정한 대학인의 모습처럼 신선한 느낌을 주었다.

그러기에 모든 건 젊음이 죄라고 할 수밖에 없었다. 신영일이 사회과학 도서를 읽기 시작한 건 사대 선배 박용수 때문인데, 알고 보면 그 또한 매우 하찮은 행운의 결과였다. 박용수는 어느 날 목포고 출신들의 신입생 환영회에 나갔다가 기분 나쁜 일을 겪었다. 후배 조태현이 세상 이야기를 함부로 해서 심하게 꾸짖지 않을 수 없었는데, 엉뚱하게도 이 후배가 선배의 말을 곱게 들었는지 은근히 따르게 되어서 뜻밖의 의기투합이 이루어졌다. 그래서 박용수가 이끄는 서클에 나오라고 하자 이내 제 친구 신영일을 데리고 왔다. 신영일은 건들건들 기타나 들고 다니는 자유주의자였는데, 늘 청바지를 입고, 늦잠을 자는 버릇이 있으며, 군대 문화·조직 문화를 지독히 싫어했다. 그런데 이상하게도 어느 순간에 조태현은 탈퇴해 버리고 신영일은 서클에 매우 충실하게 활동하더니 점점 중심을 차지하게 되었다. 바로 이 서클 '독서잔디'는 매주 한 권씩 책을 선정하여 토론회를 개최하는 독서동아리인데, 당시에는 '독서'라는 말 자체를 매우 불온하게 취급하던 시절이었다. 거기에는 그럴 만한 이유가 있었다. 그 시대는 그들이 매일 아침 눈을 떠야 하는 마을과 도시 그리고 나라 전체가, 아니 그것을 넘어서서 지구 전역에서 '새로운 정치'의 시대가 열리고 있었다. 바로 여기에 접근하는 통로가 사회과학 공부였는데, 그들은 이 사회과학이 지향하는 바를 '해방' 혹은 '사회 변혁'이라는 말로 표현하고는 했다. 전남대학교는 이 방면의 전통을 매우 끈기 있게 이어온 곳이었다.

전남대학교 사회과학 서클의 원조는 '민족사회연구회'였다. 박정희 정권 아래서 민족문제에 관심이 큰 수많은 학생운동가를 배출한 이 서클은, 회원들이 교련 반대 시위로 학사 징계를 받고 해체되자 '교양독서회'로 이름을 바꾼다. 하지만 교양독서회도 회원 대부분이 민청학련 사건으로 구속되면서 재기불

능 상태에 빠지자 당시 법학과 3학년 오재일이 '민족사회연구회'의 정신을 계승하고자 1974년 6월에 '루사RUSA'를 만들었다. '루사'는 성경에 나오는 문구 중 영어 머리글자를 딴 것인데, R의 Reading은 배움의 첫 단계를 의미하고, U의 Understanding은 읽은 것을 자기 것으로 만드는 것이며, S의 Speeking은 읽고 이해한 바를 행동하는 것이고, A의 Associatin은 뜻이 맞는 동료와 힘을 합쳐야 한다는 의미였다. 이 루사가 전남대학교에 공개적으로 등록한 첫 사회과학 서클이고, 바로 뒤이어 등장한 제2호 서클이 '독서잔디'였다. 박용수·지병문·이항규 등이 만든 '독서잔디'는 1976년 3월에 출범했는데, 동아리 이름을 지을 때 '독서'라는 표현을 그냥 사용하면 서클 등록을 받아주지 않는다고 하자 어쩔 수 없이 순한 이미지를 풍기기 위해 떠올린 개념이 '잔디'였다. 독서와 잔디가 제대로 어우러지면 제법 멋있는 이름이 나올 듯했다. '밟아도 밟아도 죽지 않고 다시 일어나는 잔디!' 그래서 두 단어가 조합되는 이름을 작명하려고 이렇게 저렇게 연결해보다가 결국에는 둘을 곧장 붙여 부르게 되었다. 그러고 보니 표현은 다소 생경하지만 서클 등록에는 오히려 더 유리할 것 같아서 대범하게 '독서잔디'라 부르게 되었다. 그래서 왕성한 활동을 이어가게 된 이 서클이 신영일에게는 의외로 적성에 맞았다. 그는 고교 시절에 방탕했다고 생각했는지 날마다 열심히 책 읽기에 빠져들었다. 리영희의 『전환시대의 논리』, 한완상의 『민중과 지식인』, 사르트르의 『지식인이란 무엇인가』를 읽을 때는 매우 흥분하였다. 물론 그 시절에도 신영일은 여전히 보헤미안 기질이 살아 있었는데, 그 점도 오히려 사회과학적 열정을 살리는 일에 보탬을 주었다. 이를테면 한강의 기적을 만들겠다고 나선 박정희 개발독재는 전장에서 형성된 질서를 죄다 민간 통치에 써먹었는데, 신영일에게 익숙한 청년 문화는 통행금지며 미니스커트 단속이며, 장발 통제 같은 권위주의적 질서와 크게 대적 전선을 치고 있었다. 낭만과 퇴폐가 저항의 동력이 되는 상황은 얼마나 큰 축복에 속하는지 모른다.

이때 신영일을 만난 친구들은 첫 대면의 순간부터 그가 생애를 마치는 최후의 순간까지 이 영혼이 눈부신 자유의 빛을 향해 달리는 것을 목격해야 했다. 신영일의 모습은 언제나 태양 빛에 반사되고 있는 비행 물체처럼 자기 시대의 한복판으로 쏟아져 들어갔다. 뒤에 남는 친구들은 '실루엣'만 바라보기 일쑤였다. 예컨대, 바닷가 백사장 한쪽에 조개가 부서져서 껍질이 쌓이고, 크고 작은 자갈이 흩어진 모래무지가 있었다. 아침이면 그 근처에 갈매기들이 마치 그곳에 설치된 모형 인형처럼 서 있었다. 갈매기들은 햇살을 쪼이는 건지 바람을 쐬는 건지 알 수 없었다. 어쩌면 파도 소리를 들으며 생각에 잠기는 건지도 모른다. 중요한 것은 그중에 '조나단'의 영혼을 가진 갈매기가 반드시 있다는 것이었다. 신영일은 인문대 등나무 벤치 아래로 모여 있는, 해바라기를 하는 갈매기들 속에서 자신이 조나단의 길을 가는 갈매기임을 잊지 않으려 했다. 바닷가에서 파도가 밀려오는 걸 바라보는 일처럼 아득한 광경이 있을까? 그는 저 벅찬 해수면의 기운이 몰려오는 걸 최대한 많이 느끼기 위하여 가슴을 활짝 열어 젖히고는 했다. 그러나 그걸 방해하는 음험한 독재자의 그림자가 늘 꼬리를 물었다. 통제를 앞세운 박정희의 폭정이 그의 자유로운 영혼을 방해한다는 것, 그래서 유신정권의 어두운 그림자와 조나단의 꿈이 병행할 수 없으므로 그는 불가피하게 싸움의 대열에 참여할 수밖에 없었다.

이 시기에 신영일이 '독서잔디'에서 활동하는 모습은 학교에서 암암리에 미치는 영향력이 꽤 컸다. 가령, 김정희는 '머큐리'라는 동아리에 들어갔다. 머큐리는 상대와 사대 연합 서클인데, 동아리 식구들을 만나면 비로소 대학생 기분이 들었다고 한다. 중학교 1학년 때 성적이 좋아서 본의 아니게 반장이 됐는데, 여느 학생들과 똑같이 집과 학교만 오가다 보니 학급 분위기가 어떻게 되는지, 또는 어떻게 되어야 하는지 전혀 눈에 들어오지 않았다. 그래서 세상이 어떻게 돌아가는지도 모르고 등하교에 열중하던 어느 날 학부모 면담이 있다 하여 어머니가 불려갔다. 그리고 돌아와서 말하기를,

"선생님이 우리 정희는 리더십이 없다고 하드만."

그런 순둥이가 머큐리 선배들과 함께 지리산 등반을 하게 된 것은 큰 충격이었다. 험한 계곡을 오르고 걷는 동안 자신이 변했다는 느낌이 빼곡하게 차올랐다. 실로 오랜 세월을 문명 속에 갇혀 있던 육신이 자연 속으로 해방되는 황홀경을 체험한 것이다. 지리산에는 이루 셀 수 없는 계곡들이 있는데, 그 모두에는 무수한 생명체들이 살고 있고, 인간은 그 작은 하나를 빠져나오는 데에도 총력을 다해야 한다. 그래서인지 등반을 마치고 계곡에 앉아서 버스를 기다리는데 김정희는 그렇게 눈물이 쏟아져 나왔다. 자신은 가슴에서 분화구처럼 솟구쳐 오르는 뜨거운 기운을 주체할 수 없어서 펑펑 우는데, 다들 태연해서 너무도 이상했다. '어? 이상하다. 다른 사람은 왜 안 울지?'

이들 사이에 사회과학 서클의 존재가 풍문을 일으키는 사례는 매우 자연스러웠다. 김정희는 어느 날 머큐리 친구들에게 제안

했다.

"야, 우리도 사회과학책 읽고 토론하면 어떨까?"

인문대 등나무 벤치 앞에서

인간의 삶에서 중요한 일은 늘 예기치 않은 순간에 찾아오기 마련이다. 신영일이 아무리 자유분방한 문화를 가졌더라도 그의 첫째 관심은 훌륭한 교사가 되는 일이었다. 그래서 언제나 독서를 중시하고 비판적 사유를 개진하려는 태도를 감추지 않았다. 이는 한 인간의 성품에서 매우 중요한 자리를 차지하는 덕목과 자질에 속한다. 당연히 그는 한창 자유를 구가하는 젊은이들의 가요가 금지곡이 되는 현상을 고민하지 않을 수 없었다. 그런데 대중의 감정을 통제하지 않으면 독재자가 아니다. 여기에 신영일이 겪어야 하는 '곤혹과 딜레마'가 있었다.

그는 '포크송'을 사랑했다. 기성세대에게 가득 찬 비애의 정신과는 다른, 세계 시민을 지향하고, 인류의 보편적 가치로서의 자유를 누리려는 정신은 그 자체로서 소중한 것이다. 물론, 당대 유행 담론으로서의 청년 문화는 노동부에서 말하는 '신흥생산자'로서의 '산업예비군' 세대가 아니라 보건복지부가 주목하는 기득권적 청소년층의 전유물이 되어 있지만, 어쩌면 그것마저도 다분히 산업사회 일선에서 혼탁해진 구세대적 가치관과 충돌하지 않을 수 없었다. 그러나 그의 인식은 '민중'에 관해 공부하면서 하루가 다르게 깊어지고 있었다. 이를테면 사회의 모든 재부를 공장에서 생산하는 때, 그 생산 관리의 효율성 때문에 노동자들은 자기가 맡은 역이 무엇인지도 모르는 채 일을 하고 있다. 그런데 공장은 발전할수록 대규모가 된다. 산업사회는 대량생산 체제의 노동력을 확보하느라 학교 제도와 교과 내용을 표준화시키지 않을 수 없다. 특히 우리나라는 국제적 경쟁에서 앞서간 '서양의 근대'를 따라잡기 위하여 모든 교육을 선진국이 거둔 성과를 빨리 습득하게 만드는 데 맞춰왔다. 당연히 가치관 정립보다 지식 습득이 우선시되었다. 여기서 대학생은 교육 대상이 되고 관리 대상이 된다. 그리고 교육의 이름으로건 관리의 이름으로건 대학생을 자기 문화의 주체가 아니라 어른들이 원하는 문화의 대상으로 보는 한 바람직한 관계는 기대할 수 없다. 왜냐면 남에게 관리당하는 것을 가장 싫어하는 때가 그 나이인 까닭이다.

신영일이 사회과학 공부에 유독 집착하게 된 배경에는 대학생들의 청년 문화에 재갈을 물리려는 군사 독재에 대한 뿌리 깊은 불신과 저항감이 있었다. 때마침 전남대학교에는 학생운동을 연구하고 실천하려는 신생 지도자들이 우후죽순 출현하고 있었다. '기독학생회'를 유지하던 노준현·박병기, 1977년 탈춤 강습을 계기로 새로운 민중문화운동을 펼쳐가기 시작한 김선출·김윤기·김태종, 또 독서 동아리 '루사'의 안길정·박기순, '얼샘'이라는 인문대 문학 동아리를 이끄는 신일섭·박유순 등이 활동한다는 사실은 크나큰 축복이 아닐 수 없었다. 신영일은 그들과 직간접적으로 영향을 주고받으면서 지성의 연대를 함께 누렸다. 다들 겉으로는 합법적으로 등록된 동아리에서 활동했지만, 물밑으로는 한 패거리나 마찬가지였다. 그래서 각자 소모임 단위로 모여서 활동하면서도 실제로는 하나의 지하 서클 같은 형태를 취하고 있었다. 이들 속에서 신영일이 두각을 드러내기 시작한 것은 공교롭게도 그의 '날라리' 전력 때문이었다. 그 일은 어느 날 갑자기 대중 앞에 나타났다.

1978년에 전남대학교에 뭔가 획기적인 변화가 있으리라는 징후는 전년도 겨울에 이미 예견되었다. 그러니까 1977년까지도 전남대학교 학생운동은 대중적인 시위나 집단행동을 전혀 시도하지 못하는 수준이었다. 그에 비추어 '녹두서점'의 비밀 강좌 등을 통해 심도 있는 학습을 하는 활동가의 숫자는 상당했다. 당장 그 시각에도 서점 강좌가 계속되고 있었는데, 겨울 방학이 되자마자 꾸려진 『파리 코뮌』 강독 팀에서는 김남주 시인을 강사로 모시고 일본어 강독을 하면서 정용화, 노준현, 박몽구, 안길정, 문승훈 등이 공부하고 있었다. 이곳에서 공부하는 학습 팀 중 하나가 5월 말에 들통이 나서 김남주 시인이 잠행에 나설 때까지 모임이 계속됐다. 그로 인해 실천적 열정이 무르익으면서 다들 1978년부터는 좀 더 획기적인 분위기를 만들어보려고 궁리하고 있었다. 그리하여 그해 1월에 전남대학교 학생운동을 활성화하려는 1박 2일 수련회를 준비했다. YWCA를 근거지로 한 동아리 '고임돌'이 주최한 자리인데, 여기에 정용화, 박현옥, 노준현, 문승훈, 이세천 등 학생운동가 10여 명이 모여서 향후 정세와 활동가의 역할을 놓고 밤샘 토론회를 벌였다. 그리고 새해에는 뭔가 의미 있는 일을 꾸며 보자고 뜻을 모아 몇 가지 준비 사항을 정돈하였다. 먼저, 각자 소속 단과대별로 소모임을 만든다. 다음으로 각자 1개 이상의 서클에 가입하고, 수시로 점심시간을 기해 인문대 등나무 벤치에서 만난다. 유사시에는 녹두서점을 긴급 연락처로 삼는다. 그들의 뜻은 결국 학습보다 투쟁을 더 중시하자는 것이어서 헤어질 때 표정들이 결의로 가득 차 있었다.

이 이야기를 신영일은 문승훈 선배에게서 들었다. 그래서 새 학기가 시작되면 전남대학교에 금방 폭풍우가 몰아칠 것으로 생각했는데, 3월이 가고 4월이 되도록 아무런 일도 일어나지 않았다. 대신에 같은 과에서 한 학번 위인 박기순 선배가 그를 보자고 면담을 청했다. 박기순은 별로 나대지도 않고 조용하지만 뭔가 천둥 번개를 달고 다니는 듯한 '문제 인물'이라 신영일도 내심 주목하고 있었다. 전남대학교 사범대학 국사교육과에서 신영일이 2학년이 되었을 때 박기순은 3학년이었는데, 학내 활동에서 박기순이 특별히 두각을 드러낸 적은 한 번도 없었다. 그러나 주변에서 가장 깊은 눈빛을 가진 사람이 박기순이라는 데 동의하지 않는 사람은 없었다. 국사교육과는 사범대학 3층 305호가 주 무대였다. 약속된 시간에 사대 본관 3층에서 내려다보니 가방을 짊어지고 검정 군복 바지를 입은 박기순이 헐레벌떡 뛰어오고 있었다. 아무도 없는 시간에 강의실에서 마주 앉자 박기순이 말했다.

"영일이, 요즘 무슨 책 읽는가?"

"『전환시대의 논리』요."

"그런데 등에 멘 배낭은 뭐당가?"

"친구들이랑 무등산으로 야영 가려고 짐 챙겨서 나왔어요."

"와, 좋겠다. 나한테 시간 좀 낼 수 있는가?"

"사실은 늘 안 바빠요. 오늘은 대학가요제 나가자고 자꾸 보채서 연습하러 가는 거예요."

이 자리에서 박기순이 앞으로 자기와 함께 활동하면 어떻겠냐는 제안을 꺼냈다. 요지가 이랬다.

"대학생들은 우리 사회에서 혜택을 받은 존재 아닌가. 그런데 세상에는 혜택을 받지 못한 사람이 더 많아. 가진 거 없고 배운 거 없는 사람은 다 어떻게 살겠는가?"

뭔가 노동자들을 위한 활동을 해보자는 얘기인데, 그에 대해 길게 설명하지 않아도 신영일은 가슴에 닿는 바가 있었다. 고등학교 때 실업계 친구들과 어울리면서 공장으로 취업할 수밖에 없는 친구들의 사정을 그는 누구보다도 많이 알고 있었다. 그의 산수동 친구 중에서 대학에 진학한 사람은 극소수였다. 그런데 하다못해 함께 기타를 배우고 포크송을 부르며 청년 문화를 누리더라도 대학에 가지 못하는 친구는 그 울타리 어디엔가 수위를 두어서 보호하는 '학교 제도'를 감히 넘겨다보기조차 어려운 피안으로 생각했다. 그리고 재수생 시절에도 몸소 겪은 일인데, 시내버스를 탈 때도 나이 든 대학생은 반값 요금을 내지만(여기에는 군대를 마치고 복학한 늦둥이 대학원생들도 포함된다), 시골에서 상경해 나이를 속여 가며 공장에 취직한 어린 노동자들은 비록 그들이 수시로 실업 상태에 놓임에도 불구하고 꼼짝없이 성인 요금을 내야 했다. 신영일은 이게 너무나 부당해 보였다. 그들은 근로 기준법이 권고하는 나이에 미치지 못했기 때문에 보호받는 게 아니라 거꾸로 불리한 취업 조건에 시달렸는데, 이는 사실 지나치게 가혹한 사회적 차별에 속했다. 박기순은 이 문제를 바로 눈앞의 현실로 제기하고 있었다.

"광천동만 가도 노동자들이 많아. 같은 시대에, 같은 하늘 아래 살면서 대학에 진학하지 못한 친구들이 지금 어떻게 살고 있는지, 여기에 대학생들은 아무 빚이 없는지, 나는 우리가 이런 부분을 고민하지 않으면 안 된다고 보네."

이때부터 신영일은 박기순과 자주 만나게 되었다. 박기순은 되도록 자신과 신영일이 사람들의 눈에 띄지 않기를 희망했다. 특히 학생처와 정보원들이 감시하는 자리에는 나타나지 말 것을 당부했다. 과연, 박기순은 아무 일도 일어나지 않는 듯한 거짓 평화 속에서도 실제로는 살 떨리는 투쟁의 현장들을 잘 알고 있었다. 그리고 신영일이 잘 모르는 운동 상황을 알려줄 때마다 그는 빠른 속도로 이를 소화했다. 그러니까 1970년대 초까지 학생운동이 민주주의 혹은 정치적인 문제를 선구적으로 제시하는 차원이었다면, 중반 이후부터는 사회 구조에 대한 문제와 더불어 그 구조를 이루는 구체적인 사람에 관심이 커지게 되었다. 그래서 등장한 개념이 민중이었고, 민중의 중심을 형성하는 노동자·농민·도시 빈민의 삶이 중시되었다. 그러나 당시까지 대학을 다니는 사람은 비교적 선택된 집단이면서 신분 상승이 가능한 존재들이었다. 그들이 민중에게 눈을 돌리기에 사회는 너무나 긴박하게 돌아가고 학생들은 대부분 고도성장의 구조 속으로 빨려 들어가느라 이웃의 삶에 관심을 기울일 틈이 없었다. 이러한 여건에서 단순한 민주주의가 아닌 민중의 현실에 주목하면서 자신의 진로를 바꿔야 하는 학생운동에 투신하려는 사람은 극소수였다. 박기순은 그 희귀한 극소수의 한 사람에 속했다. 그래서 신영일은 박기순의 말에 촉각을 세우지 않을 수 없었다.

박기순의 표정 한구석에 항상 일촉즉발의 상황이 감춰져 있는 듯한 느낌이 드는 건 그가 늘 이런 혁명적인 생각을 품고 있는 까닭인지 몰랐다. 4월이 가고 '함평 고구마 사건' 관련 문건이 돌기 시작했다. 농민들이 북동성당에서 농성할 예정이라는 내용이었다. 신영일도 박기순을 따라 그 앞까지 가봤다. 함평 농민들이 징과 꽹과리를 두드리는 소리가 마치 역사책 속에 숨어 있다가 갑자기 튀어나온 동학농민군의 외침처럼 들렸다. 잠자는 영혼을 깨우는 소리였다. 농민들이 단식 농성에 돌입할 때 일부 선배들이 합류했다. 이 단식 투쟁은 승리로 끝났지만, 전남대학교는 여전히 조용하기만 했다. 신영일은 녹두서점에 드나들며 이 책 저 책 고르다가 그곳에서 은밀히 공부하던 학습 소조가 털려서 선배들이 잠행한다는 소식을 들었다. 이제 신영일의 눈에도 세상의 움직임이 제법 일목요연하게 보이기 시작했다. 이때 그가 발견한 세계, 저 깊고도 심오한 인간 세상의 아수라 속을 그는 최대한 아름답게 헤쳐가고 싶었다.

교수들

　바람이 불어서 신영일의 머리칼이 날리는 옆모습처럼 멋있는
광경은 없었다. 그는 그리 길지 않은 장발을 했지만 늘 단정한
맵시를 잃지 않았다. 너절하거나 꾀죄죄해지는 것은 싫었다. 그
래서 신영일은 역사 시간에 배운, 김부식이 〈삼국사기〉를 쓰면
서 '백제 본기'에서 했다는 말 '검이불루儉而不陋 화이불치華而不侈'
를 심미적 이상으로 삼았다. 검소하되 누추하지 말고 화려하되
사치스럽지 말 것! 그런 신영일이 학우 대중으로부터 뭔가 다른
역할을 부여받기 시작하는 계기는 그가 한창 사회과학 도서에
코를 파묻고 지내던 중에 찾아왔다.

　유신독재의 서슬 푸른 칼날이 단말마적인 광기를 번뜩이는 폭
풍전야라고나 할까? 다들 고개를 처박고 숨을 죽이던 무렵이었
다. 그동안 학생들이 박정희 정권에 맞서다가 희생당한 수가 이
만저만이 아니었다. 그래서 중앙정보부와 경찰이 '문제 학생'을
감시하고 탄압하다 못해 교수들까지 동원했다. 특히 국립대학은
학과별로 주요 학생마다 지도 교수를 임명하여 감시하고 보고
서를 쓰도록 했으며, 해당 학생이 시위하다가 걸리면 지도 교수
를 문책하겠다고 협박까지 했다. 대학 당국도 거기에 따르는 대
응책을 세웠는데, 그 양상이 자못 흥미로웠다. 예컨대 학생 지도

는 학생처 소관이라 각 교수는 학생처의 지시를 받아서 학생을 지도하고 그 결과를 다시 보고해야 했다. 전남대학교는 이 같은 일을 잘하기 위해 1975년에 '상담지도관실'을 설치했다. '상담지도관실'은 학생들의 움직임을 감시하고 정보기관의 지시를 효율적으로 이행하기 위해 단과대학에서 주최하는 체육대회도 연 1회로 제한하고, 학생들의 쌍쌍파티가 시기상조라 하여 카니발도 허용하지 않았다. 온 대학이 바야흐로 군대처럼 변해가는 것을 학생도 교수도 그냥 지켜보기가 쉽지 않았다. 그 상황에서 교수가 비밀 사찰 요원처럼 학생 몰래 지도 보고서를 쓰는 일도 말이 안 되는데, 담당 학생이 시위하여 문책을 받을 게 염려된 교수들이 문제 학생을 찾아다니며 술을 사고 회유를 하는 일까지 벌어졌다. 그뿐만 아니라 학생들이 많이 모이는 자리에 학장이 강의 시간표를 짜듯이 설계하여 교수들을 배치했다. 전남대 인문대학 등나무 벤치 앞에는 주로 신임 교수들이 배치되어 보초를 섰는데, 어떤 대학에서는 그런 교수들에게 돌멩이질까지 하는 사태가 벌어지기도 했다. 소위 학문의 전당이라는 대학이 이 지경이 되는 과정을 송기숙 교수는 모멸감이 들어서 견딜 수 없었다. 그리하여 신학기가 시작되자 자신이 홀로 서울 사정을 알아보려고 서울대학교에서 해직된 백낙청 선생을 찾아갔다. 얘기를 들어 보니 서울에 있는 대학들도 사정은 마찬가지여서 혹시 그에 대해 문제의식을 느끼는 '현직 교수'가 있다면 그와 의논을 나누고 싶다고 하여 서울대학교 경제학과 안병직 교수를 소개받았다. 그리고 진지한 상의 끝에 내린 결론이 이랬다.

"안 선생님! 이미 신학기가 시작됐어라우. 필시 학생들이 일어날 것이고, 또 희생자가 생길 거 아니요. 만약 그렇게 되면 이번에는 희생 학생이 서울대 학생이든 제주대 학생이든 한 명만 나와도 전국의 교수들이 규탄 성명을 냅시다."

이렇게 말하고 돌아와서 송기숙 교수는 동료들과 함께 비상구를 모색하면서 여러 차례 서울을 들락거려야 했다. 그런데 이상하게도 그해에는 시국이 잔뜩 긴장해 있으면서도 특이한 동향이 발생하지 않았다. 한국의 대학은 해마다 4·19를 기념하여 군사 정권을 규탄해서 그때가 되면 반드시 무슨 사건이 터지기 마련인데 그해에는 아무런 시위가 일어나지 않았다. 유신의 서릿발이 칼바람 같아 어느 대학에서도 학생들 시위가 없었다. 결국, 5월이 가고 6월에 들어서도 꼼짝도 하지 않았다. 그 사이에 송기숙 교수는 '해직교수협의회' 성래운 대표와 접촉하여 비인간적이고 비민주적인 교육 정책을 비판하다가 이제 그에 대해 선제적으로 의사를 표현하기로 뜻을 모으게 되었다. 그리하여, 당시 한국 교육의 모순을 집약적으로 나타내는 '국민교육헌장'의 문제점을 지적하는 「우리의 교육지표」를 채택하기로 하자 전국적으로 큰 반향이 일어났다. 서명 교수가 이미 50명을 넘었고, 발표할 때는 70명에 이를 것으로 확인되었다. 유신체제의 교육이념에 국립대 교수들이 반발하는 건 대단히 큰 항명에 속하므로 이게 언론을 타면 외신이 가만히 있을 리 없었다. 물론, 새 한 마리 쥐 한 마리까지 통제한다는 정보부가 이를 눈감고 지나갈 턱이 없는 까닭에 일이 실행되기까지 많은 난관이 따르기 마련이었다. 무엇보다도 도청盜聽 때문에 전화를 마음대로 걸 수 없어서 쉬쉬하면서 간접적인 방법으로 연락을 취했는데, 그러다 보니 계획이 중도에 변경되고 말았다. 전국 교수들의 집단행동이 여의치 않으므로 서명 문건을 각 대학 단위로 발표하기로 했는데, 그와 함께 서울의 일부 교수가 빠져나가고 만 것이다. 그 래도 정보가 언론사에 흘러 들어간 터라 성래운은 전남대 교수 11명의 이름으로 이를 발표하고 사후 양해를 받으려고 광주로 내려왔다. 결국에는 전남대학교 교수들이 독박을 쓴 셈인데, 상황은 이미 돌이킬 수 없었다. 중앙정보부가 출동하여 송기숙 교수를 비롯한 전남대 교수들을 일단 잡아 가두고 뒤를 캐기 시작했다. 서울지역에서 유일하게 서명 교수 명단을 가지고 있던 성래운 대표는 어쩔 수 없이 잠적하는 상황이 되었다. 바로 이 같은 일이 광주에서 벌어질 때는 저항의 강도가 타지와 비교할 수 없이 컸다.

한국 사회에서 송기숙은 『자랏골의 비가』로 알려진 일개 소설 가에 불과하지만, 전남대학교에서 송기숙의 위상은 달랐다. 그는 비극적인 시인 이상을 전공한 학자로서 정치색보다는 학문의 향기가 훨씬 짙은 교수였다. 성격조차 소탈하고 대범하며 권위 의식이 없어서 그를 존경하는 제자들이 상당수였다. 그런데 때마침 전남대학교에는 그런 교수가 송기숙 말고도 꽤 여럿이 었다. 가령, 그해 4월을 앞두고 학생처에서 요주의 학생에 대한 특별지도를 부탁할 때 박기순을 담당한 교수는 국사교육과 홍승기였다. 이때 홍 교수는 박기순에게 수시로 면담을 진행해야 했는데, 지식인의 소양을 제대로 갖춘 학자와 착하고 온순한 학생의 면담 분위기가 늘 평화로웠다. 박기순도 홍 교수의 이야기에 함부로 이의를 달거나 퉁명스럽게 굴지 않았지만, 홍 교수도 박기순의 진지한 태도와 사려 깊은 모습을 몹시 존중했다. 그래서 두 사람은 저임금에 허덕이는 노동자와 다국적 기업이 저지르는 임금 착취에 대해서 마음껏 생산적인 토론을 할 수 있었다.

저임금의 문제나 그 해결을 보장하는 민주화의 문제에도 똑같이 공감하였으나 이를 해결할 방법론에는 차이가 있었는데, 홍 교수는 자신의 직분을 중시하는 쪽이고, 박기순은 구체적인 운동을 우선시해야 한다는 주장이었다. 그렇다고 충돌이 일어날 가능성은 전혀 없었다. 서로가 상대방의 입장을 깍듯이 예우하고 배려하는 버릇이 몸에 붙어 있는 까닭이었다. 그런데 4·19가 가까워지자 학교 당국이 몹시 긴장하여 사범대학 학생과장이 홍 교수를 불러서 4·19가 끝날 때까지 박기순을 집에 데리고 있도록 했다.

홍 교수는 박기순을 불러 며칠을 함께 보내자고 하였고, 박기순도 이의를 달지 않고 교수의 말을 따랐다. 그런데 느닷없이 홍 교수의 집을 찾아온 사람이 있었다.

"박기순을 데리고 있지요? 내가 좀 데려가겠습니다."

"무슨 일인데요?"

"정보부에서 조사할 일이 있어요."

"지금 학생을 연행하겠다고 말하는 건가요?"

"긴히 조사할 일이 생겼으니 협조하세요."

도대체 말이 되지 않는 소리였다. 홍 교수는 바로 거부하였다.

"돌아가세요. 내가 소속된 학교의 직속상관인 학생과장, 아니면 학생처장의 말이 아닌 한 나는 누구의 요청에도 따를 수 없어요. 내가 학생을 데리고 있는 것도 직속상관의 지시에 따른 겁니다."

그러나 정보부 요원은 막무가내였다. 당시 녹두서점에서 김남주 시인이 가르치는 일본어 강독 모임에는 전남대 정용화, 박현옥, 민청학련 출신 성찬성, 서울대 제적생 최권행, 서울사대 휴학생 김현준, 또 전남대 활동가 노준현, 안길정, 조봉훈, 박몽구, 김선출 등이 참여하고 있었다. 은밀하게 비합법적으로 공부하는 이곳의 교재가 『파리 코뮌』이었는데, 박기순도 이곳에서 공부하던 터에 한 수강생이 밀고하여 중앙정보부가 출동했다. 김남주 시인은 최초의 저항운동을 전개한 '〈함성〉지 사건'의 주모자였고, 그에게 영향받은 동료들이 민청학련을 주동했으니 정보부로서는 이들을 발본색원하고자 노력하는 중에 전남대학교 학생운동의 비밀 학원을 발견한 것 같은 사건을 접한 터라 김남주를 잡고자 혈안이 돼 있었다. 게다가 김남주는 당시 보성에서 농민운동을 하는, 박기순의 작은오빠 박형선과 의형제를 맺은 사람이었다. 이에 정보부 요원들은 홍 교수의 말을 들은 척도 하지 않았다.

"물정 모르는 사람도 아니고, 교수가 이러면 곤란합니다. 내 당신한테 한마디 하겠소. 이 나라에 사는 한 누구도 정보부의 일을 방해할 수 없소. 무슨 말인지 알아듣겠소?"

정보부는 우격다짐으로 홍 교수의 집안까지 들어가서 보란 듯이 박기순을 끌고 갔다. 홍 교수는 참담했다. 자신이 박기순을 데리고 있는 사실을 아는 사람은 학생과장과 학생처장 두 사람밖에 없었다. 홍 교수는 처음에는 학생처에서 정보를 넘겼다고 의심하다가 한 발 더 들어가게 되었다. '어쩌면 학생처는 박기순을 연행하려는 정보부의 지시에 따라 교수가 집에 데리고 있도록 만들었는지 모른다.' 그리하여 곧바로 학생처로 달려갔다. 그리고 닿자마자 문을 박차고 들어가 소리 질렀다.

"내 학생을 당장에 찾아와 원위치시켜주시오."

이렇게 소란을 피운 끝에 이튿날 정보부에서 신병을 인도해

가라는 전갈을 받았다. 홍 교수는 곧장 화정동에 있는 중앙정보부 광주 분실로 달려갔는데, 가관이었다. 그가 인도된 곳은, 어두컴컴한 어느 지하방이었는데, 벽에는 여기저기 핏자국이 묻어 있었다. 박기순은 그 희미한 전구 아래 앉아 있었다.

"기순아 너 괜찮아?"

정보부원이 손으로 입술을 가려 소리 내지 말라는 신호를 보냈다. 그리고 자신이 불러주는 대로 서약서를 쓰게 했다. 학생을 선도하겠다고 약속하는 문서였다.

6 · 29 시위

　이런 분위기에서 학생들은 송기숙 교수가 유신독재의 참담한 교육 현실에 경종을 울리기로 했다는 용기와 결단을 내린 사실만으로도 가슴이 두근거렸다. 그런데 그런 송기숙 교수의 신상에 강제 해직과 투옥 같은 정치적 폭압이 가해진다고 하니 이를 도저히 참을 수 없었다. 김수영의 시 「폭포」가 노래했듯이, 곧은 소리는 곧은 소리를 부르는 법이다. 그로 인한 돌발 상황은 이미 시작되었다. 그러니까 송기숙은 6월 26일 저녁에 녹두서점에 들러 「우리의 교육지표」라는 선언서를 건네주면서 강제 해직과 투옥될 것을 각오했다고 밝혔다. 선언서를 받아든 녹두서점의 김상윤은 이를 학생 사회에 영향력이 큰 활동가 정용화와 노준현에게 전하고, 이어서 YWCA 조아라 장로, 양림교회 이성학 장로, 홍남순 변호사에게도 알렸다. 그리고 6월 27일 송기숙 등 전남대 교수 11명이 붙들려 갔다는 뉴스가 보도되자 광주의 재야인사들과 학생운동가들이 분주해지기 시작한다. 마침내 6월 28일 교수들이 중앙정보부에 잡혀간 사실을 알게 된 학생들은 다음 날부터 곧장 교수 석방을 외치며 시위에 들어갔다. 포문을 연 것은 기독학생회였다. 안길정 · 이영송 · 이택 등이 활동하는 기독학생회는 인문대 등나무 넝쿨 아래서 '교육지표 사건'의 경위와 교수들의 연행 사실을 알리면서 연행된 교수의 석방을 촉구하는 기도회를 열었다. 그러자 흥분한 학생들이 중앙 도서관으로 몰려갔는데, 때마침 시험 기간이라 도서관에서 공부하고 있던 학생들이 우루루 잔디밭으로 나왔다.

"연행 교수 석방하라!"

안길정이 구호를 선창하자 도서관 행정 공무원과 학생과 직원들이 달려들어서 제지하려 들었다. 여기에 학생들이 일제히 야유를 퍼부어서 응원을 시작하는 바람에 아무도 이를 강제 해산하지 못했다. 연이어 노래와 구호가 제창되고 집단 성토가 일어났으나 다행히도 더 이상의 마찰은 생기지 않았다. 하지만 이는 어디까지나 예고편에 지나지 않았다. 기도회가 끝나고 학생들이 하나둘 상대 뒤 라면집으로 모여들어 술자리에서 분통을 터뜨리기 시작한 것이다. 상대 뒤 라면집과 술집에는 안길정도 있고 이영송도 있었으나 사태는 이미 그들이 감당할 수준을 넘어 버렸다. 기도회의 주모자들보다 일반 학우들이 더 들떠 있었다. 까닭에 곳곳에서 그간에 참아온 울분을 쏟으며 이제 대대적인 시위를 벌여야 한다고 기세를 모았다.

"이번에 학생과에 가서 사찰반을 들어 엎어 버리자."

학생들이 이렇게 기염을 토하는 이유는 따로 있었다. 학생처와 상담지도관실, 또 중앙정보부와 경찰이 학생 지도에 관여하면서 야기되는 문제가 한둘이 아니었다. 학생 서너 명만 모여도 주시의 대상이 되었고, 프락치를 통해 학생 사회를 감시했다. 누가 프락치일 거라는 소문, 혹시 프락치가 아닐까 하는 의심이 전염병처럼 퍼졌다.

"그 자식들 이번에 혼쭐을 내야 해."

여기에 꽤 많은 수가 호응하였다. 다음 날 즉각 행동에 돌입하지 않으면 학생들이 오히려 당할 거라는 의견이 중론이었다. 주요 활동가들이 이 점을 놓칠 리 없었다. 그리하여 그날 저녁 정용화가 모임을 소집하고 주요 활동가들이 동의하여 대거 계림동으로 몰려갔다. 목격자들은 그날 녹두서점 근처에 있는 이황의 자취방 댓돌에는 무수히 많은 신발이 흩어져 있었다고 한다. 예견되고 준비된 자리가 아니었지만, 매우 진지한 토의가 이루어졌음은 더 말할 나위도 없다.

방 안에는 알 만한 얼굴들이 비장한 표정들을 하고 있었다. 나이 든 인문대 1학년생 정용화, 화공과 2학년 노준현, 사회학과 3학년 김선출, 법학과 3학년 김윤기, 영문과 3학년 안길정, 영문과 4학년 박현옥, 인문대 1학년 박몽구, 농대 조봉훈 외에도 꽤 많은 사람이 참석한 자리였다. 이번 기회를 놓치지 말자고 제1성을 지른 사람은 조봉훈이었다.

"야, 언제까지 참을 거야. 이제 들고 일어서자. 연행 교수 석방을 요구하는 대대적인 시위를 즉각 터뜨리자. 그리고 그를 위해 여기서 당장 역할을 분담하자."

무겁고 침통한 분위기에서 빠른 속도로 의견 통일이 이루어졌다.

"이건 순전히 자발적인 자리이니, 원하지 않는 사람은 빠지기로 합시다."

어쩌면 모인 사람 전원이 주동자로 생각하는지 꽁지를 빼려는 사람이 없었다. 그리고 일시를 바로 다음 날로 잡자는 결론이 나왔는데, 활동가가 많았으므로 누가 나서든 유인물 준비와 학생 동원에는 어려움이 없어 보였다. 문제는 시위를 책임질 주동자인데, 모인 사람 중에 좌장은 정용화였지만 그는 겨우 1학년에 불과했으므로 표면에 나서는 게 너무 어색하다고 했다.

"체면상 3학년이나 4학년 중에서 누가 주동자로 나서라. 나머지 모든 준비는 오늘 모인 우리가 다 함께 나서자."

이때 나선 사람이 노준현이었다.

"제가 나설게요."

주동자가 노준현으로 정해지자 박몽구와 박석삼이 선언문을 담당하고, 이어서 순조롭게 배포구역이 정해졌다. 박석삼은 전남대생이 아닌데도 이 무렵에는 윤한봉의 뜻에 따라 박기순과 함께 노동운동을 지원하고 있었다.

다음 날 상대 뒤편 반룡마을 들목에는 아침 일찍부터 조봉훈, 안길정 등이 앉아 있었다. 이윽고 김선출이 택시 뒷좌석에 싣고 온 유인물 상자를 땅바닥에 내려놓았다. 조봉훈과 김윤기가 유인물을 갈라서 각각 농대 법대 문리대로 흩어졌다. 사범대 문승훈은 재기가 번뜩이는 신영일을 불러 배포하기 시작했다. 한 차례 교실을 돌며 좌르르 뿌린 뒤 다시 등나무 넝쿨 아래에서 시간이 되기를 기다렸다.

교실로 들어선 학생들은 유인물을 보는 순간 교수들의 선언으로 촉발된 전남대 안의 불온한 움직임이 제 코앞에 들이닥친 걸 깨달았다. 오래지 않아 등나무 넝쿨 벤치에서 힘찬 구호가 터져 나왔다.

"모이자. 중앙 도서관으로!"

함성을 들은 학생들은 유신 선포 이후 소문으로만 들었던 데모를 터뜨리는 행동대로 돌변했다.

"연행 교수 석방하라!"

"석방하라!"

먼저 모인 학생들은 스크럼을 짜고 상대 법대 농대를 돌면서 학생들을 모았다. 그리고 문리대로 돌아와 사대를 거쳐 중앙 도서관 쪽으로 향했다. 10시에 도서관 앞에서 열린 집회는 다수의 학생이 모여 계단과 1층 현관을 빼곡히 메웠다. 유인물이 낭독되고 구호가 이어졌다.

"학원 사찰 중지하라!"

"유신 교육 철폐하라!"

그렇게 함성이 교내를 뒤흔들 때 주동자의 얼굴이 대중 앞에 나타났다. 오전 11시 노준현이 인문대 등나무 앞에서 선언문을 낭독하고 "연행 교수 석방하라!"는 구호를 외치면서 본진을 중앙 도서관으로 이끌었다. 중간에 학생과 직원들과 교직원을 가장한 경찰 형사 일행이 사생결단하듯이 끼어들어 사납게 소리치며 고압적으로 저지하자 대열이 일시 해산되었다. 그 틈에 학교 상담실 직원들이 노준현을 가로챘다. 노준현은 강제로 끌려가 도서관 숙직실에 감금되었다. 그 바람에 예정에 없는 돌출 상황을 맞아서 대열이 잠시 갈팡질팡하게 되었다. 그러나 집단 시위란 일단 불이 붙으면 주동자의 의지와 상관없이 스스로 타오르는 불꽃 같은 양상을 보이기 마련이다. 중간에 이런 상황을 만났을 때 아주 뛰어난 능력을 발휘할 사람이 대열 속에 있다는 사실을 당시에는 아무도 예측하지 못했다. 그 대표적인 사람 중 하나가 박병기였는데, 그는 학기말 보고서를 제출하러 학교에 나왔다가 도서관 앞에서 들려오는 함성을 들었다. 그리고 '연행 교수 석방'이라는 구호를 알아듣고 쏜살같이 달려왔다. 이때 소나기가 한바탕 퍼부으면서 시위 학생들이 도서관으로 들어갔는데,

그가 시위대에 합류하려고 하자 직원들이 막아서 승강이가 벌어졌다. 박병기는 포기하고 나가는 척하다가 공대 뒤쪽으로 돌아서 도서관 비상계단을 통해 2층 농성장으로 올라갔다. 농성장 학생들은 잠시 쉬고 있었다. 주동했다는 노준현은 보이지 않고, 박몽구, 안길정, 문승훈 등이 있었다. 다소 지쳐 보이는데, 누군가 등을 떠밀며 앞에 나가서 노래라도 부르라고 했다. 박병기는 먼저 함평 고구마 사건 단식농성 때 배운 노래를 불렀다. 농성 학생들이 〈농민가〉와 〈스텐카 라진〉을 가르쳐 달라고 환호했다. 그러자 뛰어난 선동 연설을 시작했는데, 그 거침없는 웅변에 열기가 한껏 고조되었다. 그리고 다시 누군가가 나서서 뒤를 바쳐 줘야 하는데 이를 이끌 사람이 없었다. 이때 사범대에서 선언문을 배포하고 돌아온 문승훈이 갑자기 후배의 등을 떠밀었다.

"영일아, 나는 내일 주동자로 정해져 있어. 니가 얼른 앞에 나가서 시위대를 이끌어라."

이렇게 해서 등에 배낭을 멘, 보헤미안 특유의 여행자 냄새를 풍기는 청년 하나가 떠밀려 나왔다. 그리고 이때부터 자유로운 청년 신영일의 시간이 펼쳐지기 시작한다.

사위는 삼엄했다. 삼백 명이 넘는 학생이 집결한 가운데, 시위를 저지하기 위한 교직원들이 주변을 에워싸고 있었다. 박병기의 연설이 끝나자 분위기가 한층 고조되어서 이를 막으려는 분위기도 더없이 살벌했다. 그러나 느닷없이 등을 떠밀려서 나온 신영일은 전혀 거리낄 것 없이 광대 기질을 발휘하기 시작했다.

"저는 국사교육과 2학년 신영일입니다. 연행 교수들이 석방되고 긴급조치 9호가 철폐되기 위해서는 우리 학생들이 끝까지 항의해야 합니다. 다 함께 해방가를 합창합시다."

신영일이 "어둡고 괴로워라 밤이 길더니"를 선창하자 농성 참가자들이 일제히 따라서 했다. 사전에 그런 역할을 하도록 계획되어 있지 않았는데도 신영일은 너무나 능숙하게 노래를 지도하고 구호를 외쳤다. 대중 앞에 선 그의 몸짓이 하도 흥에 겨워서 농성 학생들은 다들 그 재미에 빠져서 이끄는 대로 흘러갔다. 이제 강물처럼 자연스러운 흐름이 만들어져서 분위기가 안정되자 시위대의 열기가 더욱 고조되었다. 이렇게 학생들의 위세가 커지자 학생과에서 나온 사찰반은 부리나케 도망쳤다. 곧 지원병력을 데리고 나타날 것이었다. 신영일은 학생들을 이끌고 도서관 4층으로 올라갔다. 새로운 주동자가 출현한 셈이다. 신영일을 중심으로 단결된 대오가 형성되자 학생들이 금방 질서정연하게 놓였던 책상과 의자를 치웠다. 그 자리에는 거대한 무대와 같은 공간, 곧 전남대 6·29 시위를 절정으로 이끄는 농성장이 생겨났다. 학생들이 집기를 밖으로 끄집어내는 북새통에서도 일부 교수들이 안절부절 기웃거리는 것이 눈에 띄었다. 무슨 책임 추궁이라도 당할까 봐 지도책임을 진 학생들을 데려가려고 왔는데, 학생들이 이를 사정없이 뿌리쳐서 망신을 당하기도 했다. 삽시간에 책상과 의자로 얼키설키 쌓은 탑이 계단을 막아 버렸다. 경찰이 올라오려면 이 거대한 바리케이드를 뚫어야 했다. 그리고 그보다 더 단단히 막고 있는 학생들을 격파해야 했다.

기동 경찰이 출동하여 도서관 바깥에 진을 치고 학생처장을 비롯한 교수들이 진입하여 농성을 풀려는 시도를 멈추지 않았다. 그래도 노래와 구호와 함성이 온 도서관을 떠내려 보낼 듯 들쑤셨다. 오후 4시가 되어도 열기는 식지 않았다. 도서관이 함성과 구호로 터질 듯했다. 박몽구의 선동적인 웅변에 학생들의 울분이 용광로처럼 끓어오르고 신영일은 계속 노래를 지도했다. 문승훈은 바리케이드 설치, 최루탄 대비 방법 공지, 식수 식량 확보조를 준비했다. 자발적으로 급조된 별동대가 상대와 교문 밖에서 음식을 사날랐다. 시위의 주력은 도서관에만 있는 게 아니고 몇 개로 갈라져 있었다. 백여 명으로 이뤄진 한 떼는 도서관 광장 앞 분수대 주변에서 스크럼을 짜고 돌고 있고, 농대 쪽에서는 교문 밖 진출을 꾀한다는 소식이 들려왔다.

경찰이 교내에 들어온 것은 땡볕이 수그러드는 5시 이후였다. 전경대가 소방호스로 물을 쏘고 밧줄을 걸어 4층으로 올라왔다. 빵, 빵, 빵! 사방에서 폭음이 났다. 연이어서 최루가스가 터지면서 농성장은 눈이 맵고 콧물이 흘러서 견딜 수가 없었다. 이내 바리케이드가 허물어지고, 학생과 경찰의 몸싸움이 치열하게 벌어졌다. 경찰이 중앙 도서관에 진입하여 최루탄을 쏘고 닥치는 대로 곤봉을 휘둘렀다. 경찰의 곤봉에 맞은 여학생들이 날카로운 비명을 질렀다. 신영일은 안경이 깨지고 옷이 찢긴 채 1층으로 탈출했다. 학교 곳곳에서 경찰과 학생이 쫓고 쫓기는 숨바꼭질 공방이 계속되었다. 신영일은 분수대에서 쫓기며 구호를 외치는 대열에 합류했다가 본부 건물 쪽으로 밀렸다. 한동안 3층 계단에서 시위학생과 교직원들이 대치했다. 그러다 마침내 계단 통로가 열리고 힘이 부족한 학생들이 밖으로 밀려 나오자 다시 분수대 앞에 모여 구호를 외치고 노래를 불렀다. 밖에서 대기했던 진압 경찰들이 그들을 에워싸고 또 해산을 종용했다. 시위를 주동한 문승훈 주위에 많은 수가 몰려 있었는데, 그중에는 박기순도 있고 임낙평도 있었다. 그렇게 도서관 앞에서 대치하다가 마침내 최루탄 세례를 받고 하나씩 연행되기 시작했다. 신영일도 임낙평도 군홧발에 채이고 경찰봉에 맞으며 차에 실렸다.

학생들이 연행된 곳은 광주 서부경찰서였다. 6월 29일부터 7월 1일까지 3일간에 걸쳐서 1970년 이후 최대 규모의 거리 시위가 이어지고 오백여 명이 경찰에 연행됐다. 경찰서는 정원을 초과해 버렸다. 일행은 하나씩 선별되어 강당으로 불려갔다. 연행학생 수십 명이 강당에 있는 동안 주동자급은 선별되어 다른 곳으로 조사받으러 나가고 단순 가담자는 강당에 남았다. 저녁을 먹고 난 후 경비가 느슨해지자 단순 가담자들은 다음 날 훈방될 거라는 이야기가 돌았다. 신영일은 이곳에서도 토론하고 노래도 부르면서 분위기를 되도록 밝게 만들었다. 가능하면 학우들이 당황하지 않도록 타이르면서 신영일이 소곤소곤, 시위가 왜 정당한지를 설명해주었다. 이렇게 '검은 태양'이라는 별명 값을 제대로 하는 모습을 박기순이 눈여겨보고 있었다. 처음에는 훈방 대상으로 분류돼 있던 신영일도 결국 주동자 쪽으로 옮겨졌다. 노준현과 박현옥, 이영송은 심문을 받느라 밤새도록 불려 다녔다. 노준현은 고요한 표정으로 평정을 유지하고 있었으나 박현옥은 심문을 받고 올 때마다 울고 또다시 불려갈까 봐 불안해했다. 그래서 박병기가 곁에 가서 담배를 피우라고 가르쳤다. 7월 9일 신영일은 엄창수·허민숙과 함께 훈방으로 풀려나고, 노준현·이영송·박현옥·안길정 등은 구속되어 유치장으로 넘겨졌다.

3
박기순의 시간

하늘을 날기 전에 상처 입은 새

신영일은 훈방으로 풀렸으나 대학 당국으로부터 무기정학 처분을 받았다. 이는 가족들에게는 감당하기 어려운 시련의 하나였다. 아버지는 만년 야당을 할 정도로 정치의식이 높았으나 경제 활동에는 그다지 유능하지 않았다. 빈농의 자식으로 가방끈조차 짧았으므로 살림을 일으킬 여력도, 기회도 얻을 수 없었다. 당시에는 건축 재료 판매업을 했는데, 반은 일용직에 가까운 삶이었다. 이렇게 가난한 집안에서 중학교와 고등학교에 다니는 동생을 두고 있는 장남이 정학 처분을 받은 소식은 청천벽력 같은 날벼락이었다. 신영일은 아버지의 마음을 누구보다도 잘 아는지라 마음이 편치 않았다. 하지만 자신은 엄연히 사범대학에 재학 중이고, 교사에게는 국가와 사회가 요구하는 품행과 자질이 엄격하였으므로 달리 선택할 길이 없었다. 그래서 졸지에 사찰 기관의 요시찰 대상이 되는 것도, 또 학교 당국이 '근신 처분'을 내리는 일도 달게 받아들여야 했다.

그러나 신영일은 집에만 박혀 있을 여가가 없었다. 6·29 시위 이전에 박기순과 약속한 일정이 이미 진행된 까닭이었다. 그들은 우선 공감대 형성을 위한 '학습'부터 시작했다. 가장 중요한 책은 브라질의 교육학자 파울루 프레이리의 『페다고지』였는데, 뜻밖에도 생각하고 토론할 내용이 많았다. 신영일은 이 책이 노동자 교육뿐 아니라 머잖은 장래에 교사의 길을 가야 할 자신에게도 중요한 지침을 제공한다고 생각했다. 그런데 어느 날 갑자기 삶에 회의감이 들어서 박기순·임낙평과 약속해 놓고 장소에 가지 않았다. 무슨 사고가 났을까 걱정하던 두 사람이 마침내 집으로 찾아왔다. 근처 술집으로 자리를 옮겨서 이야기가 시작되었다. 임낙평이 왜 약속을 지키지 않았느냐고 물었다. 그가 답했다.

"가기 싫어서 안 갔어. 버스를 타고 약속 장소로 가다가 왠지 외롭고 불안해서 버스에서 내렸고, 혼자 좀 걷다가 집으로 돌아와 버렸어. 마음이 내내 뒤숭숭해서."

박기순은 아무 말도 하지 않고 듣기만 했다. 다들 불안하고 긴장된 나날을 살고 있었다. 더구나 신영일은 무기정학에 처한 상황이라 그가 집안에서 받을 심리적 압박과 가정사의 고뇌를 능히 짐작할 수 있었다. 그렇다고 박기순이 아까운 인재를 쉽게 포기할 사람이 아니었다. 박기순은 평소에 말이 없으나 좀처럼 지치지 않는 성격이었다. 목소리도 걸걸하고, 사내들처럼 털털하면서도 매사에 차분하고 실행력이 높았다. 그런 성격, 자기 생각을 아무런 계산 없이 행동에 옮기는 담백함 때문인지 사람들은 박기순의 말을 들으면 쉽게 설득되고는 했다. 그런 박기순이 신영일의 일탈에 불평을 늘어놓지 않는 이유는 그의 사람됨과 성격을 너무나 잘 아는 까닭이었다. 박기순은 그동안 여러 사람에게 신영일에 관한 이야기를 들었을 뿐 아니라 그 자신도 세심히 관찰해 왔다. 신영일의 장점은 단지 '이념'을 추구하는 쪽에 있는 게 아니라 성격 자체가 선천적으로 건강하다는 데 있었다. 이세천 선배도 그 점을 높이 사고 있었다.

그 당시 가장 인상에 남았던 것은 그의 열정과 더불어 그의 융통성이었다. 당시 하나의 사상에 경도되었던 나로서는 그의 사고방식이 의심스럽기까지 한 적도 있었다. 그러나 자신의 생각을 어떤 주의나 사상에도 얽매지 않고 진심을 다해 제시하고 설득했다. 그의 주장의 근저는 항상 '무엇이 옳은가'와 '무엇이 가능한가'였다. (이세천, 「영일이를 생각하며」, 『신영일을 배우자』, 46쪽)

이는 학생운동에 임해서만 나타나는 습성이 아니었다. 어쩌면 신영일의 본디 마음자리가 그런 차원에 가 있다고 해도 될 만큼 근원적인 특질이었다. 언젠가 문익환 목사는 '평등'과 '평화'의 차이에 관해서 이야기한 적이 있는데, 평등이 '차별이 없는 상태'를 말한다면 평화는 '삶의 환희가 깃드는 상태'를 말한다. 평등하다고 해서 삶의 환희가 보장되는 것은 아니다. 거기에는 생명의 약동과 신명이 살아 있어야 한다. 그런 의미에서 신영일은 늘 '평등'보다 '평화'를 꿈꾸는 사람이었다. 그는 신명이 넘치는 자리에 몸을 던지는 사람이므로 자신의 이웃들도 모두 그런 상태에 놓이기를 희망했다. 그래서 신영일과 절친한 박순은 이렇게 말한다.

정열이 과한 자는 본시 소영웅심리나 독선의 자만이 심하여 주위를 포용하지 못하기 쉬운 법이며, 집중이 뛰어난 자는 시야가 협착한 게 인지상정이다. 회고하건대, 그는 참으로 기묘한 조화를 갖춘 성정의 인물이었던 것이며, 대개의 운동가들이 갖는 장단의 부조화를 뛰어넘는 조화된 일면에서는 초월적인 성격 속성을 지녔던 것 같다. 이런 점은 당시의 친우들 대개가 수긍하였던 점이었다. (박순 「지우추상」, 『신영일을 배우자』 70쪽)

물론 이 같은 성품은 조직운동을 하는 이가 보기에는 교정할 바가 없지 않았다. 그러니까 6·29 시위로 무기정학을 당하기까지 그의 감정 형식은 재수생 시절에 일일 찻집 '조나단의 밤'을 열던 때로부터 크게 벗어나 있지 않았다. 그가 도서관에서 농성하는 학우들 앞에 서서 대열을 이끌고 구호를 외칠 때도 마찬가지였다. 그렇다면 그날은 되도록 임낙평이 말하는 게 좋을 터였다. 임낙평은 신영일이 몹시 편하게 생각하는 친구일 뿐 아니라 목소리도 작고, 군소리가 없으며 책임감이 강했다. 셋이서 만났을 때 신영일이 떠들지 않으면 한마디의 농담도 나오지 않을 정도였다. 그래서 오히려 진지한 대화가 잘 통했는데, 그날도 둘 사이에 많은 이야기가 오갔다. 주로 이런 이야기들이었다.

1962년부터 1977년까지 약 700만에서 750만의 농촌 인구가 도시로 이동했다. 그들 중 5분의 1은 공장 노동자가 되고 나머지는 도시 빈민으로 전락하였다. 그리하여 절대적 생존 투쟁에 내몰린 이들이 모여 살기 시작한 판잣집이 1970년대 중반에 서울 인구의 3분의 1을 차지하게 된다. 그만큼 실업자가 넘쳤기 때문에 공장에서는 가혹한 노동 조건과 살인적인 저임금 효과를 마음껏 누릴 수 있었다. 정상적인 취업에서 밀려난 사람들은 비정규적인 서비스 분야로 내몰렸으며 젊은 여성들은 유흥가 신세가 된다. 여기에 강압적 개발 도상국의 참담한 치부가 있다. 외화벌이를 장려한답시고 국가가 매매춘을 유도하는 것이다. 1973년 박정희 정권은 매춘부들에게 허가증을 주어 호텔 출입을 자유롭게 하고, 외국인 여행자를 상대하는 업소는 통행금지 시간에도 영업할 수 있게 했다. 신바람이 난 여행사들이 기생 관광을 해외에 홍보하고 고급 관료들은 외국인 매매춘을 애국 행위로 장려하는 발언도 한다. 그래서 1970년대를 풍미했던 소설이자 영화 『영자의 전성시대』의 '영자'나 『별들의 고향』의 '경아'는 모두 고향을 등지고 쫓겨나 거리의 부랑아 신세가 된 농민의 딸들이다. 이런 현실의 밑바닥에서는 아직 조직되지 못한 민중의 저항 의식이 숨 쉬고 있는데, 이를 배운 자들이 언제까지 방관해야 하는가?

이야기를 나누던 중에 신영일의 마음이 차분하게 가라앉았다. 남들에게 말할 수 없는 내면의 분쟁이 수습된 것이다. 그와 동시에 신영일은 자신을 배려해주는 두 사람에게 뜨거운 동지애를 느꼈다. 주저앉으면 안 될 일이었다. 그래서 훌훌 자리를 털고 일어나면서 큰 소리로 말했다.

"낙평아, 일어서자. 야학 준비하러 가야지."

신영일의 역사에서 박기순을 만난 일처럼 중요한 사건은 없다. 그는 박기순과 의기투합이 되고 난 뒤부터 마음가짐이 달라지고 자신이 미처 깨닫지 못한 세계가 있다는 걸 알았다. 예컨대, 1970년대는 전태일의 죽음으로 시작된 연대였다. 서울 청계천 평화시장에서 봉제공장에 다니다 근로 기준법을 품에 안고 분신한 전태일은 "내게 대학생 친구가 있으면 얼마나 좋을까?"라는 말을 남겼다. 이는 깨어 있는 지식인에게 절대명령 같은 선언이었다. 한국 사회는 1970년대에 산업 공단이 늘어나면서 도시 빈민이나 농촌의 청소년들이 대거 노동자로 취업하기 시작했다. 이들은 대부분 나이도 어리지만 학력도 초등학교 졸업이 고작이었다. 문맹 수준을 겨우 벗어난 이들에게 배운 자들의 도움은 참으로 클 터이다. 그들을 대상으로 야학이 일기 시작했는데, 일반적으로 중등학교 교과 과정을 가르치는 검정고시 야학이 대다수였다. 그런데 박기순은 처음부터 노동운동가를 배출하기 위한 노동 야학을 준비하고 있었다. 그것은 말하자면 신영일의 영혼을 사로잡는 화두를 '자유'에서 '민중'으로 바꾸어 놓는 전환점이었다. 일개 여대생에 불과한 박기순의 어디에 그런 힘이 있었을까?

물론 박기순에게는 그럴 만한 내력이 있었다. 이를 신영일은 매우 천천히 알아가게 되었다. 박기순은 큰오빠가 전남매일 기자이고, 작은오빠는 전남대 농대 축산학과에 다니면서 민청학련 사건으로 투옥된 민주 인사였다. 전남여고 시절에 작은오빠 박형선, 언니 박평순, 막내 박동준과 함께 산수동에서 자취 생활을 했는데, 이미 대식구에 이르는 식솔들의 밥이며 빨래며 청소는 모두 언니가 맡았다. 박평순 언니는 광주교대에 다니는 학생이었지만, 집에 오면 늘 주인집 확독에 고추와 마늘, 밥을 넣고 갈아서 김치를 담기도 하고, 연탄불이 꺼질 때마다 신문을 돌돌 말아 불을 살리느라 억척이었다. 그래도 애오라지 제 공부만 알던 박기순이 변하기 시작한 건 작은오빠 친구들 때문이었다. 작은오빠 박형선은 광주일고 시절부터 싸움꾼이었는데, 그 무렵에는 민주화운동에 뛰어들어 1970년대의 광주를 대표하는 젊은 투사들과 어울려 눈코 뜰 새 없었다. 특히 유신체제에 맞서 최초로 저항의 불꽃을 올린 함성지 사건의 주범 김남주와 의형제를 맺고, 또 광주 전남지역 민주화운동의 지도부라 할 윤한봉의 핵심 측근으로 맹위를 떨치고 있어서 김남주와 윤한봉 외에도, 이강, 이학영, 김현장, 정상용, 최철, 김상윤, 윤강옥, 최권행, 고영하 등 걸출한 활동가들이 틈만 나면 그의 방에서 자고 갔다. 그중에서 가장 심하게 식솔 노릇을 하는 이가 시인 김남주였는데, 그는 남녀노소에 차별이 없는 사람이라 새파랗게 어린 박기순에게 독서 좀 하라고 통통 알밤을 먹이곤 했다. 그러면서 세상에서 가장 소중한 신분이라 할 노동자의 삶이 어떤 건지, 또 노동운동이 무엇인지 따위를 들려줄 때마다 박기순은 자못 심각한 사회과학 서적을 뒤지지 않을 수 없었다. 그토록 다정한 오빠 친구들에게 묻고 답하면서 의식화되었지만, 사람들은 이를 전혀 알아차리지 못했다. 박기순이 운동권 친구들에게 한 번도 '누구의 동생'이라고 말하지 않았기 때문이다.

내력

인간의 연계는 거미줄에 얽힌 거미의 영지와 같다. 눈에 보이지 않는 거미줄이 어느 영역을 연결하고 있는지는 줄을 친 거미가 아니면 이해할 수 없다. 박기순의 내력이 그랬다. 여고 시절 박기순은 특별한 친구가 없었다. 누구와도 두루 잘 지내는 편이지만 속마음을 털어놓고 속닥거리는 소위 단짝 친구가 없었던 셈이다. 그런데 어느 날 수업 시간에 책상 밑에 다른 책을 감춰놓고 보는데 이를 매우 호기심 있게 관찰한 친구가 있었다.

"기순아, 아까 무슨 책 봤어?"

전혜경이라는 친구였다.

"응, 무협지 봤어."

박기순은 무심코 대답했는데, 전혜경은 이 말이 너무나 통쾌했다. 평소에 조용한 친구가 수업 시간에 다른 책을 봐 놓고 엉뚱한 무협지를 보았노라고 답하는 거침없는 성격이라니. 그래서 바짝 친해지게 되었는데, 고등학교를 졸업할 때 전혜경은 서울 지역을 선택하여 고려대학교에 가고, 박기순은 광주에서 전남대학교로 진학하는 바람에 어쩔 수 없이 떨어지고 말았다. 그리하여 한 학기를 마치고 방학이 되자 전혜경이 박기순에게 와서 보름을 묵고 갔다. 전혜경의 집은 나주였는데, 광주 친구들을 보고 싶다고 와서 둘이서 세상 이야기도 나누고 여행도 함께 떠났다. 그러면서 지켜보니 박기순은 외모에도 전혀 신경 쓰지 않고, 또 부엌일을 얼마나 잘하는지 가정주부보다 능숙했다. 여행을 갈 때는 광주에서 야간열차를 타고 부산으로 가서 태종대 등지를 돌다가 부산역 앞 여관에서 1박을 했는데, 허름한 역전 여관 골목에서 술 먹고 싸우는 소리가 아무리 요란해도 전혀 놀라지도 않고 무서워하지도 않았다. 전혜경은 박기순이 20대 초반의 정신세계를 가진 사람이 아니라는 점에 놀라고 감동해서 그후로도 자주 안부를 전하고 소식을 주고받았다. 그러다가 2학년 겨울 방학이 되자 이번에는 박기순이 서울로 찾아가 전혜경과 돌아다니게 되었다. 그때 박기순은 언젠가 오빠를 통해 알게 된 서울대학교 학생 한철희를 만나서 동일방직 사건 이야기도 자세히 들었다. 한철희는 박형선 오빠가 농민운동을 하던 현장에서 농촌 활동을 하고 간 학생이었는데, 서울지역의 학생운동과 노동운동에 대해서 매우 잘 알고 있었다. 이 같은 과정을 거치면서 박기순은 일찍부터 관심을 둔 노동운동의 속살을 들여다보게 되었다. 당시 서울에서는 학생운동가가 노동 야학을 하거나 공장에 취업하는 '존재 이전'이 시작되던 참이었다. 한때 광주에서 극빈층 자녀들의 검정고시 야학을 경험했던 박기순은 사회과학 이론으로 무장된 학생운동가들이 펼치는 노동 야학이 너무나 궁금했다. 그런데 공교롭게도 전혜경의 오빠 전복길이 '겨레터야학'에서 '강학'을 하고 있었다. 전혜경도 오빠의 요청으로 강학을 하고 있다고 했다. 박기순이 광주에서 노동 야학을 설계하게 된 직접적인 계기는 이렇게 전복길·전혜경 남매로부터 시작되었다.

박기순은 전혜경과 함께 다니면서 열심히 취재하고 경험담을 청취했다. 그에 의하면 '겨레터야학'은 해방 후 처음 출현한 '노동 야학'이었다. 1970년 11월 서울 평화시장에서 전태일이 분신하자 한국 노동자의 열악한 상황에 눈을 뜬 지식인들이 노동 계급 문제에 고민하기 시작했다. 그중에서도 특히 서울로 진학한 광주일고 출신 대학생들이 1975년 신림동에서 최초로 노동 야학을 열면서 명칭을 '겨레터야학'이라 붙였는데, 그들은 파울루 프레이리의 저서 『페다고지』를 읽고 토론하면서 진정한 민중 야학에 필요한 개념들을 정리하여 실천적 방법론을 구축했다. 파울루 프레이리는 『페다고지』에서 억압자의 교육에서는 학생들이 세계 바깥에 있는 하나의 대상이 되어 사물로 전락하는 반면, 피억압자의 교육에서는 학생들이 세계 속에서 세계와 더불어 한 인격체가 된다고 말한다. 그래서 '겨레터야학'은 교사를 '강학'이라 부르고 학생을 '학강'이라 부르게 됐는데, 강학이란 가르치면서 동시에 배우는 자를 뜻하고, 학강이란 배우면서 동시에 가르치는 자를 이른다. 그런데 그해 가을 겨레터야학은 서울대생 반정부 유인물 배포 미수사건으로 초토화가 되고 만다. 이를 보고 온 박기순은 광주에서 노동 야학을 펼치려면 어떻게 하는 게 좋을지 갖은 궁리를 짜기 시작했다.

기회는 곧장 찾아왔다. 겨레터야학 강학 중에 배남효라는 사람이 있었는데, 역시 박형선 오빠가 농민운동을 하는 장소에서 농촌 활동을 한 인물이었다. 당시 그는 수배 중인데도 겨레터야학을 함께 한 후배들을 만나기 위해 광주에 온 것이다. 그래서 고향 나주에서 쉬고 있던 전복길과 하룻밤을 보내고 광주로 나와 최기혁, 김영철을 만났다. 그해 초에 박형선 오빠가 결혼식을 올릴 때도 참석했던 분이라 박기순도 친숙한 관계여서 그 자리에 불려 나갔다. 네 사람은 다방에서 만나 이 얘기 저 얘기를 나누다가 배남효가, 광주 양동시장이 유명하다는데 구경도 하고 술도 한 잔 마시자고 요청했다. 광주라는 데가 본디 이런 자리를 피하는 사람이 한 명도 없는 도시이다.

"우리 이왕이면 이렇게 하세. 양동시장에 늘어선 술집들을 다 한 번씩 들어가 보게. 막걸리를 한 주전자씩만 마시며 술집 순례를 하는 거여."

초저녁에 시작된 이 순례는 밤늦도록 계속되었다. 여기에는 사내처럼 털털한 박기순의 성격도 한몫을 톡톡히 했다. 처음에는 광주에도 노동 야학이 필요하다는 이야기로 시작했으나 나중에는 취기가 올라서 양동시장을 갈지_之 자로 걸으며 온통 누비고 다녔다. 그 아름다운 봄밤에 구상된 것이 광주의 노동 야학이었다. 박기순은 서울에서 겨레터야학을 이끈 최기혁, 전복길, 김영철의 도움을 받아 광주 노동 야학 설계에 들어갔다. 그중에서도 박기순과 최기혁이 당장 4월부터 준비 활동에 착수했다. 최기혁도 박기순 못지않게 의지가 충만했다. 그는 특히 전라도 문제에 관심이 컸는데, 광주일고를 졸업하고 외국어대에 입학한 뒤에 서울 생활을 하면서 전라도는 왜 못사는가 하는 문제가 너무도 이상했다고 한다. 그러니까 주변을 살펴보면 전라도 사람들은 마치 종자가 다른 사람들 같았다. 가난에 찌든 전라도는 천형의 땅인지 사람들이 출세할 기회 자체가 아예 봉쇄된 듯이 보였던 것이다. 그 자신도 집에서는 고시 준비를 해서 출세하기를 바랐지만, 정서적으로 용납할 수 없고, 미래는 암울했다. 그는 무엇보다도 유신체제에 반발이 컸으나 학생운동에 참여했다가 잡혀가면 두들겨 맞고 고문당하는 게 무서웠다. 그래서 공포와 좌절 속에서 죽은 듯이 지내다가 극단적인 허무주의에 빠졌다. 그러다 '함평고구마 사건'에서 한 가닥 빛을 보았다. 가톨릭농민회의 지원을 받고, 이강 같은 활동가가 서경원, 노금노, 조계선 등 농민들을 도와서 함평고구마 사건에서 승리하는 과정을 보았다. 이는 권력의 본질을 이해한 민중의 자각과 의식화가 얻어낸 현대사 최초의 민중 승리였다. 그래서 이제 직업 노동운동가가 될 수 있겠다는 믿음도 얻게 되었다. 이 같은 최기혁의 활동에 힘입어서 박기순은 처음부터 노동 야학이라는 명확한 목표를 세우고 준비에 착수했다. 노동 야학의 교육 목표는 노동자의 가난과 고통의 원인이 교육을 못 받아서 무능력한 데 있는 게 아니라 모순된 사회구조에 기초하고 있다는 것을 깨닫도록 하는 것이었다.

이때 박기순은 박석삼을 만난다. 박석삼은 광주고 출신으로 1977년에 방위를 마친 후 녹두서점을 드나들다가 이강과 윤한봉에게 교육을 받아 사회의식에 눈떴던 사람이다. 두 사람은 조봉훈이 인천 도시산업선교회 조화순 목사 사무실에서 가져온 동일방직사건 유인물을 살포하기로 한다. 동일방직사건은 인천시 만석동에 있는 동일방직 인천공장에서 일어난 여성 노동자들의 투쟁인데, 1976년에 시작하여 유신체제가 막을 내릴 때까지 계속된, 1970년대 여성 노동자운동 가운데 가장 치열하게 전개된 투쟁이었다. 1978년 2월 노조 대의원 대회 때 회사 측에서 동원한 남성 근로자들이 여성 조합원에게 똥물을 퍼부었고, 회사 측은 124명을 해고했다. 여기에 맞선 투쟁을 알리는 전단을 박기순은 김선출과 함께 전남대학교 스쿨버스 좌석에 놓고 내리는 방식으로 배포했다. 이 사건은 규모는 작았으나 광주의 대학생들이 노동계급에 대해 연대를 표현했다는 점에서, 그리고 노동운동이 본격적인 조직 운동으로 전환해 가는 과정을 보여준다는 점에서 의미가 컸다. 박석삼은 윤한봉의 지침에 따라 계림동에 아지트를 마련하고 박기순과 함께 노동 사업 팀을 꾸렸다. 그리고 이곳에서 노동 야학을 준비하기 시작했다. 박기순이 신영일 · 임낙평과 동지 관계를 맺은 것은 이때부터였다.

꽃도 새도 날아들지 않는 동네

　박기순이 끌어들인 신영일과 임낙평, 또 최기혁과 김영철이 설득한 나상진, 그리고 신영일이 데려온 이경옥이 모여서 노동 야학을 설계할 때 가장 먼저 필요한 것은 역시 노동 야학을 펼칠 장소였다. 광주에서 노동자들이 있는 공단이라고는 광천동이 유일했다. 하도 가난해서 꽃도 새도 날아들지 않는 동네, 광천동은 비포장도로에 흙먼지가 날리는 허름하고 황량한 버스 종점이었다. 광주에서도 특히 가난한 사람들이 모여 사는 외곽 변방인데, 이곳에는 일제 강점기에도 방직 공장이 있어서 시골에서 올라온 여공들의 자취방이 많았다. 일제가 물러간 뒤에는 영세한 판자촌이 즐비하여 막일꾼의 정착촌이 되었다. 이곳이 도회 주소를 갖게 된 것은, 광주천과 극락천의 퇴적물이 쌓여서 이루어진 자연 제방 지형에 홍수 방지를 위한 인공 제방이 축조되면서였다. 처음에는 제방을 새로 쌓았다고 해서 '새 방천' 또는 '신 방천'이라고 부르다가 광천동이 됐는데, 제방 근처에 전쟁 피난민이나 빈민들의 판자촌이 다닥다닥 붙어 있었다. 여기에 일꾼들이 몰려 살다 보니 일손을 구하기가 쉬워서 어망공장, 제분공장, 물엿공장, 타월 섬유 공장 등이 들어섰다. 그러다 1965년에 아세아자동차 공장이 입주하자 인근 내방동 · 화정동 · 농성동 일대에 부품업체와 협력 업체들이 들어서면서 광주 최초의 공업 단지가 조성되기에 이른다. 그 일환으로 광주시가 판자촌 정비를 하면서 시민아파트 세 동을 짓게 되는데, 이게 광천시민아파트이다.

노동 야학을 준비하는 팀은 공장과 노동자들이 밀집된 광천동에 똬리를 틀어야 했으나 실제 수업을 진행할 학당 자리를 찾기가 쉽지 않았다. 인근 교회와 성당을 물색하고 다니다가 광천동성당이 적합하다고 판단했다. 광천동성당은 아일랜드에서 사제를 서품하고 한국으로 파견된 오수성 미카엘 신부가 주임 신부였는데, 박기순은 신부님의 승낙을 얻기 위해 궁리하다가 운동권 선배들을 수소문했다. 그때 광주양서협동조합운동을 주도하는 장두석 선생이 가톨릭농민회를 돕는 조비오 신부에게 다리를 놓았다. 조비오 신부가 박기순을 데리고 광천동성당을 찾아가 장소 사용을 허락해달라고 부탁했다. 이때 미카엘 신부가 해맑은 소년 같은 표정을 한 박기순의 설명을 듣더니 흔쾌히 수락했다. 광천동성당에는 본당과 떨어진 부속 건물이 있는데, 그곳에 평소에 잘 쓰지 않는 교리 교실이 있었다. 야학을 열기에 너무나 좋은 장소였다.

이렇게 고민거리가 해결되자 야학 준비는 일사천리로 진행되었다. 그 시절의 기억에 대해 나상진은 이렇게 말한다.

장소 문제가 해결되어 본격적으로 교재 준비, 책상 만들기, 포스터 및 유인물 제작, 강의를 위한 학습 등을 위해서 거의 매일 만났는데, 주로 영일이의 집이 이용되었고, 영일이의 어머님으로부터 밥도 많이 얻어먹었다. (나상진 「들불야학과 신영일」,

『신영일을 배우자』, 39쪽)

여기서 중요한 점은 '영일이의 어머님으로부터 밥도 많이 얻어먹었다'는 사실이다. 신영일의 어머니는 무학이라 책으로 배운 바가 전혀 없는 분인데, 훗날 며느리가 되는 김정희는 신영일을 이해하려면 어머니를 이해하지 않으면 안 된다고 말한다. 그만큼 세상에 대한 이해가 깊고 지혜가 크며, 삶의 태도가 존경스러운 분이었다. 그래서 신영일의 집은 비록 궁핍했으나 대지 같은 품을 가진 어머니가 있어서 신영일을 찾는 모든 사람에게 늘 풍족하고 넉넉했다. 땅 한 뙈기 없는 집에 살면서도 어머니는 2층 옥상에 남들이 상상할 수 없는 밭을 만들어 각종 채소를 재배하여 식솔들을 챙겼다. 그곳에서 신영일은 언제나 다정다감하고 낙천적인 어머니를 믿고 친구들을 불러서 하고 싶은 일을 했다. 그러니 들불야학은 신영일의 어머니의 품에서 젖을 뗀 셈이다. 나상진은 말한다.

공부하다 지치면 영일의 기타반주로 노래를 부르기도 했는데, 영일이의 18번 '이 밤이 지나가면 나는 가네 사랑치 않는 사람에게로…'로 시작되는 '웨딩케익'이라는 노래를 실감 나게 듣곤 하였다. 그 당시 우리들이 부르던 노래는 학생운동과 관련된 노래가 주류를 이루었지만 아직까지 기억에 남는 것은 영일이가 부르던 슬프지만 경쾌한 리듬의 노래이고 영일이를 생각하면 항상 웃음 띤 얼굴과 함께 이 노래가 생각난다. (나상진 「들불야학과 신영일」, 『신영일을 배우자』, 39쪽)

신영일이 '트윈폴리오'의 〈웨딩케익〉을 즐겨 부른 이유가 리듬 때문인지 노랫말 때문인지 아니면 송창식 때문인지는 알 수 없다. 어쩌면 원곡의 매력 때문에 이 노래를 애창했을지도 모른다. 〈웨딩케익〉의 원곡은 본디 1950년대 초반에서 1960년대 후반까지 전성기를 누린 미국가수 카니 프랜시스의 대표곡인데, 한 가정을 이끌어가는 가장으로서 힘들어하는 남편을 향해 행복은 돈과 물질에 있는 것이 아니라고 힘을 주는 아내의 모습을 그리고 있다. "하루가 끝나고 내가 집안일에 지쳐도 너무 걱정하지 말아요/당신이 내 삶을 여유롭게 해줄 식기 세척기를 못 사줘서/내가 실망했을 거라 생각하지 말아요."라고 시작되는 노래의 마지막 구절은 이렇다. "시간이 흘러 우리 얼굴에 주름이 지고 머리칼이 잿빛이 되었을 때/우리는 웃으며 함께 하는 모든 이들에게 말하겠죠/모든 건 웨딩케익과 함께 시작되었다고." 이렇게 행복이 돈과 물질적 풍요에 있지 않다는 믿음은 신영일의 태도를 상징하기도 하지만 신영일의 인생에 거의 종교와 같은 영향을 준 어머니의 인생관이기도 했다. 그렇다면 이는 삶을 낙관하고 시련을 긍정하기 위해 부를 노래로 제격이 아닐 수 없다.

당시 들불야학 준비 팀에게는 카니 프랜시스의 정신이 반드시 필요했다. 그들은 수업 내용을 준비해야 했고, 또 그에 맞는 교재가 필요했다. 그러려면 그를 장만할 밑천이 필요했는데, 박기순은 이를 신영일, 임낙평과 함께 거리 장사를 해서 해결할 계획을 세웠다. 이때 박기순은 작은오빠의 친구들이 민중을 위해 벌린 '꼬마시장'이 생각나서 그곳으로 달려가 리어카를 빌렸다. 야학 팀을 이끌고 과일 행상에 나서기 위해서였다. 그리하여 박기순과 신영일과 임낙평이 서방시장에서 채소와 과일을 떼다 팔기 시작했다. 그들이 리어카를 끌고 다니며 수박 등 과일 행상을 하는 것을 가족은 물론 학교 친구들도 알지 못했다. 그 험상 맞은 일을 자랑스럽게 여길 대학생은 세상천지에 그들밖에 없었다. 이 행상은 목표로 삼은 돈을 모을 때까지 두 달이나 계속되었다. 그러나 한편으로는 리어카 장사 못지않게 야학 교재를 준비해야 하는 또 다른 숙제가 있었는데, 이 또한 전혀 다른 방식으로 해결되었다.

양림동 사직공원 아랫동네에 문화유산으로 보존할 만한 품격을 갖춘 한옥이 한 채 있었다. 전홍준(정치학과 65학번, 민주화운동을 하던 선배)의 사촌누이 집인데, 정원에 있는 나무들이 사철 꽃을 피우는 한옥에서 그 막내가 살며 조선대학교 의대를 다녔다. 당시 서울대에 다니면서 노동 야학을 하던 전복길이 그를 가르치는 조건으로 이 집에서 살게 되었으니 이를테면 입주 과외를 하는 셈이었다. 그래서 전복길과 어머니, 막내 전혜선이 부엌에 딸린 상하방에서 거처했는데, 전복길의 친구들이 광주에 오면 으레 이곳에서 머물고, 전혜경의 친구들도 드나들고는 했다. 박기순은 이곳을 찾는 친구 중에서 유일하게 제 손으로 밥을 해 먹고 살림하는 사람처럼 부엌 청소도 했다. 1978년 여름, 이 한옥 마루에서 박기순과 전복길, 김영철, 황광우가 가리방을 긁어서 야학 교재를 만들었다.

그리고 야학 이름을 지을 차례가 돼서 이제 그 뜨거운 칠월에 난상토론이 벌어졌다. 강학들이 사각 책상에 둘러앉아서 각자 떠오르는 이름들을 나열하자 무려 마흔 개의 후보작이 탁자 위에 올려졌다. 제안자의 설명을 들어 보고 하나하나 걸러 내면서 마라톤 회의를 마치고 나니 후보작이 넷으로 줄었다. '한울터',

'한빛', '돌베개', '들불'. 이 넷을 다들 마음에 들어 했으나 실제로 필요한 이름은 하나뿐이었다. 그래서 더욱 좋은 이름을 고르기 위해 사흘을 더 끌었는데, 그 최종 회의에서 '들불' 제안자 박기순의 설명이 강학들의 마음을 사로잡았다.

"'들불'이 동학 혁명을 상징하는 낱말인 건 다 알죠? 유현종이 쓴 동학 소설 제목이 『들불』인게요. 그래서 이 이름은 먼저 들불처럼 번진 동학혁명이 우리 노동자들의 가슴에서 타올라야 한다는 뜻을 담고 있어요. 그런데 내가 '들불'에 애착을 갖는 진짜 이유는 따로 있어요. 지난겨울에 내가 감동적으로 읽은 책이 『미국 노동운동 비사』인데, 이 책에서 가장 중요한 낱말을 하나 고르라면 '들불'을 꼽을 수 있어요."

박기순은 그 이유로 1884년 5월 1일 미국 방직공장 노동자 쟁의를 들었다. 그러면서 미국 방직공장 노동자들이 쟁의를 일으켰을 때의 풍경을 메모까지 해 와서 생생하게 전달했다. 그러니까 시카고 공장들이 기계를 멈추었을 때였다. 망치 소리도 들리지 않고, 모든 차량도 멈추었다. 상가는 문을 닫고, 거리에도 인적이 끊겼다. 토요일, 정상적인 작업을 하는 날, 수만 명의 노동자가 외출복을 차려입고 미시간 거리로 모여들었다. 하루 열네 시간에서 열일곱 시간에 이르는 노동을 하면서 주급 7~8불의 저임금에 시달리던 수십만 노동자들이 전국에서 일제히 손을 놓고 거리로 쏟아져 나왔다. 8시간 노동제를 외쳤다. 행진은 유혈사태 없이 평화롭게 끝났다. 그런데 이틀 후 경찰은 깡패를 동원해 노동자들이 농성하고 있는 기계 농장을 습격해 여섯 명을 무참히 살해했다. 다음 날 파업이 전국적으로 확산되면서 경찰 만행 규탄 항의 집회가 열렸다. 그곳에서 늦은 밤 경찰의 무차별

발포로 200명이 죽거나 다쳤다. 폭탄을 던진 혐의로 끌려간 연설자 일곱 명은 처형됐다. 그때 어거스트 스파이스라는 사람이 법정 최후 진술에서 이렇게 말했다.

만일 그대가 우리를 처형함으로써 노동운동을 쓸어 없앨 수 있다고 생각한다면 우리의 목을 가져가라. 그렇다면 당신은 하나의 불꽃을 짓밟아버릴 수는 있다. 그러나 당신 앞에서, 뒤에서, 사면팔방에서 끊일 줄 모르고 불꽃은 들불처럼 타오르고 있다. 그렇다. 그것은 들불이다. 그 누구도, 당신이라도 이 들불을 끌 수는 없을 것이다.

과연 그의 말처럼 전 세계에서 노동운동의 열기가 들불처럼 타올랐다. 1889년 프랑스혁명 100주년 기념식장에서 5월 1일은 전 세계 노동자의 날로 선포됐다. 박기순이 이야기를 마치자 다들 박수로 환호했다. 그리하여 들불야학이 채택되고, 이제 그들은 자랑스럽게 그 이름으로 신입생 모집을 시작했다. 박기순은 교재 마련에 집중하고, 신영일과 임낙평은 다른 강학들을 데리고 조를 나누어 광천공단 일대 전봇대에 포스터를 붙이고 다녔다. 8절지 켄트지에 매직펜으로 쓴 '근로 학생 모집'이라는 문구가 눈에 띄지 않으면 다시 붙였다. 집이 가난해서 배움의 길을 포기한 사람, 중학교 과정을 공부하고 싶은 사람, 검정고시에 합격하고 싶은 사람은 누구나 들어와도 된다는 내용이었다. 강학들은 학생 모집이 되기도 전에 가슴이 설레어 교가부터 짓자고 했다.

신영일은 이를 매우 중요하게 생각했다. 문화 속에는 그 문화를 누리는 자들의 사회의식이 성장하고 있다는 것을 노랫말처

럼 극명하게 보여주는 사례는 없다. 뽕짝이 시골 정서와 적극적
으로 관계를 맺는다면 포크송은 대도시의 정서와 관계를 맺고
있었다. 그 시절에 '작은 새'와 '소년' 또 '소녀'의 눈으로 세계를
보면서 장발을 하고 미국식 자유주의를 모방할 수 있는 계층이
대학생 말고 또 어디에 있을까? 포크송이 적당한 용돈과 여유로
운 시간과 사회적 포용과 그리고 지적인 포즈를 향유할 수 있는
대학생들의 노래라는 것은 1970년대의 한국 사회에서 선택받은
소수 엘리트 계층의 장르였다는 것을 의미했다. 그룹 이름도 고
상한 외국어가 많았다. 트윈폴리오, 어니언스, 라나에로스포, 뚜
아에무아……. 한국어로 쓰더라도 '둘 다섯' '버들피리' '4월과 5
월' '하사와 병장' 같은 낱말 조합이 출현했는데 이는 나이 든 세
대나 공장에서 일하는 젊은이들은 적용하기 어려운 언술이었다.
게다가 포크송이 밴드 음악과 달리 가사를 중시했던 까닭에 더
욱 도드라질 수밖에 없었던 표현들, 가령 긴 생머리, 짧은 치마,
가방을 둘러맨, 바닷가, 캠핑, 대학 캠퍼스…… 여기에 세속사회
와 일정하게 선을 긋는 꽃, 바람, 별, 하늘 따위를 동경하는 태도
조차도 시골이나 공장에서 일하는 자들의 열등감과 패배의식을
그림자로 깔고 있었다. 그 때문에 신영일이 직접 '들불야학 학당
가'를 만들어보겠다고 하자 다들 기대하는 눈빛이 되었다. 속칭
날라리 기질에 통기타를 다루는 솜씨를 모두 믿은 것이다. 신영
일은 해방가 풍의 노래를 구상하되 힘차게 부르면 큰 힘이 솟아
날 리듬을 찾아내느라 고심한 끝에 다음과 같은 노래를 지었다.

너희는 새벽이다 밝아 오른다
너희는 새암이다 솟아오른다

심지에 불 댕기고 앞서 나가자
민족에 새아침이 밝아 오른다
땀과 눈물 삼켜 가면서 뛰어가자
친구, 사랑하는 친구, 들불이 되어

당시 그곳에는 악보를 볼 사람도 없었다. 그래서 신영일이 손수 기타를 치면서 들려주자 강학들이 따라서 부르며 좋아했다. 다만 들불야학이 나중에 시위 사건에 연루되거나 이념적으로 문제가 되었을 때는 동종의 전과를 가진 신영일의 이름이 장애가 될 수 있으므로 책임자를 따로 정해 임낙평이 작사 작곡한 것으로 말을 맞춰 놓았다.

그리하여 마침내 7월 23일에 학생 35명과 강학 7명이 참가한 가운데 제1기 입학식이 거행되었다. 교육 과정은 중학 과정으로 편성했다. 종래의 주입식 교육에서 벗어나 강학과 학생의 대화를 통한 문제 제기형 수업을 하기로 했는데, 학제는 6개월짜리 전체 3학기 과정으로, 1학기는 '사랑의 교육' 2학기는 '비판의 교육' 3학기는 '방향의 교육'으로 설정하되 월요일부터 토요일까지, 또 오후 8시부터 10시까지 매일 두 시간을 공부하도록 편성했다. 시간 여유가 없어서 하루에 한 과목밖에 진행할 수 없지만, 그래도 토요일에는 학생 회의도 열고, 기회가 생길 때마다 틈틈이 노동법과 세계 노동운동사를 가르쳤다. 학생들은 대부분 국졸이었으나 더러 중학 중퇴도 있었다. 연령은 평균 17세, 남녀 구성은 2대 3으로 여학생이 많았다. 신기하게도 야학에 오는 여학생은 또래 친구들보다 얌전했으나 남학생은 대부분 말썽꾸러기 냄새를 풍기고 매사에 시끌시끌했다.

광천동 일지

들불야학이 제법 꼴을 갖추기 시작하자 강학들은 바빠졌다. 창설 초기에 참여했던 서울 출신들이 군에 입대하면서 신영일의 역할은 클 수밖에 없었다. 학교에서 무기정학을 당한 처지라 그는 시간을 조절하기도 좋았다. 게다가 본디 사찰 당국의 감시를 받는 '요시찰 대상' 학생이었으나 학교 주변에서 얼쩡거리기보다 야학 인근에서 보내는 시간이 많다 보니 형사들의 눈총에서도 점점 멀어져갔다. 그리고 무엇보다도 신영일은 가르치는 일에 천부적 재능이 있었다. 들불야학에서 그가 맡은 과목은 국사였는데, 강의할 때 빠르고 박력 있는 어조로 그림까지 그려가며 설명을 뛰어나게 잘해서 학생들에게 매우 인기 있었다.

그는 주변의 청년 노동자들을 친형제나 누이처럼 대했고, 동아리의 후배들도 늘 자신의 살붙이처럼 보살폈다. 그에겐 나와 남의 구분이 없는 듯이 보일 정도였다. 이러한 성품 형성에는 어머니의 영향이 컸던 것 같다. (안진 「뜨거운 인간애를 지켰던 잊지 못할 나의 벗」, 『신영일을 배우자』, 43쪽)

재미있는 사실은 신영일의 수업에 매료되는 사람은 주로 여성 노동자이고, 성격이 괄괄하고 싸움꾼 같은 남성들은 박기순을 잘 따랐다는 점이다.

그러던 어느 날이었다. 박기순에게 뜻밖의 문제가 발생했는데, 사실, 박기순은 일찍부터 노동운동에 나서려고 마음먹은 터라 학생운동과 거리 유지를 하면서 학내 시위 때도 눈에 띄지 않으려고 노력했다. '교육지표 사건' 때도 들불야학을 준비하는 일에 방해가 될까 봐 시위 참여를 최대한 자제했었다. 하지만 경찰이 배후 세력을 캐는 과정에서 뒤늦게 거리 시위에 관여한 사실이 밝혀져 수배 대상에 오르고 말았다. 박기순은 잠시 들불야학 활동을 접고 전혜경을 찾아 서울로 올라갔다. 불가피하게 도피 생활이 시작된 셈인데, 박기순이 이렇게 서울로, 전주로, 해남으로 피해 다니는 동안에 큰오빠가 시내에서 우연히 담당 형사를 만나게 됐다. 그리하여 박기순이 어디에 있느냐고 닦달하자 불같이 화를 내며 따지고 말았다. 큰오빠 박화강은 유명하고 뛰어난 신문기자라 다들 함부로 하지 못했다. 마지못해 학교 당국이 나서서 절충하되 박기순이 더는 학교에 다니지 않는다는 조건으로 수배를 해제하자고 제안하자 경찰이 이를 받아들였다. 박기순은 이미 노동운동에 뛰어든 터라 어차피 학교로 돌아갈 생각이 없었다. 그리하여 한 달 만에 자유의 몸이 되어서 만면에 웃음을 띤 얼굴로 광천동에 돌아오자 들불야학은 더욱 활기를 띠었다.

이제 박기순은 본격적으로 공단에서 일자리를 찾기 시작했다. 야학을 준비할 때부터 낮에는 공장에 나가고 밤에는 야학을 하는 게 계획이었다. 그래서 이곳저곳 문을 두드리다가 마침내 동신강건사에 취직했는데, 동신강건사는 아세아자동차 하청 업체였다. 박기순은 일당 800원짜리 견습 조립공으로 들어가 용접할 때 나오는 부산물을 망치로 두들겨서 떼어내는 작업을 맡았다. 그 생활을 얼마나 늠름하게 이어갔는지 모른다. 아침마다 보자기에 싼 도시락을 들고, 헐렁한 핫바지를 입고 당당하게 걸어서 출근했는데, 그러는 모습이 남의 눈에 띌까 봐 조바심하는 기색이라곤 일절 없었다. 그러니까 그녀는 노동운동에 불을 붙이기 위해 일시적으로 현장에 뛰어든 '위장취업자'가 아니라 평생을 노동자로 살기로 작정한 대학 중퇴자였던 셈이라 주변 사람들에게 미치는 영향도 컸다. 한 번은 출근길에 야학 1기생 이양심을 만났다. 보자기에 싼 도시락을 들고 헐렁한 스웨터에 핫바지 같은 옷을 입은 선생님이 자신과 같은 노동자의 신분으로 출근한다는 게 이양심은 그렇게도 반갑고 신이 날 수가 없었다. 공장 앞에서 박기순이 말했다.

"양심아, 잘해보자. 우리 열심히 하는 거야."

공장 동료가 누구냐고 묻자 이양심은 자랑스럽게 답했다.

"우리 언니."

"친언니야?"

그렇다고 말하고 싶었으나 꾹 참았다.

"아니, 아는 언니. 대학에 다니다 그만두고 공장에 취직했어."

"미쳤네, 미쳤어."

세상은 아직 이 같은 편견이 가득 차 있었다. 그래서 퇴근 후 튀김집 앞을 지나다가 이양심이 그 말을 전하자 박기순이 웃으며 답해줬다.

"양심아, 그건 사람들의 생각이 잘못돼서 그러는 거야. 근데 너 저기서 튀김 먹고 갈래?"

이양심은 둘만의 시간을 만들고 싶은 표정이 역력했으나 금방 포기했다. 왜 그러는지를 박기순이 금방 알아채었다.

"튀김값이 없지? 긍게 우리 조금씩만 먹자."

"언니, 사실은 나 승차권 하나밖에 없어."

"야, 척 보면 알지."

두 사람은 튀김이 너무나 맛있었으나 돈이 부족해서 겨우 입맛만 다시다 나와야 했다. 다음 날은 이양심이 자기 집에 가자고 하자 이번에는 박기순이 포기할 수밖에 없었다. 그곳에는 틀림없이 손바닥만 한 쪽창이 하나 있을 것이다. 박기순은 그 좁은 부엌에서 이양심이 지독한 연탄 냄새를 피해 가며 밥을 김칫국에 말아서 먹는 풍경을 꼭 보고 싶었으나 그걸 구경할 기회를 다음으로 미뤘다. 왜냐면 긴히 만날 사람이 있는 까닭이었다.

"양심아, 니 자취방에 꼭 가고 싶다. 그런데 오늘 말고."

박기순은 들불야학을 시작할 때부터 믿음직한 선배가 한 사람쯤은 꼭 필요하다고 생각했다. 강학들은 모두 학생운동을 겪었을 뿐 다들 세파에 시달린 적이 많지 않았다. 노동자들의 애환도 깊이 알지 못하며 장차 들불야학에 들이닥칠 난관을 헤쳐 나갈 신념이며 지혜도 모자랐다. 그래서 선배들을 만날 때마다 하소연하던 중에 귀가 솔깃한 소식을 전해 들었다. 그 무렵에 윤상원 선배가 광천공단에 노동자로 취업해 들어온 것이다. '아, 그 선배라면 딱이네.' 얼마나 필요한 분이었던가.

윤상원은 한국 전쟁이 나던 해 광주 송정리에서 가까운 임곡 마을에서 태어난 선배였다. 가난한 농촌 출신이지만 3남 4녀 중 장남이라 중학교부터 광주로 유학해 전남대 정치외교학과에 입학했는데, 본디 고시에 합격하여 집안을 일으킬 계획이었다. 하지만 그는 연극반 활동을 하다가 사회의 구조적 모순을 깨닫고 혼자 속으로 고민만 하던 끝에 군 복무를 마쳤다. 그리고 복학하자 녹두서점을 하는 김상윤 선배를 만나 인생의 궤적이 바뀌게 된다. 사회과학 서적을 읽고, 민청학련 관련자들을 만나며, 민주 인사들과 어울려 변혁운동에 나서기로 마음먹은 것이다. 그래서 윤상원은 한동안 김상윤이 결성한 소모임에서 후배들을 학습시키는 일을 맡았는데, 박기순이 그때 만난 후배였다. 그리고 해남에 있던 김남주 시인이 광주에 올라와 '민중 문화연구소'를 시작할 때 민중 현장에서 전개될 문화 활동 책임자가 필요하다고 요청하자 김상윤이 윤상원과 박효선을 소개했다. 하지만 대학 졸업을 앞두고 야간학교에 다니는 동생들을 보면서 고민할 수밖에 없었다. 부모님은 가문의 희망인 큰아들이 반듯한 직장에 취업해 집안을 일으켜 주기를 간절히 바라고 있었다. 윤상원은 고민 끝에 부모님께 마지막 효도를 올리는 마음으로 취업을 선택하여 서울의 주택은행 봉천지점으로 출근하게 되었다. 피땀을 쏟아 가르친 아들이 그렇게 무기력하지 않음을 증명이나 하듯이 효성을 보이며 일정 기간을 보내고, 6·29 시위로 수배된 후배들을 만나 광주의 실상을 다시 듣는다. 조봉훈, 박몽구, 김선출, 김윤기가 전하는 격정에 넘치는 소식들을 듣다가 민중 문화연구소에서 만난 김남주 선배가 서울에서 지하운동을 한다는 소식까지 접했다. 언제까지고 비겁하게 살 수는 없는 노릇이었다. 그래서 회사에 사직서를 쓰고 광주로 와서 노동운동에 투신하기로 마음먹었다.

윤상원이 다시 광주로 와서 녹두서점에서 공부하고 현장답사도 다니는 동안에 '들불야학'은 시작되었다. 그래서 일찍부터 후배들이 찾는 걸 알지만 피하고 있었다. 왜냐면 남몰래 이태복 선생이 하는 '전민노련'의 중앙위원을 맡고 있었고, 공장에 취직도 해야 했으며, 광주 지역의 선배들이 요청하는 활동도 피할 수 없는 까닭이었다. 그런데 박기순이 절실하다며 하도 끈기 있게 찾아다니는 통에 더는 피하기가 어려웠다. 안 되겠다 싶어서 김상윤과 이양현을 만나 상의하자 두 사람 모두 야학 참여를 권유했다. 하는 수 없이 박기순을 따라 야학 현장을 둘러보게 된 날이 바로 이양심이 박기순을 집에 데려가려고 한 그날이었다. 그리하여 10월 하순의 찬바람이 몹시 거칠었던 날, 그는 공장 일이 밀려서 다른 노동자들은 밤 11시까지 일하는데 오후 7시에 일과를 끝냈다. '한남플라스틱'이라는 공장에 취업한 지 얼마 안 되어서, 하루 10시간씩 근무하고, 생전 처음 하는 노동이 힘들던 때였으나 그래도 하는 수 없이 들불야학을 참관한 것이다. 그리고 현장에서 강학들이 수업하는 모습, 또 노동자들이 회의를 통해서 장래를 고민하는 모습을 보고 감명을 받아서 밤늦도록 시간을 끌다가 강학들 틈에 끼어 새우잠을 잤다. 이것이 윤상원이 들불야학에 참여한 첫날이었다.

윤상원은 당장 11월부터 대기 강학 모임에 참석했다. 배환중, 전용호, 김연중 등 한참 어린 후배들 틈에 끼어서 작업복에 모자를 쓴 스물아홉 살의 선배가 합류하자 다들 천군만마를 얻은 것 같았다. 실제로 초창기 멤버들이 군에 입대하면서 다소 뒤숭숭해진 강학들에게 윤상원의 눈길에서 흘러나오는 안정감이 미치는 영향은 아주 컸다. 그런 후배들을 위하여 윤상원은 우선 방부터 얻었다. 그간 계림동 자취방과 친구들의 집을 오가며 살던 일상을 접고, 광천동 시민아파트 한 칸을 사글세로 얻어서 들불야학에서 공부하는 백재인과 함께 이사한 것이다. 백재인은 '광주 어망'에서 일하는 노동자였다. 그 둘이서 사는 방은 들불야학에서 스무 걸음밖에 안 되는 까닭에 자신의 책을 방에 비치하고 아무나 와서 보게 했다. 그래서 이곳이 들불야학의 사랑방이자 도서실이 되었다. 다른 강학보다 나이가 일곱 살, 여덟 살은 많은 터에 노동운동에 대한 준비도 많이 돼 있어서 다들 의지하지 않을 수 없었다. 들불야학의 방향을 모색하는 일도 앞장서서 이끌고 강학들에 대한 학습도 담당했다.

그렇게 해서 안정을 찾은 들불야학이 어느새 한 학기를 마쳐 가는 시점이었다. 그간에 발생한 현안들이 쌓여서 '현 강학과 대기 강학 전체 회의'를 소집했다. 사전에 충분히 연락을 취해서 오전 10시에 모이기로 했는데 11시가 되어도 절반이 나타나지 않았다. 아무리 기다려도 끝내 오지 않은 사람도 있었다. 몹시 침통한 분위기에서 기존의 강학 몇 명이 윤상원의 방에 모였다. 곁에서 잠자코 듣고 있던 윤상원의 얼굴이 붉으락푸르락하더니 밖으로 뛰쳐나가 택시를 잡아타고 불참자들을 찾아오겠다고 나섰다. 그리고 시간이 얼마나 흘렀는지 모른다. 이윽고 윤상원이 그들을 데리고 나타나자 자리가 순식간에 쑥대밭이 되었다. 그 사이에 침통하게 술잔을 들이키던 강학들이 불참자가 얼굴을 내밀자 갑자기 폭발하여 욕설을 퍼붓고 주먹질까지 한 것이다. 이를 본 윤상원이 험악해진 자리를 정리하고 입을 떼었다.

"야, 다들 앉아라. 흥분할 일이 아니다. 그런데 이참에 분명히 짚고 가자. 우리가 여기에 놀러 오는 건지, 아니면 민중이 주인 되는 역사를 만들자고 온 건지. 후배들아, 야학 운영은 장난이 아니여야. 사전에 연락이 됐는데도 지각하고 불참하면 굴러

갈 수가 없지. 생각해 봐라. 이건 민중과 역사 앞에서 맺은 준엄한 약속이여. 이 약속은 해 놓고 못 지키면 역사에 죄를 짓는 거란 말이다."

울림이 컸다. 별로 길지 않은, 윤상원의 한 마디 한 마디가 얼마나 가슴을 깊이 찔렀는지 다들 영혼의 피를 흘리는 것 같았다. 신영일이 눈물을 흘리며 말했다.

"앞으로는 최선을 다해 우리 모두가 일심동체가 되도록 노력할게요. 형."

그러자 누구의 입에서 튀어나왔는지 다시는 이런 실수가 없도록 자기 자신의 각오나 바람을 문서로 남겨 서약하자는 제의를 했다. 윤상원이 좋다고 했다.

"가장 진실한 말을 남기자."

그러자 곁에서 더 적극적인 제안이 나왔다.

"이왕이면 면도칼로 손가락을 베어서 혈서로 남깁시다."

분위기가 얼마나 고양됐던지 다들 말릴 틈도 없었다. 윤상원은 '죽기 위해서 살자'라고 썼다. 신영일은 '살기 위해서 죽자'라고 썼다. 사실은 이것이 윤상원의 지도력이 발휘되기 시작한 첫 자리였다.

광주공단 실태조사

　윤상원의 가세는 야학운동의 흐름에 큰 변화를 가져왔다. 들불야학은 노동자를 교육하는 기관을 넘어서 강학들의 삶과 세계를 바꾸는 터전이 되었다. 그래서 겨울부터 야학의 진로를 두고 토론을 시작하여 연일 강학 회의와 단합 대회를 이어갔다. 그 자리에서 광주공단 노동자 실태조사를 하자는 의견이 나왔는데, 노동자가 처한 객관적인 상황을 정확히 파악해야 장차 과학적인 노동운동을 펼쳐갈 수 있다는 점 때문이었다. 이를 박기순이 제안하자 최기혁이 재청하고 윤상원이 찬성 의사를 밝혔다. 신영일은 여기에 들불야학뿐 아니라 전남대 학생운동도 활성화하는 계기가 숨어 있다고 판단하고, 6·29 시위 이후에 정체된 학내 분위기를 되살릴 궁리에 들어갔다. 기존 학생운동의 한계를 극복하는 데 민중의 현장을 체험하는 것처럼 중요한 계기는 없을 터였다. 그래서 적극 찬성 의사를 밝히고, 이제 들불야학이 주체가 되어서 광주는 물론 서울, 목포, 순천 등지까지 폭넓게 연대해 추진할 것을 촉구했다. 그렇다면 첫발을 어떻게 떼야 좋을까? 먼저 들불야학에서 강학 대표를 전남대로 보내어 학생운동 내부에서 이 문제를 검토하기로 했다. 당연히 그 역할은 신영일에게 부여됐다.

신영일은 그 무렵에 전남대에서 굉장히 영향력을 갖는 학생으로 변해 있었다. 이미 6·29 시위를 상징하는 인물이 된 터에다 그간에 들불야학을 준비하면서 탁월한 인식력과 활동력도 겸비한 뒤였다. 누구나 신영일과 잠깐만 대화를 나누어도 진정성 있는 태도와 탁견에 존중심을 보였다. 그래서 신영일이 윤상원 형을 대동하고 이세천 선배를 만나서 노동자 실태조사에 관한 의견을 묻고 공감을 얻어서 곧장 다음 순서를 밟게 되었다. 과연 신영일은 '신 설득력'이라는 별명답게 주요 활동가를 설득하는 일에 탁월한 재능을 보였다. 그러니까 학과 선배 장석웅을 찾아가 문제를 상의하고, 다시 기독학생회의 이세천, 김정희와 조선대 정외과 출신 위승량, 또 아카데미의 박병섭, 학보사 기자 안진, 그리고 박용안, 최금표 등에게 사전 제안을 해두었다. 다들 흔쾌히 동의하여 겨울 방학을 앞두고 토론 자리를 만들자 갖가지 방안들이 제출되었다. 장석웅이 말했다.

"캠퍼스에서 느끼는 감상적인 의식의 형태를 극복하자. 가장 소외된 노동자 곁에서 새롭게 느끼자. 그래야만 학생적 사고의 한계를 극복할 수 있어."

신영일은 한 걸음 더 들어가서 광천동 공단에서 실태조사를 할 때 필요한 실천방안을 상의했다.

"조사단을 학내 중진 멤버로 구성합시다. 조사 과정에서 획득한 경험과 방법론을 각 서클로 확산시켜서 각 그룹이 실증적이고 실천적인 의식을 갖도록 해야 하니까요."

이런 논의 과정을 지켜보면서 김정희는 전남대 활동가들이 의외로 노동운동에 관심이 깊고, 또 실제로 많이 알고 있다는 점이 놀랍고 신기했다. 역사의 주체를 민중으로 보는 것과 노동자들이 세계를 바꿀 수 있다고 믿는 것은 전혀 다른 문제였다. 세계를 구성하고 있는 빌딩과 공장과 국가와 정치 같은 것들, 그 어지러운 시스템을 변혁하는 엄청난 일을 노동자들이, 혹은 이런 소박한 활동에 나선 대학생들이 과연 이룰 수 있다는 말인가? 김정희는 그래서 오히려 주위에 사모하는 여학생이 득실거리는 신영일이 왜 하필 자신에게 이런 제안을 했는지 궁금하기까지 했다. 그러나 신영일은 전혀 다르게 생각하고 있었다. 노동자 실태조사는 대학생이 감당하기 어려운 일임이 분명하고, 김정희는 그런 일에 최적화된 성격이었다. 처음으로 사회과학 공부를 한 뒤에 '이십 년 동안 비좁은 방에 갇혀 있다가 이제야 밖에 나온 느낌'이라고 말한 당사자였다. 그뿐만 아니라 언제나 기득권 세력을 정직하게 미워하고, 또 그래서인지 일상이 늘 '혼돈과 분노'의 감정으로 가득 찬 사람처럼 보였다. 한 번은 그런 모습을 사랑하게 될까 봐 겁이 난다고 경계경보를 보내기도 했다. 그래서 어느 날 소나무 그늘에 앉아 있는 김정희에게 자기도 몰래 불쑥 이런 농담을 건넸다.

"정희는 왜 맨날 불안하고 위태로워 보이냐? 자기 세계에 너무 갇혀 있지 마."

광주공단 노동자 실태조사반은 들불야학과 무관한 독자적인 사업으로 별개의 조직을 꾸려서 추진하기로 했다. 참여자들도 믿음직했고, 구성원 간의 관계도 조화로워 보였다. 그런데 여기에 낯선 사람 하나를 합류시키자는 의견이 나왔다. 지난번에 6·29 시위로 도서관에서 농성을 전개할 때 매일 같이 지켜본 나이 든 학생인데, 그는 늘 남루한 삼베옷에 검정 고무신을 신고 다니는 독특한 사람이었다. 이름이 박관현이라 하는, 군 복무를 마치고 대학에 왔다는 이 법대생을 추천하는 사람은 학내 활동에서 매우 중요한 역할을 하는 장석웅 선배였다. 장석웅은 자신의 고교 동창 박관현이 학생운동에 뛰어들면 틀림없이 훌륭한 지도자가 되리라는 사실을 조금도 의심치 않았다. 그의 정의로움과 뛰어난 통솔력이 중·고등학교 시절에 이미 증명되었다는 주장이었다. 그래서 틈틈이 찾아다니며 그에게 학생운동의 중요성과 경험담을 들려주기도 하고, 전남대학교 상황을 개괄해주기도 했는데, 과연 자질과 역량이 높더라고 했다. 설명을 듣고 이의를 다는 사람이 없었다. 만장일치로 통과되자 장석웅이 박관현을 만나서 참여할 것을 요청했다. 두 사람은 이미 6·29 이후에 침체된 학원 분위기를 활성화하자는 의견을 나누고, 함평 고구마 사건 투쟁이나 가톨릭농민회가 주최하는 '쌀 생산자 대회' 같은 집회에도 참가하고 있었다. 그래서 장석웅이 단도직입적으로 제안했다고 한다.

"이번에 전남대 학생운동 그룹에서 광천동 노동자들의 실태조사를 할 건데 관현이도 같이 하면 어떤가?"

박관현도 특별히 거부감을 보이지는 않았다. 다만 그는 아직 소속 그룹이 없고 학생운동이나 사회운동에 대한 체계적인 인식이 부족한데다가, 한 번 나서면 어떤 일도 허투루 하지 않는 성격이라 섣불리 답하지는 못했다.

"친구야. 내가 결정할 시간을 사흘만 다오."

박관현은 역시 간단한 사람이 아니었다. 그도 작금의 사회 현실이 답답하고 노동자, 농민의 소외 현상에 대해 늘 공부하지 않으면 안 된다고 생각하고 있었으나 한편으로는 그런 주장을 펴는 운동권 학생들의 실천 수준을 그다지 신뢰하지 않았다. 직접 겪어보지 않았지만 대부분 주장하는 바에 비추어 생활 태도나 행동거지가 크게 모자라 보이는 까닭이었다. 가령 박관현은 학생운동가들이 현대판 구전가요라 할 〈고아〉를 부를 때마다 저들이 노래의 속뜻을 과연 알고나 있을까 하고 생각했다.

날 때부터 고아는 아니었다
내 죄 아닌 내 죄에 얽매여
낙엽 따라 떨어진 이 한목숨
가시밭길 헤치며 살았다
상처뿐인 내 청춘 피눈물 장마
아 누구의 잘못인가요 누구의 잘못입니까

부모가 없어야만 '고아'가 되는 것은 아니다. 자신을 지켜 주는 국가, 체제, 제도를 갖지 못한 사람들의 고립감과 외로움은 더욱 비장한 정서를 갖게 한다. 그들이 부르는 처량한 노래에 값하려면 그만한 힘을 만들지 않으면 안 된다. 그는 이렇게 생각하고 있었다.

신영일은 마음속으로 자신을 노동자 실태조사의 주체로 생각했다. 들불야학에서 윤상원, 박기순, 임낙평 등을 대신해서 배치된 일선 파견 요원이나 마찬가지였다. 그래서 공식 일정이 시작되자 누구보다도 열정적으로 총력을 퍼부었다. 그 첫 단추를 꿰는 시점은 1978년 12월 21일 저녁밥을 마친 직후였다. 광천동 시민아파트 앞 삼화신협 사무실에 붙어 있는 작은 방은 겨울 냉기가 유난한데도 젊음의 열기가 가득 차 오히려 얼굴이 후끈거렸다. 박관현, 장석웅, 이세천, 박병섭, 안진, 김정희, 신영일, 박용안, 최금표, 위승량이 펼치는 토론회는 한없이 진지했다. 막상 실천 단계에 돌입하려고 보니 논쟁할 거리가 한둘이 아니었다. 장석웅이 정교한 논리로 한국 사회의 성격을 분석하면서 사회 변혁을 위해 노동운동이 얼마나 중요한지를 역설했다. 이번 실태조사의 성과가 전남대 학생운동을 비롯해 지역운동 전체에 확산되어야 한다는 주장도 나왔다. 전남대 학생운동의 진로를 놓고 고민하던 이들이 여기에 반대할 턱이 없었다.

"사후 연대도 필요해요."

학생운동의 역량이 노동운동으로 전환하는 일에 기여해야 한다는 의견이 나오면서 이번 실태조사의 방법과 내용을 어떻게 하면 전남대로 전파할 수 있을까 하는 문제도 다시 제기되었다. 이렇게 논의가 자꾸 커지고 있을 때 갑자기 찬물을 끼얹는 의견이 나왔다. 토론 자리에 처음 참석한 박관현이 전혀 다른 차원의 의견을 내놓은 것이다.

"거창한 의의를 설정하는 건 바람직하지 않다고 봅니다. 너무 경직되지 맙시다. 운동은 말로 하는 게 아니라 행동으로 하는 거니까요. 실태조사 그 자체 외에 다른 의미를 부여하지 맙시다."

그는 이 시대를 사는 지식인의 양심 회복을 중시하며, 실태조사 단원들의 현란한 의미 설정이 오히려 실천에 충실하지 못하는 폐단을 가져올 수 있다고 보았다. 개개인의 자질, 책임감, 젊음의 나태와 실수를 극복할 수 있는 품성을 강조하면서 학생운동가들이 이론 전개의 도식성에 빠질 걸 우려하는 모습이 역력했다. 그가 이렇게 활동가의 품성을 강조하는 동안 다들 그가 매사에 동의할 수 없는 사항을 대충 얼버무리거나 그냥 넘어가는 걸 결코 용납하지 못하는 사람이라는 걸 느낄 수 있었다. 그에 따라 회의 중간에 박관현의 우렁찬 목소리가 들리는가 하면 상대방의 고성이 잇따르고, 또 분위기가 차분히 가라앉는가 하면 다시 고조되는 과정이 여러 번 반복되었다. 주로 박관현의 독자적인 견해와 다수의 분위기가 충돌되었는데, 신영일은 분위기가 너무 과열되어서 모임이 파국으로 가지 않을까 염려되었다. 그러나 박관현의 태도는 또렷하지만, 조직을 존중하는 자세가 성숙해서 자리를 결코 파국으로 치닫게 하지 않았다.

그로 인해 두 시간 넘게 난상 토론이 이어지고 있을 때 조용히 방문이 열리더니 두 사람이 들어섰다. 다들 입을 다물고 새로 들어온 사람에게 주목했다. 신영일이 낮은 소리로 소개했다.

"지금부터 전문가와 대화 시간을 갖겠습니다. 말씀드렸듯이 광천동 서민들의 집결지인 이곳 시민아파트에서 지역 주민실태 문제와 싸우느라 고생했던 분이 있어서 모셔 왔습니다. 이분의 경험과 생각이 우리에게 많은 참고가 되리라 생각합니다."

그러자 전문가를 모시고 온 선배가 옆에 있는 분의 등을 슬그머니 떠밀면서 말했다.

"윤상원입니다. 대부분 안면이 있지만 몇 분은 초면이네요. 나중에 친해지기로 하고 오늘은 이분을 소개하겠습니다. 이름은 김영철 씨, 이곳 시민아파트 A동 반장이시고, 이 지역 새마을지도자이며, 광천 삼화신협 실무를 맡고 있습니다."

이어서 김영철의 조언이 시작되었다. 매우 역사적인 자리였다.

광주의 자생적 빈민운동가 김영철을 윤상원에게 연결시킨 사

람은 녹두서점의 김상윤이었다. 김영철은 김상윤과 광주서중에
서 광주일고까지를 함께 다닌 동문이었는데, 그의 성장사는 광
주 민중 서사의 표본이라 할 만큼 간고한 시련으로 점철돼 있었
다. 그는 본디 1948년에 순천에서 태어나 한국 전쟁 때 아버지
를 잃었다. 당시에는 아버지가 없는 가정을 돕는 '모자원'과 부
모가 없는 아이를 보호하는 '고아원'이 전국 각지에 들어서 있
었다. 그래서 김영철은 난민보호소라 할 '목포모자원'에 들어가
'인성모자원' '영신원' 등의 시설에서 자랐는데, 어려운 환경에
도 공부를 잘했다. 하지만 지역 최고의 명문이라는 광주일고에
다니는 동안에도 가정 형편이 어려워서 토요일, 일요일에는 건
축 현장을 찾아다니며 막노동을 했다. 당연히 대학 진학을 포기
하고 공무원 시험을 봤는데, 시골 면사무소에 근무하면서 말단
관료들이 농민을 돕기는커녕 각종 탁상행정을 펼치고 부정과
비리에 얽히는 걸 보았다. 이것이 그의 삶을 바꾸었는지 모른다.
그는 군 복무를 마치고 와서 공무원을 때려치우고 농장 잡부에
서 신문 배달부를 거쳐 손수레를 끌고 다니며 청과물 장수를 하
는 등 세상의 밑바닥을 헤치던 끝에 시민 공동체운동을 시작했
다. 그리하여 산전수전을 다 겪은 김영철이 본격적인 시민운동
의 장소를 광천동으로 택한 것은 천우신조의 하나였는지 모른
다.

광주공단은 아시아자동차 공장이 중심에 있고, 주변에 하청
공장과 기계 제작 공장, 섬유류 등의 영세한 공장이 오밀조밀하
게 밀집돼 있었다. 그 곁에 가난한 사람들이 모여 사는 주택가
가 형성돼 있는데, 주택가 곁으로 검게 오염된 광주천이 흘렀다.
그 무렵 독일의 작가 루이제 린저가 광주에 와서 "광주천은 아

름답다"라고 강연해서 폭소가 터진 적이 있었다. 왜냐면 밤에 어둠 속에서 흐르는 광주천은 불빛을 유난히 반사하기 때문이었다. 하천이란 말이 딱 어울리는 야트막한 물줄기 곁으로 얼기설기 누더기를 기워 놓은 듯한 채소밭 고랑이 나 있는데, 그건 인근 주민들이 푸성귀를 가꾸어 반찬거리를 해 먹는 곳이었다. 그 가까이에 자리한 광천동 시민아파트는 주택가 중앙에 세 동이 ㄷ자 모양으로 자리를 잡아서 행인들은 입구를 찾지 못하고 지나칠 정도였다. 6·25 전쟁 때 피난민들이 모여 임시 판잣집을 지어 살다가 마을이 형성된 것을 광주시가 화장실이나 수도시설도 없이 가구당 방만 두 칸인 6평 아파트를 지어서 나누어 준 곳이라 주민들은 한 개 층에 한 개씩 있는 화장실과 세면실을 공동으로 이용해야 했다. 게다가 화장실조차 수세식이 아닌 재래식이었다. 생계에 쪼들려 사는 주민들이 공동 시설을 제대로 관리할 리가 없었다. 1, 2, 3층 모두 재래식인 화장실에 들어서면 배설물에서 배출된 가스가 얼굴과 노출된 피부를 톡톡 쏘아대니 용변을 보려면 단단히 준비하고 들어가야 했다. 그곳에서 화장지를 쓴다는 건 사치스러운 일이어서 신문지나 얇은 종이를 미리 구겨서 들어가 얼굴을 가리고 용변을 본 다음 일이 끝나기가 무섭게 뛰쳐나와야 했다. 주거 공간도 열악하기 그지없어서 문을 열면 부엌 아궁이가 있는 좁은 통로에 이어서 방문이 나오는데, 신발이나 부엌살림을 모두 통로에 둬야 하는 관계로 비좁기가 짝이 없었다. 그런데 가난한 집일수록 가족이 많아서 거의 모든 집에 대여섯 명씩 살고 있었다. 서로 덕지덕지 붙어서 사는 게 겨울에는 오히려 좋은 측면도 있으나 무더위가 기승을 부리는 철이면 애로 사항이 한둘이 아니었다. 여성이 있는 집은 난처하기가 이루 말할 수 없고 아이들도 아파트 안이 너무 더워서 어두워지면 아예 옥상으로 올라갔다. 옥상에 담요를 깔고 별을 보며 자든 아니면 밤새도록 거리를 배회하든 청소년 성범죄와 탈선행위가 많을 수밖에 없었다. 이는 어른들이라고 크게 다르지 않아서 남자는 주로 공사장 인부나 날품팔이에 매달리고 여자는 인근 공장에 나가는 게 대부분이었는데, 그나마 상이군인 출신이나 병자 등 육체노동에 취약한 남자들은 아내나 자식들을 직장에 내보내고 집이나 지키면서 근근이 연명했다. 당연히 선거철이 되면 정치인들이 나서서 재개발과 취로 개선 사업을 하겠다고 기염을 토하지만 한 철만 지나면 모든 게 백지 수표가 되었다. 누가 어디서부터 어떻게 손을 써야 할지 대책을 세울 수 없는 이 절망적인 장소를 살리겠다고 제 발로 들어온 의인이 김영철 씨였다. 그는 이 암담한 아파트에 입주해 지역개발운동을 시작했는데, 새벽에는 어린이들을 모아 조기 청소를 하고, 주민회의체를 만들어 운영하면서 주민 의식 개발을 위한 프로그램을 다방면으로 꾸려가고 있었다. 김영철 씨는 들불야학이 들어오자 쌍수를 들어서 환영하더니 이내 야학을 돕는 차원을 넘어서 적극 결합해 버렸다. 윤상원을 만나 새로운 방향성을 찾은 것이다.

골방 전투

그러나 들불야학은 본격적인 궤도에 오르기도 전에 심각한 문제가 하나 발생하고 말았다. 그날은 1978년 12월 크리스마스 전날, 광주공단 실태조사가 한창 바쁘던 무렵이었다. 광천동 성당에서 크리스마스 전야 행사 '향연의 밤'이 열렸는데, 순서의 하나로 들불야학 학생들이 집단창작극을 만들어 공연하게 되었다. 윤상원의 부탁으로 전남대 연극반 출신 박효선이 야학 학생들을 지도하여 〈우리들을 보라〉를 무대에 올린 것이다. 배경은 광천공단에 있는 한 공장, 사장이 생산량을 올리기 위해 만 18세 이상, 최저임금 3만 원이라는 근로 기준법을 어긴다. 이중장부를 만들어서 열여섯 살 강순희에게 월 2만 원만 지급하면서 노동청에서 감사가 나오자 강순희에게 열여덟 살이고 월급은 3만 원이라고 거짓말하면 월급을 올려주겠다고 해 놓고 감사반이 다녀가자 공장에 다니는 것만도 고맙게 생각하라고 윽박지른다. 마지막 장면은 강순희가 "우리는 오늘도 이렇게 당하고 있습니다. 우리의 처지를 누가 알아줄 겁니까." 하고 외치자 출연자 전원이 무대에 올라와 "우리들은 노동자다 좋다 좋아/같이 죽이 죽고 같이 산다 좋다 좋아"를 합창하였다. 막이 내리자 이를 보고 놀란 천주교 신자와 지역 주민들이 무대가 떠나가도록 박수

갈채를 보냈다. 난생처음 이런 일을 경험한 노동자들은 자신들의 힘으로 뭔가를 이뤄냈다는 사실에 감격해 펑펑 울었다. 신영일은 공연이 끝나고도 가슴이 벅차서 귀가할 엄두가 나지 않았다. 다들 윤상원의 자취방으로 몰려가 강학과 학생이 노래하고 이야기하며 꼬박 밤을 새웠다. 윤상원은 연극반 출신이라 노래 솜씨가 일품인데 특히 그가 하는 판소리 〈오적〉은 소리꾼 임진택을 능가한다고 칭찬이 자자했다. 이렇게 자리가 깔리자 박효선도 절창의 솜씨로 〈목포의 눈물〉을 선보이고, 박기순도 최희준의 저음에 맞는 그 걸걸한 목소리로 〈하숙생〉을 불렀다. 이때 밖에서 요란한 소리가 들리더니 동네 청년들이 몰려왔다. 야학에 나오는 학생 하나를 짝사랑하는 사내가 술 먹고 친구들을 데리고 난입한 것인데, 손에 흉기를 들고 있어서 강학들이 우물쭈물할 수밖에 없었다. 어떻게 응대해야 할지 판단을 내리기가 쉽지 않은 상황이었다. 그 틈에 박기순이 나가서 준열하게 꾸짖었다.

"젊은 사람들이 왜 이렇게 무도해요. 행사 끝나고 모이는 자리를 이렇게 어지럽혀도 된다는 생각을 누가 한 거예요?"

크게 고함을 치지 않으면서도 얼마나 당차게 꾸짖는지 다들 훈계를 듣고 꽁지를 뺐다. 이 같은 박기순의 저력이 어디에서 나오는지를 신영일은 다음 날 일어난 엄청난 사건을 겪고야 이해할 수 있었다. 그러니까 그렇게 거창한 회식이 끝난 다음 날, 그날은 크리스마스인데도 박기순이 리어카를 끌고 화정동 광주소년원 뒷산으로 나무를 하러 가겠다고 지원자를 모았다. 박기순을 따르는 학생들이 함께 가겠다고 나섰다. 들불야학 교실은 시멘트 블록으로 지은 건물이라 여름에는 덥고 겨울에는 추웠다. 선풍기도 없고 방충망도 없어서 모기에 뜯기면서도 여름에는 창문을 열어 놓고 더위를 이겼지만, 겨울에는 난로를 피우지 않으면 추워서 앉아 있을 수가 없었다. 하는 수 없이 야산에라도 나가 땔감을 구해야 해서 모처럼 쉬는 크리스마스를 기해 박기순이 나무를 하러 간 것이다. 그때 함께 간 학생들에 의하면 오후 두 시까지 들과 산을 헤매며 나무를 했다. 다들 큰소리로 노래를 부르며 솔방울을 주웠는데, 그날은 월요일이라 저녁에 수업이 있었다. 박기순은 영어 수업에 참관하면서 일지를 작성했는데, 끝난 시간은 밤 10시였다. 그래서 연일 무리했다며 일어서면서 이렇게 말했다.

"낙평이, 나 낼 학당에 못 나올 거 같네. 이 수업일지 낙평이가 가져가소."

그것이 끝이었다. 박기순은 사흘 만에 집에 들어가 지칠 대로 지쳐서 밥상머리에서 졸기 시작하더니 세면은커녕 양말도 벗지 못하고, 모자 달린 티셔츠를 그대로 입은 채 잠이 들고는 아침이 되어도 일어나지 못했다. 집에서는 기상할 시간이 지났는데도 기척이 없자 올케가 깨우러 갔다가 깜짝 놀라 식구들을 불렀다. 문짝을 차고 들어가 보니 박기순은 처음 누웠던 자리에서 일어나 문 쪽을 향해 엎어져 있었다. 입에서는 거품이 나오고 요에는 오줌이 흥건했다. 당시 국민주택은 시멘트 블록으로 지어서 연탄가스에 취약했는데, 밤새 문을 열 틈이 없었으니 이산화탄소에 중독돼 숨진 것이다. 들불야학은 엄청난 충격에 사로잡혔다. 오빠 친구들, 광주의 민주인사들, 전남대 활동가들이 모두 슬픔에 잠겨서 몇 날 며칠이고 헤어나지 못했다.

그래도 실태조사반은 마냥 슬픔에 빠져 있을 수가 없었다. 애도 시간을 줄이고, 그해가 가기 전에 곧장 합숙에 들어갔다. 제1단계 작업은 자료를 찾아내 내용을 소화하는 일이었다. 다들 수십 권의 서적과 자료집들이 방 한구석에 수북이 쌓여 갔다. 한국의 근현대사, 경제, 경제사, 노동문제, 노동운동사, 노동관계법에 관한 책들을 선정하여 각기 발제한 뒤 토론을 거쳐 필요한 내용을 정리해 갔다. 신영일도 사회조사연구방법론에 관한 책을 읽고, 유사한 실태조사의 기록과 1960년대, 1970년대의 각종 잡지를 섭렵했다. 그 과정에서 박관현은 전태일에 관한 기록을 읽고 크게 감명을 받았는지 나날이 눈빛이 달라지면서 점점 중심으로 치고 들어왔다. 그가 중시하는 말은 두 가지인데 "나에게 대학생 친구가 있었다면 노동법을 공부할 때 도움을 받았을 것이다." 하는 점과 "내 죽음을 헛되이 말라." 하는 점이었다. 실태조사반원들은 광주공단에 관계된 자료를 구하기 위해 대학도서관, 시청, 노동청, 노총 광주협의회, 상공회의소, 공단관리사무소를 찾아다녀야 했다. 이런 일은 일일이 발로 뛰어다녀야 했는데, 업무 처리가 까다롭고 원하는 자료를 얻기가 쉽지 않았다. 그런데 일이 막힐 때마다 박관현이 나서서 해결해 왔다. 전문가 자문을 듣는 일도 마찬가지였는데, 그 역시 박관현이 안진과 함께 사회조사방법론에 정통한 김상태 교수를 찾아가서 해결했다. 가끔 저녁 시간에 술자리를 겸한 오락 시간이 열렸다. 활기 넘치는 젊은이 십여 명이 어울려 노는 자리는 에너지가 터질 듯했다. 좁은 방안이지만 분위기가 무르익다 보면 덩실덩실 춤추는 사람, 냄비 뚜껑으로 박자를 맞추는 사람, 한 덩어리가 되어 떼창을 하는 사람들로 야단법석이었다. 이렇게 합숙이 계속되자 곁에서 지켜보던 김영철이 건강을 염려하여 조기축구를 권하였다.

실태조사반원들이 제의를 받아들여 들불야학 강학들과 함께 근처에 있는 학교 운동장을 뛰어다녔다.

그리고 1979년 새해가 되어서 조사반원들은 제2단계 조사연구 설계에 착수했다. 그런데 이때부터 사업 자체를 위협할 정도로 심각한 난제들이 나타났다. 그것은 대부분 젊음의 그늘에서 생겨나는 문제였는데, 이미 보름 정도의 합숙으로 다들 지쳐서 의욕을 잃었다. 또 설정된 목표는 높고 날씨는 추우며 방은 썰렁하여 담요 몇 장으로는 견디기가 어려웠다. 모두 피로가 누적된 데다 경험 부족에서 오는 능력의 한계들이 드러나기 시작하자 조사반 전체가 차츰 일체감을 상실해 갔다. 더러 쌀이나 김치를 가지러 귀가했다가 방황하거나 부모에게 붙들려 못 돌아오기도 했다. 신영일도 고질병인 늦잠과 허리 통증으로 고생이 이만저만이 아니었다. 어려서부터 책상 없이 바닥에 배를 깔고 엎드려서 책을 보는 버릇이 든 까닭인지 그는 여차하면 허리가 아팠다. 이 난관을 어떻게 극복해야 할지 알 수 없었다. 그런데 처음부터 이를 예측하고 자신의 상태를 준비해 간 사람이 있었다. 첫날 토론회 때 까다로운 주문을 하던 박관현인데, 그는 일상이 매우 규칙적이며, 다른 모임에 나갈 때도 복귀 시간을 놓치는 법이 없었다. 방이 춥다고 웅크리거나 불평하는 일도 없었다. 밤늦게까지 자료를 뒤지고 가장 일찍 일어나 밥을 지었으며 맨 먼저 빗자루를 들고 청소하고 설거지하며 아무리 날씨가 추워도 정자세로 앉아서 책을 읽었다. 그 초지일관한 성실성, 책임감, 솔선수범, 언행일치의 태도는 천천히 그리고 조용히 조사반원들을 감동하게 했다. 그러나 박관현의 지도력을 무엇보다도 크게 만드는 덕목이 따로 있었다. 그것은 품성의 측면인데, 박관현은 대인관계가 원만하고 진지하며 누구에게나 정감이 담긴 태도를 잃지 않았다. 후배들에게 다소 염려되는 문제가 발견돼도 늘 미리 단속하는 모습을 보였다. 누가 외출할 일이 생기면 시내에서 지켜야 할 주의사항을 환기하고 돌아오는 시간을 엄수하도록, 사정이 생겼을 때는 반드시 연락하도록 주문하고 그것도 모자라 비상연락처를 남기도록 당부했다. 그게 잔소리 같아서 한번은 신영일이 대꾸했다.

"형, 설마 시내에서 무슨 일이 있겠어요? 상담지도관실 요원들도 방학이니 쉬겠지요."

박관현이 듣기 싫지 않게 타일렀다.

"영일아, 설마가 사람 죽인다는 말이 있어야. 너는 전남대를 흔들 수 있는 문제 학생 아니냐. 너희들이 과잉된 피해의식이라고 날 몰아붙일지 모르지만 주의하지 않으면 내일이라도 당장 실태조사가 끝장날 수도 있어. 그렁께 늘 전태일을 잊지 말아라잉."

신영일은 박관현에게 특히 주의를 자주 들었는데, 중요한 것은 이 까다로운 선배가 뒷말이나 잔소리를 전혀 하지 않는다는 점이었다. 그래서 점점 박관현의 장점이 관용에 있다는 걸 알게 되었다. 어느 때는 다들 밖에 나가고 없는 시간에 혼자서 산더미 같은 자료를 처리하고도 일절 불평을 남기지 않았다. 그렇게 혹한기의 시련을 견디며 노동자의 일반적 배경, 노동 조건, 의식구조, 노동조합 활동 등을 기본 항목으로 하는 39개 문항의 설문지를 완성한 데는 내부의 일체감을 수습하면서 동료들이 뒤처지지 않도록 단속한 그의 공이 결정적이었다. 실태조사반 안에서 박관현은 어느덧 누가 말하지 않아도 자연스럽게 지도자로 공인되었다.

조사반원들은 설문지를 노동자들이 알아보기 쉬운 말과 글로 또박또박하게 써서 정성껏 작성했다. 그리고 광천동 공단지역을 세분해서 한 곳을 두세 명이 전담할 수 있게 나누었다. 그리하여 먼저 사업주를 만나 면담하고, 설문지를 돌릴 수 있도록 협조를 구한 다음에, 휴식 시간이나 점심시간을 이용해 설문지를 배포하고 작성하여 회수할 계획이었다. 그런데 막상 현장에 가서 보니 모든 게 생각과 달랐다. 사업주들이 설문지의 내용을 보더니 협조는커녕 냉소로 일관했는데, 그간의 생각이 얼마나 안일한 것이었는지 뼈아프게 실감했다. 순진하게도 사업주의 협조에 의지하려 들다니! 그들이 직접 노동자를 찾아내지 않는 이상 노동현장의 목소리는커녕 그 곁에 떠도는 숨소리조차도 들을 수 없었다. 그래서 고민한 끝에 그간의 방법을 즉각 전환해야 했다.

이제 그들은 매서운 북풍이 몰아치는 허황한 공단 한복판, 가로등마저 희미한 각종 사업장 정문 근처에 웅크리고 서서 노동자들이 퇴근하는 시간을 기다려야 했다. 그러다 막상 작업 종료의 사이렌이 울리고 잔뜩 목을 움츠린 노동자들이 걸어 나오면 오히려 두려움을 느꼈다. 그들이라고 냉대하지 않을 턱이 없었다. 당장 피곤한 자들에게 무력한 설문지를 내미는 게 어떤 의미를 안겨줄 수 있을까? 혹시 화를 내지 않을까? 누가 방해하지 않을까? 때로는 끈질긴 설명과 설득이 필요했고, 또 때로는 배척당하기도 했으나 꽤 많은 수의 노동자들이 설문지의 내용을 듣고 정성 들여 작성해주었다. 매일같이 근처 포장마차에서, 선술집에서, 튀김집에서, 광천공단의 실태가 조금씩 모습을 드러내고 있었다. 구타당하고 멸시받으며 동료의 해고에 항의하다 자신까지 쫓겨나는 노동자들. 그들의 가슴에 가혹한 상처를 남기는 상상을 초월하는 긴 노동 시간과 저임금, 열댓 살짜리 어린 노동자들의 파리한 얼굴들, 실태조사반원들은 울 수도 없었다. 울기에도 너무나 부끄러웠다. 그 속에는 박기순이 다니던 광동공업사도 있고 윤상원이 다니는 한남플라스틱도 있었다. 다른 동료들에게는 비밀로 했지만 이를 아는 신영일은 그런 공장을 헤집고 다니며 주먹을 불끈 쥐지 않을 수 없었다. 그래서인지 신영일의 해맑은 표정과 눈동자는 언제나 '순수한 대학생' 이미지를 샘물처럼 뿜어내고 있어서 사람을 설득하는 큰 무기가 되었다.

약 보름간 계속된 작업 기간에 그들의 발길이 닿지 않는 포장마차가 없었으며, 그들을 알아보지 못하는 노동자가 없을 정도로 열심히 뛰었다. 그러는 동안 조사반원 모두가 완벽히 일체감을 이뤘고 보람과 기쁨도 한없이 컸다. 특히 이때의 박관현이 얼마나 눈부신 활동력을 보이는지 그는 사업주를 만나든 노동자를 만나든, 나이 든 어른을 만나든 어린 소녀를 만나든, 순식간에 형이 되고 동생이 되고 오빠가 되었다. 하루는 노동자들의 야간작업 시간을 맞추느라 밤 10시가 지나서야 설문지 작업을 끝낼 수 있었다. 신영일은 지칠 대로 지친 모습으로 걸어 나오며 나란히 공단 도로를 걷고 있는 박관현에게 말했다.

"관현 형, 우리는 껍데기가 아닐까요?"

신동엽의 시 「껍데기는 가라」가 떠올라 해보는 말이었다.

"열심히 노력해서 껍데기가 안 되도록 해야지."

"형, 실태조사를 한다는 거 자체도 하나의 허구인지 몰라요. 형이 지적한 대로 책 몇 권 읽고 자기주장을 하며 시간 보내고,

짬이 나면 술 마시고 노래 부르는 우리들의 행위가 저 노동자들의 참상에 비교하면 사치라고 생각됩니다. 아무래도 우리들의 이 작업조차도 껍데기가 아닌가 하는 생각이 자꾸 들어요."

"영일아, 노동자들의 현실이 곧 우리의 현실이어야 되지 않겠냐? 그들이 노동자고 우리는 지식인이라고 구별해서는 안 되지. 우리는 그들이 겪는 아픔과 슬픔을 단순한 피해라는 차원에서 받아들일 게 아니라 우리들 전체의 삶으로 받아들여야 해. 그런 아픔과 슬픔을 이기려는 우리의 노력 또한 시대가 부여한 소명이라고 여겨야 한다고 나는 생각한다."

박관현은 어느새 완벽한 민중운동가로 변신해 있었다. 신영일은 진심으로 박관현을 형님으로 받들고 따르게 되었다. 광천동에 와서 윤상원, 김영철에 이어서 세 번째로 겪는 '마음속의 어른'이었다. 어쨌든 그토록 열심히 뛰어다닌 끝에 2월 말, 드디어 실태조사보고서 초안이 완성되었다. 장장 66일 동안의 노고를 바쳐서 얻은, 말 그대로 땀과 눈물과 분노와 열정의 실태조사 보고서였다.

일이 끝나자 조사반원들은 모두 학교로 돌아갔다. 그들의 복귀는 전남대학교의 학생운동을 혁신하는 또 다른 시작이 되었다. 다들 학교로 돌아가면서 두 가지 숙제를 토론해야 했다. 하나는 실태조사 보고서 초안을 수정, 보완하여 학교신문에 게재하는 문제였는데, 여기에 동의하지 않는 사람이 없으니 실천에 옮기기도 쉬웠다. 애초에 학보사 기자를 하다가 참가한 안진이 있었으므로, 게다가 조사 기간 내내 그는 전문가다운 면모를 최대치로 인정받았으므로 이 문제의 책임자 또한 어렵지 않게 정해졌다. 또 하나는 광천동의 경험을 토대로 학내에서 새로운 활동을 전개할 신규 서클을 창립하는 문제였는데, 이는 좀처럼 결론이 나지 않았다. 자꾸 부대 효과를 탐내다가 자칫하면 빛 좋은 개살구가 될 수도 있다고 박관현이 염려하면서 완강하게 반대하는 까닭이었다.

"우리 학교는 훌륭한 서클이 많지 않냐? 기존의 사회과학 서클이 몇 개나 되는데, 여기에 다시 신규 서클을 창립하는 건 무슨 의미가 있을까? 만약 그게 실태조사와 같은 유형의 사업을 전담하는 서클이라면 그 내용이 기능적으로만 흘러 버릴 가능성도 크고. 그러니까 우리가 자꾸 새것을 만들려고 하기보다 기존의 서클에 들어가서 적극적으로 그걸 살리는 데 앞장서는 게 낫지. 영일아, 안 그러냐?"

박관현의 강력한 반론에도 불구하고 다들 새로운 서클을 만들자는 쪽으로 기울어 있었다. 신영일이 박관현을 찾아다니며 전체 의견에 따르도록 설득하기 시작했다. 박관현은 조사반원들이 어떤 조직에 속하는가보다 어떤 내용을 채워 나가느냐가 중요하다는 데 있음을 간파한 신영일이 요점을 제대로 간추려서 설명하자 금방 '전체 의사'에 따르는 모습을 보였다.

"영일이를 왜 신 설득이라고 부르는지 알겠다."

그리고 예의 그 광채 나는 성격에 따라 한 번 동의하자 새로운 서클 창립에 적극적으로 앞장서게 되었다. 그들은 농촌과 도시빈민의 실태도 조사하겠다는 포부를 갖고 '사회조사연구회'를 만들었다. 장석웅, 박관현, 신영일, 안진, 이세천, 김정희, 박용안 등 기존 멤버에 사회학과 최용주, 사학과 박순, 경제학과 정승이 가세했다. 학생들에 대한 감시가 매우 심했던 시절이라 이들을 책임지겠다는 지도 교수가 있어야만 서클 등록을 할 수 있었다.

광천동 실태조사를 위해 전대학보사를 그만두고 박상태 교수를 찾아다니며 사회조사방법론을 제대로 배운 안진이 나서서 박상태 교수를 지도 교수로 모시고 싶다고 간곡히 청해 올리자 박상태 교수가 기꺼이 부담을 떠안게 되어 이 서클은 공식으로 등록되었다.

그리고 이들은 「전남대학보」에 광주공단 노동자 실태조사를 게재하기 시작했다.

근로자 50%가 최저임금 이하/월 3만5천 원 이하 노동자 전체의 27% 차지/10만 원 이상의 노동자 7.7% 불과/근로자 70%가 문화생활 완전 포기/보너스 지급 거의 없고 기본급 수당 구별도 못해

이 같은 첫 번째 기사들에 이어 다음 호에 게재된 두 번째 기사들도 충격의 연속이었다.

70% 근로자 직업병 증세 보여/전체 22%가 1일 10시간 이상 근무/하루 휴식 1시간 미만이 전체의 80%/조명 통풍 시설 없는 업체가 절반 넘고/식품업계 70%가 시력 장애를 나타내

보고서는 이를 매우 설득력 있게 제시하고 있었다. 그에 의하면, 1969년 1월 광천동 화정동 지역에 준공된 광주공단은 총 부지 72.2만 평이고(아세아자동차공장 32.2만 평, 적성공단 28.6만 평, 중소기업 단지 11.4만 평) 유형별로는 지방공단(도지사 관할 하에 지방 재원으로 육성)에 속한다. 그러나 1978년 12월 31일 현재 입주업체는 총 63개에 불과했고 종업원 100인 이상의 사업체는 불과 세 개에 지나지 않았으며 그나마 가동 중인 사업체는 51개로 나타났다.

이 실태조사 보고서는 1979년 5월에 이르러 네 차례에 걸쳐 전남대학신문에 전남대 사회조사연구회 이름으로 연재하기로 계획되었는데, 실제로는 두 차례밖에 소개될 수 없었다. 하지만 보고서는 전남대학교 학생운동권 역량을 한눈에 보여 준 놀라운 사건이요 광주 전남 지역에서 최초로 시도된 공단 실태조사였다. 그래서 첫 호가 배포되자 〈전남일보〉에서 기사를 받아 이를 대서특필하는 바람에 학교가 발칵 뒤집힌 것이다. 중앙정보부가 압력을 넣어 모든 소개를 금지하고, 학보사의 주간 교수와 안진에게 조사방법론을 가르친 박상태 교수를 괴롭히기 시작했다. 실태조사반 몇 명은 연행되었다.

4
박관현의 시간

들불은 꺼지지 않는다

실태조사반이 광천동을 떠난 뒤 들불야학은 몹시 스산한 분위기에 빠지지 않을 수 없었다. 실태조사 참여자들은 대부분 군대를 마쳤거나 3, 4학년이어서 안정된 무게감이 있었다. 그러나 들불야학은 박기순의 빈자리가 너무나 컸다. 이제 신영일, 임낙평 정도가 대기 강학을 이끌고 있었는데, 대기 강학은 아직 신입생 태를 벗어나지 못한 사람이 많았다. 그래서 여유 있고 인간적으로 성숙한 실태조사반원들을 만날 때마다 존경심이나 인간적인 의지를 느낄 수 있었다. 윤상원은 들불 가족이 의기소침하지 않도록 세심히 배려하지 않을 수 없었다. 이때 신영일은 고등학교 시절의 단짝 전용호를 대기 강학으로 끌어들였다. 두 사람은 소통이 원활하여 학내 활동의 범위가 남들보다 두 배는 넓었다. 그래서 윤상원은 신영일이 학내 쪽 일에 시간을 많이 쓸 수 있도록 활동 거점을 옮겨주었다.

전남대학교에서 의미 있는 서클은 '독서잔디' 'RUSA' '홍사단' '얼샘' '한국농촌사회연구반' 등인데, 그들의 특징은 아직 계몽적인 '비판적 지식인'을 양성하는 수준이라는 점이었다. 그래서 신영일은 좀 더 실천적이면서도 기층 노동자, 농민을 사회변혁운동의 주체로 내세울 수 있는 민중운동가를 양성하는 것이 급선무라고 생각했다. 이는 광천동 실태조사팀이 학내 서클 역량을 높이고 기존의 분위기를 혁신할 필요가 있음을 의미했다. 그 무렵의 동아리 활동은 감시와 통제가 극심해서 가치 지향성이 뚜렷한 모임은 등록 자체가 쉽지 않았다. 6·29 시위에 앞장섰던 기독학생회는 비등록 서클이라 활동할 수 없었다. 이를 들 불야학 강학 고희숙이 성경과 찬송연구반을 표방한다는 뜻으로 '바이블 앤 뮤직'으로 개명하여 등록하는 데 성공했다. 또 탈춤반은 민속문화연구반으로 등록할 때 회장이 김선출, 부회장이 김윤기였는데, 모두 고등학교 동창인데다가 전용호까지 가입해 활동하고 있었다. 그래서 뒤를 이어갈 서클로 가면극연구회를 만들었는데, 그 역시 창립하기가 쉽지 않았다. 당시 서클 등록의 조건에는 반드시 B학점 이상 3학년 학생이 회장이어야 한다는 규제 조항이 있었는데 가면극연구회는 2학년이 만든 조직이라 3학년생이 없었다. 그래서 전용호는 고희숙에게 부탁하여 영어교육과 3학년 김경희를 가면극연구회 회장으로 세우게 되었다. 이 모든 움직임 뒤에 신영일의 역할이 그림자처럼 따라붙고 있었다. 그는 이들 속에서 인간적 친밀도와 행동반경이 가장 넓고 신뢰도가 가장 큰 사람이었다. 그리고 그 점은 신영일에게 언제라도 탄압이 집중될 수 있음을 뜻하는 것이었다.

전남대를 담당하는 광주 서부 경찰서는 문제 학생으로 지목된 명단을 강도 높게 관리했다. 사찰 형사가 두 명씩 붙어서 밀착감시를 하게 되면 발이 묶이지 않는 사람이 없었다. 하지만 어떤 상황에서도 공동체의 분위기를 좌우하고 흐름을 주도하는 사람은 반드시 있기 마련이었다. 공교롭게도 조용하고 말이 적으며 성품이 좋은 학생이 꼭 그런 역을 맡았다. 그들을 태풍의 눈이라

할 수 있는데, 처음에는 이세천이 그러더니, 이듬해에는 노준현이 그러다가 어느 사이에 신영일에게로 넘어가고 있었다. 누구도 정해주지 않았고, 심지어는 본인도 그러고 싶지 않음에도 불구하고 어쩔 수 없이 1979년의 전남대학교는 신영일의 시대로 옮겨가고 있었다. 사찰 형사가 계속 뒤를 밟는 까닭에 겉으로는 트집 잡힐 활동을 하지 않았다. 그래도 사회조사연구회가 창립대회를 할 때는 가면극연구회와 바이블 앤 뮤직이 몰려가 신명을 올리고, 바이블 앤 뮤직이 창립대회를 할 때는 사회조사연구회와 가면극연구회가 흥을 돋웠다. 하나의 동아리를 30명으로만 잡아도 금방 100여 명이라는 숫자가 움직이게 되는데, 누군가 한 사람이 이들을 움직일 영향력을 갖는다는 건 경찰이 생각할 때는 끔찍한 일이 아닐 수 없었다. 더구나 신영일은 그들 말고도 문제 학생으로 명단을 올리는 학생들과 친하지 않은 사람이 없었다. 발언권이 있는 학생이라면 누구나 신영일의 말을 경청하고 그의 말에 담긴 방향성에 영향을 받았다.

이에 대학 상담관실에서는 각 단과대학의 문제 학생을 일일이 찍어서 4월이 되기 전에 학내 분위기를 수습하려 들었다. 그러다 4·19 기념일이 다가오자 지목받은 학생들을 일주일간 부모의 감시에 묶어두는 '가정학습조치'라는 신종 징계를 실행했다. 상담관실이 지목한 학생을 학교에 나오지 못하게 하고 집으로 돌려보내는 조치인데, 주요 동아리 회장들과 교내시위 때 두각을 드러낸 활동가들이 모두 여기에 해당되었다. 그리고 사찰 형사들은 그들이 시골로 내려간 틈을 이용해 들불야학을 해체하는 작업에 들어갔다. 들불야학 강학들은 학교에서는 담당 교수와 지도 교수에게, 집에서는 또 부모님에게 야학을 탈퇴하도록 강요당했다. 부모님이 공무원일 경우에는 당국의 압박을 견딜 수 없었다. 학과나 동아리의 야외 집회는 사전에 신고해서 무조건 승인을 받도록 했고, 그 외의 집회는 모두 금지되었다. 더욱 심각한 문제는 형사들이 직접 강학들의 부모나 친지를 찾아가 문제성을 알리고 협조를 구한다는 미명으로 공공연한 협박을 자행한다는 점이었다. 부모가 공무원이거나 교사 신분일 경우에는 국가 권력의 협박에 속수무책이 되었다. 제법 큰 사업체를 가진 사장들도 경찰이 사업장까지 찾아가 위협하는 바람에 견딜 수가 없었다. 곳곳에서 충돌이 일어나고 가정불화가 말할 수 없이 컸다. 결국에는 부모님이 시골에서 농사를 짓거나 스스로 독립된 삶을 유지하는 사람만 남아서 들불야학을 지키는 수밖에 없었다. 부모가 농사를 지어서 탄압 받을 게 별로 없었던 김경옥, 일찍이 독립 생활인이 된 윤상원 같은 경우가 그랬다. 그래서 외부에 신분이 드러나지 않게 음지에서 활동하던 윤상원도 전면에 나서고, 또 김경옥, 고희숙 등이 두세 과목을 맡기도 하면서 겨우 수업을 꾸려가다 보니 들불야학 분위기도 침울해지고 학생들도 결석이 잦았다. 이루 말할 수 없는 시련기가 찾아온 것이다.

4월 중순에 접어들면서 들불야학에 대한 사찰 당국의 압력이 부모를 통한 간접적 압력에서 직접적 탄압으로 바뀌기 시작했다. 학교 당국은 들불야학의 강학 모두를 수시로 학생과로 불러 불순 단체라느니, 비등록 서클은 활동하지 못하도록 금지돼 있다느니, 뒤에서 조종하는 세력을 캐겠다느니 장광설을 펴면서 야학 활동을 중지할 것을 종용했다. 이를 듣지 않으면 부모가 실직 위기에 처하는 까닭에 불가피하게 그만두는 강학도 있었다. 아버지가 학교 교장으로 재직 중인 전용호도 활동을 일단 접는

척이라도 해야 했다. 강학이나 학생의 일부가 야학을 떠나자 나머지 사람들도 매우 불안한 상태에 놓였다. 이를 심각하게 고민하던 윤상원이 회의를 소집하여 특별 조치를 논의하다가 마침내 박관현을 수혈하기로 했다. 공단 실태조사를 통해서 그만한 신뢰를 얻은 까닭이다. 그러나 박관현은 쉽게 움직이는 사람이 아니었다. 그는 광천동 실태조사를 마친 뒤 도서관으로 돌아가 고시 준비에 열중하고 있어서 매우 조심스럽게 타진하지 않으면 안 되었는데, 윤상원은 이 숙제를 임낙평에게 맡겼다.

"관현 형님, 지난달에 현수정 강학이 학당을 떠났어요. 관계기관의 압력 때문에요. 근디 노동자들과 한 약속을 어떻게 어길 수 있습니까? 또 한없이 떨어져 가는 노동자들의 사기를 누군가 살려야 되잖아요. 형님의 도움이 절실합니다."

박관현은 이 같은 요청에도 답을 주지 않았다. 임낙평이 초조하게 찾아다녔지만 계속 침묵했다. 윤상원이 오히려 임낙평을 달래야 했다.

"낙평아, 관현이는 반드시 올 것이다. 그는 지금 자신과 치열하게 싸우는 중일 거야. 그게 박관현의 방식이잖아. 자기가 할 일을 반드시 자기 방식으로 검토하니까. 그가 그런 아픔과 고통을 이기고 긴 터널을 지나올 수 있도록 우리는 최선을 다해서 돕자. 지금 당장 합류하지 않더라도 관현이는 반드시 올 거다. 삼고초려가 아니라 그걸 세 번 네 번이라도 해야지."

박관현은 털털하고 붙임성 있는 성격에 누구에게나 성의를 다하면서도 주위 사람들에게 신세 지는 걸 극도로 피하고, 신세를 져도 반드시 보답할 줄 알았다. 일찍부터 매달리기 시작한 고시 공부에 대한 애착을 떨쳐 버리기 어렵다는 걸 누구나 알고 있었다. 왜냐면 그는 실태조사를 하고 나서도 '법관이 되어서 정의로운 사회'를 만드는 데 앞장서겠다는 낭만적인 생각을 버리지 않기 때문이었다. 그래도 임낙평이 지치지 않고 찾아다닌 끝에 기어이 1979년 4월 마지막 날 들불야학 강학 총회에 참석하게 되었다. 박관현이 제 발로 찾아온 것을 보고 윤상원과 신영일이 두 손을 들어 환호했다.

김영철이라는 의인

박관현이 정식 강학으로 발을 들인 일은 들불야학으로서는 하나의 축복과도 같았다. 날로 탄압이 가중되면서 강학들은 지치고 학생들의 탈락도 늘어서 야학의 존립 자체가 흔들리던 때였다. 탄압과 침체의 한복판에 박관현이 합류하면서 들불야학은 이제 대학생들이 이끄는 소박한 야학이 아니라 윤상원, 김영철, 박관현 같은 성숙한 청년들이 이끄는 야학으로 변모하게 되었다. 들불 내부 운영은 윤상원이라는 탁월한 지도자가 있었으나 그 외곽은 아직 김영철의 활동에 일방적으로 의존할 수밖에 없는 형편이었다. 여기에 김영철의 위대성이 있었다.

일찍부터 지역살리기운동에 관심을 두고 살아온 김영철은 1977년 10월 광천동 시민아파트를 자신이 몸 바칠 현장이라고 생각했다. 그리고 집마다 방문하여 가정별 기초조사를 마친 뒤 종합개발사업 계획안을 만들었는데, 이곳의 주민은 생활 수준이 낮고 문맹률은 높았다. 그래서 가장 먼저 시작한 일이 자신과 활동을 같이 할 청년회 조직을 만드는 일이었고, 다음으로 한 일이 어린이 주말학교를 개설하는 일이었다. 그리고 이 어린이들과 아침마다 마을 청소를 하고, 삭막한 아파트 주변에 묘목을 가져다 정원을 만들었으며, 주민들의 경제적인 자립을 위해 신용협

동조합을 설립했다. 그리하여 매일 아침 아파트 앞을 청소하면서 어린이들이 모은 빈 병과 신문 등 폐품을 돈으로 환산하여 통장을 만들어주었다. 어른들의 눈이 동그래지지 않을 수 없었다. 그뿐만 아니라 김영철은 청년회 총무직을 거쳐서 A동 반장으로 선출되는가 하면 주민총회에서 새마을지도자로 뽑혔다. 우중충한 내부 벽에 페인트칠하기, 장마철에 물바다로 변하는 앞마당에 배수구 만들기, 아파트 제값 받기 운동과 지하수로 확장공사 등으로 광천동 시민아파트 지역 개발에 혁혁한 공을 세우고 있던 김영철이 들불야학에 참여했을 때 윤상원은 얼마나 감격했는지 모른다. 그런데 여기에 박관현이 더해지게 되었다.

광천동으로 돌아온 박관현은 무엇보다도 먼저 윤상원의 들불야학과 김영철의 주민조직을 결합하는 일부터 시작했다. 그래서 야학에 나간 지 며칠 안 되어서 김영철이 조직한 시민아파트 청년회 회원들을 만났는데, 박관현은 언변이 구수하고 침착하며 예의 바른 태도가 오랜 세월 몸에 배어서 동네 청년들과 급속히 친해졌다. 가난한 청년들의 사정을 잘 아는 사람이 그들의 감정을 이해하려고 누구보다도 열심히 노력하는 모습에 매료됐는지 아파트 청년들은 박관현과 어울리는 걸 너무나 좋아했다. 다들 일과가 끝나기가 무섭게 집으로 돌아와 박관현과 어울려 막걸리를 마시며 삶의 애환을 나누다 보면 어릴 적 추억담에서 장래 인생 설계며 정치적인 이야기까지 마구 쏟아지게 되어서 금방 하루가 가고는 했다. 청년들의 변화로 각 가정에서도 분위기가 달라지자 긍정적인 느낌이 주민 전체에 파급되었다. 그래서 강학과 주민이 빠른 속도로 한 덩어리가 되어서 마을 숙원 사업을 함께 해결할 형제요 친구이자 교사가 되기에 이르렀다.

"형님들, 이제부터 인생 공부를 좀 해보면 어때요? 세상이 어떻게 돌아가고 사람들이 어떻게 사는지 알아보는 공부요."

"어따, 책하고 담을 쌓고 산 지가 언젠디 새삼 공부를 다 한당가?"

다들 발을 빼려 했으나 박관현의 마술에 걸려들면 헤어 나오기 쉽지 않았다.

"음마, 부모가 자식한테 한 마디쯤 들려줄 게 있어야제 안 그러면 나중에 무시당해요."

박관현의 권유는 가난하고 못 배운 사람일수록 더 가슴에 닿았다. 주민들의 마음이 흔들리는 기색이 보이자 박관현이 찰싹 들러붙었다. 처음에는 일주일에 한 번씩 각자가 알아서 선택한 책을 읽고 독후감을 써서 발표하면서 틈틈이 신문을 읽도록 당부한 다음에 서로의 느낌을 펼치고 토론하게 했다. 상호 뜻이 잘 맞아서 날씨가 더워지면서 함께 투망을 매고 개천으로 고기를 잡으러 가기도 했다. 어느 날 야유회를 갔을 때의 일이다. 해가 질 무렵까지 잘 놀았는데, 버스 타는 길까지 나오려면 4km를 걸어야 했다. 술 취한 청년들은 모두 열심히 걸었다. 강학들과 함께 짐을 챙겨 메고 정거장에 당도해 보니 박관현과 아파트 청년 하나가 보이지 않았다. 좀 기다리면 오려니 하고 술을 한 잔씩 더 마시면서 컴컴할 때까지 기다렸는데도 오지 않았다. 다들 걱정이 되어서 다시 온 방향으로 거스르다 보니 멀리에서 박관현이 리어카를 끌고 오는 게 보였다. 사정을 물은 즉, 술 취한 청년을 처음에는 업고 오다가 몸집이 워낙 거구인지라 힘이 모자라서 이길 수 없었다. 결국, 만취한 청년을 길가에 눕혀 놓고 도로에서 먼 동네까지 걸어 들어가 리어카를 빌려 태우고 오는 길이었다. 다들 입이 벌어져 다물어지지 않았다. 세상에, 낯선 마을에 들어가 돈을 주고 빌린 것도 아니고 신용으로 리어카 하나를 빌릴 수 있다니! 게다가 박관현은 집에 갈 시간이 늦어서 광천동에서 자는 날은 어김없이 아침 청소에 참석했고, 청년들과 함께 삼화신협 조합원 모집 팸플릿을 돌리는 일도 했다. 그렇게 두터운 교분이 쌓이면서 자연스럽게 서로 형제가 되어서는 청년들은 들불야학을 돕고 들불야학은 청년들의 지역 개발 사업을 돕게 되었다.

박관현의 이 같은 성품은 야학 학생들에게도 유감없이 작동했다. 예컨대 조정관이라는 학생이 있었다. 어느 날 집에서는 야학에 가겠다고 말하고는 실제로는 친구들과 어울려 시내로 나갔다. 껄렁패들과 함께 술도 마시고 놀다가 자꾸 마음이 걸려서 수업이 끝나는 시간에야 부랴부랴 학당으로 돌아왔다. 그 일로 강학들은 조정관을 문제 학생으로 여기게 되었는데, 아니나 다를까 하루는 집에서 돈을 훔쳐서 학당에 나갈 시간에 시내로 가서 술을 마셨다. 그날도 기분 좋게 취해서 학당으로 돌아왔다가 근처에서 기다리는 제 형님에게 붙잡혀 몹시 얻어맞지 않을 수 없었다. 이를 지켜보던 박관현이 말리다가 오히려 덤터기를 썼다.

"당신이 뭔데 남의 집에 끼어들어서 감 놔라 배 놔라 하는 거요. 씨벌, 좆같네."

그러나 박관현은 된통 당하고도 포기하지 않고 집까지 따라가 직접 부모님을 만나서 밤 12시까지 조정관의 문제를 상의했다. 여기에 크게 감동했는지 조정관은 그 뒤로 야학에 열심히 나왔다. 박관현도 조정관을 볼 때마다 형님의 안부를 정중하게 물어주었다. 또 한 번은 이런 일이 있었다. 야학에서 학생회장을 맡은 윤순호가 수업을 빼먹기 시작하자 박관현이 그 집까지 찾아가 이유가 무엇인지 알아보았다. 윤순호는 언젠가부터 야학 분위기가 엉망이더니 갑자기 수업을 안 하는 날이 있자 그만둘 생각을 하게 됐다고 말했다. 학생들이 배우려고 피곤한 몸을 이끌고 학당에 나오는데, 그때 강학이 한 번이라도 빼먹는 일이 생기면 학당을 믿지 못하게 된다고 했다. 자신뿐 아니라 다른 사람도 그런 이유로 탈락하는 사람이 있다는 것이었다. 박관현은 그에게 학당의 사정과 다른 강학들이 겪는 어려움에 대해서 자세히 설명해주었다. 그러면서 어렵게 사는 부모님을 잘 모시는 게 얼마나 중요한지를 말해주었는데, 그게 감동에 겨웠던지 윤순호는 제 손으로 라면을 끓여서 대접하더니 그 길로 다시 학당에 나오기 시작했다.

박관현은 들불야학이 당국의 탄압으로 해체될 위기에 처하자 일일이 강학들의 집을 방문하여 당국이 야학을 탄압하는 이유를 사실대로 이야기한 뒤 부모님의 이해를 구해서 난관을 극복하려 했다. 그 때문에 더러 의견 충돌이 일어나서 몇 차례 조정을 거치기도 했다. 그렇게 좌충우돌을 겪으면서 들불야학이 겨우 분위기를 수습해가던 새 학기 준비 수련회 때였다. 박관현은 야학에 대한 탄압의 예봉을 피하려면 정면 돌파를 해야 하므로 이제 야학을 학교에서 공인된 서클로 등록하자고 제안했다. 그러나 그간 학생운동을 통해 훈련된 강학들이 이를 받아들일 리 없었다. 특히 신영일은 이 같은 시도가 실속은 없이 오히려 탄압의 빌미를 안겨줄 거라고 반대했다. 그래서 이 의견은 전체 회의에서 부결됐는데, 신기하게도 박관현은 결정이 한 번 내려지고 나면 누구보다도 앞장서서 그 의견을 존중하고 따랐다.

불온한 도시

유신체제는 탄압의 강도를 높여가며 날로 민중의 숨통을 조여 왔다. 전남대학교는 학생운동을 노골적으로 단속하고 격리하려 들었지만, 광주가 고분고분 잠들어 있을 턱이 없었다. 김지하는 '남쪽은 뜨거운 반란의 나라'라고 노래했다. 이 무렵 광주가 얼마 나 뜨거웠는지를 1974년에 '민청학련 사건'으로 구속된 선배들 의 동향을 빼고는 설명할 길이 없다. '민청학련'은 단일 사건으 로는 당시 최대 규모였다고 알려졌는데, 이때 가장 많은 수가 구 속된 지역은 광주였다. 그들은 석방 후에 곧장 '전남 구속자협의 회'를 결성하여 전열을 재정비하고 역할 분담을 단행했다. 김상 윤·김운기 등은 학생운동 지도를, 이강·정상용·박형선 등은 농민 현장 운동을, 나상기·최철 등은 기독교 쪽을 기반으로 한 청년 학생운동을, 이학영·이양현·최현석 등은 노동운동 지원 활동을 하기로 하고, 이 모두를 재야 및 정당과 연계하는 총괄 책임을 윤한봉이 맡기로 한 것이다. 이들은 서툴면서 순정으로 돌파하는 학생운동가들과 달리 조직·수배·고문·투옥에서 석 방에 이르는 전 과정을 몇 차례씩 경험한 관록파들이라 판단력 도 뛰어나고 실천력도 치밀하였다. 당시 나이 든 학생이었던 정 용화는 그들이 후배들에게 미치는 영향을 이렇게 말한다.

평소에 '민청그룹' 선배들이 몇 가지 불문율처럼 가르쳐 준 것이 있는데, 맨 먼저 "정치적 이유로 감옥에 가더라도 '국가보안법'으로 가서는 안 된다"는 것이었고, 다음은 "메모를 남기지 마라. 꼭 적으려면 지우기 쉽게 연필로 적어라"는 것이었으며, 또 하나는 "가능하면 사건 과정이나 만난 사람을 기억하지 마라"는 것 등이었습니다. 가능하면 잊어버리는 '자기최면' 법은 오랜 시간이 지난 뒤에야 터득할 수 있었습니다. (정용화 「나의 채권자, 노준현!」, 『남녘의 노둣돌 노준현』 67쪽)

이는 '교육지표 사건' 때 '6·29 시위'의 수위 조정을 하느라 밝힌 말이지만, 전남대가 늘 역동적인 것도 이런 영향 때문이었을 것이다. 민청학련 세대와 윤한봉의 지도력은 이강의 '함평 고구마 사건 투쟁'에서 김상윤의 '녹두서점' 운영, 김남주 시인의 '파리 코뮌 강독 사건'을 거쳐 윤상원의 들불야학에 이르기까지 실로 광범하고 다양한 영향을 미치고 있었다. 어느 날은 사범대 여학생 화장실에 빨간 매직으로 '유신독재 타도하자!' '학원 사찰 중지하라!' 등 구호가 적히는 사건이 발생했다. 수사가 시작됐으나 용의자를 찾지 못한 채 소문만 퍼져 나갔다. 훗날 노준현의 죽음을 추모하는 박병기의 글에 다음과 같은 회고가 나온다.

준현과 함께 시내버스를 몇 번 갈아타고 간 화순 어느 중국집에서 정용화 선배를 만났다. 많은 이야기 끝에 정 선배는 주머니에서 사인펜을 꺼내더니 자신은 틈만 나면 학교 화장실이나 벽에 유신독재를 비난하는 낙서를 한다고 했다. 구미가 당겼다.

(…) 나는 사인펜을 넣고 다니며 열심히 낙서를 했다. 어쩔 때는 여자 화장실에도 들어갔다. 신이 났다. 온갖 구호를 빈 강의실 칠판이나 화장실에 갈겨쓰곤 했다. (박병기 「한 시대의 꿈과 좌절」, 『남녘의 노둣돌 노준현』 157쪽)

그뿐만 아니라 발신지가 경상도나 충청도인 편지에 '현 독재 정권을 타도하기 위해 학생들이 궐기하자'라는 내용의 유인물이 담겨 수백 명에게 배달되는 사건이 발생했다. 경찰은 수사에 들어가도 단서조차 찾지 못했다. 이 사건도 박병기의 작품이었던지 그의 글에 이런 서술이 들어있다.

또 한 번은 장석웅과 함께 등사기로 유인물을 만들어 우편으로 학생 개개인에게 보내기도 했다. 내용은 마치 경북대학교 학생들이 전남대 학생들을 선동하는 것처럼 했다. 학생들의 주소는 당시 전남대 학보사 학생 기자를 통해 입수했다. 광주에서 보내면 들통날 것 같아 나는 구례에 가서, 장석웅은 대구에 가서 우편함에 넣어 보냈다. (박병기 「한 시대의 꿈과 좌절」, 『남녘의 노둣돌 노준현』 161쪽)

이 시기에 신영일의 움직임은 좀 더 은밀하고 장기적인 전망을 확보하는 일에 맞춰져 있었다. 학생운동을 하는 친구들은 대개 1학년이나 2학년 때는 사회과학 서적을 읽으며 열심히 학습하고, 3학년 때는 후배들을 지도하며, 4학년이 되면 시위를 주동하여 감옥에 감으로써 기득권을 포기하고 노동자가 되거나 직업적 운동가가 되는 길을 지향하고는 했다. 그런데 당시 전남대

학교는 6·29 시위 사건으로 이 같은 흐름이 단절되면서 학생운동의 맥이 끊기는 상황이었다. 신영일의 고민은 이를 어떻게 복구할 것인가 하는 점에 있었는데, 그는 당시를 학생운동의 토대구축에 주력을 쏟을 시기라고 판단하고, 이념별 동아리를 규합하여 학년별 대표자 회의를 비밀리에 상설화시켰다. 동시에 자신이 직접 지도하는 소모임을 여러 개 만들어 운영했다.

그렇게 가을이 깊어가고 있을 때 느닷없이 전남대학교가 요동을 치기 시작했다. 언젠가 재벌 회장의 집이 무장 괴한에게 털렸다는 소동이 신문에 나더니 오래지 않아 대형 사건이 터졌다. 남조선민족해방전선! 주모자는 자살을 시도하였고 그의 작은 아파트에서는 카빈총이 나왔다고 했다. 아울러 남민전 깃발도 발견됐는데, 인혁당 사건으로 몰려서 사형 당한 사람의 속옷을 잘라서 만든 거라고 했다. 무더기로 사람들이 잡혔으나, 더 많은 사람을 잡아갈 속셈으로 수사가 확대되었다. 수배자 중에 김남주라는 이름이 있었는데, 김남주는 당시 전남대를 움직이는 핵심 활동가에게 '파리 코뮌'을 학습시킨 당사자였다. 그리하여 한국 사회는 단말마처럼 비명을 지르는가 싶더니 어느 순간부터 마구 끓어오르기 시작했다. 광주 지역 학생들의 저항도 매우 거세었다. 9월이 되고 찬바람이 불자 광주공단 실태조사에 참여했던 장석웅과 이세천이 구속되고, 10월 초순에는 사회조사연구회 박순, 최용주 등이 연행되었다. 광주 서방 어느 다방에서 학내 활동을 위한 간담회를 열었다가 발각된 것이다. 이때 신영일도 연행됐는데, 그는 매우 심각한 조사를 받지 않을 수 없었다.

당시 전남대학교 학생운동에 활력을 불어넣는 여학생들을 흔히 사인방이라 불렀는데, 기독학생회를 재건한 고희숙과 박유순, 탈춤반 회장 김경희, 광천동 실태조사에 참여한 김정희였다. 이들은 바로 학교 앞에서 자취하는 김정희를 중심으로 어울리고 있었던 까닭에 사건이 터지면 언제나 가장 쉽게 의심을 받을 수 있는 사람이 김정희였다. 그래서 김정희를 보호하려면 위험한 정보는 가르쳐 주지 않고 소외시키는 편이 오히려 나았다. 어느 날 김정희를 제외한 세 사람이 영화를 보고 와서 수건에 물을 적셔 유리창이 소리가 나지 않도록 깨는 장면에서 힌트를 얻어 깜짝 놀랄 사건을 도발했다. 전남대학교 본관 1층 오른쪽 방에 '상담지도관실'이 있었는데, 이곳이 학생운동을 탄압하는 전진 기지였다. 그래서 학교에 출입하는 정보 경찰들이 상주하면서 소위 문제 학생들의 신상 기록 카드를 비치해 놓고, 갖은 탄압을 연구·기획했으니, 이를테면 전남대학교의 공안 사건을 만들어내는 공장이나 다름없었다. 겁 없는 여학생들이 여기에 불을 지를 계획을 세운 것이다. 그런데 때는 박정희 정권이 마지막 발악할 무렵이었다. 경상도 부산 마산에서 학생 시위가 대규모로 발발하여 유혈 사태가 일어나고 정권 내부에서도 심각한 갈등이 빚어졌는데 세상은 아직 모르고 있었다. 하필 이때 사인방 중 세 명이 영화에서처럼 유리를 깨고 석유를 부은 다음 신문지에 불을 붙여 방화할 계획을 세워 놓고 신영일에게 상담을 청하자 신영일이 펄쩍 뛰었다. 무모하다고 만류하면서 여러 차례 설득을 거듭했는데, 그들이 기필코 실행하겠다고 하여 고집을 꺾지 못했다. 마침내 그들은 밤늦게 숨어 있다가 계획한 대로 방화를 시도했다. 그리하여 상담지도관실에 불이 붙어 번지는 것을 도서관에서 공부하던 학생들이 귀가하다가 발견했다. 그들이 재빨리 신고하여 직원들이 달려 나와 급히 불을 껐다. 그러나 경찰은 간담이 서늘하지 않을 수 없었다.

방화 사건은 중대한 강력 범죄였다. 만일 이를 방치해서 부산 마산 지역 같은 소요가 광주로 번진다면 이는 심각한 상황이 될 터였다. 광주 서부경찰서는 잔뜩 긴장하여 전담수사반을 설치하고 예상 용의자를 무차별하게 잡아들였다. 그리고 연행된 학생들에게 극심한 구타와 고문을 가했다. 이 사람 저 사람 가리지 않고 통닭구이와 물고문을 강도 높게 진행했다. 허약한 사람이고 여학생이고 가리지 않았다. 누가 했느냐고 물어서 모른다고 답하면 추측되는 사람의 이름을 대라며 고문의 수위를 더 높였다. 그에 대해 박병기는 이렇게 말한다.

누군가 견딜 수 없는 고통 때문에 내 이름을 댔듯이 나도 윤한봉 선배 이름을 댔고 장석웅의 이름을 불렀다. (박병기 「한 시대의 꿈과 좌절」, 『남녘의 노둣돌 노준현』162쪽)

그리하여 처음에 몇 명으로 시작된 수사가 이삼일 사이에 오십 명이 넘게 붙잡혀 들어왔다. 그리고 인정사정 볼 것 없이 가혹하게 고문하고 매질하자 없는 사건이라도 만들어질 지경이었다. 몇 달 전에 미제사건으로 끝난 '사범대 여학생 화장실 낙서 사건' '유인물 편지 사건' '충장로 유인물 사건'까지 밝혀졌다. 결국 방화 사건도 드러나지 않을 수 없었다. 경찰은 겁에 질려서 당시 광주 민주화운동의 지도자라 할 윤한봉을 엄청난 고문으로 괴롭히고 얽어매려 들었다. 그가 배후 조종자라는 것이었다.

형사들은 보호실 옆의 당직실로 쓰던 방에서 이 모두를 혹독하게 괴롭히고, 조사가 끝난 학생은 유치장으로 보냈다. 고문이 길어지면서 전남대학교에서 가장 중요한 활동가가 신영일이라는 사실이 드러나지 않을 수 없었다. 당연히 그의 고문 기간은 길어질 수밖에 없었고 다른 사람이 고문 받는 소리 또한 오래 들었다. 고문이 시작되면 처절한 비명이 유치장까지 크게 들렸다. 고문 당하는 학생의 수가 많아지자 지독한 비명을 지르는 소리가 매일 같이 밤새워 들렸다. 경찰은 그 소리를 상쇄시키기 위해 하루 종일 라디오를 크게 틀어 놓았다. 그래도 어쩔 수 없이 강도 높은 고문을 가하는 통에 윤한봉의 비명이 며칠째 터져 나오던 어느 날, 새벽 4시 라디오에서 놀라운 뉴스가 흘러나왔다(그것이 10월 26일이라는 건 나중에 알았다). 박정희 대통령이 살해되었다는 소식이었다. 뉴스는 짧고 고문 당하는 소리는 커서 누구도 이를 제대로 알아듣지 못했다. 그런데 새벽 6시, 두 번째 뉴스 시간에 이 소식이 또렷하게 전달되었다. 경찰은 라디오를 껐고, 고문이 멈췄다. 아침이 되자 정보과 형사들이 감쪽같이 표정을 바꾸어 선심 쓰듯이 담배를 사서 유치장 안에 넣어주었다.

신영일은 마지막까지 고문을 받으면서도 묵비권을 행사하였다. 다리는 몽둥이로 얼마나 맞았던지 큰 상처가 나 있었다. 경찰은 독종이라고 혀를 내둘렀으나 신영일은 바늘만 한 구멍이 나도 둑이 터져 버릴 것 같은 불안감 때문에 완강한 태도를 끝까지 고수해야 했다. 그에 얽힌 사건이 너무도 많아서 한 번 입을 열면 자신이 무너져 버릴까 봐 공포와 싸워야 했다. 경찰은 대거 구속할 기회를 10 · 26 사건 때문에 급히 철회하고 사건의 직접 관련자인 고희숙, 김경희, 박유순, 박병기, 장석웅, 신민정 그리고 배후 조종자로 신영일, 윤한봉, 이세천을 구속하였다. 나머지 학생들은 다 구류를 살거나 훈방을 받고 풀려났다.

신군부 앞에서

국가 통치기구란 난공불락의 요새가 결코 아니다. 그것은 정치의 계절이 바뀌면 순식간에 모래성으로 둔갑해 버린다. 1979년 10월 26일에 발생한 박정희 피살 사건은 철통같은 유신체제를 종이처럼 날려 버렸다. 그로 인해 긴급조치 9호가 해제되었으며 그 위반자들도 풀려났다. 신영일도 감옥에서 나왔다. 고문 후유증이 컸지만, 본래부터 건강한 상태가 아니었다. 그래도 신영일은 눈만 뜨면 다시 학교로 나가 그와 관련된 여러 개의 서클 활동을 돕느라 캠퍼스 주변에서 그림자처럼 움직였다. 그 시절의 신영일을 나상진은 이렇게 말한다.

성격이 낙천적이고 웃는 얼굴이어서 걱정거리가 없는 듯 보였지만 허리가 좋지 않아 허리 통증으로 가끔 누워 있는 경우가 있었고, 영일이 어머님도 걱정을 많이 하셨다. 어머님은 허리에 좋다는 한약을 지어 영일이에게 먹이려고 하고 영일이는 안 먹겠다고 투정을 부리는 모습이 글을 쓰는 이 순간 문득 떠올라 차라리 슬픔으로 남는다. (나상진 「들불야학과 신영일」, 『신영일을 배우자』, 40쪽)

신영일은 불편한 몸으로 권력의 허망한 뒤끝을 확인하고 있었
다. 그러나 과거는 미래와 연결된 것이니 한순간도 '오늘'을 '여
분'으로 생각하면 안 되었다. 그래서 인간에게 정치적으로 엄중
하지 않은 하루란 없다. 소위 10 · 26 사태는 우리 사회에 엄청
난 충격을 주었으며 정치적 상황을 더욱 불안정하게 만들었다.
독재자는 죽었으나 정권 자체에는 아직 변화가 없었다. 방송에
서는 종일 장송곡이 울려 나왔다. 군부를 중심으로 권력의 암투
가 벌어지면서 정국은 급박하게 소용돌이쳤다. 국민들은 독살스
러운 군부가 다시 나서는 게 아닐까 불안해하는 가운데 부마항
쟁보다 더 크고 장엄한 민주화운동이 서서히 전국적인 대오를
정비하고 있었다. 이제 세상이 어떻게 변하며 한국 사회가 어디
로 흘러갈지 아무도 예측할 수 없는 상황이 되었다.

자연히 근처에서 자취하는, 말 통하는 친구 김정희와 동선이
자주 겹치게 되었는데 이때부터 둘 사이에는 제법 연인 관계 같
은 분위기가 형성되었다. 언제부터 그랬는지 두 사람 스스로도
연정이 시작된 지점을 알지 못했다. 역시 나상진의 말이다.

천진스럽게 웃는 그 얼굴에 끌렸는지 모르지만 어느 날 영일
이 집에서 술자리가 있었던 날 나중에 영일이 부인이 된 그녀
가 작정하고 술에 취해 사랑을 고백하였다. 용기 있는 그녀가 먼
저 고백해 버렸지만 고백하지 못하고 가슴앓이했던 여자가 또
있지 않았을까?(나상진 「들불야학과 신영일」, 『신영일을 배우
자』, 40쪽)

당시에는 이런 관계를 '연인'이라 불러야 할지 '동지'라 불러야

할지 분별할 수 없었다. 사회과학 공부를 많이 하여 비판 의식이 높고 자의식이 치열한 사람 중에는 사귀는 줄도 모르고 사귀고, 헤어지는 줄도 모르고 헤어지는 경우가 많았다. 다들 시국의 엄중함을 최우선으로 생각했으니 데이트 같은 건 낯 뜨거워서 못 하고, 또 연인들 간의 소소한 감정을 앞세울 수도 없었다. 정세의 흐름에 따라 유인물을 배포하거나 시위를 주동해야 할 수도 있었고, 남녀 관계가 거기에 영향을 미칠 수도 없었다. 더구나 신영일은 활동 범위가 넓고, 세상을 관찰하고 고민하는 범위도 넓은 까닭에 그것을 알려고 들어도 안 되었다. 김정희는 캠퍼스 전체를 한눈에 담고 있어야 하는 사람은 아니지만, 그 자신도 중요한 공안 사건에 연루될 위험이 늘 있었으므로 언제나 메모나 불필요한 기록을 남기지 않았다. 자칫하면 친구나 이웃이 피해를 보기가 십상인 까닭이었다.

그러던 어느 날 김정희가 전용호에게 연락을 취해서 만나자고 했다. 나가 보니 신영일이 함께 있었다. 신영일과 김정희는 같은 조직에서 활동하는 사이가 아니었다. 전남대학교 운동권 친구들은 같은 공동체에 속하는 까닭에 넓게는 식구일 수도 있으나, 상호 관계는 알음알음 통할 뿐 구체적 틀을 공유하는 건 아니었다. 그래서 중요한 보안 사항은 서로 가렸다. 이런 경우에 함께 하는 건 두 사람이 내밀한 경우에나 가능한 터라 전용호는 그냥 둘이 사귀는가 보다 하고 생각했다. 이에 아랑곳하지 않고 김정희가 입을 열었다.

"용호야. 너는 이 나라가 어디로 갈 거라고 생각해?"

그거야 아무도 답할 수 없는 상황이었다. '새 정치'에 대한 갈망이 가득한 상태에서 국가보위부가 만들어지고 젊은 군인들이 박정희 피살 사건의 수사를 지휘했다. 전용호는 무슨 말을 하려고 그런 질문을 던지는지 몰라서 가만히 얼굴을 들여다보며 웃기만 했다. 김정희가 말했다.

"지금 전두환 군부 세력이 전혀 모습을 드러내지 않으면서 실권을 잡고 있잖아. 그래도 되냐? 어떻게 생각해?"

"안 되지."

"누군가 계엄령 해제를 요구해야 한다고 보지 않아? 나는 어디선가 시위를 벌여서 전두환을 국민의 눈앞에 끄집어내야 한다고 생각한다."

"그 말은 맞아. 이런 상황이 계속되는 건 불안하지."

그러자 김정희가 단도직입적으로 제안했다.

"우리가 나서서 계엄령을 해제하라고 시위하자."

말은 맞으나 마음의 준비가 안 된 상황에서 이렇게 직선적인 질문을 받자 좀 당황스러웠다. 자신은 책을 읽을 틈이 없이 너무 활동하는 시간이 많아서 그간에 명료하지 않은 것들을 해결하려고 독서 계획을 수립하는 중이었다. 그래서 영일이가 어떻게 생각하는지 궁금해서 살펴보니 이 친구는 그냥 심각한 표정으로 김정희의 제안을 듣고만 있었다. 그래서 김정희에게 다시 물었다.

"그럼 시위에 나설 사람이 누구지? 주동은?"

김정희는 더 생각할 것도 없다는 듯이 답했다.

"너하고 나하고 주동해야지. 단둘이서."

전용호는 난감했다. 뜻은 옳으나 시점이 너무나 좋지 않았다. 그는 아직 2학년이었고, 또 친구인 신영일에게 비추어서 자신은 사회와 역사에 관한 공부가 너무나 모자랐다. 그를 보충하고 싶은 욕구가 강렬히 솟구쳐서 어서 들어가 책을 읽고 싶은 마음뿐이었다. 그런데 김정희의 제안은 달아날 데가 없는 거라서 피하자니 너무도 비겁한 느낌이 들었다. 곁에서 신영일이 끼어들었다.

"야, 중요한 일을 그렇게 즉흥적으로 결정하면 어떡하냐? 정세분석도 충분히 하고 그래야지. 내 생각에 지금은 두 사람 다 무모해 보여."

당시에 10·26의 여파가 광주에 어떤 영향을 미치고 있는지를 신영일은 알고 있었다. 광주의 여론 주도층은 민청학련 선배들인데, 녹두서점과 현대문화연구소를 중심으로 여러 의견이 모아지고 있었다. 그 정점에 있는 윤한봉 선배의 조율이 끝나고 나면 이제 그 내용이 다양한 경로로 광주·전남 전역에 순식간에 퍼지게 돼 있었다. YWCA나 YMCA는 이를 알리고 전파하는 열린 시민광장이었다. 그 무렵의 정세분석은, 민주화 성취 가능에 대한 낙관론이 우세한 가운데 비관론도 엄존하고 있어서 광주의 특수성을 고려한 조직별, 단계별 투쟁론이 우세한 상황이었다. 그러나 김정희는 아랑곳하지 않았다.

"너희는 전두환을 믿을 수 있냐? 나는 시간을 이렇게 흘려보내선 안 되는 때라고 봐."

신영일이야 감옥에서 막 나온 사람이니 나서라 마라 할 수 없는 상황이라 전용호가 즉석에서 답하지 않을 수 없었다.

"좋아. 그럼 정희 너하고 나하고 둘이서 하자."

신영일이 다시 만류하기 시작했다. 그러나 전용호는 한다면 하는 사람이었다. 신영일이 기타를 들고 다닐 때 광주일고에는 이미 학생운동이라 부를 만한 운동권이 존재하고 있었다. 서울대 김상진 열사가 할복했을 때 전국 어디에서도 항의가 없자 광주일고에서 항의 시위를 벌이게 되었고, 이 사건으로 박석면 등이 제적당했다. 그 일로 무기정학에 처한 김윤창은 학교를 졸업한 뒤에 대학이 아니라 아예 노동 현장으로 진출해 버렸다. 이때도 전용호가 가보자 하여 신영일이 따라나서기는 했으나 그것이 얼마나 의미 있으며, 장차 어떻게 살아야 하는지 따위를 생각도 해보지 않은 터였다. 신영일은 그에 대해 늘 부채감을 가졌다. 아마도 그것이 등대 역할을 하여 전남대의 '신 설득' 혹은 '신 정리'라는 별명이 만들어졌을 것이다. 그러나 전용호는 이미 뱉은 말을 주워 담을 수 없었다. 두 사람이 간단히 상황을 공유하고 나자 밤 11시가 돼 있었다. 밖으로 나와 보니 비가 오고 있었는데, 셋이서 우산도 없이 비를 주룩주룩 맞으며 광주 신역까지 걸었다. 그 앞에서 후줄근히 젖은 채 신영일과 김정희는 학교 쪽으로 가고, 전용호는 마음도 허전하고 유인물도 작성하기로 한 터라 광천동으로 가는 버스를 탔다. 윤상원 형을 찾아간 셈인데, 상원 형은 어디로 갔는지 집에 없었다. 비에 흠뻑 젖은 채 김영철 형 집으로 발길을 돌렸더니 때마침 임낙평이 책상에 앉아서 뭔가를 열심히 쓰고 있었다. 임낙평은 빗물이 뚝뚝 떨어지면서 방에 들어서는 전용호의 모습이 뜬금없는지 눈이 동그래져서 물었다.

"웬일이야? 너 지금 뭐 해?"

그에 답할 겨를도 없이 전용호가 임낙평에게 되물었다.

"낙평이 지금 뭐 하나?"

"계엄령 상황이 계속되고 있잖아. 어서 해제하라고 유인물을 뿌리려고 지금 초안을 작성하고 있지."

잘 됐다 싶었다. 전용호는 아까 김정희와 나눴던 이야기를 간단히 설명하고 이렇게 말했다.

"그래서 내가 오늘 문안 작성을 해야 해. 낙평아, 니가 작성한 글로 그걸 대체하자. 그럼 나중에 내가 작성해서 뿌린 것으로 정리할게."

임낙평이 좋다고 해서 문건 작성을 맡기고 전용호는 잠깐 눈을 붙였다. 아침에 일어나 보니 임낙평이 쓴 초안이 머리맡에 있었다. 전용호가 그것을 조금 수정하고 자기 필체로 재작성을 하여 김정희를 만났다. 본래 계획은 둘이서 등사를 함께 하기로 되어 있는데, 아무래도 광천동에서 전용호가 직접 하는 게 훨씬 수월해 보였다. 그래서 두 사람은 김정희의 자취방에서 등사한 것으로 알리바이를 짜고 일부러 등사에 관련된 몇 가지 용지를 구겨서 아궁이에서 불에 태운 흔적을 남겼다. 그리고 밤에 광천동으로 돌아가 전용호가 필경해서 박용준에게 이를 넘겨 1,000부를 등사했다.

11월의 마지막 날이 디데이였다. 전용호와 김정희가 미리 만나 유인물을 절반씩 나누어서 각자 가방에 넣었다. 둘이 전남대학교 도서관에 가서 점심시간을 기해 시위를 시작하는 것으로 약속돼 있었다. 전용호는 다가올 장면을 미리 그려보면서 핸드마이크가 없는 상황에서 어떻게 학생들의 주목을 끌까 걱정하다가 호각을 생각해냈다. 그래서 문방구에 들러 둘이 하나씩 호각을 들고 식당으로 먼저 가서 점심시간을 기다렸다. 어느 순간 점심을 먹으러 온 학생들이 식당을 가득 채우자 김정희는 식당 정문 쪽에서, 전용호는 식당 후문 쪽에서 유인물을 한 장 한 장 나눠주기 시작했다. 이를 받아 읽은 학생 중에는 얼굴이 사색으로 변하는 사람도 많았다. 그래도 태연히 유인물을 배포한 다음에 전용호가 호각을 빼서 불기 시작했는데, 엉뚱하게도 호각 소리를 듣고 경찰이 몰려오는 것으로 착각해서 도망치는 사람이 많았다. 이내 경찰이 아님을 알고 분위기가 안정되자 김정희가 한복판에 있는 책상에 올라가 유인물을 낭독했다. 전용호가 곁에 서 있다가 낭독이 끝나자마자 '홀라송'을 부르면서 밖으로 나가 스크럼을 짜자고 선동했다. 일부 학생은 뒷문으로 빠져나가고, 정문 쪽으로는 전용호가 앞장서서 대열을 이끌었다. 이때 학생처 직원 이삼십 명이 우르르 달려들자 전용호가 곧바로 후문으로 방향을 틀었는데, 정문 쪽에는 이미 학생처 직원과 학생들 간에 충돌이 시작되었다. 이를 막는 교수들도 달려들더니 맨 먼저 유인물을 낭독한 김정희를 잡으려 했다. 김정희를 지키는 학생들과 빼앗으려는 교수들 사이에 잠시 충돌이 있었으나 결국에는 김정희가 체포되어 끌려가고 말았다. 전용호는 후문 쪽에서 학생들과 스크럼을 짜려고 몇 차례 시도했는데, 그때마다 교수들이 쫓아와서 해산을 종용했다. 그중에는 핏대를 세우고 필사적으로 소리를 지르는 극악한 교수들도 있어서 초반에 우르르 몰려들던 학생들도 몇 차례 만에 다 흩어지고 말았다.

이때 학교 방송국에서는 김태종이 찾아가 소란이 일었다. 김태종은 전용호의 부탁을 받고 학교 방송국에 유인물을 읽어 달라고 간곡히 부탁했는데, 담당 학생 책임자가 이를 듣지 않자 몇 번을 윽박지르다가 마침내 손찌검까지 하게 되었다. 이런 소동 뒤에 김태종은 중앙 도서관 앞 잔디밭에서 시위를 선동하다 경찰에 연행되고 말았다. 전용호는 아쉽게 불발된 시위를 다음 날이어가려고 학교로 잠입했으나 학교는 대비를 단단히 하고 있어서 모든 상황이 여의치 않았다. 하는 수 없이 인문대 3층 빈 강당에서 1층을 내려다보는데 경찰이 삼삼오오 떼를 지어 인문 대 상대 앞을 주기적으로 순찰하고 있었다. 결국에는 이를 포기 하고 상대 뒷산을 넘어서 시내로 숨어든 다음 밤중에 산수동에 있는 김상윤 선배 집을 찾아갔다. 그곳에서는 민청학련 선배들 이 모여 있다가, 서울에서 활동하던 김희택 선배가 내려와 시내 시위를 주도할 거라는 계획을 알려주었다. 전용호는 이제 그쪽 으로 합류하기로 했다. 그것으로 김정희와 전용호가 시도한 '전 두환 폭로 시위'는 뚜렷한 성과도 없이 끝나게 되었다. 현장에서 잡히지 않은 전용호는 수배되어 잠행을 떠나고, 이미 현장에서 체포된 김정희는 '포고령 위반'으로 군사재판에 회부되어 100일 을 살고 석방되었다. 그동안에 신영일은 뒤에서 김정희에게 필 요한 모든 걸 일일이 챙기고 거들었다.

어제는 가고 내일은 오지 않았다

1979년 세밑, 그러니까 1970년대가 저물고 1980년대가 밝아오는 어간처럼 신영일에게 분주한 시기는 없었다. 눈만 뜨면 선후배를 찾아다녀야 했다. 신영일은 하루가 멀게 녹두서점에 방문하고 윤한봉 선배의 현대문화연구소에 들렀다. 현대문화연구소에 나가면 매일같이 많은 선후배가 모여들어 이야기판을 벌였다. 박정희가 사라진 유신체제는 껍데기에 불과했다. 광주 지역 대학생이나 제적생들만이 아니라 서울에서 학생운동을 하다가 퇴학당한 이들도 이곳에서 각종 소식을 물어 날았다. 밤에는 근처 선술집에서 막걸리를 마시며 열변을 토했는데, 다들 군부가 다시 등장할 거라고 내다보며 정세변화에 촉각을 세웠다. 신영일의 주변에 있는 모든 사람이 이렇게 불꽃처럼 시위를 향해 타오르는 듯이 보였다. 그로 인해 김정희가 체포되고 전용호가 수배돼도 신영일은 또 다른 친구들 속에서 비슷한 일을 겪고 있었다. 사람을 감화시키는 놀라운 능력은 그의 뜨거운 인간애에서 우러나오는 것이었을까? 신영일의 행동 양식을 친구 박순은 이렇게 말한다.

언젠가 도서관 앞의 집회 참석에 일반 대중 학생들의 참여가

미흡하여 그와 나, 그리고 몇이 선전물을 지니고 학생들이 밀집된 식당으로 갔던 기억이 난다. 아마 점심시간이었던 모양으로 수많은 학생이 식사 중이었는데 내가 탁자 위에 올라가 호소했지만 별 반응이 없었다. 그러자 주변에서 식사하던 일군의 남학생들이 불쾌하게 여기고 욕설을 해대는 모습을 본 그는 평소의 온화한 자신의 인품과는 달리 그들과 혼자 힘으로 주먹다짐을 해대려 했다. 급히 말려 무마되었지만 후일 물어보니 자신이 그렇게라도 해서 두들겨 맞으면 일단 식당 내의 다수가 우리에게 집중할 것이고, 그 후에 내가 호소를 잘해서 학생들을 이끌고 집회 장소로 갈 수 있지 않을까 해서 일부러 시비를 확산시키려 했던 것이었다. (박순 「지우추상」, 『신영일을 배우자』, 74쪽)

그러나 그해 세밑에는 자신이 스스로 부과한 숙제가 따로 있었다. 우리 사회에 밀려오는 변화에 대한 요구는 어쩔 수 없는 대세였다. 사회 각 부문과 계층에서 민주화에 대한 새로운 요구가 뜨겁게 분출되기 시작했다. 정권 내부에서는 형식적 개량으로 위기를 면하고 정권을 유지하려는 파와, 무력과 탄압으로 대중의 요구와 민주화 열기를 잠재우려는 강경파가 대립하더니 끝내 강경파가 12 · 12 사태를 거쳐 주도권을 쥐면서 정국은 시시각각 긴박의 정도를 더해 갔다. 그에 따라 최규하 정부도 헌법 개정이나 민주화에 소극적으로 변해 갔으며 노동자 · 학생 · 농민 등 각계각층의 민주화 요구를 억압하는 태도를 점차 강화해 갔다. 사회 위기감은 한층 고조되고, 민주화 세력은 유신독재의 완전 청산을 위해 여러 형태로 정국 긴장에 맞서 갔다. 그 틈바구니에서 신영일이 온 힘을 쏟는 영역은 새로운 학생운동의 틀을 짜는 것이었다. 이때 세계를 어떻게 인식해야 올바른 것인지 누군가는 반드시 정리할 필요가 있었다.

과연 1980년대가 시작되자 학내 분위기는 모든 게 딴판이 되었다. 신학기가 되면서 대학은 물론이고 사회 전반에 자율화 분위기가 팽배해졌다. 까다로웠던 동아리 등록은 신고제로 바뀌었고, 집회에 대한 규제도 철폐되었다. 그와 함께 그동안 학습에만 참여하거나 비판적인 태도로 심정적으로만 응원하던 교양 동아리 소속 학생들도 적극적인 활동을 시작했다. 서클마다 신입생 모집이 한창이던 3월부터 전남대 대강당에서 총학생회 부활을 주장하는 토론회가 열렸는데, 여러 패널 속에서 좌중을 압도하는 토론자가 끼어 있어서 신입생들의 눈길을 끌었다. 정세를 읽는 눈도 놀라우나 상황을 정리하는 솜씨와 말주변이 얼마나 뛰어나던지 다들 혀를 내둘렀다. 살면서 저렇게 똑똑한 사람은 처음 본다는 학생들도 있었고, 전남대학교에 저런 인재가 있다는 게 놀랍다는 사람도 있었다. 신영일이라는 존재가 '신선한 충격'의 주인공으로 학우들에게 각인되는 순간이었다. 그 여세를 몰아서 순식간에 학도 호국단 체제도 폐지되고, 대신에 학원자율화추진위원회가 결성되자 용봉동 캠퍼스는 아연 활기가 넘쳤다. 신영일은 당연히 그 복판에서 뛰고 있었다.

학원자율화추진위원회는 먼저 학도호국단과 학생 상담지도관실을 마비시켰다. 그리고 몇 차례의 공청회를 거치고, 또 그간에 학생운동으로 퇴학당했다가 돌아온 복적생 환영회 등의 모임과 학내의 공개 활동을 주도해 가면서 특히 학생들의 이해와 요구를 수렴할 총학생회가 학생들의 직접 선거를 통해 부활하는 순서를 밟아갔다. 그러면서 '제2차 공청회' 때 박관현을 지목하여 공술인으로 참여해 달라고 요청했다. 박관현은 오랫동안 노동자들 곁에서 살아왔다는 점, 학생들에게 널리 알려진 인물은 아니나 일반 학생들에게 좋은 영향을 줄 수 있는 나이 든 학생이라는 점을 고려한 것이다. 박관현은 '학생회 부활의 정당성 및 제반 학내 민주화 일정'에 대해 이야기해 달라는 요청을 받고 되도록 많은 자료를 수집하여 원고를 작성했다. 들불야학 활동으로 바쁘던 참이라 윤상원이 일찍 자라고 만류해도 물리치고 수십 번을 반복해 읽으면서 원고를 고치더니 준비를 완벽히 해서 학교에 나갔다.

그런데 제2차 공청회가 열리는 3월 19일, 공청회 시간인 오후 2시가 되어도 대강당은 썰렁하기만 했다. 겨우 이삼백 명의 학생이 참석한 가운데 공청회가 시작되자 주최 측은 당황하는 기색이 역력했으나 누구도 사태를 수습하려 하지 않았다. 그래도 차례가 되자 박관현이 마이크 앞으로 걸어가는데 검정 고무신에 펑퍼짐한 바지를 입은 모습을 보고 어리둥절하게 여기는 사람이 많았다. 박관현은 아랑곳없이 대강당이 떠나가도록 큰소리로 인사를 했다.

학원 자율화 2차 공청회에서 공술을 맡게 된 박관현입니다. 1만 2천여 용봉인이 살아 숨 쉬는 우리 대학의 중대한 이 집회에 겨우 이삼백 명이 참석했다는 사실을 저는 이해할 수 없습니다. 추진위원회에서는 그동안 무슨 일을 했고, 학내 민주 학우들은 어떤 활동을 해왔습니까? 이렇게 소수가 모여 자율화하자고 뛰었습니까?

신영일은 누구보다도 박관현을 잘 아는 까닭에 찬물을 끼얹는 말에 기대가 더 컸다. 광천동에서 토론 자리가 있을 때마다 논쟁을 벌인 당사자였다. 과연 난데없는 분노를 표출하면서 언로를 트기 시작한 박관현의 즉흥 연설은 학원자율화추진위원회 관계자는 물론 다른 참가자의 가슴까지 마구 비수를 찌르는 것처럼 아프게 파고들었다.

여기 모인 학생들은 공청회에 참석할 필요도 없는 사람들입니다. 당신들은 이미 학원자율화와 민주화의 필요성을 충분히 이해하고 있기 때문입니다. 이렇게 자율화의 필요성을 절감하는 사람들만으로 학원자율화의 수많은 과제를 해결할 수 있다고 믿습니까? 저는 그렇게 생각하지 않습니다. 지금 우리가 여기 앉아 있는 시간에 대다수의 학생은 수업을 받고 있거나 캠퍼스 곳곳에서 배회하고 있습니다. 그들 모두에게도 자율화는 과제입니다. 그런데 왜 그들은 무관심한 채 방관하고 있습니까?

처음에 의아한 태도를 보이던 학생들도 점점 무엇이 잘못돼 있는가를 깨닫기 시작했다. 박관현은 "우리들만이 학원의 주체가 아니고, 그들 모두가 학원의 주체입니다. 그래서 제 양심은 공술을 허락하지 않습니다." 하고 단상에서 내려와 버렸다. 한순간 어색한 분위기가 대강당에 가득 찼다. 어찌해야 할 바를 모르는 학원자율화추진위원장은 한동안 시계만 바라보고 있었다. 이때 신영일이 공청회를 한 시간쯤 연기한 뒤 그동안에 학생들을 모아오자는 의견을 내놓았다. 그로부터 극적인 반전이 이루어지기 시작했다. 대강당에서 나온 학생들이 대열을 이루더니, 대강당 앞에 걸려 있던 대형 플래카드를 펼쳐 들고 교정 곳곳을 누비기 시작한 것이다. 공청회 소식을 전하는 시위가 시작된 것인데,

힘찬 노래가 잠자던 교정을 흔들어 깨우자 여기에 합류하기 시작한 학생들이 감격을 나누기 시작하면서 뜨거운 열기가 하늘을 찌를 듯했다. 그리하여 한 시간 동안의 시위를 끝낸 학생들이 질서정연하게 자리를 찾아가자 공청회 분위기는 전혀 다른 것으로 바뀌어 버렸다. 대강당 앞 광장으로 너무 많은 학생이 밀려오자 학원자율화추진위원회는 급히 옥외에 연단을 설치했다. 그리고 그 자리에 박관현이 올라가 포효를 터트리기 시작했다.

총학생회는 시대적 요구에 부합하는 대학인의 자율 기구로서 학생들의 진정한 의사를 충분히 대변할 수 있는 단체입니다. 그러므로 호국단을 전면 폐지하고 총학생회를 자율적으로 부활시켜 학생들의 활동을 활성화시키고 학원의 민주화를 하루빨리 이룩해야 합니다. 학도호국단은 구체제의 역기능적 산물입니다.

학도호국단의 반민주성, 반민족성을 집중적으로 고발한 박관현의 연설은 공청회에 참석한 학우들을 열광의 도가니 속으로 몰아넣었다. 이날 받은 인상이 얼마나 강렬했던지 학원자율화추진위원회는 전혀 새로운 동력으로 일정을 끌어가지 않을 수 없었다. 그리하여 불과 며칠 후에 총학생회 회칙 시안을 토대로 각 단과 대학별, 또는 학과별 대표자회의의 심사를 거쳐 총학생회 회칙이 확정 발표되었고 선거관리위원회가 구성되었다.

신영일은 하나의 현장에서 대중의 감정이 융합되고 부서지면서 재구성되는 과정에 유난히 민감한 감수성을 가진 사람이었다. 그는 학원자율화추진위원회의 활동을 지원하고 참여하면서 포착된 중요한 계기를 놓치지 않고자 했다. 그리하여 학내 활동이 보장되는 새로운 환경에서 학생운동이 발전하려면 두 가지 운동이 병행되어야 한다고 판단했다. 하나는 학생 대중의 자발적인 참여와 지도력을 확보하기 위해서 총학생회의 장악이 필수적이라는 점이었다. 그는 대번에 들불야학에서 이미 수없이 확인한 박관현 형의 움직임이 중요하다고 생각했다. 둘째는 운동의 질적인 발전을 위해서 사회 제반 문제에 대한 심도 있는 연구가 필요한데, 그를 위해서는 서클 개념을 뛰어넘는 학회 조직이 시급하다는 결론을 내렸다. 아마도 이는 자신이 나서서 뛰지 않으면 안 될 터였다.

1980년대의 개막과 함께 시작된 새로운 시대적 변화에 주도적으로 대응하기 위해서는 총학생회장 선거에서 승리하는 일이 무엇보다도 필요했다. 신영일은 이를 매우 중요한 일로 보았는데, 실제 투쟁을 담보할 민주적 학생 자치 기구를 확보하는 문제가 좀처럼 낙관할 수 없는 상황이었다. 우선 총학생회의 회장 입후보자를 선정하는 일부터 쉽지 않았다. 박관현이 수많은 청중 앞에서 놀라운 지도력을 발휘한 점을 생각하면 그를 출마시키는 일이 특히 중요해 보였다. 신영일은 부리나케 광천동으로 달려갔다. 신영일이 생각하기에 윤상원과 박관현은 전태일의 죽음을 지식인의 천형으로 받아들이는, 그가 아는 단 두 사람의 지식인이었다. 그래서 이를 윤상원 형에게 설명하고 도움을 청했다. 그러자 윤상원이 대번에 알아듣고 박관현을 만나서 장차 구성될 총학생회의 역할이 얼마나 중요한지를 이해시키기 시작했다.

"관현아, 거 학생회장 말야. 어떤 세력이 어떤 방법으로 어느 정도의 지지를 얻어 당선되느냐가 너무나 중요할 거 같다. 요즘 같이 불투명한 상태에서 민주화 투쟁이 일사불란한 체제를 가

질 수 있느냐 없느냐 하는 게 나는 총학생회장에게 달려 있다고
본다. 니 생각은 어쩌냐? 광주 특성상 전남대 총학생회장 역할
이 특별히 중요할 수밖에 없지 않냐?"

이 말에 박관현은 펄쩍 뛰었다. 맥락을 짚어 보니 자기더러 총
학생회장 선거에 나가라고 설득하는 내용인데, 박관현은 이를
들불야학을 그만두라는 이야기로 들었다. 광주공단 실태조사부
터 시작하여 오랫동안 눈에 익었던 광천동 공단 풍경이며 시민
아파트 주변의 주민들 곁을 일단 떠난다는 것 자체가 그에게는
커다란 아픔이었다. 그래서 단호히 거부했다. 하지만 며칠 후 윤
상원이 다시 박관현을 만났을 때는 분위기가 사뭇 달랐다.

"야학은 나도 있고 다른 강학도 있지. 또 네가 총학생회장에
출마한다고 야학을 아주 버리는 건 아니잖아. 너는 여길 잊을
래? 문제는 좀 더 확고한 뜻을 갖고 우리가 더욱 성숙해지고 더
욱 커져야 한다는 점인데."

이렇게 시작된 이야기가 밤늦게까지 진행되면서 윤상원과 박
관현은 그들을 둘러싼 환경을 조목조목 점검하게 되었다. 들불
야학과 지역주민운동 그리고 전남대학교 학생운동의 상황을 일
일이 점검하고 공유한 뒤에야 두 사람 사이에 일정하게 역할 분
담이 필요하다는 합의점이 나왔다. 그리고 윤상원의 생각이 옳
다 하여 박관현이 마침내 결단하기에 이르렀다.

용봉골을 흔들다

박관현은 일단 마음을 정하고 나면 절대로 꽁무니를 빼지 않고 문제 해결에 전폭적으로 뛰어드는 사람이었다. 그는 즉시 선거 참모팀을 구성했다. 양강섭이 선거참모장을 맡고, 신영일, 김태종, 박순, 나상진 등이 기획과 조직을 맡았다. 신영일은 권위나 직책, 명성 따위에 관심이 있는 사람이 아니라 어떤 일을 하더라도 명예에 집착하지 않고 영웅심을 보이는 법도 없었다. 다만 매사에 놀라운 열정과 집중력을 발휘하는 능력이 타의 추종을 불허하게 컸다. 그 점은 일상생활에서 당구나 춤, 유흥 따위를 즐길 때도 마찬가지였다. 총학생회 선거전에서도 그는 우리 편과 상대측 너머에 있는 또 다른 움직임을 중시했는데, 그건 그의 노선이라 할 수 있었다. 그래서 신영일은 '이 선거전을 총학생회쟁취 투쟁이라는 민주화 투쟁으로 여기고 헌신적으로 참여한 수많은 민주 학우들'의 동향에 초미의 관심을 두었다. 박순은 말한다.

합숙소에서 날을 지새며 그다음 날에 있을 회장 후보의 연설 원고를 정리하던 우리는 원고에 들어갈 '민중'에 대한 단어 사용에 대하여 거의 새벽까지 심한 논쟁을 했던 것이다. 대중연설의 효과 극대화를 위해서 여하한 어법도 선전 선동을 위해 사용할 수 있다는 나의 줄기찬 주장에도 그는 '민중·농민·인간' 등의 단어란 어떠한 목적과 상황에서도 평소의 운동논리 원칙에 크게 벗어나는 '수단적 개념으로서는 결코 사용할 수 없다'는 것이었다. (박순 「지우추상」, 『신영일을 배우자』, 73쪽)

신영일은 자신의 반대편에 최규하 내각이 가동하는 관제 자치기구가 있다는 걸 잠시도 놓치지 않았다. 그들의 등 뒤에는 공안 세력이 권력을 뺏기지 않으려고 전력투구하고 있으므로 지방대학교의 학생회 선거 하나도 정의파가 이기기가 쉽지 않았다. 4월 3일부터 4월 9일까지 뜨거운 선거전이 예고되었는데, 박관현의 움직임은 학우들의 마음을 움직이는 깃발과도 같았다. 그런데 4월 4일로 예정된 최초의 합동 유세를 앞두고 박관현의 복장이 여러 사람의 도마 위에 올랐다. 박관현의 상징물인 검정 고무신과 헐렁한 바지가 처음 보는 학생들을 당황하게 한다는 지적이 있었는데, 박관현의 복장은 그 자신의 세계관이자 삶의 태도에서 형성된 것이라 누구도 함부로 건드릴 수 없었다. 신영일은 다시 윤상원 형에게 달려가 도움을 청하지 않을 수 없었다. 뒷전에서 촉각을 세우고 응원하던 윤상원이 다시 나서서 박관현을 만났다.

"관현이가 참모들의 권유를 듣소. 내가 봐도 그게 옳네. 우선 내 양복을 입으면 어떤가?"

박관현은 자신의 행동거지가 총학생회장 선거에 조금이라도 지장을 주어선 안 된다고 생각하고 있었다. 게다가 다른 양복이라면 몰라도 상원 형의 옷이라면 자신이 좀 입어도 되겠다는 생각이 들었는지 재빨리 검정 고무신을 벗고 복장을 정장 차림으로 바꾸었다. 그러자 아주 품위 있는 청년 신사의 모습이 나왔다. 이제 그 듬직한 몸짓에서 쏟아져 나오는 웅변 능력이 더욱 거침없이 용봉골을 흔들 참이었다. 상황에 따라 원고 없이 쏟아내는 즉흥 연설은 박관현을 따를 자가 아무도 없었다. 과연 첫 번째 합동 유세에서 두 번째 연사로 나선 박관현의 연설은 맹수의 포효 그 자체였다.

민주 용봉 학우 여러분! 저는 이 땅의 사회 민주화의 실현이라는 우리들의 웅대한 지상 목표를 향하여 일로매진하고 있는 전 민주 세력과 더불어 학원 민주화의 실현이라는 중차대한 시대적 소명에 따라 불같이 뜨거운 가슴 하나를 가지고 총학생회장에 입후보한 민주학원의 새벽 기관차 기호 2번 박관현이올시다.

그가 연단에 서자 순식간에 자리를 뜨기 시작한 상대 진영의 연출이 머쓱해지기 시작했다. 그는 짧게, 바람잡이 식 동원 문화를 질타한 다음에 이내 차분한 음성으로 돌아와 만장에 가득 찬 학우 대중의 가슴을 단번에 사로잡았다. 웅변력도 탁월하지만 주장하는 내용 하나하나가 젊은 지성인의 갈증을 시원하게 충족시킨다는 데 큰 매혹이 있었다. 박관현의 음성으로 전달된, 현 시국의 불안이 이승만 독재정권의 매판성으로 인해 철저히 청산되어야 할 일제 잔재를 청산하지 못한 데서 기인한 것이라고 주장하면서 현재 불안의 주요 원인인 군부의 음모를 분쇄하고 학내외의 민주주의를 발전시키는 것이 우리의 임무임을 밝히는 연설 내용은 수많은 학우의 가슴을 마구 뒤흔들어서 요란한 함성과 박수갈채가 그의 연설을 여러 번 중단케 했다.

　유세가 끝나자 터무니없는 유언비어가 교정을 맴돌기 시작했다. 박관현을 모함하는 내용은 주로 '기성 정치인에게 돈을 받았다.' '학외 인사로부터 배후 조종을 받는 허수아비다.' '과격한 혁명가다' 같은 것들인데, 기존에 사회과학 서클을 중심으로 활동하는 민주 학우들이 열심히 뛰는 까닭인지 '박관현 바람'을 전혀 잠재우지 못했다. 오히려 제2차 유세에는 전남대학 사상 초유의 약 1만여 명의 학생이 참가한 가운데 상대 후보조차도 유신체제의 질곡을 공격하고 민주화의 기수가 될 것을 맹세했으니, 이는 1960년 4 · 19 혁명 이후 가장 자유로운 분위기 속에서 전교생의 참여 속에 치러진 총학생회 쟁취 투쟁이었으며, 민주화 교육장이고 선전장이었다. 그리하여 투표가 이루어진 결과 박관현은 72.6%의 투표 참가율에 64%라는 압도적 지지를 받으며 학생회장에 당선되었다. 신영일은 학도 호국단이 사라지고 민주적인 총학생회장이 탄생한 일에 한없이 고무되었다.

　그러나 1980년 4월은 모두에게 '4월의 정국'에 맞는 충분한 시간과 여유를 주며 찾아온 게 아니었다. 신영일은 들뜬 마음을 빨리 가라앉히려고 노력했다. 전남대학교 교정은 흡사 격류에 휩쓸린 가랑잎들이 떠내려가는 듯이 낡은 질서가 한꺼번에 청소되는 현장 같았다. 박관현은 총학생회를 구성할 틈도 없이 새로운 사건을 맞닥뜨리기 시작했는데, 가장 먼저 들려온 소식이 상대 1학년들이 시작한 병영집체훈련 거부선언이었다. 상대생들의 병영집체훈련 거부 투쟁 현장에 도착한 박관현은 아직 총학생회가 구성되지 않은 상태라 효과적인 지원이 이루어지고 있지 못함을 알리고 상대 학생회장과 즉시 총장 면담을 요청하였다. 그와 함께 상대생들의 농성 투쟁이 계속되었지만, 시간이 지날수록 분명해지는 사실은 이 투쟁이 학교 당국과의 대화로 해결될 수 없다는 점이었다. 그래도 상대 1학년생들은 새로운 결의를 다지며 학생 전원의 입영 거부를 결정하였다. 이어서 4·19 20주년 기념식과 총학생회 부활 기념제를 마치기가 무섭게 전남대학교 인문사회대학에서 수업을 전폐하고 임시총회를 소집하여 그동안 학생활동 탄압에 앞장선 어용교수 퇴진의 문제를 들고나왔다. 이미 복적생협의회에서 유신체제 하의 어용교수들과 상담지도관실 요원들의 자숙 및 자발적 퇴진을 촉구하는 성명서를 발표한 적이 있었다. 학생회가 구성되자 어용교수 문제가 본격적으로 제기되어 '반민족 반민주 교수'라 지칭하면서 즉각적으로 퇴진하지 않는 교수들의 방을 폐쇄하는 '정침식'을 거행하였다. 한편 시시각각으로 변하는 정국의 추이는 학내 투쟁을 학외 투쟁으로 전환할 것을 요구하고 있었다. 그 틈바구니에서 학생운동가들은 총학생회의 부활에 참여하는 한편 그동안 조직해왔거나 새로운 관심 분야를 개발하여 규합한 학생들을 중심으로 연구학회 창설을 준비하였다. 신영일이 주목한 활동은 후자였다. 그리하여 학생회관 4층 소강당에서 '학회 신입생 연합 오리엔테이션'이 개최되었다. 이 자리에는 '기독학생회' '근대사학회' '한국사회연구회' '사회조사연구회' '노동문제연구회' '민속문화연구회' '여성문제연구회' '후진국경제학회' '민족문학연구회' '농민문제연구회' 등이 몰려와 대성황을 이루었다. 그뿐만 아니라 그동안 정보과 형사들의 눈을 피해서 이름도 없이 골방을 옮겨 다니며 활동했던 소모임들이 공개적으로 신입생을 모집하고 합법적으로 활동을 시작하게 되어 다 몰려나왔다. 이제 막 출범한 박관현 총학생회가 신영일을 찾았다. 새로 구성되는 집행부에서 중요한 역할을 해달라는 요청이었다. 그러나 신영일은 사양하지 않을 수 없었다. 조직사업이 너무나 중요하다고 생각된 까닭이었다.

이렇게 바쁜 일정을 거쳐 5월을 맞은 전남대학교 학생들은 급속히 사회 민주화 투쟁을 향해 전진해 나갔다. 총학생회는 성명서를 내어서 과도 정부의 민주 일정 제시, 계엄령의 즉시 해제, 정부의 개헌주도 거부, 이원 집정부제·중선거구제 반대, 민주인사의 석방, 노동자의 구속 및 탄압 중지, 해고 노동자의 복권·복직 등을 요구하면서 이를 위해 강경한 투쟁을 전개하겠다고 의지를 밝혔다.

도청 앞 횃불들

눈코 뜰 새 없이 바쁜 와중에도 박관현 총학생회는 빠른 속도로 체제를 갖추었다. 박관현도 공식 집행부 외에 비공개 기획실을 신설하여 민주화 투쟁의 제반 계획을 총괄하게 했다. 단과대학별로도 조직을 강화하고, 대의원 총회나 서클연합회와도 상호 연락 체계를 확립했다. 그런데 이런 체계 바깥에도 학생 대중을 움직이는 또 다른 구조가 있기 마련이었다. 말하자면 학생사회의 언더그라운드에 속하는 영역이 존재한다는 말인데, 그걸 형성하는 힘은 주로 두 방향으로 작동되었다. 하나는 지성의 공동체가 만들어내는 연대감이요 또 하나는 소속 성원들의 문화적 충동을 자극하는 정서적 매개체였다. 전남대학교는 사회과학 학습 팀도 많지만 '함평 고구마 투쟁'을 거치며 고양된 탈춤과 마당극의 영향력 또한 절정에 이르러 있었다. 박관현 총학생회는 이 둘과도 함께 호흡하고자 전자의 지도력을 신영일에게 의지하고, 후자의 영향력은 김태종을 선정하여 각종 문화운동 그룹과 연결고리를 갖도록 요청하였다. 신영일과 김태종은 그 바쁜 전남대 활동가 중에서도 특히 바빴지만, 두 사람 모두 문화적 기질이 비슷한데다가 고교 시절 동창인 관계로 따로 용무가 없이도 오며 가며 소통하고 있었다. 그래서 김태종과의 친분은 신영일에게는 세상을 내다보는 또 하나의 창을 가지는 것과 같았다.

김태종이 전남대에 입학한 것은 1976년이었다. 전공은 국문학과였는데, 고등학교 선배가 목소리가 좋으니 연극을 하라고 해서 연극반에 들어갔다고 하나 사실은 키가 크고 인물이 아주 훤했다. 그런데 전남대 연극반은 회원도 많지 않지만, 작품 하나를 올리려면 석 달씩 연습하면서 날마다 어울려 술을 마시느라 회원 모두가 가족이 아닌 가족이 돼 버리는 동아리였다. 자연히 선후배 관계가 뜨거웠는데, 하필 그 복판에 윤상원, 박효선 같은 선배들이 있었다. 본디 '우리는 데모하는 대신에 연극을 한다'라고 말하는 예술주의적 지향이 강한 그룹이었으나 서양의 유명 작가들이 남긴 리얼리즘 작품을 공연하다 보면 자꾸 탄압을 받게 되었다. 그러면서 대학을 졸업한 윤상원 선배가 짧은 취업 생활을 거쳐 노동운동에 투신하고, 군에 입대했던 박효선 선배가 1977년에 제대하고 복학했다. 그 무렵 해남에서 '농민회 사랑방 운동'을 하던 김남주 시인이 광주로 나와 민중 문화연구소를 개소할 때 녹두서점의 김상윤이 민중 현장에서 예술 활동을 할 수 있는 후배로 소개한 두 사람이 윤상원, 박효선이었다. 바로 그 해남 농민회 사랑방이 지역민 잔치의 하나로 '추수 감사제'를 할 때 전남대 김선출·김윤기 등이 서울에서 온 연희패와 인연을 맺고, 소설가 황석영, 시인 김남주 등의 후원으로 채희완·김봉준·유인택 같은 이들에게 탈춤을 배우면서 전남대 탈춤반이 창립되었으니, 이들은 정치 행사 일변도의 민중운동에 공연예술을 결합한 1세대가 되었다. 1978년 11월 27일 계림동 천주교회에서 공연된 〈함평 고구마〉에서 김태종은 '함평 고구마' 역을 맡았다. 이 공연이 박기순이 신영일을 데리고 가서 보여 주고 장석웅이 박관현을 데리고 가서 보여 준 바로 그 행사였다. 대본은 박효선이 쓰고, 연극반 서너 명, 탈춤반 대여섯 명이 열연한 이 무대를 당시에는 '열린 연극'이라고도 부르고 '마당 연극'이라고도 불렀는데, 새로운 마당극 형식을 찾아가는 실험극 성격을 가진 이 공연은 '함평 고구마 사건'이라는 뜨거운 주제를 다루는 덕분에 성당에서 경찰에 완전히 포위된 상태에서 올렸어도 폭발적인 호응을 받았다. 그래서 이들은 광천동 윤상원의 자취방에서 리영희의 『전환시대의 논리』 같은 책을 선정해 사회과학 공부도 하고, 들불야학 학생들과 공연도 하며, 박효선이 윤상원을 따라 들불야학 강학도 했다. 그리하여 1980년 3월 15일에 광주 YWCA에 소속된 '극회 광대'를 출범할 때는 당시 '돼지 파동'을 풍자하는 집단창작극 〈돼지풀이〉를 중심으로 국악인 김영동의 대금산조, 서울대 메아리합창단의 공연, 임진택의 판소리, 가수 양희은의 노래까지 무대에 올랐다. 그야말로 광주 민중예술의 르네상스가 열리던 시점에 김태종이 해당 연극반 4학년이었으니, 그는 박관현 총학생회 시대의 특급 딴따라 역할을 맡은 셈이었다.

신영일은 기존의 사회과학 서클에 열심히 드나들면서 새로 출현한 학습 조직이 활성화되는 일에 촉각을 세웠다. 서클 활동은 1970년대에 대학에서 가장 심한 규제를 받는 대상이었다. 모든 서클은 2인 이상의 지도 교수가 있어야 등록할 수 있고, 모든 행사는 상담지도관의 사전 승인을 받아야 했으며, 2개 이상의 서클이 연합해서 체육대회조차도 할 수 없었다. 따라서 서클 대표자들이 주축이 된 학원자율화추진위원회도 이를 가장 중요한 개혁 대상으로 삼아서 서클들의 연합체로 학생활동위원회를 구성했다. 그리하여 서클연합회는 유신체제에서 음성적으로 행해지던 모든 학생활동을 양성화하며 자율적인 서클 활동을 방해하는 외부 세력에 공동으로 대처할 틀을 갖추었다. 4월 15일 도서관 2층 세미나실에서 서클연합회를 창립한 것이다.

회장 문석환(독서잔디), 부회장 기준우(변론반)
행사부장 김창길(한농), 조직부장 윤형태(흰돌), 기획부장 최용주(사회조사반), 홍보부장 김상균(KUSA), 총무부장 김전승(후진국경제학회)

이들은 또 108개 서클을 학술 · 학회 · 문예 · 봉사 · 종교 · 교양의 6개 분과로 나누고, 서클의 양상도 학회 중심으로 재편해 갔다. 당시 서클연합회 문석환 회장은 '그동안 본교의 학생운동이 연속되지 못하고 단속적일 수밖에 없었던' 이유가 '이념적 기반을 굳건히 할 수 있는 학회의 부재'에 있었다고 말한 바 있다. 바로 이들에게 최초의 학회이자 조직모델을 제공한 것이 사회조사연구회였다. 광천동에서 갖은 고생을 하며 실태조사를 한 사람들이 주축이 되어서 사회조사연구회를 결성했기 때문이다. 신영일은 사회조사연구회에 속해 있지만, 그의 머릿속에는 늘 전남대 전체의 움직임이 돌아가고 있었다. 당시에는 학과 중심 단대별 학회와 서클 중심 학회 11개가 활동하고 있었는데, 이들이 전남대의 지성을 보급하는 핏줄이었다.

〈학과 중심 단대별 학회〉

후진국경제학회 - 3월 14일 발족, 상과대 학생 중심

한국근대사학회 - 사학과 및 역사교육과 학생 중심

민족문학연구학회 - 국문과·국어교육과 학생 중심

교육연구학회 - 사범대생 중심

사회·철학회 - 사회학과와 철학과 주도

민중법행정학회 - 법대생 중심

〈서클 중심 혹은 문제 중심으로 구성된 학회〉

노동문제연구회 - 인문대 및 사회학과 학생 중심

농업문제연구회 - 농과대 학생 중심

여성문제연구학회 - 사회의식이 있는 여학생 중심

민족통일문제 연구학회

사회조사연구학회 - 사회조사연구회

민주화운동의 일정 속에서 기획된 모든 행사는 미래의 활동가와 지도자가 탄생하는 중요한 현장이 아닐 수 없었다. 그 속에서 눈길을 끄는 친구나 후배가 있으면 신영일은 주로 행사가 펼쳐지는 자리에 동석하면서 이야기를 나누었다. 5월 6일 도서관 앞 광장에는 2000여 명의 학생이 모인 가운데 총학생회 주최로 사회민주화 투쟁을 위한 비상학생총회가 열렸다. 이 자리에서 총학생회는 "민족정기를 해치며 반민족·반민주로 복귀하려는 반동세력의 철저한 추방이 우리에게 주어진 민족사적 소명임을 통감하고 참다운 사회정의 구현을 위해 총력을 경주할 것을 다짐한다."라는 성명을 내면서 5월 8일부터 7일 동안 민족·민주화 성회를 열기로 결의했다. 총학생회가 주도하는 비상 학생총

회는 각 단과대학 총회와 각 학과 총회를 잇달아 열면서 캠퍼스 내에 민주화운동의 열기를 한껏 끌어올렸다.

물론, 시국은 한 치 앞을 내다볼 수 없었다. 언론은 연일 '서울의 봄'이라는 말로 장밋빛 청사진을 그리곤 했으나 광주의 운동권 선배들은 잔뜩 긴장한 상태로 미래를 걱정하고 있었다. 이 널뛰기 같은 시국이 어디로 흘러갈지 걱정하지 않는 활동가가 없었다. 그때의 불길함에 대해 김수복은 이렇게 증언하고 있다.

그달 26일 박정희가 김재규의 총에 맞아 죽고, 12·12 군사반란이 일어났다. 윤한봉은 광주가 피바다가 될지도 모른다는 불길한 예감에 몸을 떨었다. 5월 15일에는 한 선배의 아기 돌잔치에서 또 피바다 이야기를 했다. "전두환 일당은 결국 쿠데타를 일으켜 권력을 장악하려 할 것이다. 나는 그 시기를 21일에서 25일 사이로 본다. 항쟁은 막을 수 없다. 피해는 줄이되 최대한 정치적 성과는 남겨야 한다. 상징적으로 도청을 점거하자."라고 열변을 토했다. (문규현 외 『합수 윤한봉 선생 추모문집』143쪽, 한마당, 2010)

이는 윤한봉이 이미 피바람이 불 것을 걱정하고 있었고, 그로 인해 하나의 공동체로서 거의 최상의 상태에 이른 광주가 파괴될지 모른다는 불길한 예감을 품고 있었음을 뜻한다.

이때 서울에서는 총학생회들을 중심으로 각 대학 간의 연대가 활발하게 이루어지고 있었다. 5월 9일에는 전국 23개 대학 총학생회장들이 고대 학생회관에 모여 「시국에 관한 공동성명서」를 발표하고 공동 투쟁의 입장을 천명했다. 전남대학교 총학생회는 민족·민주화 성회를 하는 동안 교내시위를 원칙으로 하면서도 조만간 거리 시위로 전환될 것으로 보았는데, 그를 위해서는 거리 시위의 필요성을 학생 전체에 알리고 동력을 구하는 일이 시급했다. 그리하여 민족·민주화 성회 마지막 날인 5월 15일을 최초의 거리 시위일로 결정했다. 총학생회는 산하에 별동대를 조직하고, 거리 시위를 위한 세부 지침도 마련했다. 당시에는 전남대학교 교수협의회에서도 시국 선언문을 준비하고, 고등학생들의 시위도 여러 곳에서 발생하는 등 내외적 여건이 비교적 성숙했으므로 기동 경찰이 시위를 진압하기가 어려운 건 사실이었다. 하지만 시민들이 합세하면 마지막 대열이 흩어질 때까지 누군가 책임지는 자세를 가져야 하는 까닭에 모든 활동가가 주의를 기울였다. 그래서 전남대 활동가들은 총학생회 임원이 구속될 경우를 대비하여 비밀리에 '제2의 학생조직'을 구성하기까지 했다. 이는 앞으로 시위가 폭발적으로 전개되다 보면 큰 탄압이 닥칠 게 분명하고, 그로 인해 총학생회 지도부가 와해된다면 학생회 조직이 비합법화될 수도 있다고 보았음을 방증한다. 이일은 노준현, 이재의가 준비했는데, 그들은 신분이 노출되지 않은 정예요원을 선정해서, 역시 군에서 제대한 지 얼마 안 되어서 정보기관의 눈을 피할 수 있는 이재의가 맡아서 운용하기로 했다. 전용호도 여기에 속해 있었는데, 이들은 5·18 이전까지 비밀리에 유인물을 만들어 학내외에 배포하는 활동을 했다.

이 같은 계획 속에서 5월 14일이 밝아오자 용봉동에서는 민족·민주화 성회가 각 단과대학 단위로 진행되었다. 공식행사가 진행되는 동안 시위대열이 부쩍 늘어서 교정은 학생들의 함성으로 가득 찼다. 일부 시위대가 교문을 향해 진격하자 대치하고 있던 경찰이 일제히 최루탄과 페퍼 포그를 발사했다. 학생들은 여기에 맞서 내일이 아니라 바로 지금 거리 시위를 감행하자고 지도부에 요구했다. 박관현은 15일로 예정된 시위를 앞당기자는 주장을 듣고 즉시 운영위원회와 기획실의 집행위원회를 소집했다. 그리고 당장 거리 시위에 돌입해도 차질 없음을 확인한 다음 즉각 이를 결행했다.

학생 여러분의 뜻에 따라 내일로 계획된 시위를 앞당겼습니다. 우리는 오늘 도청 앞 광장에서 시민 대중과 함께하는 민족·민주화 성회를 가질 것입니다. 각각 대학별 거리 시위를 벌인 다음에 최종적으로 도청 앞 광장에서 만납시다.

7천여 학우들이 일제히 열광했다. 각 단과대학 학생회장들이 소속 단위를 통솔하여 시위 코스를 숙지시킨 다음 최종 집결지를 도청으로 정했다. 대오를 정비한 학생들은 함성과 구호 속에 페퍼 포그 연기를 뚫고 순식간에 정문과 후문, 그리고 좌우 담장을 돌파해 버렸다.
'비상계엄 해제하라.'
'유신잔재 처부수자.'
'민주일정 공개하라.'
'민주인사 석방하라.'
시위대 안에서 대중의 열기를 끌어올리는 일에 신영일은 타의 추종을 불허하는 사람이었다. 그가 손을 쭉쭉 뻗으며 춤추는 모습은 주위의 모든 사람을 신명의 세계로 끌어들인다. 그래서 주위에서는 다들 거리 시위에 나선 신영일을 전문 광대라고 혀를 내두르고는 했다. 이날도 신영일은 예의 '딴따라 기질'을 유감없이 발휘했다. 시위대열이 시가지로 들어갈수록 연도에 나와 박수로 응원하거나 대열 속으로 동참하는 시민이 늘었다. 경찰은 시위저지를 포기하고 학생들도 돌멩이를 던지지 않았다. 연도에 늘어선 시민들은 평화로운 시위대를 열렬히 환영했다. 시내버스 안에서 손을 흔들어 격려하는 사람이 있는가 하면 차량이 시위대열에 방해가 되지 않도록 차를 길가에 잠시 정차하는 운전기사도 있었다. 오후 3시가 되자 선두대열이 도청 앞 광장에 도착했다. 잇달아 후속대열이 들이닥치면서 금남로의 교통이 순식간에 마비되었다. 학생들이 미처 준비하지 못한 확성기가 시민들에 의해서 분수대 위에 설치됐다. 마지막으로 시내 외곽을 따라 산수동 쪽으로 돌았던 자연대 시위대열이 도착했을 때는 숫자가 2만 명을 넘고 있었다. 전남대학교 학생의 세 배가 넘는 군중이 운집한 것이다. 박관현이 분수대로 올라가 우렁찬 목소리로 개회를 선언했다.

지금부터 애국적인 학생들과 교수님들 그리고 시민 여러분들과 함께 민족·민주화 성회를 시작하겠습니다.

전남대학교 총학생회가 이 자리에서 제2 시국 선언문을 발표한 뒤 차례로, 국민연합의 「민주화 촉진 국민 선언」, 전남대 교수협의회의 「시국 선언문」, 전남대 대학원생들의 「시국 선언문」이 낭독되자 분위기가 한층 고조되었다. 어느새 흐린 날씨가 먹구름으로 바뀌며 굵은 빗방울이 들기 시작했으나 성회를 중단시킬 수 없었다. 점점 심하게 쏟아지는 비를 맞으며 박관현이 분수대에 올라가 즉흥 연설을 하는 것으로 대미를 장식했다.

우리는 오늘 매우 평화적이고 질서 있는 시위를 했습니다. 우리의 지성적인 행동과 주장에 시민들도 함께 했습니다. 우리는 앞으로도 계속 평화로운 행동과 주장을 하게 될 것입니다. (…) 그러나 만약 휴교령이나 휴업령이 내려지면 이미 총학생회에서 밝혔듯이 교문이나 후문 앞에서 오늘 같은 시위를 벌일 것입니다. 만약에 이것이 불가능하다면 12시 정오에 도청 앞에 집결하여 오늘과 같은 시위를 벌일 것을 여러분과 함께 약속합니다.

전남대학교 총학생회장은 어느 순간 광주시 전체의 지도자로 떠오르고 있었다. 그리고 이렇게 시작된 시위는 아무리 폭우가 쏟아져도 식을 기미가 없었다. 다음 날인 15일은 원래 총학생회가 거리 시위를 결행하기로 예정한 날이었기 때문에, 조선대·동신전문대·목포공업전문대·목포대·성인경상전문대 등도 연대 투쟁에 나서기로 돼 있었다. 그래서인지 학생 시위대가 교문을 통과하여 시내로 진출하는데도 경찰이 막지 않았다. 시민들도 간편하고 활동적인 옷차림을 하고 폭넓게 대열에 참가했다. 이는 광주를 제외한 다른 지역과 전혀 다른 양상이었다. 예컨대, 같은 시각에 서울을 비롯한 전국의 여러 대학도 시위를 벌이고 있었다. 14일에 이어 15일에도 계속된 서울 시위는 35개 대학 약 20만여 명의 학생들이 서울역을 향해 집결하고 있었다. 그러나 학생들이 교문을 나설 때는 평화가 유지됐지만 시내 중심부로 들어서면 격렬하게 충돌되었다. 여러 대학 시위대가 시내 곳곳에서 경찰과 충돌하여 부상자가 속출했다. 그리하여 시위가 점점 시가전의 양상을 띠더니 서울역 앞에 집결한 10만여 학생들이 남대문을 사이에 두고 경찰과 밀고 밀리는 공방전을 펼치다가 전투경찰 1명이 사망하기까지 했다.

시국은 이렇게 오리무중이어서 미래가 어떻게 될지 누구도 예견할 수 없었다. 전두환이 이끄는 신군부가 곧 등장하여 공포 정치를 시작할 거라는 둥 주요 인사들을 체포하려고 준비하고 있다는 둥 풍문으로 떠도는 무서운 말이 많았다. 당연히 그에 대비하지 않으면 안 된다는 의견도 상식처럼 퍼졌다. 광주에서도 5월 14일부터 시작된 두 차례의 집회를 통해 학생과 시민들은 입만 열면 '내일 도청에서 만납시다' 하는 약속을 전파하고 다녔다. 이는 주최 측이 스스로 해산하든, 당국이 강제로 해산하든 상관없이, 그러니까 휴교령이 내리든, 경찰이 방해하든, 군대가 진주하든 상관없이 참된 민주화가 달성될 때까지 광주사람들은 계속 도청 앞 광장에서 만나자는 의미가 내포된 행위였다. 당연히 다음 날 시위도 뜨겁게 이어졌다. 전남대 시위대가 양동시장 앞을 지날 때는 상인들이 박수로 환영하면서 어떻게 하면 도울 수 있는지 물었고, 방직공장 근처를 지날 때는 노동자들이, 도심을 지날 때는 회사원들이 함성을 지르며 환영했다. 시위는 이렇게 광주시 전체로 번져 가고, 박관현은 어엿한 '광주의 아들'로서 시민 모두의 가슴에 자리 잡아갔다. 그럴수록 신영일은 더욱 바빠야 했다. 그는 바로 전날 심상치 않은 광경을 발견하였다. 자정 무렵인데 군용 지프 다섯 대와 군용 트럭 여섯 대가 무장한 군인들을 싣고 통행이 제한된 교정을 통과하는 걸 본 것이다. 다른 학생들은 이를 크게 주목하지 않았다. 그러나 신영일은 이 장면이 못내 거슬려 거리 시위가 끝나는 대로 노준현 선배는 어디에 있는지, 또 이세천 선배는 어디에 있는지 찾아야 했다. 시위 현장에서 마주치고, 시국 선언이 발표되는 동안 다방과 술집에서 따로 고견을 청취하고, 돌아와 혼자서 정세평가를 아무리 다시 해도 시국이 명료해지지 않았다.

그러다 5월 16일 오후 2시 대학생 시위대가 도청 앞 광장으로 모이기 시작했다. 전남대·조선대·광주교대·조대공전·성인경상대학·동신전문대학·송원전문대학·서강전문대학·광주보건전문대학 등 시내 모든 대학이 '민족·민주화 성회를 위한 횃불대회'에 참석했다. 그뿐만 아니라 전남고등학교에서도 전교생 1천 5백 명이 시위대를 형성해 도청 앞 광장까지 행군해 왔다. 금남로 주변에는 청년 시민들이 타고 온 자전거와 오토바이가 줄을 이었고, 택시 기사들도 차를 골목에 세워 두고 시위대에 참여하고 상가 점원, 노점상의 아낙네들도 군중 속에 끼어들어 분수대 가까이 다가가려고 애를 썼다. 이날도 각 대학의 학생 대표들은 차례로 연단에 올라와 제2의 시국 선언문을 발표했고, 중간에 각지의 민주화 투쟁이 상세히 소개됐다. 전남지역 언론자유실천위원회의 「언론수호 실천을 위한 결의」가 발표되기도 하고 전남대 복적생협의회 의장이 「광주 시민에게 드리는 글」을 읽었다. 한 여학생은 분수대 위로 올라와 「국군장병에게 보내는 메시지」를 낭독하고, 또 다른 여학생은 「경찰관들께 드리는 글」을 발표했다. 집회는 오후 7시까지 계속되었으나 아무도 자리를 뜨지 않았다. 오히려 그사이에 직장인들이 퇴근하고 중등학교 하교 시간이 되어서 도청 인근의 인파가 눈덩이처럼 불어났다.

주간 대집회를 마무리하고 야간 횃불 대행진에 나설 시간이 되자 박관현은 다시 분수대로 올라가 횃불 대행진의 의의를 설명했다.

제가 전남대학교 총학생회장 박관현이올시다.

온 시민이 이미 그와 함께 숨 쉬고 있어서 박관현의 연설이 튀어나오면 다들 숨죽이고 있다가 그 여백을 우레와 같은 함성으로 가득 채웠다.

우리가 민족·민주화 횃불 대행진을 하는 것은 이 나라 민주주의의 꽃을 피우고 이 횃불과 같은 열기를 우리 가슴속에 간직하면서 우리 민족의 함성을 수습하여 남북통일을 이룩하자는 뜻이며….

박관현의 음성은 사람들의 가슴에 불을 붙이는 인화 물질 같았다. 시민들도 많은 수가 횃불 대행진에 나서겠다고 몰려나왔다. 전남대 학생별동대가 미리 준비해 둔 400개의 횃불 뭉치와 기름통이 학생들의 손에 운반되었고, 곧이어 사흘간의 시위를 일차로 마무리를 짓게 될 횃불 대행진이 시작되었다.

어둠이 짙게 깔린 저녁 8시, 대오를 갖춘 시위대는 도청 앞의 경비 인원만 남겨둔 채 두 방향으로 횃불을 들고 나섰다. 하나는 조선대학교와 기타 대학 그리고 이날 가장 열광적인 환호를 받은 전남고 학생들과 이를 따르는 청년 등 시민들인데, 이들은 도청 앞으로 출발하여 금남로를 통과하고 유동삼거리를 돌아 광주천 도로, 현대극장을 거쳐 다시 금남로를 지나 도청 앞으로 돌아오는 코스였다. 또 다른 하나는 전남대생과 이를 따르는 시민 시위대로서 도청 앞을 출발하여 노동청과 문화방송 앞 도로, 금남로와는 수직 방향인 계림동 광주고등학교 앞과 산장 입구, 그리고 산수동 오거리 쪽으로 나가서 법원 입구와 동명로를 거쳐 다시 노동청 앞과 도청 앞으로 돌아오는 코스였다. 대행진은 매우 질서 있고 평화롭게 진행되었다. 연도에서는 시위대가 외치는 '계엄해제' 구호와 집단으로 부르는 〈투사의 노래〉 〈통일의 노래〉 〈아리랑〉 〈농민가〉를 따라부르는 사람이 많았다. 밤이 늦은 시간에 도청 앞에 돌아온 횃불 시위는 마지막으로 '반민족·반민주 5·16쿠데타 화형식'을 거행했다. 시내를 한 바퀴 돌고 온 시위대의 횃불로 박정희를 위시한 5·16 주역들의 허수아비가 훨훨 타올라 재로 변하는 동안 광장에 집결한 5만 명의 시민들이 일제히 함성을 질렀다. 그리고 통일을 염원하는 통일의 노래가 울려 퍼졌다. 어둠을 타고 넘어 무등산 깊은 계곡을 진동시키는 대합창의 음향은 웅장하고도 장엄했다. 이렇게 모든 순서가 끝나고 박관현이 다시 무대에 올라 마무리 연설을 했다.

그동안 수업을 팽개치고 행했던 학내외의 집회와 시위, 특히 연 3일 동안 진행된 시가지 시위와 도청 앞 집회에서 우리는 충분히 우리들의 뜻이 전달되었으리라 믿습니다. … 이와 같은 우리들의 성스러운 요구를 묵살할 때는 또다시 수업을 중지하고 투쟁해야 할 것입니다. 휴교령이 발동되면 즉시 투쟁할 것을 약속합니다.

박관현의 음성으로 전달된 이 약속은 광주의 청년 학생뿐 아니라 모든 시민의 가슴에 아로새겨져 오래오래 지워지지 않았다.

5
윤상원의 시간

학살 앞에서

횃불 시위가 끝난 다음 하루를 전야라고 불러도 될지 모른다. 그것은 짧은 휴가 같은 것이었다. 동아리 활동을 주도하는 후배들은 계속되는 시위로 지친 기색이 역력했고, 주동자급 학생들도 피곤이 누적되어 휴식에 들어가 있었다. 그나마 그날은 토요일이라 시골 출신들은 대부분 고향 집을 찾아갔다. 신영일은 혼자서 학교에 나왔다. 한국의 민주화 세력이 극복해야 할 당면 모순이 무엇인지를 규명하고, 거기에 운동의 방향성을 제시할 필요가 있는 까닭이었다. 1980년대 초 상황에서 학생운동이 어떤 지향성을 갖느냐는 매우 중요한 문제였다. 그에 대해 선배들이 며칠 전에 토론해서 내린 결론이 있었다.

우리가 내린 결론은 우리 사회의 성격을 '신식민지 반봉건자본주의' 사회라고 규정지었다. 기본적으로 자본주의 사회지만 우리 내부는 아직 다양한 반봉건 요소가 상존하고 있다고 판단했다. 농민운동이 운동의 주력이던 전남의 상황에서 볼 때 봉건성은 뚜렷하게 인식됐다. 또한 미국은 2차 대전 후 일본 제국주의가 물러간 자리를 차지하고 동일한 성격을 띤 채 우리나라와 관계를 맺고 있다고 판단했다. 나는 노준현과의 토론 결과를 기획위원회 회의 때 정리해서 발표했고, 별 이견 없이 공식적인 입장으로 채택되었다. 그 후 전남대 학생회가 작성한 대부분의 성명서에는 이런 입장이 반영되었다. (이재의 「70-80년대 형 인간」, 『남녘의 노둣돌 노준현』 135쪽)

　신영일은 여기에 대해 좀 더 고민해보고 싶었다. '반봉건'과 '자본주의'를 조합한 낱말이 하나의 개념으로 성립할 수 있는지는 의문이었다. 그런데 김정희가 모처럼 목포 집에 다녀오겠다고 해서 기차역까지 바래다주고 오는 길에 한 선배와 마주쳤는데, 그는 사태가 심상치 않으며 신군부가 계엄령을 전국으로 확대하고 문제 인물을 모조리 잡아넣을 거라는 첩보가 있다고 했다. 그에 대비해 신영일도 우선 몸을 피하라고 권유했다. 그 말을 듣고 학교에 돌아와 보니 염려했던 대로 사태가 꽤 긴박하게 돌아가고 있었다. 주변 상황이 매우 급하다는 징후가 포착되더니 비상 연락망이 가동되기 시작했다. 전남대학교 총학생회는 전날 시위를 정리하느라 다들 학교에 나와 있었는데, 오후 다섯시 총학생회 사무실에서 요란하게 전화벨이 울렸다. 부회장이 받더니 낯빛이 사색으로 변했다. 서울에서 한 여학생이 다급한 목소리로 전국 총학생회장단 회의가 경찰의 급습으로 중단되었고 다수의 학생 대표가 체포되었다는 소식을 전한 것이다. 전남대학교 총학생회도 즉시 대책 회의를 열고 박관현과 집행부 몇명을 일단 안전한 곳으로 피신시켰다. 신영일도 급히 자리를 떴다. 잠시 후 전국적으로 계엄 포고령 10호를 발표하면서 대대적인 검거 바람이 불어서 수많은 노동자와 학생, 민주인사가 무더기로 연행되었다. 광주 일원에도 열풍이 몰아쳐서 녹두서점의 김상윤, 전남대 복적생협의회 의장, 인문대 학생회장, 자연대 학생회장이 연행되더니, 자정 무렵에는 전남대학교 교정을 군인들이 점령해 버렸다.

세상을 놀라게 하는 큰일은 언제나 예기치 않은 순간에 기습적으로 들이닥친다. 돌이켜 보면 그날로부터 대략 사흘간의 행적이 한국 현대사에 중차대한 영향을 미치는 분수령이었다. 물론 누구도 상상하지 못한 일이었다. 그 시점에서 가장 긴박한 건 박관현 총학생회의 피신 문제였다. 그래서 이튿날 새벽 다섯 시, 학생회 간부가 학내 상황을 점검하려고 교정에 들어갔는데, 종합운동장에는 야전 천막이 늘어서 있고 군인들이 여기저기에서 부산하게 움직이는 모습이 보였다. 후문 역시 완전무장한 공수 부대에 장악돼 있어서 다음 날 약속된 교내시위나 교문시위가 불가능한 상황이었다. 비상연락을 받고 기민하게 움직인 전남대학교 총학생회는 검거를 면했지만, 이곳저곳 전화를 걸어보니 주요 대학의 학생지도부는 대부분 검거된 게 틀림없었다. 일단 자리를 피했던 박관현 일행은 새벽 동이 트자 학교 뒷담을 넘어 학내 상황을 살피러 들어갔다. 교정은 온통 공수 부대에 장악되고 캠퍼스는 정적과 고요만이 감돌았다. 박관현 일행이 분노와 공포로 떨리는 가슴을 누르며 학교 뒷담 쪽을 걷고 있을 때 한 교직원이 알아보고 달려와 외쳤다.

"오메, 총학생회장 아니오. 어서 학교를 나가시오. 계엄군들이 완전히 장악해 부렀어라우. 잡히면 큰일 나는디, 총장님도 발언권이 없소. 빨리 저쪽 담을 넘으시오."

이렇게 등을 떠밀려서 교정을 나온 박관현 일행은 절망적인 분위기에서 대책 회의를 열었고, 검거를 피하는 게 급선무라는 판단을 내렸다. 그리고 위급한 상황에서 간부들이 함께 행동하는 것은 위험하므로 일행을 나누기로 했다. 박관현은 측근 두 사람 김영휴, 차명석과 함께 광천동 윤상원의 집을 향했다.

윤상원은 광주 최초의 위장취업자였다. 대학에서 연극을 하던 고급 지식인이 금융회사에 취업했다가 사표를 내고 전태일의 죽음에 응답하기 위해 한남플라스틱 공장의 일용직 노동자가 됨으로써 계급적 '존재 이전'을 완료한 것이다. 그리하여 빈민운동을 하던 김영철과 함께 광천동을 지키기 시작했는데, 윤상원은 그날 아침에 계엄령이 확대된 걸 알고 강학들에게 황급히 연락을 취하는 중에 박관현을 맞았다. 이 중차대한 시국에 가장 위험한 장소를 찾아오다니. 그래서 보자마자 등을 떠밀었다.

"관현아, 일단 몸을 숨기는 게 좋겠다. 너는 꼭꼭 숨어 있다가 시민이 부를 테니 그때 나와라. 오늘도 학생과 시민들이 틀림없이 시위를 벌일 것이다. 지도적 학생이 상당수 잡혀갔기 때문에 남아 있는 사람들이 각오를 단단히 하고 이끌어야 할 거 같다."

윤상원은 박관현이 자신의 방에서 잠시만 머뭇거려도 붙들릴지 모른다고 판단해 이렇게 단 몇 마디 말로 상황을 정리했다. 박관현은 상원 형의 걱정을 조금이라도 덜어야 한다는 생각뿐이었다.

"형님, 제가 해야 할 일은 잘 알고 있습니다."

그러나 사실은 학교를 빠져나올 때 제2선 지도부와 연락을 시도했으나 단절된 상태였다.

"관현아. 무모하게 나왔다가 잡히면 안 된다이. 너를 쫓는 눈이 많응게 잘 숨어 있어야 해. 너는 꼭 살아남아서 학생들을 이끌어야 하니까."

이렇게 해서 윤상원과 다시 만날 것을 기약하고 헤어진 시간이 오전 8시였다. 그때 박관현은 총학생회 출마 시 윤상원 선배가 빌려준 양복바지와 구두 차림을 하고 있었다.

　　다음으로 중요한 것은 윤상원의 들불야학이었다. 그 전날 5월 17일은 광주 YWCA에서 박현채 교수의 공개 강연이 있는 날이었다. 강좌가 끝나고 박현채 교수와 식사를 나누는 자리에 광주의 선후배들이 대거 참석하여 시국의 상황과 운동의 진로에 대해서 실컷 떠들었다. 여기에는 함평 고구마 사건 때 단식농성에 참여했던 박석면이 군대에 갔다가 휴가를 나와 동석해 있었다. 그래서 노준현, 임낙평, 김태종, 김선출, 김윤기 등이 모여 2차를 갔는데, 이곳에서도 다들 민주화 열기에 사로잡히지 않을 수 없었다. 예컨대, 같은 책으로 공부하고, 같은 사건으로 탄압을 경험한 친구들이 '국민 대중의 역량이 성숙해졌기 때문에 민주화는 피할 수 없는 대세다' 하는 낙관론과, '신군부의 움직임이 심상치 않다. 전두환이 중앙정보부까지 장악했다' 하는 경계론으로 극명하게 나뉘었던 까닭이다. 그러다 통금 시간이 다 되어서 술자리가 끝나자 임낙평이 노준현을 붙들어서 광천동까지 가게 되었다. 윤상원 형을 만나 시국에 관한 평가도 하고 한국의 노동운동이 어떻게 돌아가는지도 듣기 위해서였다. 때마침 윤상원의 집에는 연극 준비에 바쁜 박효선이 와 있었는데, 박효선은 황석영의 소설 「한씨연대기」를 각색하여 무대에 올리는 날이 코앞이라 한눈을 팔 겨를이 없었다. 그래서 밀린 안부를 주고받느라 야밤에 5·17 계엄확대 조치가 취해지고 수많은 사람이 체포된 사실도 알지 못했다. 다음 날 아침에 일찍 일어난 윤상원이 뉴스를 듣고는 호통을 치며 깨우고 나서야 다들 눈을 비비면서 일어나 비분강개하기 시작했다. 윤상원은 후배들에게 전두환이 쿠데타를 일으킨 뉴스와 함께 김상윤 선배가 연행되고 박관현이 몸을 피한 사실을 짧게 전해 주었다. 그리고 전두환이 결국 일을 저질렀으니 이제 정면으로 싸울 수밖에 없다는 말을 남긴 뒤 빨리 녹두서점으로 가 봐야겠다 하고 집을 나섰다. 이것이 그토록 중요한 출사표가 되리라는 걸 상상할 수 있는 사람은 없었다.

한편 노준현과 임낙평은 지난 5월 16일에 도청 앞에서 선포된 약속, 즉 군이 투입되거나 계엄령이 확대될 경우 오전 10시 대학 정문 앞에서 만나자는 약속을 지키기 위해 버스에 올랐다. 버스가 조선대 부근을 지날 때 군중이 많아서 내려 보니, 철길 부근에 시민들이 모여 있고 학교 정문은 무장한 군인들이 지키고 있었다. 그런데 군인들이 지키는 캠퍼스 쪽 나무에 웬 학생이 묶여 있는 게 보였다. 인근 주민들이 학생을 풀어달라고 항의하는 중이었는데, 시민들이 한참을 웅성거린 다음에야 묶인 학생이 풀려났다. 그는 군인들에게 맞았는지 다리를 절뚝거리고 있어서 노준현과 임낙평이 부축해 자취방까지 데려다주고 다시 전남대 정문으로 향했다. 그러다 보니 10시가 한참 넘은 시각에 당도하게 되어서 학교 앞 시위를 못 보게 되었다. 거리는 군인들이 제압하고 차들이 오가는 모습만 황량한 느낌을 주는 것이 초동진압으로 끝난 모양이었다. 운동의 지도부도, 시위를 주동할 사람도 보이지 않는 상황에서 인근에서 서성이는 주민들에게 물어보니 시위대는 어느새 시내로 진출하자고 결의를 마친 시점이라고 알려주었다. 두 사람도 얼른 대열을 찾아내어 금남로와 천변 그리고 동명동 시위까지 함께 하면서 공수 부대의 무자비한 폭력을 현장에서 보게 되었다. 공수 부대는 무조건 패고 찌르고

자르는 야만적 발광을 멈추지 않았는데, 이는 시위 진압이라기보다 '우리는 짐승이며 악귀이고 너희는 인간이 아니다' 하는 메시지를 전하려는 활극으로 보였다. 두 사람은 그간에 한 번도 경험하지 못한 광경을 목격하면서 이럴 때는 과연 어떻게 하는 게 좋은지 종잡을 수 없었다. 그리고 그로부터 사흘 동안 실로 무자비한 폭력을 체험하게 되는 바, 무엇보다도 눈에 거슬리는 것은 국민의 세금으로 사들인 첨단 진압장비였다. 이는 분명히 '문명이 이성으로 만들어 낸 야만'의 극단이었다. 결국, 5월 20일 저녁이 되자 두 사람도 숨 돌릴 자리를 찾지 않을 수 없었다. 그날은 어두운 밤인데도 도심을 맴도는 장갑차 소리가 들리고 비도 내리고 있었다. 노준현은 절망한 듯이 이날 밤을 끝으로 광주항쟁도 지난 부마항쟁처럼 진압되고 말 것으로 예측했다. 그리고 어디론가 피하자고 하여 담양의 한 선배 집을 찾게 됐고, 그곳에서 어른들이 포근하게 맞아주며 난리가 끝날 때까지 꼼짝하지말라고 하여 발이 묶이게 되었다.

　여기에 비추어 신영일의 행적은 상당히 안일한 측면이 있었다. 5월 18일 아침에 그는 교문에서 가까운 문구점에 들어가 동향부터 파악했다. 학교 주변에는 서성이는 학생들이 꽤 여럿이었다. 이틀 전 도청 앞에서 횃불 시위를 마칠 때 학생들은 휴교령이나 휴업령이 선포되면 오전 10시에 교문 앞에서 모이자고 했었다. 정문 근처에서 서성대는 학생 중에는 이제 어떻게 하면 좋겠는지 의견을 수렴하는 사람도 있었다. 그러다 예정된 오전 10시가 되자 사오백 명으로 숫자가 불어나면서 자연적으로 대열을 이루어 교문 근처에서 연좌하였다. 다들 총학생회 지도부를 기다렸으나 그냥 앉아만 있지는 않았다. 누군가 노래를 선창하자 한 사람의 목소리가 군중 속으로 점점 번져 가더니 이내 우렁찬 함성으로 돌변하였다. 계엄군이 깜짝 놀라서 위협적인 목소리로 경고를 내보냈다.

"학생들은 집으로 가라. 어서 돌아가라. 불응하면 강제로 해산하겠다."

위협적으로 협박하는 엄포가 계속되자 학생들이 더욱 큰 소리로 대항했다.

"계엄군은 물러가라!"

"휴교령을 철회하라!"

이때 교문을 경계하고 있던 계엄군이 갑자기 공격을 개시했다.

"돌격 앞으로!"

그러자 쏜살같이 뛰쳐나온 공수 부대는 무방비 상태의 학생들에게 돌진하여 닥치는 대로 진압봉을 휘둘렀다. 앞줄에 서 있던 몇몇 학생이 교문 안으로 끌려가자 사방에 흩어져 있던 학생들이 일제히 돌을 던졌다. 순식간에 크고 작은 돌멩이들이 쏟아지고, 공수 부대가 잠시 교문 안으로 후퇴했다. 이렇게 해서 학생과 계엄군 간의 전투가 시작된 셈인데, 계엄군은 학생들의 맹렬한 투석에 밀려 일단 퇴각했다가 잠시 후 전열을 정비해서 다시 돌진했다. 이번에는 진압방식이 조금 전과는 판이하게 과감해서 앞줄에 있던 학생들이 순식간에 쓰러졌다. 공수 부대는 아무리 무서운 자리도 전혀 물러서지 않고 곤봉 세례를 퍼부으며 대열의 복판으로 뛰어들었다. 무려 30분 동안을 그렇게 투석과 돌격을 반복하면서 밀고 밀리는 공방전이 계속되었다. 피를 흘리고 쓰러진 학생들, 그 위로 쏟아지는 계엄군의 발길질, 비명과 고함, 그리고 끌려가는 사람들. 학생들은 흥분이 극에 달해 손에 잡히는 모든 것을 계엄군을 향해 던지고 또 던졌다. 그러나 시간이 흐를수록 부상자가 늘어갔다. 학생들의 열세가 현저했다.

"도청 앞으로 가자!"

한 사람이 소리치자 그 말이 삽시간에 퍼져나갔다.

"도청 앞으로!"

"도청 앞으로!"

이 풍경을 본 신영일은 갑자기 머릿속이 하얗게 되었다. 며칠 전 횃불 시위를 구상하던 밤에 목격한, 교정을 한 바퀴 돌고 나간 군인 차량이 너무도 또렷이 떠오른 것이다. 차량에는 정체 모를 병력이 가득 차 있었다.

'혹시 계획된 작전이 아닐까?'

그는 잠시 흥분을 가라앉히고 판단하고자 했다. 그 순간 어머니의 목소리를 들었다.

"영일아, 집에 가자."

어머니가 사색이 되어서 그를 찾으러 나온 터였다. 신영일은 어머니의 손에 끌려 집으로 들어갔다. 어머니는 평소에 늘 신영일이 안전하기를 빌고 혹시라도 다치지 않을까 염려하기는 했으나 일방적으로 앞을 가로막는 분이 아니었다. 지난가을에 경찰이 압수수색을 하러 들이닥쳤을 때는 찰나에 불과한 시간 동안 신영일의 메모지며 책들을 빼서 감췄는데, 신영일은 이 사실이 너무나 놀라웠다. 어머니는 무학이요 글씨도 모르는데 그 짧은 순간에도 금지된 도서와 숨겨야 할 노트를 정확하게 골라서 감춰 버린 것이다. 그런 능력은 도대체 어디에서 나오는 걸까? 그날도 그런 신기한 능력을 보였는데, 학교 정문에서 후문 사이의 꼭짓점 자리에 서 있는 자신을 찾아낸 것이다.

　신영일은 밤에 어머니의 설명을 들으니 상황이 좀 더 분명해지는 느낌이었다. 그 말씀에 의하면, 5월 18일 정오 무렵에 금남로를 지나오는데 그 일대에 비상계엄 해제와 민주화를 요구하는 대학생들의 시위가 벌어져서 기동 경찰대가 출동하여 이를 진압하고 있었다. 이런 사건은 그간 텔레비전 뉴스에서 보았듯이 지난 몇 달 동안 우리나라의 여러 도시에서 심심치 않게 반복된 일로 말 그대로 '대학생 데모'라 특별히 놀랄 사안이 아니었다. 마찬가지로 시민들의 반응도 격려하는 사람, 무관심한 사람, 학생들이 공부하기 싫어서 그런다고 비난하는 사람 등 다양했다. 그러나 불과 몇 시간 뒤 공수 부대가 투입되면서 펼쳐진 장면은 전혀 그런 종류의 사건이 아니었다. 그간에 보지 못한 얼룩무늬 옷을 입은 군인들이 저지르는 일은 어머니가 한 번도 상상해 보지 못한 풍경이라 어떤 말로도 설명할 수 없고, 실제 광경을 목격하지 않은 사람에게 전달할 수도 없다고 했다. 자신이 본 것을 말해도 다른 사람이 믿지도 않을뿐더러 어머니 자신도 믿기지 않는다는 것이었다. 그들이 구체적으로 어떻게 했는지를 여쭤보니 얼룩무늬 군인들은 처음부터 대검을 사용하고, 지나친 폭력에 항의하는 할아버지, 할머니들에게 입에 담지 못할 욕설을 퍼부어 대며 무지막지하게 몽둥이를 휘둘렀으며, 젊은 여자, 그것도 옷차림이 세련되고 예쁘장할수록 난폭하게 공격하면서 옷을 찢어발기거나 심지어는 눈이 빨개져서 가슴을 난자하는 사례조차 있었다. 그건 한 마디로 6·25 사변 때도 겪지 못한 '인간 사냥'이라는 것이었다.

　신영일은 지금 전개되는 상황이 부마항쟁과 상당히 비슷하다고 생각했다. 부산에서 공수 부대의 데모 진압은 분명히 '전시 폭력'의 양상을 띠었다. 붙잡힌 사람에게 가공할 폭력을 퍼부어서 그 광경을 보는 사람들이 다시는 데모대 근처에 얼씬대지도 못하게 만들려는 공포 확산 작전, 그러니까 그때의 폭력은 당하는 사람을 향하는 것이 아니라 보는 사람들을 위한 것이다. 윗세대 선배들도 광주에서 그럴 수 있다는 점을 늘 염려해 왔는데, 막상 닥치고 보니 지금 광주가 말 그대로 '폭력 극장'이 된 셈이었다. 그날 밤 신영일은 쉽게 잠들지 못하고 뒤척이면서 상황을 대략 이렇게 정리했다. 신군부는 지금 공식적으로 정권을 잡기 위한 명분으로 위기의식과 공포 분위기를 조장하는 계획을 세우고 광주를 그 시범 지대로 만들려고 획책하고 있다. 공수 부대의 무자비한 폭력은 한편으로는 공포 분위기를 조성하면서 다른 한편으로는 시민을 자극하여 시위를 확대하려는 이중의 목표를 가지는 것이다. 이때 전남대학교 학생운동가들은 어떻게 해야 옳은가? 가장 먼저 떠오른 생각은 이 무지막지한 폭력의 아가리에 후배들을 맡길 수는 없다는 사실이었다. 부마항쟁 때 전남대의 주요 활동가들이 대거 광주서부경찰서에 달려들어 온갖 고문에 시달리는 사태를 이미 겪은 바 있었다.

　다음 날 신영일은 어머니의 당부대로 밖에 나가지 않았다. 뉴스를 아무리 들어도 정확한 정보를 알리는 방송이 없었다. 아버지도 김대중이 정치 보복을 당할 것을 걱정하느라 폭발 직전의 상태로 뛰어다녔다. 어머니가 아버지를 찾으러 나갔다가 와서 다시 그날 보았던 광경을 전해주었다. 공수 부대는 마치 횃불 시위에 가담한 광주 시민 전체를 죽일 기세였다. 그들은 시위와 상관없이 눈에 보이는 사람 모두를 공격의 대상으로 삼았는데, 계엄군의 폭력은 통상적 관념의 공권력 행사의 수준을 많이 넘어서 있었다. 특히 공수 부대의 투입은 경찰보다 단지 강력한 수단을 사용하는 정도가 아니었다. 이미 혹독한 훈련을 거친 그들은 사회에 대한 열등감과 질시, 나아가서 '비싼 돈 주고 대학 다니는 놈들'에 대한 적대로 가득해서 이 기회에 원 없이 분풀이하고 싶은, 인간의 모습을 한 맹수와 다름이 없었다. 그런데 시민들의 저항 또한 합리적인 이해의 범위를 벗어나고 있었다. 5월 18일 저녁에 진압이 끝난 것처럼 보였으나 19일 아침에 다시 시작되었고, 19일 정오 무렵에도 시위가 끝날 듯이 보였으나 오후에 들어서 더욱 거세게 재개되었으며, 그날 저녁에는 비까지 내려서 모든 상황이 끝난 것 같았으나 돌아올 때 보니 청년들이 본격적인 항쟁에 돌입하려고 준비 중이었다는 것이다. 그 말을 듣고 밤에 아버지까지 나서서 금족령을 내리고, 어머니는 화장실에 가는 시간에도 따라다녔다.

"영일아, 지금 밖에 나가면 죽는다이. 정신 똑바로 차리고 봐라. 세상 공기를 왜 그리 못 읽냐?"

다음 날 낮 12시 55분 신현확 내각은 이유를 밝히지 않고 총사퇴했다. 오후에는 31사단장 정웅 장군이 지휘권을 박탈당하고, 2군사령관, 육본 작전참모부장, 특전사령관이 직접 내려와 전교사 상황실에서 작전을 지휘했다. 신영일은 방에 박혀 있는 상황을 견딜 수 없어서 어머니가 당부한 말을 모두 지키겠다고 약속하고, 또 어머니가 직접 안내하는 거리만 살피고 온다는 조건을 걸어서 바깥 외출을 시도했다. 언론에는 폭도와 유언비어와 깡패, 부랑자, 현실 불만 세력 같은 부정적인 용어들이 난무하건만 거리의 상황은 전혀 달랐다. 공수 부대의 폭력이 얼마나 극악한지 경찰조차도 시위대를 옹호하는 느낌이었다. 길에서 만난 어떤 사람은 전두환이 누구인지도 모르고 참석했으나 시위 도중 설명을 듣고 알게 되어 더욱 증오심을 갖게 됐다고 말했다.

대규모 군중이 투쟁한 사건에서 모든 사람이 하나의 동기로 참여하는 예는 없다. 개개인은 각자 다른 동기로 참여하며, 투쟁의 와중에 또는 그 이후에 공통된 해석을 통해 투쟁의 의미를 만들어낸다. 이 다양한 개인적 동기들이 어느 단계에 이르러 하나로 용해되느냐, 이 성격이 무엇이냐 하는 문제에 대해 신영일은 골똘하지 않을 수 없었다. 민주화의 열망? 호남 차별에 대한 불만? 저항운동의 역사와 전통? 민중의 소외의식? 전통적 공동체 문화? 어떤 개념을 적용해도 정확히 일치되는 바가 없었다. 사건의 발단이 된 18일 아침 전남대학교 정문 앞 충돌은 16일 시위에서 박관현 회장이 한 약속, 즉 문제가 있으면 18일 아침 학교에서 만나자는 약속에 따른 것이었다. 시위는 비록 소규모로 시작되었으나 곧 심각한 상황으로 발전했다. 시민들이 학생 시위에 이렇게 적극적으로 호응한 까닭은 5월 16일 횃불 시위의 여파였다. 그리하여 시위대는 페퍼 포그 차에 불을 지르고 파출소를 습격하며, 전경들을 인질로 잡았다. 이를 어찌하면 좋을까?

사흘째 되는 날 임낙평에게서 전화가 왔다.

"영일아, 금남로에 나가 봤냐?"

"아니."

벌써 몇 번째 통화인지 몰랐다.

"나오지 않을래?"

"낙평아, 나는 아무 판단이 서지 않는다. 먹통이야. 눈앞이 캄

209

캄해서 도대체 길을 찾을 수 없당게."

하지만 임낙평의 전화를 받고 신영일은 심각히 고민했다. 눈앞에 펼쳐지는 현실은 그 이전에 경험하지도 읽지도 못한 상황이었다. 아무리 냉정히 들여다보려고 해도 길이 보이지 않았다. 이건 학살인가 봉기인가? 학살이라면 후배들이 희생당하지 않도록 해야 할 것이고 봉기라면 앞장서야 할 것이었다. 그러나 도무지 판단할 수가 없었다. 처음에는 거대한 맹수가 마을을 침탈한 모습과 같아서 각자도생밖에는 길이 없다고 생각했다. 꼭꼭 살아남아라. 한 사람도 다치지 마라. 우리가 반격할 기회가 반드시 온다. 그러나 점점 자신의 판단이 지나치게 좁고 작은 게 아닐까 의심이 들었다.

투사회보

상념이 많은 신영일에 비해서 전용호의 궤적은 매우 명료했다. 그러니까 5월 17일 전용호는 군대에서 휴가 나온 친구와 어울리느라 시내를 빠져나갔다가 저녁 9시 뉴스에서 비상계엄령이 전국으로 확대됐다는 보도를 접했다. 다음 날 오전에 서둘러서 시내에 닿아 보니 오전 10시가 이미 지나 버렸다. 버스를 타고 도청 앞에서 내리자 대학생 200여 명이 대열을 형성해 가톨릭센터 앞에 모여 있었다. 총학생회 간부나 아는 얼굴이 있는지 살펴보았는데 인솔자는 보이지 않고, 대열 한쪽에 박몽구 형이 서 있는 게 보였다. 전용호는 주저 없이 전일빌딩 앞에 내려서 그쪽으로 달려갔다. 전일빌딩 앞에서 전경들에게 막혔던 시위대가 충장로 우체국 앞에서 다시 전경들과 충돌했다. 그로 인해 삼삼오오로 흩어진 대열이 다시 금남로를 가로질러 현대예식장 옆길로 가려고 시도하다가 또다시 막혔는데, 바로 그때 골목에서 김선출, 김윤기, 김태종이 나타났다. 이 세 사람은 전날 술자리를 마치고, 박석면과 넷이서 한 잔씩 더 마시다가 통행금지 시간이 되어서 박석무 댁으로 갔다. 박석무 선생은 박석면의 형님이지만 광주 운동권의 대선배이고, 나이 층하도 큰 탓에 조용히 잠자리에 들었는데, 새벽에 된통 꾸짖는 소리가 들렸다.

"이 정신 나간 놈들아. 어제 계엄령이 확대돼 갖고 선배들이 다 붙잡혀 갔다."

이렇게 예비 검속 소식을 듣고 아침밥이 어디로 들어가는지도 모르게 입술을 닦고 나와서 '민족 민주화 성회' 때 약속된 장소로 나오는 중이었다. 전용호는 그들이 고등학교 동창이고 대학 선배이면서 탈춤반을 이끌던 친구들이라 너무나 반가웠다. 그래서 이제 무엇을 할 것인지 상의했다. 일단 계엄령이 확대되었고, 총학생회의 행방을 알 수 없는 상황이니 우리가 시민들에게 그때그때 필요한 사항을 알리고 대학생들에게도 행동 지침을 전하자. 일단 이렇게 정한 다음에 유인물 작업을 하기 위해서 비밀 등사 팀이 머무는 자취방을 찾기로 했다. 그리고 현장 상황이 긴박하므로 재빨리 택시를 타고 가서 황급히 유인물을 만들기 시작했는데, 수백 장을 찍다 보니 오후 4시에야 작업이 끝났다. 이제 배포를 서둘러야 해서 등사기를 정부미 부대에 넣고 유인물을 각자 나눠서 시내로 나갔다. 그리하여 혹시 학생회 간부들이 있을지도 모르는 금남로로 들어가려고 했는데 택시 기사가 말을 듣지 않았다.

"금남로는 지금 난리가 났당게. 차가 들어갈 수가 없어라우."

"그럼 여기서 내려주세요."

걷기에는 등사기가 너무나 거추장스러웠다. 이를 김태종이 맡아서 가게 앞에서 기다리기로 하고 세 사람만 걷기 시작했다. 시내는 온통 아수라장이 돼 있었다. 공용 터미널 쪽에서 금남로를 향해 가는데 중간에 사람들이 우르르 몰려다니면서 수군거리고 있었다.

"왜 무슨 일 있어요?"

"지금 막 공수 부대가 훑고 갔어라우. 사람들이 엄청나게 다쳐서 피투성이가 돼 버렸당게요."

"금남로는 어쩌요?"

"거기는 진짜 난리요. 가게마다 셔터를 내렸고, 젊은 사람은 죄다 끌고 가서 죽이는 판잉게."

세 사람은 다시 만날 장소를 정한 다음에 유인물을 나눠서 각자 배포하기로 했다. 전용호는 김선출과 함께 대인동, 계림동, 산수동, 지산동까지 다니며 유인물을 뿌렸다. 그러다 중간에, 계림동 금수장 여관 앞에서 민청학련 이양현 선배를 만났는데, 그형이 보자마자 차나 한잔하자고 해서 다방으로 들어갔다.

"광주가 시방 큰일이다. 이거 보통 일이 아니어야."

이양현은 매우 흥분한 상태에서 후배들을 단속했다.

"피비린내 나는 사건이 날 거 같아야. 너희들은 문제 학생으로 지목돼 있응게 정신을 바짝 차려야 헌다이. 절대 집에 들어가지 말고, 여관에 들어가더라도 고급호텔로 들어가야제 안 그러면 언제 당할지 몰라야. 잘못하면 검거되니까 조심해서 꼭 숨어 다녀라."

전용호와 김선출과 김태종은 근처 문구점에서 등사용 필기도구와 종이를 사서 그날 밤 또 유인물 작업을 해서 다음 날 이를 뿌리려고 시내로 나갔다. 가는 곳마다 전쟁터가 따로 없었다. 그러다 사흘째 되는 날 아침부터 추적추적 비가 오는데, 전용호는 몸도 지치고 마음도 몹시 허탈했다. 학생회는 여전히 연락이 닿지 않고, 학생운동을 함께 하던 친구와 후배들도 통화가 되는 사람이 없었다. 그래도 집으로 들어가서는 안 될 터라, 갈 만한 데라곤 광천동 들불야학밖에 없었다. 그곳에 가면 윤상원 형과 김영철 형이 틀림없이 무슨 일인가를 하고 있을 거라 믿어졌다. 그때 가방에는 배포하고 남은 유인물이 있었는데, 되도록 유인물을 여러 조직에서 뿌린 느낌이 들게 하려고 배포 주체를 임의로 '학생혁명위원회' '대학생 일동' 따위로 표기한 상태였다. 자칫하면 핵심 지도부로 오인될 수 있는 사안이었다. 택시를 타면서 혹시 몰라 유인물이 든 가방을 뒷좌석 바닥에 깔았다. 그런데 광천동 다리에서 군인들이 지나가는 차량마다 세워 놓고 검문하고 있었다. 앞차를 검문하는 동안 전용호는 궁리를 짜보다가 답을 얻을 수 없어서 포기했다.

'좆도, 운명에 맡겨 불자.'

이렇게 포기하고 말았는데 다행히도 검문에 걸리지 않고 통과하게 되었다.

광천동에는 강학 몇 명이 있을 뿐 윤상원 형은 이미 나가고 없었다. 남은 강학들과 박용준의 방에 모여 이런저런 얘기를 나눠보니 상황이 어렴풋이 파악되는 듯 싶었다. 누군지 모르게 한 사람이 이런 말을 했다.

"우리가 방어적으로 움직이면 안 되겠어. 자위를 위해서라도 무기를 소지해야지."

그 말을 듣고 다들 무기를 하나씩 소지하자고 해서 급한 대로 동네 슈퍼를 찾아가 과도를 하나씩 샀다. 날이 매우 잘 드는 과도였다.

"야, 이거 하나씩 품고 시내로 나가자. 유인물이고 나발이고 간에 그냥 부딪쳐서 죽자 살자 싸워야지 더 이상 무슨 방법이 있겠냐."

그리고 다들 떠날 채비를 마쳤는데, 현철이가 달려와서 안에서 사고가 났다고 했다. 부리나케 뛰어가 보니 박용준의 다리에서 피가 철철 흐르고 있었다. 과도로 찌르는 연습을 하다가 칼끝이 해작바지 재봉선에 걸려서 무릎을 파고든 것이다. 급히 병원으로 옮겼는데, 상황이 상황인지라 병실에서 오래 머물 여가가 없었다. 우선 칼로 베인 곳을 꿰매야 하는데 마취하면 낫는 시간이 오래 걸린다고 해서 의사에게 소독만 하고 바로 꿰매달라고 요청했다. 환자도 그걸 바라는 입장이어서 즉석에서 소독한 뒤에 친구들이 사지를 붙들고 마취도 없이 꿰매었다. 그리고 환자를 혼자 방에 눕혀둔 채 시내로 나오는데, 전남방직과 광주역 사이에서 군인 일부가 교체되고 있었다. 임동 사거리에서 전남대 정문 사거리에 이르는 구간에서도 군인 100여 명이 일정한 간격을 유지하면서 뒷걸음질로 철수하고 있었다. 이를 보고 시민들이 일제히 고함을 지르자 핸드마이크를 든 장교가 선무 방송을 했다.

"우리는 향토사단입니다. 우리는 절대 시민을 해치지 않습니다. 지금 시민을 해치려고 하는 게 아니니 절대로 공격하지 마십시오."

이때 전남방직 여공들이 작업복을 입은 채 우르르 몰려갔는데, 어디로 피신하고 있음이 분명했다.

세 사람은 그날도 너무 많이 걸어서 피곤하기가 짝이 없었다. 신군부는 통행금지 시간을 저녁 아홉 시로 단축하여 통제했다. 그 때문인지 너무나 빨리 밤이 되었다. 그래서 부랴부랴 셔터 장치가 돼 있는 김선출의 방으로 달려가서 널브러져 있는데, 어디에선가 많은 사람이 동시에 우우우 하는 함성이 들렸다. 밖으로 나가 보니, 수많은 인파가 도청으로 진격할 준비를 하고 있었다.

그러니까 어제부터 터미널이 봉쇄돼 외지에서 들어오는 차들이 무등경기장에서 손님을 내려 주고 돌아가게 되었는데, 시민들이 그런 차를 다시 붙들고 있었다. 어떤 차량은 기사에게 양해를 구하고 빌렸으며, 어떤 경우에는 시민들이 강제로 버스를 점거했다. 그리고는 모든 차를 몰고 시민과 계엄군이 대치하는 도청으로 한꺼번에 진격하자고 결의를 모았다. 군인들을 몰아내는 일에 온 시민이 너나없이 참여하는 까닭에, 노래도 〈애국가〉 〈울밑에 선 봉선화〉 같은 곡들이 합창으로 불렸다. 짐을 가득 실은 트럭에는 사람들이 짐칸에도 타고 대롱대롱 매달리기도 해서 전쟁 피난민 열차가 지나가는 행렬처럼 보였다. 전용호는 마치 해방의 함성을 듣는 듯이 가슴이 뭉클했다. 같은 시각에 유동삼거리와 광주역 쪽에도 사람들이 모여 있었는데, 이들은 왜곡 보도하는 MBC를 때려 부수자며 차를 그쪽으로 돌렸다. 방송국 앞에서는 군인들이 지키고 있다가 시민들이 시커멓게 몰려오자 놀랐는지 두두두두 사격을 시작했다. 캄캄한 어둠 속에서 실탄을 쏘는지 공포탄을 쏘는지 알 수 없었다. 시민들이 일제히 엎드리지 않을 수 없었다. 그리고 잠시 정적이 찾아왔는데 사위는 칠흑처럼 어둡고 정적이 흘렀다.

한참 후 사람들이 다시 모이기 시작하자 누군가 다시 대오를 갖추자고 외쳤다. 이때 선두에 섰던 차량에서, 이제는 소모적으로 싸우지 말고 도청으로 가자고 제안하여 대열은 다시 도청으로 방향을 잡았다. 그 순간에도 뒤에 남은 사람들은 드럼통에 석유를 담아서 옮기고 있었다. 전용호와 김선출은 그곳을 빠져나왔으나 방송국은 언제 불탈지 모르는 상황이었다. 전남여고 앞을 지나갈 때는 깜깜한 장동 로터리 전방에서 하얀 안개 같은 띠가 솟구쳐서 포물선을 그렸다. 난데없이 솟아난 포물선은 조그만 반원을 그리면서 퍼져나가는데, 최루탄이었다. 그리고 그것이 터지기가 무섭게 타타타탕 총소리가 울렸다. 전용호는 엉겁결에 전남여고 담벼락을 뛰어넘어 운동장으로 달아났다. 다시 총소리가 멎어서 전남여고 담 밖을 살펴보니 일정하게 형성된 경계선을 두고 시민과 계엄군이 대치 상태를 유지하고 있었다.

다음 날 아침에 나가 보니 MBC는 불타고, 계엄군은 도청과 장동 로터리를 빼고는 모두 철수했다. 시내는 비교적 자유로운 상황이 되어서 위협받지 않고 이동할 수 있었다. 중요한 사람들은 YWCA와 녹두서점에 모여서 대책 회의를 시작하고, 녹두서점 뒷방에서는 김상집이 주동이 되어서 화염병을 만들고 있었다. 고등학생들도 참여하고 송백회 형수들도 모여서 화염병 제작을 돕는가 하면 현수막도 만들었다. 금남로에서는 전날 밤 대치 상황에서 죽은 사람들의 시체를 손수레에 싣고 다니면서 흥분해 있었다. 동구청 뒤쪽에도 일곱 구의 시체가 늘어서 있었다.

전용호는 거듭되는 긴장을 견딘 탓인지 이미 판단력이 마비되어서 어지간한 일들은 실감이 나지 않았다. 아시아자동차에서 만들다 만 전차나 트럭을 끌고 나와서 도청 앞으로 진격하는 사람도 있고, 멀리 도청에서 계엄군이 정조준해서 사격하는 장면도 보이고, 녹두서점에서 소규모 대책 회의를 하기도 했다. 달력을 보니 날짜가 5월 22일이었는데, 전날 그러니까 21일 밤에 잠을 어디에서 잤는지 잘 생각나지 않았다. 정신을 차려 보니 도청은 해방돼 있었고, 남도예술회관 앞에는 일부 대학생들이 모여 있으며, YWCA에서도 사람들이 모여 차량 홍보반을 만들기 위해 팀을 조직해야 한다는 논의가 시작되었다. 그리고 도청 앞에서 궐기 대회가 열리면서 자연스럽게 보고대회가 이루어졌는데, 전용호는 이때에야 비로소 집에 들어가 옷을 갈아입을 수 있었다. 그동안 5월 17일에 입었던 복장을 그대로 하고 있다가 옷을 갈아입고 나오니 그렇게 홀가분할 수가 없었다. 그리고 녹두서점 앞에서 윤상원 형을 만났는데, 이것이 전용호가 5월 18일 이후 광주의 상황을 판단하고 이끌어 갈 첫 지도자를 대면하는 셈이었다.

"용호야, 아무래도 너밖에 없다. 우리 들불야학 팀이 유인물 홍보를 맡기로 했다. 그러니 니가 유인물 홍보팀 조직 정비를 얼른 다시 해라."

신영일의 '가지 않은 길'

큰일을 겪을 때 사태를 한눈에 꿰는 사람이 없는 경우처럼 불행한 상황은 없다. 5·18에 앞선 예비 검속 때 광주에서 검거되지 않은 주요 패거리는 두 곳이었다. 하나는 윤상원이 있는 들불야학이고, 다른 하나는 박효선을 중심으로 한 문화패들이었다. 그리하여 상황의 전 과정을 예비한 사람처럼 방향성을 잃지 않은 유일한 사람이 있었으니 그가 윤상원이었다. 그는 전후 맥락이 연결되는 고리를 한 번도 이탈하지 않고 있었다. 이때 신영일이 보지 못한 게 무엇인지를 윤상원의 궤적을 보면 한눈에 알 수 있다. 광주 민중항쟁이 끝난 뒤 신영일이 스스로 그렇게 생각했다.

당시 광주는 민청학련 세대가 민주화운동의 제1선을 형성하고, 그 중심에 윤한봉이 있었다. 윤한봉은 민청학련 사건으로 감옥에서 나온 동지들과 함께 '전남민주회복구속자협의회'를 결성하고, 동지들이 노동·농민·교회·지역운동으로 진출한 상황에서 이를 총괄하고 지원하는 활동을 하면서 한때 김남주가 맡았던 민중문화연구소의 후속편이라 할 현대문화연구소를 차려두고 있었다. 그 주변에는 윤한봉의 핵심 후배 김상윤, 그 후배 윤상원, 또 그 후배 박효선, 그리고 그들의 거점인 녹두서점·들불야학·극단 광대, 여기에 광주의 어머니 모임 송죽회 등이 활동하면서 광주를 하나의 정치적 집성촌으로 만들고 있었다. 그래서 윤한봉은 전두환 신군부가 광주를 볼모로 삼아서 공포 정치를 펴려고 할 때 이 뜨거운 공동체가 크나큰 재앙에 빠지지 않을까 염려하고 있었다. 그리하여 5월 21일에서 25일 무렵에 그런 난리가 휘몰아칠지 모른다는 예언을 하는 자리에 모두 여덟 명이 있었는데, 『합수 윤한봉 선생 추모문집』(143쪽, 한마당, 2010)에 이 같은 증언을 남긴 김수복은 훗날 그들 중 여섯 명이 항쟁지도부에 합류했다고 말한다. 즉, 윤상원(항쟁지도부 대변인), 박용준(시민군), 김영철(항쟁지도부 기획실장), 정상용(항쟁지도부 외무위원장), 윤강옥(항쟁지도부 기획위원), 이양현(항쟁지도부 기획위원)이 그들이었다. 5·18 발발 당시 후배들은 윤한봉이 예비 검속에 구속되었다고 믿었다. 윤한봉은 1975년에 민청학련으로 석방된 뒤에도 1976년에 부활절 예배 사건으로 투옥되어 1년 6개월을 살고, 그 두 달 뒤에도 전남대 상담지도관실 방화 사건의 배후로 몰려 모진 고문을 받다가 박정희가 죽자 풀려나왔다. 그때부터 곧바로 전국적 조직을 구상하고 실천에 옮기는 참이라 다시 구속되면 다들 그가 죽을 수도 있다고 믿었다. 그래서 5월 17일 저녁 무렵부터 식사도 드는 둥 마는 둥 좌불안석이다가 예비 검속을 확인하고 곧장 피신에 들어갔다. 그 곁에는 정용화가 있었는데, 그는 5월 18일 새벽 4시 동이 트기가 무섭게 윤한봉을 친구네 집으로 은신시켰다가 꼬박 하루 동안 시내 동정을 살핀 다음에 나주로 옮겨서 며칠 뒤에 다시 나주역에서 서울행 열차에 태웠다. 그런데 윤한봉이 중간에 다시 돌아와 광주로 진입하려고 시도하는 것을, 그가 검거되면 광주민중항쟁이 내란죄로 둔갑될 것을 염려한 후배들이 기어이 빼돌려서 서울에 숨겼다가 1981년 4월 말에 화물선 편으로 미국에 밀항하도록 하는 데 성공했다.

물론, 윤상원은 이 같은 상황을 알 수 없었다. 당시 노동운동 현장에서 '전민노련'의 광주 책임자 역을 맡기로 한 윤상원은 천성적으로 붙임성이 있고, 넉살이 좋으며, 학습된 운동 논리가 아니라 기층 민중 속에서 훈련되고 다듬어진 신념을 획득하고 있었다. 성격적으로도 그는 견딜 수 없는 고통 속에서도 늘 쾌활한 광대 기질과 연극반 시절의 걸출한 연기력, 또 주변을 사로잡는 말주변 때문에 선후배들에게 혁명적 낙관주의자요 천부적인 광대이며 뛰어난 놀이꾼으로 평가되고 있었다. 돌이켜 보면 5 · 18 초기부터 윤상원은 윤한봉의 인식 즉, '전두환의 쿠데타로 광주가 피바다에 잠길 때 광주의 민주 인사들은 상징적으로 도청을 점거해야 한다'라는 말을 놀랍게도 자신의 일관된 노선으로 간직하고 있었다.

그러니까 5월 18일 아침, 윤상원은 광주가 심상치 않은 상황임을 깨닫고 녹두서점으로 나온 다음에, 김상윤 선배가 예비 검속으로 구속된 지점에서부터 상황 파악에 들어갔다. 전두환 신군부는 5월 17일 밤 12시에 계엄령을 확대하고 미리 예비 검속을 시작했다. 먼저 재야 쪽 지도자 김대중 · 문익환 · 예춘호 · 김동길 · 고은 · 리영희 등과, 쿠데타에 방해될 유신 세력 김종필 · 이후락 · 박종규 등 26명을 잡아들이고, 그와 동시에 특전사 병력을 투입하여 시위가 염려되는 학원가를 점령했다. 광주의 경우, 전북 익산에 주둔하던 특전사 제7 여단을 투입했는데, 이들은 18일 새벽 1시를 기해 전남대와 조선대를 점령하고, 총학생회 사무실, 도서관, 기타 철야 장소에 있는 학생들을 무차별로 구타하고 옷을 벗겨서 연행했다. 그리하여 새벽 2시가 되기 전에 전남대·조선대·광주교대에서 120여 명의 학생을 체포하고, 그로부터 30분 안에 31사단 병력을 투입하여 나머지 대학을 모두 점령했다. 윤상원은 그에 대한 여파와 학생 시위의 현장을 살피느라 전남대학교와 도청 앞, 그리고 녹두서점을 오가다가 18일 오후 1시 수창초등학교에 집결한 스무 대의 군용차량이 시가지로 진출하면서 시작된 소위 공수 부대의 '인간 사냥'을 목격하게 된다. 놈들은 거리에서 인파를 내모는 진압이 아니라 혼비백산하여 골목으로, 다방으로, 민가로 달아나는 시민을 사냥감처럼 추격하여 군홧발과 곤봉으로 짓이기고, 조금이라도 반항하면 총검으로 찔러 버렸다. 이에 윤상원은 즉각 녹두서점으로 돌아가 김상윤의 동생 김상집과 함께 화염병을 제작하고, 때마침 서점에 들른 대동고등학교 학생들에게 시가지 보급을 부탁한 다음에 여기저기 전화를 돌리기 시작했다.

윤상원이 먼저 할 역할은 공수 부대의 만행과 시위 양상을 정리하여 외부에 알리는 일이었다. 전민노련의 지도자인 이태복 선생에게도 알리고, 또 5월 22일에 결성하기로 된 국민연합의 광주 쪽 실무를 그가 맡도록 선배들이 등을 떠밀던 상황이었으므로 서울 쪽에 있는 국민연합 사람들에게도 알렸다.

"5월 22일로 잡힌 국민 연합의 결성은 불가능할 것 같고, 운동의 지도부가 모두 예비 검속되었거나 잠행해 버린 처지이지만 그래도 분노한 시민들의 투쟁은 계속될 것 같소."

윤상원은 광주의 참상이 널리 알려져야 하고, 서울 등 여타 지역에서도 광주와 같은 투쟁이 벌어져야 한다는 생각뿐이었다.

서울 국민연합에서 내려온 사람도 윤상원에게 5월 20일까지만 버티면 전국적으로 동시다발적인 투쟁이 전개되도록 하겠다고 했었다. 그래서 열심히 전화를 돌리는데, 가장 다급하고 간절한 연락 하나가 되지 않았다. 박관현에게 급히 피하도록 하면서 비상 연락처를 따뒀는데, 이상하게 전화 연결이 되지 않은 것이다. 이는 시민들에게도 '지도부의 부재'라는 혼란을 안기는 중요한 문제였다. 이 장면이 『녹두서점의 오월』에는 다음과 같이 나온다.

어제 가톨릭센터 앞에서 시위를 하던 시민이 공수들의 살육에 분노하여 "지난 16일 밤 도청 분수대에서 최후의 일인, 최후의 일각까지 투쟁하겠다던 박관현은 왜 보이지 않느냐. 박관현 나와라"를 외치기도 했다. (김상윤 · 정현애 · 김상집 『녹두서점의 오월』, 한겨레출판, 165쪽)

참모들은 박관현을 일단 차명석의 매형 댁에 은신시키고 중간 연락을 총무부장이 맡았으나, 공수 부대가 투입되어 피신한 젊은이들을 찾는다고 가택 수색을 감행하는 상황이 되자 광주를 빠져나가지 않을 수 없었다. 그리고 안전한 피신처를 찾아서 여수 돌산까지 떠나보냈는데, 이때부터 광주로 연결되는 모든 전화가 끊기는 바람에 비상 연락망을 잃게 되었다. 광주에서 시위 투쟁이 계속되리라는 상상을 해보지 못하고 내린 뼈아픈 실책이었다.

"박관현이 어서 와서 지도부를 재편성해야 할 시점이네. 이제 시민들도 무장을 해야 돼. 그렇지 않으면 저놈들을 상대할 수가 없어. 내 말이 관현에게 꼭 전달되도록 조치를 취하소."

윤상원은 예비 검속을 피한 학생운동 지도부가 이제 투쟁지도부로 재편성되어야 할 시점임을 알리기 위해 몇 차례 연락을 취했으나 닿지 않았다. 학생운동지도부뿐 아니라 학외운동, 재야운동 세력들도 박관현과 유사한 판단을 내리고 개별적으로 잠행한 상황에서 윤상원이 함께 할 사람은 들불야학과 박효선의 극단 광대밖에 없었다. 이제 시민 홍보물이라도 살아 있지 않으면 안 될 상황이었다.

윤상원은 시민들에게 참상을 알리고 투쟁을 촉구하는 유인물을 만들어야 한다고 판단했다. 광천동 들불야학에서는 때마침 서대석, 동근식, 정재호, 김경국, 이영주 등 강학들이 모여서 대책 회의를 하고 있었다. 윤상원은 이들에게 시내 상황을 설명하고 홍보 활동을 하자고 제안했다.

"신군부는 전선을 지켜야 할 군인들을 동원했고, 시민들은 싸웠지만 엄청난 사상자가 발생했다. 부마 투쟁처럼 조기 진압은 안 될 것이다. 언론은 참상을 아예 보도하지 않거나 거짓말만 계속한다. 누군가 나서서 시민의 눈과 귀와 발이 되지 않으면 안 된다. 지금 당장 보안에 유의하면서 홍보물을 만들자."

이렇게 하여 5월 19일부터 윤상원이 불러 주고 박용준이 등사하면 나명관 등이 배포하는 방식으로 유인물 팀이 돌아가기 시작했다. 그날 호소문이라는 제목을 달고 배포된 최초의 전단은 '광주시민민주투쟁회보'라는 이름을 붙였는데, 다음 날 배포된 선언문과 그 다음 날에 배포된 궐기문에는 '전남 민족민주통일을 위한 국민연합/전남민주청년연합회/전남민주구국학생연맹'이라고 썼다. 명실상부한 지도부가 없었던 관계로 윤상원이 실무를 맡기로 내정된 '국민연합'을 제외하곤 존재하지도 않는 유령 단체를 표기했는데, 윤상원은 어쩌면 그 자리가 박관현과 신영일이 서 있어야 할 자리라고 생각했는지 모른다. 왜냐면 광주민중항쟁 전 기간에 걸쳐 윤상원이 가장 크게 고통을 겪은 건 정확한 판단을 위해 상의할 사람이 없다는 점이었기 때문이다.

윤상원의 고독이 절정에 이른 것은 항쟁 나흘째였다. 그날은 부처님 오신 날인데, 아침부터 시민들이 몰려들고 금남로에는 10만에 육박하는 시위 인파가 가득 찼다. 도청 광장으로 이어지는 방사형의 모든 도로도 인산인해를 이루었다. 진압군의 마지막 교두보인 도청 앞 광장과 대치한 금남로 시위대의 선두에는 이름 모르는 지도자들이 군중을 이끌고 있었다. 11공수 산하 3개 대대 병력, 그리고 7공수 35개 대대가 최후의 저지선을 편 계엄군과 시위대의 간격은 고작 40미터 정도. 그러나 엄청난 인파 때문에 선제 진압은 생각할 수도 없는 상황이었다. 시위대열의 맨 선두에 아세아자동차 공장에서 징발해 온 장갑차가 세워졌고, 군중의 기세는 금방이라도 군경의 저지선을 덮쳐 버릴 것만 같은 일촉즉발의 순간이었다. 윤상원은 분노한 시민들을 비집고 녹두서점으로 건너왔는데, 마침 정상용, 정해직, 박효선이 와 있었다. 『윤상원 평전』은 이 자리에서 한 말을 이렇게 전한다.

"지금 도청 앞 대치 현장에는 일촉즉발의 위기가 감돌고 있습니다. 도청 광장에는 군용 헬기가 부단히 왔다 갔다 하는데 정확한 이유는 알 수 없습니다. 시민 투쟁의 최선봉에는 무명의 시민 투사들이 열심히 확성기 방송을 하며 투쟁을 이끌고 있습니다만 투쟁지도부의 중심이 없습니다."(박호재 · 임낙평『윤상원

평전』, 풀빛, 321쪽)

그리하여 회의를 마치고, '저 분노한 시민들의 힘을 한데로 모을 방법은 없을까' 고민하다가 누군가가 투쟁의 방향을 제시하는 것 이외에 다른 방법은 없다는 결론에 이르렀다. 윤상원이 전용호를 만난 시간이 딱 이때였다.

"용호야. 우리 들불야학이 투사회보를 내기로 했다."

그 말을 듣고 전용호는 재깍 광천동으로 달려가 경국이, 동근식이, 성섭이, 윤순호, 그리고 박용준을 불러 문안 작성 팀, 등사 팀, 배포 팀을 재조직했다. 가장 중요한 일이 물자 조달이었는데, 이를 위해 전용호는 경국이를 데리고 충장로 지물포 가게가 모여 있는 거리를 찾아갔다. 혹시 모르니까 호신용으로 총을 하나 메고 지물포 가게들을 두드려서 주인이 나오면 단도직입적으로 부탁했다.

"우리가 지금 급합니다. 돈이라곤 이것뿐인데, 종이를 줄 수 있는 만큼 주면 고맙겠습니다. 광주 시민을 위한 홍보물을 작업하는 사람들입니다."

어떤 주인은 만 원을 받고 5만 원어치를 주고, 또 어떤 주인은 아예 돈을 안 받기도 하며, 약간 구두쇠 같은 사람은 1만 원을 주면 1만 2천 원어치의 종이를 주었다. 필경하는 일은 박용준이 맡고, 등사는 성섭이가 책임졌다. 그리고 배포 팀은 의미가 없었다. 왜냐면 해방구에서 시민이란 시민군의 다른 말이기도 했는데, 그곳에 있는 사람 모두가 각자 알아서 유인물을 마구 배포하기 때문이었다. 또 거기에 담을 내용은 윤상원 형이 수습위원회에서 결정된 사항을 정리해 줘서 일이 의외로 수월하게 진행되었다. 이렇게 공식적으로 투사회보 팀이 돌아가게 되었을 때 계엄군의 집단 발포가 있었다. 분노한 서대석이 윤상원 형에게 외쳤다.

"형, 공수 부대가 발포를 하는데 이런 걸 만들어서 뭐 해요?"

"이 자식아. 유인물 작업이 얼마나 중요한지 알아? 이게 총칼들고 싸우는 거나 마찬가지야. 그렇게 흥분해 가지고 총 든 시민을 통제할 수 있겠어? 또 감정만 앞서 가지고 계엄군을 이길 수 있냐고? 시민군에게 투쟁 방향을 제시하는 거야말로 생명과 같은 거야. 전두환이는 총칼보다 투사회보 한 장을 훨씬 더 무서워해. 알았어?"

다음 날 밤 전용호는 윤상원 형을 따라서 도청 상황실에 들어갔다. 그때 일군의 시민들이 직장수비대를 만들어서 전일빌딩을 지키고 있다고 상황을 설명했다.

"우리는 빌딩 전체 문을 잠궜어요. 서로 암호도 정했고, 암호가 맞는 사람만 들여보내거등요."

이런 얘기를 듣고 새벽 4시가 되어서야 윤상원 형과 같이 걸어 나오는데, 전용호는 상황이 하도 어수선해서 마음이 불안하기 그지없었다.

"상원 형, 이렇게 캄캄한데 불안하지 않소? 괜찮으께라우? 우리가 보이지 않는데, 어둠 속에서 물체가 움직이는 걸 보고 시민군이 우리한테 총을 쏘면 어떻게 하요?"

"야, 시민군이 아직 조직화도 안 됐는데 얼마나 지키고 있겠냐? 걱정 마라. 다 잠자고 있을 거다."

전용호가 다시 말했다.

"아까 전일빌딩 직장수비대를 보니까 그 생각이 듭디다. 내일

궐기대회 때 사람들한테 이야기해갖고 앞으로는 전부 직장에 복귀해서 직장을 지키자고 그럽디다."

그 말에 윤상원이 가만히 웃었다.

"그건 모르는 이야기여야. 아까 그 사람들 있지? 계엄군이 들어오면 누구 편이겠냐? 금방 계엄군 편으로 돌아갈 사람들이야. 우리 편이라 생각하면 오산이다."

순간 전용호는 감이 왔다. 아하, 그렇구나. 저런 시민들의 처지를 생각하자면 이건 6·25 상황과 다름이 없을 터였다. 지금은 도청 시민군에 동조하고 있지만, 자발적으로 싸우는 이들은 언젠가 질 것이고, 결국에는 군인들이 들어올 텐데, 그때는 얼른 그쪽으로 가야지. 그래서 직장수비대라고 하는 사람들은 시민군 앞에서는 시민군 편이 되어 직장을 지키고, 군인이 들어오면 군인들에게 가서 직장을 지켜 냈다고 말할 것이었다. 윤상원 형은 이미 5·18의 한계와 전망을 추산하면서 전체 상황을 읽고 있다는 느낌이 들었다. 아, 믿음직한 상원이 형! 얼마나 마음이 놓이는지 몰랐다.

김태종을 만나다

　이 모든 상황을 신영일은 책상머리에 앉아 분석하고 또 분석했다. 광주 시민들에게 5월 18일에서 21일까지는 몸서리치는 폭력만이 난무하는 현실이었다. 군인들이 데모를 진압한다고 출동하여 시민들을 구타하고, 대검으로 찌르며, 눈도 깜짝하지 않고 오히려 즐기는 표정을 보이는 잔인성 앞에서 다들 공포와 분노에 떨었다. 대학생들이 시위 때마다 주장하던 '민주주의' 같은 고상한 언어는 개입될 자리가 없었다. 그래서 '전두환 물러가라!'가 '전두환을 찢어 죽여라!'로 격화되고, '김대중을 석방하라!'는 '공수 부대 다 때려죽여라!'로 폭력화되었다. 상황이 날로 격렬해지면서 광주 지방의 일간지는 모두 휴간될 수밖에 없었으며, 신영일 같은 부류의 '생각하는 사람'은 투쟁의 대열 안에서도 끼어들 자리가 없었다. 그래서 신영일은 자꾸 '갈 길을 모르겠거든 지나온 길을 돌아보라' 했던 역사학자 에드워드 카의 말을 되새겨야 했다. 예컨대, 이 상황에는 통찰되지 않으면 안 될 변곡점이 있었다. 그러니까 예전에도 정부는 데모를 진압하는 데 무력을 사용했고, 여기에 맞서는 데모대도 대항 폭력을 사용했다. 이런 정치 폭력은 4·19 학생혁명 이후에 구조화된 한국 정치의 한 형식이 되어서 박정희 군사 독재도 이를 깨지 못했다. 정부는 정치 폭력을 오히려 시민이 선택한 권력 비판의 한 형태로 인정해 주고, 또 권력자들도 이를 어느 정도 용인하는 태도로 자신들이 마치 민주주의를 따르는 것처럼 행세해 왔다. 그러다 이런 흐름에서 예외적인 시간이 돌출하는데, '부마항쟁'이 그것이었다. 박정희가 이때 발동한 통치 폭력은 그간의 관념을 훨씬 넘어서는 것이었다. 아마도 그는 그간의 흐름을 끝내기 위해 시도했을 터이나 결과는 오히려 권력 내부의 암투 과정에서 독재자를 피살하는 쪽으로 치닫고 말았다. 그리하여 찾아온 소위 '서울의 봄' 국면에서 또다시 쿠데타를 통한 집권을 도모하던 신군부가 학생들의 데모를 유도하여 '민주화'의 흐름을 극적으로 차단할 구실을 찾던 중에 경찰 1명이 버스에 치여 죽은 장면을 얻게 되었고, 그 연장선에서 생겨난 강공 정국이 5월 18일부터 광주에서 펼쳐진 '폭력의 사육제'였다.

그러나 광주는 결코 신군부의 뜻이 순조롭게 관철될 수 있는 도시가 아니었다. 계엄군은 처음에 폭도라는 말로 시민을 매도하면서 무력 사용의 정당성을 얻으려 했다. 그래서 정부는 도시의 하층을 구성하는 깡패, 넝마주이, 무직자, 노동자, 구두닦이, 거지 등의 룸펜 프롤레타리아 계층을 '현실 불만 세력'으로 지목하여 이들이 사회질서를 어지럽히려 한다는 이미지를 씌우려 했는데, 실제 광주는 룸펜 프롤레타리아들이 투쟁 과정에서 오히려 새로운 시민 정신을 발휘하는 모습을 보였다. 그리하여 거리는 갈수록 학생, 젊은이들은 말할 것도 없고, 할아버지, 할머니들까지 나서는 전 시민의 전쟁터가 되어갔다. 이렇게 전 지역민이 하나의 공동체가 되어서 폭력에 맞서는 상황은 매우 복잡한 결과를 낳게 된다. 육체적 힘에 의존해 살고, 싸움에 익숙하거나 자신 있는 사람들이 앞장설 것을 바라게 되며, 또 그들을 열렬히 응원하게 되는 것이다. 신군부는 여기에 경악하지 않을 수 없었다. 당시 광주 시민들의 자발적 분업 체계와 즉흥적 조직은 놀라울 정도여서 도시 빈민도 거리 투쟁에 앞장서고 조직 폭력배도 시민의 자치활동에 협조할 것을 선언하게 되었다. 이는 신영일이 후배들과 토론하면서 늘 강조하던 '민중이 역사의 주체'가 되는 상황에 속하는 것이었다.

신영일을 한없이 고통스럽게 만드는 문제가 사실은 이것이었다. 자신은 광천동 실태조사 작업을 끝마칠 때 '민중이 역사의 주체'라는 걸 체험을 통해 깨달았다고 생각했으며, 민중 문제야말로 우리가 해결해야 할 근본 문제임을 인식하는 계기가 됐다고 말한 적이 있었다. 그 민중이 바야흐로 혁명적 상황을 맞았을 때 자신은 스스로 한계에 갇혀서 주저앉은 셈이다. 박관현은 5·18의 초점이 되어 1급 수배 상태에 돌입하였고, 그의 친구와 선후배들, 윤상원과 전용호, 또 다른 들불야학 형제들, 극단 광대 그룹이 5·18에 적극적으로 뛰어들고 있었으나 그는 주저하며 저미는 가슴을 부여안고 합류하지 못했다. 그때 발생한 자괴감은 처참한 광경에 질려서 도망친 자가 느끼는 무력감에서 빚어진 감정인데, 그 밑바닥에는 인간의 존엄성을 짓밟는 행위에 대한 분노와, 그에 저항하지 못하고 공포에 떠는 자신의 비참함에 대한 수치가 있었다. 이런 게 민중의 문제라니! 골방에 갇혀 지내는 날짜가 길어지자 과거에 놓치고 지나간 기억들이 셀 수 없이 밀려와 신영일을 괴롭혔다.

그럴수록 자꾸만 떠오르는 건 박기순의 죽음이었다. 신영일은 박기순의 삶에 한없이 감동하면서도 그 슬픈 장례식을 생각하면 가슴이 미어져서 되도록 그 기억을 가슴 한구석에 밀쳐두고 살아왔다. 그런데 광주가 대학살에 처한 지옥의 시간에 자꾸만 그 생각이 세세하게 떠올라 지울 수 없었다. 그날 펑펑 쏟아진 함박눈 속에서, 빈소가 좁았기 때문에 영안실 앞에 화톳불을 피웠는데, 그 눈을 뚫고 사람들이 달려왔다. 아무것도 모른 채 학당에 나와서야 소식을 들은 강학들과 학생들이 수업을 제치고 쫓아와 운구가 안치된 전남대병원 영안실이 떠나가도록 통곡했다. 학생들은 하나같이 관을 씌운 보를 걷어 젖히고 관을 치면서 오열했다. 그 깊은 슬픔 속에서도 놀란 사실은 신영일이 그토록 좋아하는 《아침이슬》을 작곡한 김민기와 국악인 김영동이 조문을 온 점이었다. 당시 김민기는 전북 김제에서 농사를 짓고 산다는 소문이 자자했다. 이미 민중 속으로 투신한 그가 김영동을 대동하고 김상윤을 만나러 광주 녹두서점에 방문했다가 박기순의 소식을 들은 것이었다. 그렇더라도 영안실까지 찾기는 쉽지 않았을 텐데 그는 곧장 전남대병원으로 찾아왔다. 그리고 빈소에 도착하여 박기순의 영정 앞에서 묵념을 올리고 반주도 없이 자신의 노래 《상록수》를 불렀다. 그날 김민기의 목소리로 영안실에서 울리던 《상록수》의 노랫말 하나하나를 신영일은 잊을 수 없었다. 김민기는 조용히 눈물을 흘리며 노래를 끝까지 다 불렀다. 선배 하나가 후배들을 데리고 나가 제재소에 가서 손수레로 화목을 날랐다. 밤새 화톳불이 활활 탔다. 들불 강학과 학생, 또 다른 선후배들이 화톳불 가에 앉아 뜬눈으로 새웠다. 신영일은 고질병으로 앓고 있는 허리 통증 때문에 자꾸 등을 기댈 곳을 찾아야 했는데, 그때 한곳에서 바라보던 얼굴들이 자꾸만 생각났다. 그들이 지금 광주에서 자행되고 있는 군부의 학살에 맞서 대결을 꾀하고 있다. 끝이 어디일지는 분명하다. 그 끝에는 대한민국이라는 체제 자체를 부정하는 북한이 있으며, 그들이 폭도들 속에 숨어서 국가를 어지럽힌다는 '분단 감정'을 이용하려는 의도가 숨어 있다. 그 생각을 하면 학살을 피하는 게 당연하게 느껴졌으나 윤상원 선배를 생각하면 모든 판단이 뒤집히고 말았다. 신영일은 그 점이 너무도 괴로웠다.

'녹두서점에서 파리 코뮌을 강독했으면 이런 걸 미리 도상 작전하듯이 그려볼 수 있었을까?'

과연 시민군은 놀라운 방식으로 '항쟁지도부'를 만들어내고 있었다. 그것도 신영일과 자주 어울리던 친구가 그 주역을 맡는 상황이었다. 당시 항쟁의 흐름을 이끄는 윤상원의 궤적을 『오월의 사회과학』은 이렇게 설명한다.

한편 장동로터리 부근에 있는 녹두서점에는 항쟁 기간 동안 화염병을 만들고, 정보를 수집해가며 시위에 적극 참여하고 「투사회보」 등의 유인물들을 만들던 또 하나의 집단이 있었다. 이곳에서 운동권 경력이 있는 윤상원을 중심으로 한 청년들이 아침 일찍부터 모여 앞으로의 행동에 대해 논의하고 있었다. 이들을 흔히 '녹두서점 팀'이라고 불렀고, 이들이 23일 본거지를 YWCA로 옮긴 이후에는 'YWCA 팀'이라고 불렀다. 그들의 첫 번째 활동은 검정색 리본 2000여 개를 제작하여 도청 앞에서 시민들에게 나누어 준 것이었다. 또한 윤상원은 22일 오전 11시경 도청에 들어가 이미 학생 대표 격이었던 김창길을 만나고 후배들을 통해 도청 내의 동향을 파악하는 등 발 빠르게 항쟁의 결과를 최대한으로 이끌어 내기 위해 움직이기 시작했다. 이들 조직

의 핵심은 들불야학 팀, 광대 팀, 송백회, 현대문제연구소 등이
었다. (최정운 『오월의 사회과학』, 오월의봄, 221~222쪽)

   이들은 22일 낮에 있었던 자발적인 시민들의 집회에서 아이
디어를 얻어 '민주 수호를 위한 시민궐기대회'를 주최하기로 하
고 저녁부터 준비를 서둘렀다. 이를 극단 광대가 맡게 된 데는
필연에 가까운 이유가 있었다. 극단 광대는 5·18 상황이 터졌
을 때 광주 YWCA 2층에서 「한씨연대기」를 연습하고 있었다.
매일 10시에 모여 '리딩'을 시작하는 단계인데, 그곳은 도청 앞
금남로와 광주경찰서 사이에 끼어 있는 도심의 심장부에 가까
웠다. 5·18이 터지자 더 이상 연습할 수 있는 형편이 안 되었지
만, 단원들은 전원 출근하듯이 연습장에 나오고 있었다. 그들을
이끄는 박효선은 매일같이 윤상원의 집과 녹두서점과 후배들의
연습 장소를 오가는 사람이었다. 당연히 항쟁의 중심에서 뛸 수
밖에 없었는데, 광주가 해방되고 궐기대회 이야기가 나오자 선
배들은 극단 광대가 이를 맡아 주기를 요청했다. 그 자리에서 누
가 사회를 볼 것인가를 논의하게 되었다. 배우란 자기가 맡은 역
은 어떤 것이든 소화할 수 있어야 한다는 신조가 있으니 그런 후
배 중 하나를 정하려고 쳐다보다가 박효선이 말했다.
   "야, 태종이가 전에 찬조 연설도 하고 했으니까 그게 좋겠다."
   김태종은 박관현이 총학생회 회장에 출마했을 때 찬조 연설을
한 당사자였다. 그리하여 5월 23일 오후 세 시, 도청 앞 분수대
를 원형 무대로 삼아서 시민 10만여 명이 운집한 가운데 집회가
시작되었다.
   "시민 여러분! 저는 전남대학교 사학년 학생입니다."

당시에는 전남대학교 학생 절반 정도가 죽었다는 소문이 흉흉하게 돌던 때라 열화와 같은 반응이 터져 나왔다. 첫날은 각계각층의 성명서가 필요하다고 하여 시민 대표는 훗날 「깃발」을 쓴 소설가 홍희담, 농민 대표는 해남에서 올라온 윤기현, 노동자 대표는 YWCA신협 직원 김영철, 학생 대표는 최인선 등이 성명서를 써 와서 낭독했다. 그런데 연극을 하는 극단 배우들이 내용과 형식을 정치집회처럼 끌고 갈 턱이 없었다. 시 낭독도 하고, 노래 지도도 하고, 시민 자유발언대도 운영했는데, 역시 가장 뜨거운 자리가 바로 이 시민 자유발언대였다. 분수대 연단 위는 사다리를 타고 올라가야 했는데, 격앙된 시민들은 광대 단원들이 아무리 분위기를 다독여도 좀처럼 흥분을 가라앉히지 못했다. 예컨대 광주교도소 쪽으로 버스를 타고 오다가 일가족 세 명이 몰살당하고 혼자 살아남았다는 아주머니는 연단 위까지 올라와서는 한마디도 입을 떼지 못하고 그냥 내려갔다. 이어서 스님도 올라오고, 고등학교 교사, 예비군도 올라와서, 해방 광주에서 금은방이 털렸느냐, 아니면 은행이 털렸느냐 하며 드높은 시민의식을 상찬하기도 하고, 담배나 라면 따위를 매점매석하지 말자는 제안으로 엄청난 갈채를 받기도 했다. 이 자리에서 한 시민이, 이 사건의 원흉인 전두환을 화형에 처해야 한다고 주장해 다음 궐기대회 때 전두환 화형식을 하기로 했다. 그리고 24일이 밝아서 이를 집행하는 궐기대회를 할 때 김태종이 목이 거의 쉰 상태로 사회를 보는데 군중 속에 신영일이 앉아 있었다. 곁에는 어머니가 꼭 붙어 앉아 있었다. 대회가 끝나고 김태종은 신영일을 만나 단 몇 마디의 대화로 신영일의 상황을 알아차릴 수 있었다. 신영일의 아버지 신만원 씨가 정국의 흐름에 열성적으로 반응해서 항쟁 기간 내내 위험한 거리로 틈만 나면 뛰쳐나갔다. 어머니는 이미 자식을 잃어본 사람이었으니, 이번에도 남편과 아들을 잃을까 봐 잔뜩 긴장해서 잠시도 한눈을 팔 수 없었다. 그래도 남편은 걱정이 덜하지만 아들은 한 번 손을 놓치면 얼굴을 영영 못 보게 될까 봐 불안하기만 했다. 그래서 아들을 붙잡으려면 한 가지 방법밖에 없었다.

"문밖에 나가려거든 나를 죽이고 가라. 너 때문에 지금 숨도 쉴 수 없어야."

사정이 이렇기에 김태종은 신영일을 붙들고 있을 수가 없었다. 사실은 자신의 어머니도 아들이 도청 앞에서 궐기대회의 사회를 본다는 소문을 듣고 찾아와 난리가 난 상황이었다.

이날 신영일을 보았다는 목격담은 『녹두서점의 오월』에도 나온다.

광주 밖으로는 계엄군 때문에 나갈 수 없고, 시내나 근교 주유소에서는 기름이 떨어져 구할 수 없다고 했다. 그중 한 사람이 아시아자동차 공장에 가면 비상 기름이 있으니 그것을 가져오자고 하여 20여 명이 전남대 스쿨버스를 타고 아시아자동차 공장으로 갔다. 마침 서점 일이 대부분 끝나서 나도 그들과 함께 공장으로 갔다. 차 안에는 거의 아는 얼굴들이 타 있었다. 들불야학 강학인 신영일과 신영일의 어머니도 있었다. 도저히 아들을 말릴 수 없어서 "그럼 같이 가자"라고 따라 나오셨다는 것이다. (김상윤·정현애·김상집 『녹두서점의 오월』, 한겨레출판, 119쪽)

그런데 이날 신영일이 어느 곳을 돌아보고 무엇을 느끼며 돌아갔는지는 아무도 모른다. 그 자신도 훗날 여기에 대해 단 한마디의 변명도 남긴 바가 없다. 다만 이때는 '해방 광주'가 이미 완성된 시점이라는 게 중요하다. 시내에는 새벽 6시부터 중·고등학생 700여 명이 거리 청소를 하여 거의 깨끗한 모습을 되찾은 뒤였다. 윤공희 대주교는 그날 아침은 매우 상쾌했다고 말한다. 그래서 녹두서점 팀도 아침부터 대자보를 써 붙이고, 플래카드를 내걸면서 낮 12시 도청 앞 광장에서 있을 '제1차 민주주의 시민 궐기대회' 소식을 알렸다. 광주자유미술인협의회 회원들도 많은 양의 플래카드와 대자보를 붙였다. 거리를 질주하는 시민군의 차량도 오후부터는 눈에 띄게 줄었다. 학계에서 광주 5·18에 대한 가장 권위 있는 연구 성과로 꼽히는 최정운의 『오월의 사회과학』은 바로 이 '해방 광주'를 이렇게 설명한다.

광주 시민들이 무려 3개 여단의 공수 부대를 나흘간의 투쟁을 통해 물리칠 수 있었던 것은 단적으로 절대 공동체를 이루어 냈기 때문이었다. 이 절대 공동체는 애초에 존재했던 광주 시민들 간의 전통적 농촌 배경의 공동체와는 상당히 다른 것이었다. (최정운 『오월의 사회과학』 185쪽)

여기서 주목할 것은 '절대 공동체'라는 용어이다. 그리고 그것이 기존 농경 마을의 공동체와 어떻게 다른지를 최정운은 이렇게 설명한다.

정통적 공동체에서 절대 공동체로의 변환은 '혁명적 상황'이었다. 세상은 어느 틈에 뒤집혀 버렸고 앞으로도 공동체는 전과 같지 않을 것이다. 그러나 이 '혁명적 상황'은 어느 혁명가가 그의 이념이나 말로 이루어 낸 것이 아니었다. 모든 시민이 인간이 되기 위하여 적과 목숨을 걸고 싸우고 그들이 동료 시민과 만나 존엄한 인간임을 확인하는 과정에서, 죽음을 넘어선 한계 상황에서 성령의 계시처럼 이루어진 내면적 과정이었다. 절대 공동체는 성스러운 초자연적 체험이었다. (최정운 『오월의 사회과학』 189~190쪽)

그렇다. 한국 민중의 기나긴 투쟁사 속에서 단 한 번밖에 출현한 적이 없는 이 '절대 공동체'는 시인 신동엽의 표현을 빌리면 '누가 하늘을 보았다 하는가'의 하늘이었고, 광주 시민의 심정 속에는 누구도 지울 수 없는 '불멸'의 기억이었다. 추정하자면 신영일도 이 절대 공동체 앞에서 엄청나게 부끄러워하면서, 또 그만큼 감동했을 게 틀림없다. 바로 이 점, 신영일이 절대 공동체가 절정에 이른 모습을 보고 집에 들어갔다는 것은 그의 남은 생을 이해하는 데 매우 중요한 사항이다. 왜냐면 그는 5·18에 참여하지 못한 사실을 화인처럼 안고 1980년대를 살아간 '학생운동의 원죄'를 증명하는 상징물과도 같았기 때문이다. 까닭에, 신영일과 함께 동고동락한 최측근 3인이 쓴 회고 글에도 그 점은 이렇게 술회 된다.

신영일에게 5·18은 그 이전에 경험하지도 읽지도 못한 상황이었다. 그는 시위의 거리에 나오지도 않았고, 해방된 광주의 도청에도 들어가지 않았다. 물론 그의 부모들이 금족령을 내려 집에 잡혀 있기는 했지만, 그의 눈앞에 전개되는 5·18 광주의 상황은 그로서는 새로운 상황이었다. 대다수의 대학생들이 그랬고 운동의 중심에 있었던 대학생들이 그랬듯, 그도 선뜻 도청과 금남로로 나가지 못했고 총을 들지도 못했다. (송재형·임낙평·전용호 「민주·통일운동의 횃불로 힘차게 타오른 청년운동가! 신영일」, 『신영일을 배우자』, 136쪽)

나는 이를 두 단계로 나누어서 읽어야 옳다고 본다. 하나는 기질의 층위이고, 하나는 철학의 층위인데, 우선 신영일이 처음에 '학살의 거리'가 무서워서 밖에 나오지 못한 건 맞다. 하지만 그것은 또 5월 23일에서 26일에 이르는 나흘간을 설명하지 못한다. 해방 광주가 다시 공포에 빠지는 것은 그 이후 즉, 계엄군이 도청 함락을 예고하는 위협을 가한 후부터이기 때문이다. 절대 공동체의 핵심은 고결한 정신들이 서로를 향해 퍼붓는 사랑이었고, 모든 시민은 공포에서 해방되어 있었다. 그래서 적어도 그 며칠간의 상황은 두려움 때문에 못 나오는 사람이 매우 드물었으니 신영일이 다시 거리에 나타나지 않은 원인은 다른 차원에도 있었다는 사실을 지울 수 없다. 나는 여기에 당시 신영일의 정체성이 있었다고 보는데, 그는 전망을 확신할 수 없는 허공을 향해 방아쇠를 당길 수 없는 유형의 지식인이었다. 폭압과 살상의 태풍이 휩쓰는 거리, 무수한 인명과 재산이 폭력으로 날아간, 지금도 여전히 날아가고 있지만 아무도 막을 수 없는 폐허의 거리. 신영일은 이 항쟁이 동학농민혁명처럼 훗날 현대사의 획을 긋는 일대 사건이 되리라고 보았는지 아닌지 알 수 없지만, 분명한 건 그가 '해방 광주'를 보면서도 아직 낙관적 전망을 도출

할 수 없었다는 점이다. 이는 마지막까지 판단을 포기하지 않으려는 그의 철학을 문제 삼아야 하는 지점에 속하는데, 그 차원에서 들여다보면 신영일은 철학적으로 윤상원의 시간에 참여하지 못한 셈이 된다. 그것은 얼마나 큰 '사유'의 함정이었던가? 세계를 대상화하는 근대 철학의 한계가 그의 감성 속에서 여전히 작동하고 있었다. 그는 '벽'을 '문'으로 알고 부딪치는 문익환 같은 예언자 정신을 생각해 보지 않았다. 이는 훗날 그에게 엄청난 중압감을 주는 참회의 영역이 된다. 그러니까 그는 과도한 이성주의에 붙들려 5·18 현장에서 존경하는 윤상원 형과 김영철 형의 손을 놓쳤으며, 들불야학에서 만난 사랑하는 노동자들의 세계에 대한 의리를 지키지 못했다. 신영일이 거기에서 얻은 상처를 멍에처럼 가슴에 달고 있었다는 사실은 세상이 이미 5·18의 후속편을 잉태하고 있었음을 의미한다.

아마도 그래서 신영일은 틀림없이 5·18의 남은 기간 동안에 계속 '자기와의 싸움'을 끝내지 못하고 슬퍼했을 것이다. 외형적 움직임을 추정하기는 어렵지 않다. 그는 몇 번이고 머릿속을 다시 정돈해야 했다. 그리고 5월 26일, 윤상원 대변인이 내외신 기자들에게 그동안의 상황을 설명하며 계엄군이 물러나지 않는 한 결사 항전을 하겠다고 인터뷰할 무렵에 초미의 긴장감을 안고 최악의 상황을 그려봤을 것이다. 과연, 그날 저녁에 들불야학의 윤상원, 박용준 등이 최후의 만찬을 가졌다. 또 5월 27일, 중화기로 무장한 계엄군이 장갑차를 앞세우고 도청으로 진격하였다. 새벽 4시, 상황실에 있던 여학생이 한없이 애절한 목소리로 거듭 방송하였다.

"광주 시민 여러분, 계엄군이 지금 쳐들어오고 있습니다. 시민 여러분은 모두 나와서 이를 저지해 주십시오."

이 소리를 듣고 울지 않는 시민이 없었다. 그 통렬한 선무 방송이 신영일의 집까지 들렸는지는 알 수 없다. 다만 그 시각에 도청에서는 대변인 윤상원과 기획위원 이양현, 그리고 김영철이 2층 회의실에서 창밖을 향해 경계를 서고 있었다. 그러다 얼마 후 뒤편 창문 쪽에서 M16 소총 소리가 들려왔다. 김영철의 옆에 있던 윤상원이 갑자기 비명을 지르며 오른쪽 아랫배를 움켜쥐었다. 총탄이 등에서 배로 관통한 것이다. 김영철이 왼쪽 팔을 부축하고 이양현이 오른쪽 팔을 부축하자 윤상원이 김영철에게 말했다.

"형님, 틀린 것 같소."

그 순간 사과탄 몇 개가 터지더니 커튼에 불이 붙었다. 사과탄의 불길은 번지고 계엄군은 계속 총을 쏘아 대고 있어서 두 사람은 윤상원을 눕히고 미닫이문에 숨었다. 계엄군 중사가 문 뒤에 숨은 두 사람을 향해 조준 사격을 해대었다. 다행히도 두 사람 다 총알 파편에 스치는 상처를 입었을 뿐 저격당하지 않은 채 체포되었다. 그러나 YMCA 앞에서는 박용준이 이미 전사해 있었다.

6
살아남은 자들의 세계

모란이 지고 나면 내 한 해는 다 가고 말아

5 · 18은 신영일이 염려했던 결말을 따라 암담한 파국으로 치달아 버렸다. 박관현은 생사를 알 수 없고, 윤상원과 박용준은 전사했으며, 들불야학의 형제들, 극단 광대의 선후배들, 그리고 학생운동과 사회운동 선후배들은 줄줄이 연행되었다. 대학은 무기한 휴교령이 떨어지고, 신영일은 길에서 우연히 전남대생을 만날 때마다 혹시라도 후배들이 잡혀갔다는 소식을 들을까 마음을 졸여야 했다. 폭압과 살상이 휩쓸고 간 거리, 무수한 인명과 재산이 폭력으로 날아가 버린 폐허의 도시에서 신영일은 날마다 우울하고 슬펐다. 윤상원 선배의 얼굴이 계속 떠올라 견딜 수 없었다. 세상이 어쩌면 그리도 참혹한지 몰랐다. 그 지옥 같은 6월 한 달을 신영일은 자주 시내를 빠져나가 천천히 극락강을 걷는 일로 견디곤 했다. 강가에 쪼그려 앉아 해 지는 것을 보면 땅거미가 내린 물결 위로 불빛이 떠서 가물거리고 하늘에서는 별빛이 흔들렸다. 그의 눈빛은 한없이 깊어졌다. 그래도 어떻게든 5 · 18의 충격과 실의에서 벗어나는 길을 찾아야 했다. 그를 위해 당장 시급한 일은 두 가지였다. 첫째는 광주항쟁의 진실을 밝히는 일인데, 아무리 생각해도 이 일은 자신에게 어울리는 일이 아니었다. 자신은 현장을 회피했으나 전남대학교 학생운동

진영이 모두 투쟁을 등진 건 아니었다. 지난 5월에 횃불 시위를 앞두고 박관현 총학생회가 해체될 상황에 대비하여 노준현, 이 재의 등이 '제2의 학생조직'을 준비했고, 이들의 일부는 항쟁 초기부터 마지막까지 뛰었다. 대표적으로 전용호는 투사회보 팀을 전담하기도 했다. 신영일은 이 어려운 숙제를 그들이 어떤 식으로든 해내리라 생각했다. 그들의 움직임에 관해 이재의는 훗날 이렇게 설명한다.

나는 당초 총학생회와 약속했던 대로 그해 8월부터 이 조직을 추스르기 시작했다. (…) 1980년 9월 초 5·18로 장기간 휴교상태였던 학교가 다시 문을 열자마자 그 일부터 했다. 공식적으로는 이 조직이 없어진 것이다. 그러나 자발적 의사에 따라 재조직한 몇 명과 RUSA 회원들을 중심으로 우리는 9월부터 계엄당국을 괴롭히기 시작했다. (…) 하지만 그해 10월 본인이 연루된 '김대중 최후 진술 유인물 배포사건'을 계기로 조직이 들통나면서 '일망타진'되고 말았다. 내가 몸담았던 서클 RUSA 후배들과 '제2의 학생조직' 관련자 14명 등 40여 명이 서부경찰서에 붙잡혀 와 약 50일 남짓 긴 시간 동안 조사를 받았다. (이재의 「70~80년대형 인간」, 『남녘의 노둣돌 노준현』 137~138쪽)

그러나 어떤 탄압도 이들의 움직임을 막을 수 없었다. 당시 대학생들은 5·18의 실상이 폭로되고 그 결과가 공식화되는 기간이 30년쯤 소요될 것으로 예상했으나 그것이 대한민국 정치의 공식 의제로 올라 청문회를 열기까지는 채 10년도 걸리지 않았다. 둘째는 광주의 운동 역량을 재건하는 일인데, 신영일은 이

일이야말로 자신이 감당해야 할 몫이라고 생각했다. 군사 정권의 서슬 푸른 감시와 탄압으로 운신의 폭이 매우 어려운 상황이었으나 이를 외면하고는 살아남은 자의 면목을 유지할 길이 없었다. 예컨대 5·18의 끝이 세상의 끝은 아니었다. 도청이 함락되고 계엄군이 금남로의 흔적을 모두 지운 뒤에도 겨울이 가고 첫 봄비에 새싹이 돋아나듯이 새로운 청년들이 이 나라의 거의 모든 지방에서 거의 동시에 모습을 드러내고 있었다. 이들은 윤상원의 이름을 모를지라도 그가 새벽의 여명 속에 남긴 죽음의 그림자를 딛고 새로운 시대의 문턱을 넘었다. 이제 그들의 시간을 위해 일하자. 그러려면 일단 임낙평을 만나자, 모든 문제는 그 후에 정하자, 이렇게 생각했다.

신영일이 임낙평을 만날 때 김정희도 함께 있었다. 김정희는 성격이 군건하여 매우 의지가 되는 사람이었다. 언제나 현실을 우회하지 않고 직면했으며 자신의 감정을 진솔하게 드러냈다. 그래서 신영일은 늘 김정희야말로 혁명가로서 전혀 손색이 없는 인격체라고 생각했다.

"낙평아, 나 망월동에 다녀왔다."

당시 망월동에 방문하는 일은 그곳에 찾아간 사실 자체만으로도 문제가 되는 때였다. 하물며 운동권 후배가 윤상원의 영전을 찾는 것은 생각할 수도 없는 일이었다. 망월 묘소 외곽에 가매장 상태로 있는 묘에는 '신원 미상자'라는 팻말에 누군가 '윤상원의 묘'라는 표시를 해두었는데, 신영일은 숱한 죽음들 사이에 놓여 있는 윤상원 형의 처지가 하도 기가 막혀서 눈물조차도 나오지 않았다. 임낙평도 그곳에 들렀다가 온 지 며칠 안 된다고 했다.

"응, 그랬구나."

더는 할 수 있는 말이 없었다. 서로 가슴이 들먹인다는 점은 느낄 수 있었는데, 딱히 필요한 말도 없고 울 수도 없었다. 오히려 심장이 뛰는 소리가 상대방의 귀에 들릴까 봐 걱정되었다. 그래서 신영일이 멋쩍은 표정을 보이며 이렇게 말했다.

　"낙평아, 김영랑 시인 있잖아. 일제 강점기 때 음풍농월했다고 징허게 미워했거등. 나는 요새 자꾸 「모란이 피기까지는」이 떠올라야."

　그래 놓고 둘이 손을 꼭 잡는 것만으로 만남이 끝났다. 신영일은 임낙평을 만나고 돌아오면서도, …모란이 피기까지는 나는 아직 기다리고 있을 테요 찬란한 슬픔의 봄을… 모란이 지고 나면 내 한해는 다 가고 말아 나는 하냥 슬픔에 우웁네다… 하는 구절들이 앞뒤 없이 떠오르는데, 한 글자 한 글자가 다 5·18을 그리는 시 같았다. 특히 중요한 구절은 삼백 예순 날 내내 '찬란한 슬픔의 봄'을 기다린다는 대목인데, 이 지점을 지날 때 신영일은 사막 같은 광주에서 다시 모란이 꽃 피는 날을 간절하게 꿈꾸었다. 그리고 나날이 더위가 몰려오면서 시작된 뜨거운 여름을 두 사람 다 치열한 자기 고민에 빠져 살았다. 신영일은 언젠가 김정희를 놀리면서 했던 말 "혼돈과 분노에 가득 차 있는 사람"이 지금은 누구보다도 그 자신이 돼 있음을 곱씹지 않으면 안 되었다.

　그렇다. 신영일은 하루도 어김없이 눈을 뜨면 참혹하고, 거리에 나서면 황량했다. 길을 걸을 때마다 가로수들이 자신의 뒷모습을 흉보는 것 같았다. 하루에 백 년씩의 세월이 흐르는 느낌이었다. 그러는 와중에도 자신의 보헤미안 습성이 바뀌지 않는다는 점이 그렇게 거슬릴 수가 없었다. 밤이 깊으면 눈이 말똥말똥해져서 독서에 빠져들었다. 취침이 늦으니 기상도 늦기가 일쑤였다. 아침에 일찍 일어나려고 작심하고 잠든 다음 날에는 어김없이 허리 통증이 찾아와서 꼼짝할 수가 없었다. 그때마다 어머니가 한약을 달여 먹였으나 신영일은 언제나 기력이 쇠잔해지면 반드시 허리부터 아팠다. 이 하찮은 일상의 버릇 하나를 바로잡지 못해 삶의 은총이 사라져 갔다. 신영일은 예전의 위력을 잃고 엄청난 무력감의 세계로 빠져들었다. 그는 한없이 추락하는 자의 모멸감을 끝내기 위해 광천동 거리를 배회하기 시작했다. 언젠가 윤상원이 그랬듯이 공장 생활을 하기로 마음먹은 것이다. '이 취업은 노동운동이 아니라 노동자의 삶을 몸에 익히려고 감행하는 것이다.' 이렇게 마음먹은 그가 최하층 노동자 생활을 한 기간이 한 달 남짓할 거라고 임낙평은 말한다. 그래도 존재를 심연의 깊은 골짜기로 끌고 들어간 사람의 저력은 남들과 다르다. 이런 과감한 한계 초월이 없다면 인간은 자기 자신 속에 갇힐 것이며, 그의 내면은 더는 무르익지 못하고 과거의 순환을 계속할 것이다.

그는 뒤죽박죽된 생존의 세계, 지상의 영화에는 끼어들지 않고 오직 가치의 세계로만 도약해 갔다. 그러다 휴교령이 해제되고, 다시 등교가 시작되었다. 적막하고 쓸쓸한 교정, 마치 세계 속에 혼자 남아 버린 듯한 상실감의 한복판에 서 있는 신영일의 머리 위로 한여름의 땡볕이 지겹도록 쏟아졌다. 그러나 될 수 있으면 꿋꿋한 표정을 잃지 않으려 했다. 어쩌다 아는 얼굴과 마주치면 늘 미소를 보냈다. 그리고 절대로 골방으로 숨지 않고, 최선을 다해 제 모습을 고스란히 간직한 채로 선후배들의 한가운데 서서 웃고 떠들었다. 그간에 전남대학교의 학생운동을 이끌던 사람들은 모조리 구속되거나 수배 중이었고, 복적한 학생들도 무사한 사람이 없었다. 동아리방도 강의실도 모두 나무가 뿌리째 뽑혀서 뒹구는 벌판 같았다. 지성을 경쟁하던 학생운동권은 지리멸렬하게 해체되고, 여기저기에 흩어진 파편이 깨진 사금파리처럼 눈에 띌 뿐이었다. 이 엄혹한 시국에, 그를 의지했던 선배들, 그를 응원하던 동료들이 모두 사라지고 없는 자리에 그가 지도적인 위치를 감당해야 한다는 사실이 벅차기만 했다. 신영일은 이를 명백히 '전략적 수세기'라고 생각했다.

그래도 다행인 점은 학교에 나가면 더러 마음이 통하는 눈빛이 없지 않다는 점이었다. 한 인간이 껴안을 수 있는 세계를 넓게 확장해주는 것은 지리학이 아니라, 미지의 영토를 향해 몸을 던지는 정치적 결단을 내리는 자의 영혼의 정화 활동이다. 신영일은 고희숙, 김경옥, 김전승을 만나면 5·18 후 그들이 당도한 세계의 표정들, 국제적 국내적 정세들에 대해 의견을 제출하고, 이제 당면한 난관들을 어디서부터 풀어갈지 걱정을 나눌 수 있었다. 이들 몇몇 진지한 얼굴들을 빼놓고는 캠퍼스의 모든 친목 활동을 상대 뒤에 있는 술집에서 만나는 정도로 제한했다. 예전부터 라면집 촌이라 부르던 이 동네는 학생운동을 하는 이들에게는 고향 같은 역할을 하는 곳이었다. 그 어느 집을 들어가도 허름한 기와지붕에, 천정마다 쥐오줌이 선명하고, 뒷방 어디에 앉아도 재래식 화장실 냄새가 코를 찔렀다. 이름은 비장하게 신새벽, 무진주, 타는 목마름으로, 광장 등이었다. 그곳에서 후배들이 담아서 따라 주는 막걸리를 연거푸 마시기도 했고, 땀 냄새 나는 친구들이 동학농민혁명이나 러시아혁명에 대해서 하는 얘기들도 들었다. 가끔 들려오는 변증법이나 미국에 대한 평가들은 예전에 없던 새로운 이야기였다. 막걸리의 취기가 미세한 혈관을 타고 전신으로 번질 때면 문득 잡혀갔다 돌아온 학우들의 얼굴이 정다워서 뺨을 비비고 싶어졌다.

신영일은 5·18에 관한 토론이 필요했으나 엄두를 낼 수 없었다. 과연 이것을 동학농민혁명의 미래라 할 수 있을까? 아니, 이것을 한국판 러시아혁명의 전초전이라 할 수 있을까? 하지만 그 험악한 시대에 경거망동하는 사람을 만나면 되도록 피해야 했다. 5·18이라는 발음을 입에 올리는 행위 자체가 탄압과 악몽을 불러오는 일이었으므로 딱히 그 낱말이 필요한 자리가 생기면 '오리발'이라고 불렀다. 그러나 신영일의 내부에서 우선 두 가지는 분명하게 가닥이 잡혔다. 역사를 전공하는 청년학도로서 그동안 얼마나 많은 자리에서 '역사의 주체는 민중'이라고 강변했던가? 학원 자율화 투쟁 국면에서 그는 학생운동이 민중운동과 결합할 필요를 셀 수 없이 강조했었다. 그리고 그 밑바탕에는 들불야학의 경험이 자리해 있었다. 그런데 쿠데타 세력의 학살을 겪으면서 처절하게 깨달아야 했다. 말로는 너무나 쉽게 민중을 들먹였으나 실제로는 역사 안에서 진정한 주체를 '진보적 지식인'으로 생각했음이 분명하게 드러났다. 5·18은 학살이요 개죽음이라고 여기고 피했는데, 현실을 달아날 자리라곤 없는 민중은 다들 제자리에서 견디면서 이 악몽의 시간을 보기 좋게 거룩한 구원의 역사로 바꾸어 버렸다. 그토록 낯선 '절대 공동체의 시간'을 만들어 버린 사람들! 어떤 정치도 순수한 젊은이들을 이토록 무참하게 앗아간 적이 없고, 민주주의의 제단에 이토록 고귀한 피를 바친 적이 없었다. 장차 이 문제를 어떻게 극복할 것인가? 또 하나는 광주의 지식인들이 『해방전후사의 인식』

을 그토록 열심히 읽고도 외부의 구원을 바랐다는 사실이다. 인간 사냥이 시작된 광주 금남로에서 어쩌면 주범이 미국일 수도 있다는 사실을 떠올린 사람은 몇이나 될까? 5·18 당시 미국은 광주에서 일어난 군인들의 살상에 대해 한마디의 언급도 없이, 오히려 미 공군 사령관 휴즈 중장이 "한반도에서 전쟁이 일어나면 오키나와에 주둔하고 있는 미 전술 공군기가 재빨리 한국전선으로 출동할 것이다, 북한의 어떠한 공중공격도 격퇴할 능력을 한·미 공군은 보유하고 있다, 또 미 공군은 제공권을 장악할 능력이 있으며 전술 공군기를 24시간 출동 대기 상태에 두고 있다"라고 말했다. 그것은 틈만 나면 남침의 위험을 떠들어대던 군부가 전선의 군인들을 마음대로 빼돌려 권력 찬탈에 사용할 수 있도록 보호망을 제공하겠다는 뜻이나 마찬가지였다. 나쁜 놈들!

신영일은 날마다 차분해지려고 가슴을 쓰다듬고는 했다. 곰곰이 생각하면 5·18 직전의 상황 판단이 잘못된 건 아니었다. 12·12를 겪으면서 우리 사회가 신군부의 독재 치하로 회귀하리라 예측했고, 유신 정권의 감시와 탄압이 사라진 학교에서 열린 공간을 활용한 학생회의 탄생에 주목하면서도 이제 더 새로운 운동조직을 세워야 한다는 생각을 한시도 놓지 않았으며, 학생회라는 합법적 대중 조직은 군부 독재가 등장하면 무너질 수 있으나 민중운동과 결합하면 아무리 시련이 닥쳐도 쉽게 무너지지 않을 것이라 믿었다. 오히려 그렇게 생각했던 까닭에 자신은 5·18 현장에서 동지들이 불러도 뛰쳐나가지 않을 수 있었다. 필요조건은 있으나 충족조건이 준비되지 않았다고 본 것이다. 결국에는 많은 상처를 남기고 학생운동이 폐허가 됐으니, 자신은 이제 이를 복원하는 임무를 부여받았다고 느꼈다. 그래서 신영일은 미국과 신군부, 매판자본의 산물인 파쇼정권을 새롭게 인식하고, 이제 그들을 몰아내기 위해서 지식인운동과 민중운동이 결속하는 방안을 찾지 않으면 안 된다는 생각을 굳히고, 민중운동의 관점에서 학생운동을 복원하는 일에 온 힘을 기울일 때라고 보았다. 또 그래서, 그간의 사회변혁운동에 대한 모든 관습적 사유를 혁신해야 한다, 이제 이기기 위한 싸움을 하려면 현실 복판에 더 깊이 뿌리내려야 하고, 청년 지식인이 그렇게 뿌리를 내리려면 현실 인식, 역사 인식을 투철히 하고 운동의 목표를 바로 설정해야 한다고 믿었다. 신영일은 깨어 있는 모든 시간을 여기에 썼다.

광주에서는 그 무렵에 농민운동가들을 중심으로 고립무원의 5·18 투쟁을 자성하며 새로운 지역운동을 조직하려는 시도가 있었고, 패잔병 같은 학생운동가들 사이에서도 사상·이론적으로 새롭게 준비하고 조직운동을 펼쳐 보려는 움직임이 일고 있었다. 그러나 신영일은 전남대학교 바깥에서 일어나는 일에 대해서는 될 수 있으면 신경을 쓰지 않았다. 그는 전에 무기정학을 받았던 관계로 스스로는 3.5학년이었지만 후배들의 눈에는 엄연히 4학년이었다. 그래서 운동의 방향을 설정하는 일도 중요하지만, 조직의 뿌리를 안착시키는 일이 더없이 급했다. 5월 항쟁 직후 거의 모든 운동이 점조직 형태로 모색되고 있었다. 이들이 활동할 빈틈을 지키기 위해서라도 사회과학 서클이 버티고 있어야 했다. 그래서 신영일은 몸이 고될지라도 우선 각 단위의 지도그룹을 만나면서 소규모 학습 모임을 활성화하는 일부터 발동을 걸지 않으면 안 되었다. 불과 몇 달 전에 성황리에 출범했던 연구학회들도 등록이 취소되고 학회 사무실은 폐쇄되었다. 노동문제, 농촌문제는 들먹일 수조차 없었다. 그래도 5·18을 겪은 이상 감정적이고 일시적인 한탕주의 운동을 해서는 안될 일이었다. 신영일은 학회 복원을 1순위로 두었다. 휴교령이 끝난 학교는 동아리 이름에 학회 이름을 쓰지 못하게 금하고, 대신에 ○○반이라는 명칭을 붙이며, 반드시 지도 교수를 추천하여 등록하도록 했다. 그래서 학회들은 대부분 다시 옛 이름으로 돌아가거나 학원자율화추진위원회 시절에 창립한 학회는 학회라는 말을 빼고 ○○반으로 등록했다. 이 때문에 학회를 포기하고 지하로 숨을 것이냐 아니면 당국의 요청을 받아들여서 합법적으로 등록하여 활동할 것이냐를 놓고 심심치 않게 논쟁이 일었는데, 신영일은 합법적 활동을 통해 운동의 근거지를 확보할 것을 주장했다.

그런데 토론 자리가 생길 때마다 신영일은 상대방의 인식론적 체계가 일관되지 못하는 상황에 절망하곤 했다. 운동권 활동에 관록이 있는 이들도 대부분 논리적 틀이 확립돼 있지 않았다. 예컨대 다들 철학적으로 훈련되지 않은 까닭에, 신영일은 의견을 펼칠 자리만 생기면 체제의 본질에 대해 철저히 인식하자는 점을 역설했다. 그것은 자신이 5월 항쟁 기간 내내 뼈저리게 경험한 것이었다. 인간의 자유는 무지로부터의 해방, 즉 '앎'을 통해 얻는 것이었다. 앎은 왜 자유인가? 철학은 어둠 속에 묻힌 존재와 세계의 질서를 인식의 힘으로 극복하는 상태를 '자유'라 한다. 그러니까 깜깜한 어둠 속을 걸을 때 낭떠러지를 만나거나 장애에 부딪칠 수 있으므로 시종 조심하고 엉거주춤할 수밖에 없는 부자유를 인간은 앎을 통해 극복하는 것이니 결국은 앎에서 신념이 나온다. 낡은 체제에 저항할 수 있는 용기란 새로운 세상에 대한 믿음에서 분출되는 것이다. 그런데 안타까운 점은 말이 통하는 사람을 만나고 그런 논의를 전개하는 일 자체가 어렵다는 점이었다. 자신은 정보과 형사들이 노리는 표적의 대상이라 일거수일투족을 감시받는다는 사실을 잊으면 안 되었다. 그뿐 아니라 그와 만나는 사람이 모두 사찰 기관의 눈을 피해야 하는 상황이기 때문에 토론과 학습은 항상 은밀하게 진행되었다.

그러다가 10월에 서울대학교에서 유인물이 뿌려졌다. '반제 반파쇼 민주학우 선언'이라는 제목을 가진 인쇄물은 전두환 군부정권을 제국주의 파쇼정권으로 규정하여 타도하여야 한다는 내용을 담고 있었다. 이는 유신정권을 반민주 독재정권으로 규정하였던 것과는 달리 한국 사회의 성격을 규정함으로써 변혁운동이 지향할 방향을 담고 있다는 점에서 눈길을 끌었다. 신영일은 5·18을 겪으면서 가장 많이 떠올렸던 낱말 '반제'와 '반파쇼'라는 개념으로 자신이 그토록 천착하려고 했던 '미래의 사회'나 '정치체제'에 대한 실마리를 끄집어낼 수 있다고 보았다. 광주는 그것을 극명하게 보여 준 현장이었다. 언론을 철저히 통제하고, 광주에서 일어난 실제 일들을 말하지 못하도록 '유언비어 유포죄'를 씌워서 차단했으며, 구속자들이 출옥할 때도 경험한 사실을 일절 발설하지 못하도록 서약까지 받은 다음에 이를 발설할 경우 생명이 위험할 거라는 협박까지 서슴지 않았다. 이런 창피한 짓을 별을 단 장군들까지 동원해 행하도록 했다. 이토록 후안무치한 국가폭력을 전체적으로 근대 국가 또는 세계 자본주의 체제의 구조적 결과로 볼 근거는 없다. 세계에는 수많은 자본주의 사회와 근대 국가가 있지만 이런 종류의 폭력을 국민에게 행사한 예는 없을 것이다. 또 이런 종류의 국가폭력은 비민주적 독재 권력의 보편적인 속성으로 이해할 수도 없다. 근대 국가의 공적 권력이 사적 폭력을 부추겨서 시민들을 대상으로 광란의 카니발을 벌이는 게 가능해진 까닭은 1960년대와 1970년대의 벼락 성장 시대를 통해 나타난 우리 사회의 일그러진 영웅들, 맹수들을 양산한 문제일 것이다.

신영일은 이런 문제를 고민하고 연구한 끝에 몇몇 친구들과 새로운 학습 프로그램을 개발하지 않으면 안 된다는 결론을 내기에 이르렀다. 어떤 일이든 믿고 함께 할 동료가 있다는 것이 얼마나 좋은지 모른다. 신영일은 그때마다 들불야학을 함께 한 친구들에게 의존했다. 그래서 그해 10월 풍향동 김경옥의 자취방에서 고희숙, 김전승 등과 함께 새 학기가 시작되면 사용할 사회과학 동아리의 학습 커리큘럼을 짜기로 한 것이다. 5·18 직후 폐허가 된 전남대 학생운동의 지도 역량을 다시 만들기 위하여 1학년 1학기는 지식인과 민중, 1학년 2학기는 한국 근현대사, 2학년 1학기는 정치경제학, 2학년 2학기는 세계철학사, 그리고 3학년이 되면 심화학습과 후배 지도를, 4학년이 되면 현장 준비에 필요한 내용을 체계 있게 매주 학습할 수 있도록 교재와 참고도서를 제시하는 목록을 만든 것이다. 네 사람이 힘들게 노력한 끝에 50쪽에 이르는 분량의 프로그램이 나왔고, 이를 흥사단 아카데미에서 활동하는 후배에게 부탁하여 필사에 들어갔다. 각 학회에 보급하려면 꽤 많은 부수가 필요했다.

죽은 자의 말밖에 듣지 않았다

 그해가 가고 꾸역꾸역 새 학기가 다가오자 시내 분위기가 더욱 스산해졌다. 지난 1년 사이에 무사한 학생들은 졸업식을 마치고 떠나가는데, 광주민중항쟁에 연루되었거나 운동권 활동을 했던 학생들은 탈출구가 보이지 않았다. 대학은 정보·사찰 요원들이 천국을 맞은 듯 활개를 치고 다니는 통에 신영일의 발걸음은 더욱 무거울 수밖에 없었다. 감옥에 갔다가 가석방 등의 조치로 풀려난 학생들도 바깥에서 떠돌 뿐 교정에 들어오려고 하지 않았다. 그래도 봄은 다시 시작되었고, 목련이 하얗게 꽃망울을 머금고 있었다. 특히 81학번 신입생이 입학한 전남대학교는 아무도 예상치 못한 이상한 활력이 돌고 있었다. 안내판마다 넘쳐나는 신입생을 환영하는 광고 물결 속에 사회과학 동아리들도 슬며시 홍보를 시작했다. 여기저기 게시판에 스무 개가 넘는 학회와 서클 모집 포스터가 붙고, 각 동아리가 다투듯이 학생회관 서클룸 등지에서 세미나를 개최했는데, 선후배들 간에 격의 없는 발제와 토론 그리고 뒤풀이가 끊이지 않았다. 그 밑바탕에는 지난가을부터 신영일이 고희숙·김경옥·김전승과 함께 며칠 밤을 새워가며 작성한 커리큘럼이 엄청난 위력을 발휘하고 있었다. 그 내용이 얼마나 충실하던지 하루가 다르게 신입생들의 표정이 달라지고, 또 전남대학교 학생운동 조직은 겉으로 드러나지 않는 이념적 지도부와 각 동아리의 고학년, 그리고 동아리 회원 간에 연계된 비판적 지성의 체계가 놀라운 속도로 꼴을 갖추었다. 오히려 5·18이 나기 전보다 훨씬 탄탄한 체계가 순식간에 복구된 셈인데, 이는 전남대 재학생이 아니면 전혀 실감되지 않는 현실이었다.

그 복판에서 '들불야학' '사회조사연구회' '한국사회연구회' 등의 뒤를 이을 '한국근대사학회'도 신입생을 모집하여 오리엔테이션을 하게 되었다. 물론, 광주 전체 분위기가 너무 침울하고 경직되어서 논리적으로 투철한 사람이 아니면 쉽사리 입을 열지 못하는 분위기였다. 신영일은 여윈 몸집에 헐렁한 양복을 입고 동아리 선배 자격으로 후배들 앞에 섰다. 인간의 매혹은 엄청난 자기력을 갖는다. 신영일은 젊음의 열정을 감염시키는 하나의 숙주 식물 같았다. 그가 오리엔테이션에 나서서 '인간이란 무엇인가' '사회란 무엇인가' 등을 칠판에 적어 놓고 순진하기 짝이 없는 미소를 내보이면 신입생들의 표정이 활짝 펴지곤 했다. 고등학교 3학년 때 5·18을 겪고 세상에 대한 충격과 혼란 그리고 정의에 대한 갈증을 느끼던 신입생들의 의문을 풀어주는 일에 신영일만큼 신나는 능력을 보이는 사람은 없었다. 그래서 신영일의 설명에 빠져든 신입생들은 대부분 동아리에 안착하여 신입생 환영회 자리에도 빠짐없이 참석하였다. 그러한 능력에 대해서 친구 박순은 이렇게 말한다.

(신영일은) 운동을 보는 시야가 넓고 멀리 바라볼 줄 알았고-특히 개인적인 사심이 없었기 때문에 더욱 그러했을 것이

다-치밀한 성격으로 조직 관리나 기획에 탁월한 역량이 있었다. 그는 학생운동이라는 화제를 약간만 벗어나면 그야말로 흥미진진한 천성의 재담과 장난기 많은 소년이었을 뿐이다. 우리들은 소위 그와의 '운동'의 기억보다도 '친구'로서의 추억들을 훨씬 강렬히 기억한다. (박순 「지우추상」, 『신영일을 배우자』, 75~76쪽)

이 같은 특성은 친구뿐 아니라 후배들에게도 큰 영향을 미쳤다. 가령, '한국근대사연구회'에서 활동하던 후배 김종호는 도드라지게 세련되고 잘생긴 용모 때문에 늘 우중충한 운동권 분위기와 어울리지 않았다. 그래서 혹시라도 그가 불필요한 자의식을 발동할까 봐 신영일이 이렇게 말해줬다.

"난 너 같은 스타일의 사람이 운동을 주도해야 한다고 봐. 밝고 명랑하고 자유분방해 보이는 너 같은 사람이 대중을 설득할 수 있거든. 그래서 음습한 분위기를 가진 사람보다 나는 네가 더 좋다."

선배가 자신을 좋게 본다는 사실에 고무되었는지 김종호는 훌륭한 활동가의 자질을 유감없이 발휘했다. 그는 신영일과 함께 학내의 의식화·조직화 사업을 열심히 하면서 이 믿음직한 선배에게 인생사에 얽힌 고민스러운 일을 터놓고 상담할 수 있었다. 가령, 한국근대사연구회는 송정리에서 사는 김천수의 집에서 공부하는 날이 많았다. 김천수의 부모는 중국집을 운영하느라 바빠 자식의 친구들이 무슨 공부를 하는지도 모르면서 맛있는 음식을 매번 푸짐하게 제공했다. 주머니가 늘 비어 있는 회원들이 한 번씩 포식하기에 안성맞춤인 장소여서 때로는 아예 1박을 해가며 『자본주의의 구조와 발전』의 원서를 읽기도 하고, 고량주를 홀짝거리며 인생을 이야기하기도 했다. 그래서 자칭 혁명가를 꿈꾸면서 운동권 밖의 누군가를 연모하던 김종호는 신영일에게 조심스레 이런 질문을 던졌다.

"형, 민중을 위해 싸우겠다는 사람이 연애해도 되나요? 그것도 이념이 다른 사람을?"

당시 운동권에서는 금지된 소재였다. 그러자 신영일이 잠시 입을 다물고 해맑은 눈알을 굴리더니 명쾌한 답을 주었다.

"종호야, 사랑은 좋은 것이야. 사랑할 수 있다면 해야지. 그런데 사랑의 대상은 말이야 사람이 아니라 그 사람의 삶이야. 그 사람의 삶을 온전히 사랑하는 것, 이게 진짜 사랑이지."

이 같은 태도가 신입생들에게 미치는 영향은 특히 컸다. 한 번은 후배들의 행사가 끝날 무렵에야 신영일이 도착했는데, 닿자마자 불려 나가 노래를 해야 했다. 늘 밝고 따뜻한 표정이었지만 그래도 그가 보이지 않는 지도자라는 걸 신입생들도 다 알고 있었다. 그래서 잔뜩 긴장된 표정으로 경청할 태세를 취하고 있다가 신영일의 노래가 터져 나오자 좌중이 탄성으로 덮였다.

이 세상이 무지개처럼 곱기만 하다면
그 누가 그 누가 눈물 흘리나

한창 인기를 끌던 유행가를 부른 것이다. 그들이 날마다 부르주아 문화라고 경원시하던 노래를 아무렇지도 않게 부르다니. 그런데 더욱 신기한 것은 신영일이 유행가를 부르면 노랫말 하나하나가 혁명적으로 바뀐다는 점이었다. 어쩌면 그럴 수가!

인간 내면의 감성을 자극하는 어떤 황홀의 아우라가 인간 군상을 끌어당기는 힘은 흡사 만유인력을 연상케 한다. 그것이 어떤 시대에 집단적 반응을 일으키는 지점을 70년대 시인들은 '시대적 관능'이라고 불렀다. 신영일은 그것을 건드릴 줄 아는 사람이었다. 그래서인지 새로 들어온 후배들은 동아리 모임이 있는 날이면 꼭 '신영일 선배'를 기다리는 상황이 되었다. 멀리서 바라보기만 해도 절로 세상 공부가 되는 것 같다는 소감들이 자자했는데, 신영일 선배가 찾아왔을 때 특히 재미있는 자리는 여인숙 토론이었다. 동아리에서 체육 대회나 여타 행사가 있는 날이면 중국집에서 회식한 다음에 어김없이 시내에 있는 여인숙으로 몰려갔다. 그런 날 여인숙은 시골 오일장의 주막처럼 야단법석이 되는 바람에 다른 호실에 든 손님들까지도 날밤을 새울 정도가 되었다. 다들 어찌나 담배를 피우는지 방안이 굴뚝이었다. 발 냄새, 술 냄새가 가득 차도 불평하는 사람도 없이 지칠 때까지 온갖 주제를 놓고 떠드는 자리에서 나오는 '형식 없음, 정해진 주제 없음, 문제 제기 자유'의 토론 자리는 다들 인간의 진면목을 보게 되는 자리라 너무나도 유익하고 흥미 있었다. 그래서 이곳에서야말로 더욱, 어떤 주제나 내용이든 신영일의 입에 오르면 논리 정연한 탁견이 펼쳐졌다. 후배들은 선배들 속에서 유독 한 선배가 지칠 줄 모르고 토론하는 틈에서 졸거나 하품하면서도 감탄을 금치 못했다. 그러다 하나둘 칼잠을 자기 마련인데, 이수영의 회고에는 이런 사례도 나온다.

그날도 다른 날처럼 토론을 지켜보다가 가끔씩은 졸다 깨다 하고 있었는데, 새벽녘쯤인가 신주호 선배와 단둘이 남아 얘기

를 하고 있었다. 내용은 주호 형의 첫사랑 고백이었는데 일명
"도서관 앞 20자 사건"이었다. 즉 주호 형이 공부를 하다 평소
맘에 드는 여학생을 만나자 공부하다 말고 도서관 앞까지 쫓아
가서 한 말이 20자라는데 좀처럼 내용을 말하지 않는 것이었다.
그러자 형(신영일)은 대노하였고 베개가 날아가고 난리가 났다.
항상 국가와 민족을 얘기하고 운동만을 얘기했던 형이 후배인
주호 형의 첫사랑 얘기에 빠져 결론을 듣지 못하자 불같이 화를
내던 모습이 지금도 잊히지 않는다. (이수영 「고 신영일 형에
대한 몇 가지 기억들」, 『신영일을 배우자』, 101쪽)

젊음의 기슭에서 길을 찾는 사람들, 그 속에서 미래로 향하는
방향성을 읽어내는 신영일을 통해 후배들이 얻는 것은 '이데올
로기'가 아니라 '실존의 냄새'였다. 그것이 자신들을 살아 있는
세계의 복판으로 이끈다는 사실에 후배들은 무한히 감동했다.
한 번은 어느 야유회가 있던 날인데, 행사가 끝나갈 무렵에 신영
일 선배가 나타나더니 몹시 재미있는 제안을 했다.
"야, 우리도 뒤풀이를 시내로 나가서 하자."
81학번들은 아직 교문 밖 활동을 해본 경험이 한 번도 없었다.
그리하여 난데없이 금남로로 진출한 후배들은 마치 일정도 예
고되지 않고 주제도 내걸리지 않은 시위에 나선 군중처럼 열기
가 끓어올라 주체할 수 없었다. 다들 시키지도 않은 구호를 외치
더니 뒤풀이를 마치자마자 서로 어깨를 걸고 춤을 추며 목이 터
지도록 〈농민가〉를 불렀다. 비록 시가행진은 없었지만, 그간에
억눌린 마음을 터뜨리는 시위와 똑같은 공감대가 형성돼 모두
가 통쾌한 감정을 느꼈다.

이 같은 신영일의 움직임을 유독 눈여겨보는 사람이 있었다. 1980년대 한국의 주요 대학 앞에는 사회과학 서적을 파는 책방이 있었고, 이 책방들은 대학생들에게 한국 사회를 인식시키는 문제 서적의 보급로이자 학생운동권의 핵심 진지였다. 전남대학교 후문 앞에는 '황지서점'이 있었는데, 그곳에는 송재형이라는 청년이 일하고 있었다. 송재형은 1979년까지 군 복무를 마치고 제대한 지 얼마 안 되어서 5·18을 겪은지라 심사가 복잡했다. 그도 사실은 5월에 광주에 있었고, 사태의 추이를 모두 지켜보았지만, 마음의 준비도 안 되고 정보도 없이 무지막지한 공수 부대의 폭력을 피하다 보니 어느 틈에 5월이 다 가고 말았다. 그로 인해 날마다 항쟁의 대열에 함께 하지 못한 것에 좌절했고, 학살로 강제된 광주의 평온과 침묵을 견딜 수 없었다. 그래서 전남대학교 교정을 들여다보는 마음이 착잡했는데, 그 무거운 공기 속에 군계일학으로 눈에 띄는 사람이 있었다. 그런 경우는 매우 희귀한 사례라 할 수 있는데, 가령, 서점에서 책이 팔리는 걸 보면 그해 학생운동이 흥할지 망할지를 어느 정도 예측할 수 있었다. 독일에서 나치 하의 학생운동을 하다가 희생당한 젊은이들의 투쟁을 다룬 『백장미』라는 책을 청사출판사에서 『아무도 미워하지 않는 자의 죽음』이라고 번역해서 출간했던 바, 이 책이 많이 팔리는 해는 어김없이 학생운동이 활발했다. 세상이 어둠의 시대로 들어갔을 때 자신의 꽃다운 생명을 불태워 나라의 빛이 된 청춘들의 이야기는 아름다울 수밖에 없다. 아마도 사회과학 동아리들이 신입생 사업을 잘하면 그 책이 많이 팔리는 까닭일 터였다. 그때 전남대학교 후문 쪽 서점에서는 1981년 봄 내내 『아무도 미워하지 않는 자의 죽음』이 불타나게 팔렸다. 이런 현상이 일어나려면 적어도 3, 4학년의 지도 역량이 뛰어나야 하고, 1, 2학년의 학습 열기가 매우 뜨겁지 않으면 안 되었다. 그래서 책을 팔고 소개하면서 나누는 대화를 종합해 보니 전남대 학생운동은 신영일이라는 탁월한 지도자가 있어서 유례없이 뜨겁게 질적인 변화와 조직적인 발전을 겪고 있었다. 그로 인해 5·18 이후 학생운동의 모든 양상이 급격하게 새로워지는 중이었다.

사실, 송재형에게 신영일은 그리 낯선 이름이 아니었다. 후배이기도 하고, 1980년이 시작될 때 이미 전남대 학생운동에서 지도적인 위치에 있었던 까닭이다. 그런데 어느 날 그가 서점에 들어왔다. 수많은 활동가가 투옥·수배되거나 죽어간 상황에서 신영일이 건강한 얼굴로 나타난 사실이 그렇게 반가울 수 없었다. 그가 보기에 신영일이 후배들에게 영향을 미치는 상황은, 민주화운동의 일시적인 후퇴에도 불구하고, 항쟁을 통해 실천적으로 체득되고 피로써 검증된 민족민주운동의 새로운 좌표와 험난한 투쟁의 서막을 예고하는 것이었다. 그래서 반색하듯이 반기고, 또 신영일이 서점에 들어설 때마다 대화를 나누는 일이 즐거웠으며, 늘 기대가 사라지지 않았다.

그러나 한편으로는 또 그 같은 기대감들이 만든 여파였는지 모른다. 어디서부터 시작됐는지 대학생들의 궐기를 희망하는 주장들이 서서히 머리를 들고 있었다. 전남대학교는 5·18 광주민중항쟁의 엄청난 피해를 받고도 언제까지나 침묵하고 있을 것인가? 여기에 대한 불만은 늘 신영일을 겨냥하기 마련이었다. 그리고 그것은 5·18 1주기를 맞아서 감정이 폭발할 지경에 이르렀다. 그래서 초반에는 신영일이 '투쟁 준비론'을 표방하는 활동가로 지목되더니 점점 '투쟁론'과 '준비론'이 서로 충돌하는 것처럼 말하는 사람들이 생겨났다. 그것은 일견 학생운동의 방향에 대한 견해 차이라 할 수 있었는데, 점점 투쟁에 소극적인 분위기, 즉 준비론적인 경향을 호되게 비판하는 의견이 강해지게 되었다. 이는 그 암묵적 꼭짓점에 있는 신영일에게 매우 강한 압력으로 작용했다. 농과대학에서 제적당한 조봉훈 선배, 5·18 석방자 김상집 선배, 그때까지도 여전히 5·18 수배자 신분으로 잠행하는 중이던 박몽구 선배 그리고 5·18 때 투사회보를 맡았던 친구 전용호 등이 모두 1주기를 기해 반드시 시위하지 않으면 안 된다는 의견을 펼쳤다. 5·18 1주기가 다가오는데 조용하게 넘기면 5월 영령들을 대하기가 부끄러울 것이다, 혹은 불 켜진 전남대 도서관을 보면 영령들이 통곡할 것이다, 당연히 5·18 1주기에 전남대학교에서 봉화를 올려서 학살의 주역 전두환의 간담을 서늘하게 해야 한다, 그 방법은 격렬한 시위뿐이다… 하는 주장이 가실 줄 몰랐는데, 여기에 감히 반론을 펼 수 있는 사람은 없었다. 그러나 반대로 그 일을 실행할 조직과 투쟁 역량을 가진 사람은 없었다. 유일하게 그 일에 근접할 수 있는 신영일은 조직적 뿌리를 내리는 것이 급선무라고 판단하여 시종 침묵을 지켰다. 누가 물으면 안타까운 답을 내놓았다. 운동은 연속성이 중요하고 그것은 오직 조직을 통해 보장된다. 한 번 시위를 전개할 때마다 많은 사람이 다친다는 점을 헤아려야 한다. 따라서 '한 건 하는 일'이 능사는 아니다. 이것이 신영일의 견해였다. 그러나 5·18의 경험은 너무나 통렬했다. 도청에서 숨져 간 선배들로부터 자유로운 사람이 없었으니 다들 "무덤은 큰 입이다" 생각하지 않을 수 없었다. 누군가 귀에 대고 당신은 그 말을 듣지 않을 텐가 하고 물으면 자다가도 퍼뜩 일어서지 않으면 안 되었다. 그래서 격앙될 수밖에 없었던 당시 분위기에 대해 이상걸은 이렇게 말한다.

　그를 중심으로 한 당시 학생운동의 방향에 대해 견해 차이는 존재했고 투쟁에 소극적인 분위기, 준비론적인 경향 등을 호되게 비판하는 '사회과학을 한다는 연놈들에게'로 시작되는 유인물이 뿌려지기도 하였다. (이상걸 「막차로 떠나자」, 『신영일을 배우자』, 105쪽)

　논지인즉, '5·18 1주기가 되었는데 전남대 학생운동권은 무엇을 하는가, 무사안일만 추구하는 게 아닌가, 전두환 살인 정권에 저항하지 않으면 청사에 그 이름을 공개할 것'이라는 내용이 담긴 유인물이었는데, 이런 식으로 날아온 화살은 신영일의 가슴을 얼마나 벌집으로 만들곤 했는지 모른다. 급기야 고교 시절부터 들불야학 시절까지 막역한 붕우였던 전용호가 쫓아와서 절교를 선언하기에 이르렀다.

　"영일아, 이럴 거면 우리 다시는 만나지 말자."

　이런 상황을 견뎌야 할 때 신영일은 어떤 말도 할 수가 없어서 그냥 노래를 불렀다고 한다. 그 무렵에 함께 있었던 후배 김윤곤은 "형이 후배들과 막걸리를 마시고 학교를 나오면서, 주변에서 준비론자라는 비난과 비판을 묵묵히 들으면서도 항쟁 기간에 신군부에 맞서 싸우다 이름 없이 죽어간 이들을 위해 불렀던 노래"(『신영일을 배우자』, 87쪽)를 이렇게 소개한다.

　'외로울 때는 생각하세요.~~잊을 수 없는 옛일을 찾아 나 이렇게 별빛 속을 헤맨답니다.'

겉으로는 타락한 유행가에 속하는 노랫말이 신영일의 입술을 통과하는 순간 통렬한 광주의 현실을 묘사하고 있어서 후배들은 오랫동안 가슴이 저몄다고 한다.

과연 1주기가 되자 소규모 유인물 제작과 배포를 시도한 학생들이 구속되고, 시내에서도 전두환 정권을 비난하는 내용의 유인물을 배포한 청년들이 구속되었다. 전남대에서도 유인물 사건으로 '사회조사반'이 4학년에서 1학년까지 모조리 서부경찰서로 잡혀갔다. 경찰은 4학년 최상철을 주목하고 있었던 까닭에 1학년들을 심문할 때 주는 압박감은 그리 강도 높지 않았다. 그래서 위축되지 않고 진술을 받던 홍범택의 눈에 신영일의 모습이 들어왔다.

조사가 끝나갈 무렵 한쪽 책상에 신영일 선배가 조사를 받는 모습이 눈에 들어왔다. 신영일 선배가 왜 이 자리에 있지? 하는 의문을 가졌으나 이유는 알 수 없었다. 그런데 이 장면을 선명하게 기억하는 것은 당시 신영일 선배의 모습 때문이다. 흥분한 수사관이 뺨을 후려치며 다그치는데도 신영일 선배는 태연하고 침착한 모습이었다. 나는 참 강인한 사람이구나 하고 속으로 생각했다. (홍범택 구술 자료)

이때 신영일은 전혀 다른 사람이 되어 있었다. 그의 귀는 이미 죽은 자의 말이 아니면 들리지 않는지 꼼짝도 하지 않고 자신의 시간표를 지켰다. 그는 다시는 현장을 피하지 않을 작정이요, 그러자면 반드시 이기는 싸움을 해야 한다. 자기는 지더라도 민중은 승리하는 싸움이 필요했다. 그러려면 샘물이 넘치는 만큼만 퍼다 써야 우물이 파괴되지 않는다고 생각했는지 모른다. 그래서 신영일이 몰래 준비한 시위는 철저하게 이 같은 관점에서 매우 정교한 순서를 밟아나갔다.

신영일은 코스모스 졸업이었다. 여름 학기를 끝으로 모든 학업을 마치고 그는 시위를 떠난 화살처럼 과녁을 향해 날아갈 계획이었다. 임낙평과 둘이서 논의를 시작했다. 우선 전남대학교 학생운동 세력의 현황을 파악하고 점검한 뒤에 시위에 주도적으로 참여할 동지들을 찾아 나섰다. 조용히 세력을 규합하기 시작하여 뜻을 나눌 사람이 없다면 둘만이라도 거사를 치르자고 했다. 시기는 학생들이 다시 등교를 시작하는 9월이 좋았다. 모든 일은 극도로 보안을 유지하는 가운데, 꽤 많은 동료를 만났으나 선뜻 나서는 사람이 없었다. 조직의 근간이 되는 3학년, 2학년 학생들은 동아리가 파괴될 우려가 있어서 교섭하지 않았다. 경직된 분위기였고, 과거에 열심히 뛰던 사람들도 이런저런 사정이 많았다. 이때 군대 가는 문제로 학교를 떠나야 했던 김윤곤은 상당한 세월이 흐른 후에야 자신이 신영일 선배의 기대에 부응하지 못한 사실을 알게 되었다.

입대 전에 형이 나를 대하던 것과 다르다는 것을 느낄 수 있었지만 묻지 못하고 지내다 그 이유를 안 것은 한 달여가 지나서였다. 이유인즉 영일형이 1981년 9월 시위를 계획했을 때 나에게도 약간의 기대를 했던 모양이었다. 즉 3학년인 내가 입대를 보류하고 계속해서 학생운동에 복무할 것이라는 생각을 했었는데 나중에 얘기를 들어보니 입대를 했고 등등…. 그러한 것이 나에게 서운함을 갖게 했다는 얘기를, 가까운 산에나 올라가자고 하면서 두암동 영일형의 집에서 약수터에 이르기까지 얘기해주는 것이었다. 나는 한마디 변명도 할 수 없었고 울먹이는 소리로 미안하다는 말만을 할 수밖에 없었다. (김윤곤 「그때 그 길에 서면」, 『신영일을 배우자』, 89쪽)

그래도 방학 중에 열심히 뛰어다닌 덕분에 시위 팀이 구성되었다. 신영일과 임낙평, 사회학과 4학년 때 휴학한 이광호, 영문과를 다니다가 군을 제대하고 복학한 오정묵이었다. 1차 2차 준비 모임을 마치고, 오정묵은 다시 건강상의 문제로 빠져야 할 상황이 돼서 결국 3인이 주도하는 것으로 최종 확정되었다. 나중을 생각해서 그들의 모든 행동은 반드시 알리바이를 만들어야 했다. 메가폰, 등사기 그리고 체포되지 않을 때를 대비해 잠행 비용도 마련했다. 시위 일정을 잡은 뒤 신영일은 신변 정리에 들어갔다. 혹시라도 조직에 피해를 주지는 않을지 꼼꼼하게 다시 살폈다.

졸업식이 있는 날 오전에 신영일은 도서관 앞 광장에서 사진을 찍었다. 비어 있는 자리마다 나타나곤 하는 얼굴들. 이 광장에 함께 섰던 사람 중 몇 명은 죽고 몇 명은 갇히고, 또 몇 명은 쫓기고 있었다. 검은 학사복, 학사모를 쓴 자신이 민망하게 학사복과 학사모도 없이 사진을 찍는 친구들도 있었다. 가짜 졸업식을 하는 친구들, 그 시간에도 감옥에 있는 친구들 때문에 마음 한구석이 휑하고 아렸다. 김정희를 바래다주곤 하던 정문 앞과 청춘의 흔적을 묻은 후문 거리, 역사를 부끄럽지 않게 살고자 했던 마음과 달리 한없이 숨 막히는 답답한 가슴을 안고 전남대학교를 떠나려 하니 만감이 교차했다. 봄이면 선연하게 붉은 철쭉이 너무나 아름답던 연못, 마로니에 푸른 잎이 서늘하던 상대 언덕길, 등꽃 피던 인문대 벤치, 공대 기숙사 뒷길까지 누비던 기억이 아득하게 살아났다. 이제 다 버려도 좋은데 마지막까지 남는 아쉬움은 세계를 통찰할 철학 공부에 대한 미련이었다.

당시 신영일의 주변에서는 철학과 사상의 문제가 꽤 중요하게 제기되고 있었다. 주변의 활동가 몇몇이 마르크스 레닌주의 사상을 학습하고자 했는데, 이는 서적을 소지하는 것 자체만으로도 국가보안법 위반이 되고, 심지어 그것을 사고하고 토론한 흔적이 발각되면 그조차 반국가 단체를 조직한 혐의로 구속되는 사안이었다. 그런데도 향후 학생운동의 흐름에 영향을 미칠 움직임이 있었다. 언젠가 교육지표 사건 때 신영일과 함께 도서관 시위를 이끌었던 박병기 형이 당시에는 대학원에 진학하여 철학을 공부하고 있었다. 그가 하루는 노준현을 만나 『철학교정』 이야기를 꺼내게 되었다. 광주민중항쟁을 겪은 뒤에 한국의 사회운동은 역사의식을 우선시하던 1970년대와 달리 '철학'의 문제를 중시하는 단계로 넘어가고 있었다. 저항 의식을 공부하던 시대에서 본격적인 세계관을 문제 삼는 시대로 이월한 셈인데, 이는 학생운동 안에서도 바야흐로 과학적 입장에 근거한 사회주의운동이 모색되기 시작했다는 증표였다. 박병기와 함께 헤겔 철학 이야기를 나누다가 소비에트 사회과학 아카데미에서 펴낸 『철학교정』을 알게 된 노준현이 여기에 얼마나 관심이 컸는지 가만히 있지를 못했다. 철학과 조교 신분으로 장서고에 드나들던 박병기가 『철학교정』을 슬쩍 빼내게 되었다.

준현과 나는 그것들을 전주로 가져가서 복사점에서 복사했다. 둘 다 안경을 벗고 옷을 바꿔 입고 교대로 망을 보았다. 그렇게 복사한 『철학교정』을 그해 겨울부터 이세천·신영일·장갑수·노준현 등과 함께 읽었다. 그 책들은 다시 도서관 서 박사 장서에 꽂아 놓았다. (박병기 「한 시대의 꿈과 좌절」, 『남녘의 노둣돌 노준현』 167~168쪽)

이 같은 학습을 통해 신영일의 논리는 한층 정교해졌다. 그래도 시위 예정일이 다가올수록 초조와 불안이 엄습했으나 5·18 영령들을 생각하면 아무것도 아니었다. 시위 이틀 전, 시위 조직 및 장소 등을 면밀하게 현장 답사하며 조사했다. 등사기와 가방 그리고 메가폰을 구했으며, 선언문은 각자 써온 초안을 토대로 신영일이 최종 정리했다. 신영일은 이 내용에 얼마나 심혈을 기울였는지 모른다. 원고 작성에 최대한 열정을 쏟고, 필경할 때도 후배의 작은방에서 밤샘 작업을 했다. 그리고 당일 배포할 수천 장의 유인물을 직접 등사했다. 들불야학에서 해 본 경험이 있어서 임낙평과 둘이서 능숙하게 처리할 수 있었다.

드디어 당일, 유인물을 새로 산 가방에 담았다. 정오가 되자 점심을 먹으면서 소주를 주문하여 '역사와 민족 앞에, 또 5·18 영령들에게 예를 갖추고, 전두환 살인 정권에 끝까지 저항할 것'을 맹세하며 건배했다. 그리고 각자 지닌 돈을 모아서 다시 나눈 뒤 택시를 타고 시위 현장으로 갔다. 오전 수업이 끝나고 점심 식사가 시작되는 오후 1시 학생회관에서 거사를 시작하기로 했다. 정확히 시간에 맞춰 「반제 반파쇼 민족해방 학우 투쟁 선언」을 배포하면서 시위가 시작되었다. 식당 한가운데, 탁자 위에 올라 선언문을 낭독하고, 이미 조직된 학생운동 후배들과 일반 학우들이 대열을 만들고 도서관 앞 광장으로 진출했다. 5·18이 끝난 후 처음으로 시도되는 대중 시위라서 수많은 사람이 가세했다. 대학 본부에 비상이 걸리고, 전남경찰청, 안기부에도 비상이 발령되었다. 이때 최초로 등장한 기동 경찰, 즉 '청바지를 입은 체포조'가 학원으로 진입했다. 그들이 어찌나 사납던지 도서관 앞 광장을 맴돌며 거리 진출을 시도했으나 뚫을 수가 없었다. 페퍼 포그 차량이 연발탄을 날리고 최루탄 연기가 안개처럼 끼었다. 신영일은 안경이 깨졌다. 눈이 많이 안 좋은 편이라 앞을 전혀 볼 수 없었다. 도서관 앞 광장에서 밀고 밀리는 접전이 계속되는 사이에 후배들이 신영일을 안내해서 빠져나가고, 이광호는 현장에서 체포되었다. 마지막까지 남은 임낙평이 시위를 이끌다가 몇몇 후배들과 함께 뒷담을 넘어서 피신했다. 오후 4시경 기동 경찰 등의 총공세에 시위대열은 광장을 빼앗겼지만, 시위에 참여한 학생들이 대학 후문을 나서면서 자연발생적으로 구호를 외치며 거리 시위를 이어갔다. 서방시장 부근까지 진출한 학생들은 기동 경찰에 밀려 해산되었다.

재회

이 사건을 전남대학교에서는 9·29 시위라고 부른다. 왜냐면 이날 배포된 선언문이 1980년대 광주 학생운동의 좌표가 되었기 때문이다. 선언문은 전두환 정권을 '민족의 적'으로 규정하고, 반드시 타도할 대상임을 밝혔고, 정권을 감싸고 있는 매판·파쇼집단에 맞서 노동자·농민 대중과 학생 지식인이 총궐기해야 한다는 내용을 담고 있었다. 언론으로부터 '빨갱이 소리'를 들을 것을 각오하고 밝힌 내용이었고, 국가보안법을 피할 수 없는 주장이었다. 여기에 대해 후배 홍범택은 이렇게 말한다.

9·29 시위에 뿌려진 반파쇼 투쟁 선언문은 1학년인 81학번에게 학생운동의 방향을 뚜렷이 제시한 사건이었다. 다들 이 선언문을 놓고 학습했던 기억이 난다. 9·29 투쟁 선언문은 전남대운동의 방향성을 정립한 시발점이 됐는데, 81학번은 그의 투쟁노선과 지도지침에 따라 체계화된 학습을 통해 조직된 첫 번째 학번이다. 이후 전남대 학생운동은 신영일 선배의 지도지침에 따라 학내조직을 강화하는 데 중점을 두고 진행됐다. (홍범택 구술자료)

경찰은 선언문을 체계적으로 분석하여 시위를 주도한 학생을 '좌경 불순세력'으로 규정하고 국가보안법을 적용하여 신영일과 임낙평을 1급 수배자로 지명했다.

시위 다음 날 신영일이 모습을 드러낸 곳은 송정리였다. 임방울 비석이 있는 송정 공원길을 500미터쯤 들어가면 민가라고는 없는 벌판이 펼쳐진다. 한적한 시골 마을로 이어지는 벌판 길 중간에 시를 쓰는 조진태의 어머니가 하는 작고 정겨운 주막집이 있었다. 외딴 마을 사람들이 드나드는 한적한 주막이라고는 하나 그 집의 외아들 조진태는 5·18 직후에 조선대학교 교정에 선동시 「일어서라 꽃들아」를 배포하여 유치장까지 갔다 온 요시찰 인물이었다. 그는 조선대학교에 다니는 학생이었으므로 전날 전남대학교에서 펼쳐진 사태를 전혀 알 수 없었다. 신영일이 그에게 9·29 시위의 전말을 들려주자 조진태는 하룻밤만 재우고 곧장 친구네 집으로 옮겨주었다. 그곳에서 다시 어디로 갈 예정인지 묻지 않는 게 예의이던 시절이었다. 그리고 이때부터 신영일은 어렵고 힘든 도피 생활을 시작했다. 경찰과 정보기관 요원들은 부모는 물론 사돈의 팔촌까지 뒤지며 그를 잡기 위해 혈안이 되었다. 하지만 그에게는 믿고 따르는 후배가 한둘이 아니어서 도움이 여간 큰 게 아니었다. 임낙평은 한 달 뒤 안기부 요원들에게 체포되었으나 신영일은 6개월 동안 잠행하면서 도피 생활의 불안감이 더욱 가중되었다. 세상이 너무나 어지럽고 상황은 매우 엄혹한지라 부모님이 걱정되어 찾아 나섰다. 그 시절의 저항운동은 삶과 죽음의 경계를 예측할 수 없었으니, 결국 아버지가 간곡히 권유한 끝에 광주 서부경찰서에 자수 형식으로 출두하였다. 생사를 보장할 수 없는 상황을 견디기보다 감옥에서 형을 사는 게 오히려 안심되는 까닭이었다.

그러나 운명은 때로 실존의 미궁에서 또 다른 소명을 안겨 준다. 신영일은 분명히 광주교도소 미결사 0.75평 독방에 갇혔다. 그곳은 세상과 격리된 고립의 영토이자, 이 땅에서 젊음이 얼마나 빠져나가기 어려운 수렁이며, 삶이 수난의 변경된 명칭임을 가르치는 장소였다. 하지만 그 생각을 확인하는 순간에 신영일은 곧장 그러한 젊음이 예기치 않은 축복의 근거일 수도 있다는 걸 깨달아야 했다. 참으로 답답한 곳에 갇혔는데, 뜻밖에도 옴짝달싹할 수 없이 갇힌 미명의 벽 속에서 난데없이 그토록 넓은 세상에서도 만날 수 없었던 그리운 목소리를 듣게 된 것이다. 신영일이 배정받은 방 앞에 서 있을 때, 그를 부르는 귀에 익은 음성이 들렸다.

"영일아."

굵직한 저음이 자석으로 끄는 듯이 그의 고개를 돌리게 했다. 어두운 사방 복도 건너에 있는 독방 시찰구 창살 사이로 반짝이는 두 눈만이 겨우 보였다. 그러나 신영일은 그것이 도청 앞 분수대 위에서 횃불 시위를 이끌던, 꿈에 그리던 박관현 형의 것임을 바로 알아보았다.

"오메, 관현 형."

얼마나 반가운지 알 수 없었다. 지난 1978년 겨울 광천동 풍경이 눈앞을 스쳐 갔다. 공단실태조사 시절의 장면들, 박관현 형이 들불야학에 참여해서 벌이던 논쟁, 총학생회를 구성하면서 눈빛만으로도 소통이 되던 일들. 두 사람은 서로 떨어져서 활동하면서도 찰떡처럼 궁합이 맞았다. 그런데 지금은 두 사람 다 24시간 불을 켜고 창틀 하나 없는 0.75평 독방에서 살아야 했다. 소통도 교도관의 눈을 피해 통방으로 인사하고 회포를 풀었다. 꽤 긴 시간을 홀로 가슴을 태우다 이제야 동지를 얻은 기쁨은 박관현도 마찬가지였다. 그는 서울 도봉구 편물공장에 은신하며 노동자로 일하다가 현상금을 노린 동료 노동자의 밀고로 체포되었다. 그리고 '5·18 폭동 내란 중요 임무 종사자'로 구속되었는데, 공교롭게도 감방에 들어가 보니 옆방에 임낙평이 들어와 있었다. 가장 소중한 동지를 같은 장소에서 만난 것이다. 그리고 그곳에서 5·18이며 들불야학 형제들이며 학내 소식을 전해 들었다. 불시에 신영일을 만난 셈이라 어지간히 힘이 나는 게 아니었다. 그날 저녁에 새로 들어온 신영일을 위한 환영 노래자랑이 통방으로 열렸다. 알고 보니 박관현의 옆방에 임낙평이 쓰다가 옮겨간 방이 있었고, 그 곁에는 시인 김하늬와 5·18 때 시민군으로 활동했던 기정도가 생명이 위독한 상태로 방치되었던 방이 있었다. 그래서 비워진 자리에 신영일과 5월 항쟁 관련 및 횃불회 사건으로 구속된 최운용 그리고 민학련·민노련 관련자 오상석과 김철수 등 4명이 들어가 미결 2사 독방에서 지내게 되었다. 박관현 형이 들불야학 시절에 들려주던 〈방랑 김삿갓〉을 불러서 신영일도 그 시절에 단골로 부르던 송창식의 〈웨딩케익〉을 불렀다.

그날부터 둘은 교도관의 눈을 피해 밀린 이야기를 나누었다. 그러면서 서로의 자세를 확인해 보니 한 치의 변심도 없었다. 신영일은 거의 2년 만에 박관현 형을 만나 소통하는 기쁨이 이루 말할 수 없이 컸다. 두 사람 다 교도소에 들어온 지 얼마 안 되어 독방 생활에 익숙하지 못했는데, 서울에서 내려온 오상석과 김철수가 소내 생활요령과 새로운 소식 등을 조목조목 알려 주었다. 그래서 책도 돌려보고 토론도 했으며, 일본어 공부를 하기도 했다. 신영일과 박관현은 특히 5·18 때 전남대 학생운동 지도부가 투쟁 현장을 피했다는 지적을 받는 대표적인 책임자들이라 동병상련의 감정이 있었다. 또 그에 따르는 강박관념 때문인지 두 사람은 때와 장소를 가리지 않고 전두환 이야기가 나오는 자리마다 조금도 망설이지 않고 체제에 정면으로 맞서는가 하면 광주민중항쟁의 정당성을 주장하는 싸움을 중단하지 않았다. 법정 투쟁은 말할 것도 없고, 외롭고 힘든 교도소 내 투쟁도 가리지 않았다. 그들이 사용할 무기라고는 제 몸밖에 없으니 자연히 모든 주장을 '단식 투쟁'으로 펼쳐야 했다. 그래도 다행인 것이, 신영일과 박관현이 같은 재판부에 배속되었다는 점이었다. 두 사람은 들불 시절부터 서로 성격이 다르고 문제를 바라보는 시각이 달라서 격렬하게 논쟁을 펴는 경우가 허다했지만, 그것이 분열을 만들기보다 이상하게 서로를 보완하고 존중하게 만드는 '콤비'가 형성되었다. 까닭에 5월 항쟁 이후 자신들이 할 일이 무엇인가를 설정하는 데 크게 보탬이 되었다. 이는 교도소라는 특수 여건에서의 고통 속에서나마 나름대로 보람찬 나날이 이어지게 했다.

　박관현은 내란 중요 임무 종사·계엄법 위반이 적용된 공소장을 받았다. 담당 변호사는 형량을 조금이라도 덜기 위해서 5월 항쟁에 관련된 표현만이라도 되도록 완곡하게 발언하라고 당부했으나 박관현은 단호했다. 총을 들고 싸웠던 시민군을 자신이 대변하지 않으면 누가 하겠느냐고 주장하며 정권의 폭력성을 소신껏 피력하겠다고 뜻을 굽히지 않았다. 이렇게 머릿속이 정돈된 분위기에서 5·18 2주기를 맞았고, 신영일은 당일 아침에 치러진 간단한 의식에서 광주교도소 미결사 독방에 수용된 정치범들에게 5월 항쟁에 관한 매우 정돈된 보고를 올린 뒤 산화한 투사들을 위한 묵념을 올렸다. 이 같은 분위기는 교도소 내 탄압이나 폭력에 대해 그들의 책임 의식을 더욱 드높게 했다. 그래서 재소자에 대한 처우를 개선하고 정치범에 대한 편파적인 대우를 해소하기 위해 자주 토론했으며, 여러 번의 건의가 받아들여지지 않자 투쟁밖에는 방법이 없다고 판단하게 됐다.

광주교도소의 재소자 처우 문제는 보통 심각한 것이 아니었다. 그곳에는 우선 교도관의 폭행이 얼마나 심한지, 한 번은 이런 일이 있었다. 그날은 1982년 1월 교도소 시무식이 있던 날인데, 한 교도관이 기결 4사 독방을 '검방'하던 중에 예리한 날이 선 칼 두 자루를 발견했다. 그리고 잔뜩 겁을 먹은 교도관은 어떤 독거수가 노려보자 놀라서 뒷걸음을 치다가 졸도하고 말았다. 갑자기 공포감이 몰려와 지레 겁을 먹고 정신을 잃은 것이다. 그러자 즉시 비상벨이 울리고 교도관들이 몰려와 독거수를 보안과로 끌고 갔다. 그리하여 반죽음 상태가 되도록 두들겨 팬 다음에 칼을 만든 재소자 두 사람을 찾아냈다. 그들 역시 머리끝에서 발끝까지 죽도록 얻어맞고는 포승줄에 꽁꽁 묶인 상태로 수갑까지 채워져서 각각 징벌 2개월의 처분이 내려졌다. 그 한 사람이 미결 2사 독방으로 옮겨졌는데, 두 달 내내 양손에 수갑이 채워지고 양팔과 양다리마저 포승줄로 묶인 채 식사하고 대소변을 보며 취침하게 했다. 그뿐만 아니라 도살장에 끌려가는 소나 돼지처럼 포박된 채 서 있을 수도 앉아 있을 수도 없는 상태로 한겨울을 보내게 하되 독방에 까는 가마니마저 가져가 버리고 모포와 이불도 취침 시간에만 제공되었다. 하루에 세 끼의 콩밥과 소량의 식수 외에는 제공하는 것도 없이 오직 고개와 목을 이용하여 짐승처럼 밥을 먹게 하고, 포승줄과 수갑이 감고 있는 비좁은 공간으로 대소변을 보게 하여 인간으로서는 도저히 상상할 수 없는 흉측한 모습으로 살게 한 것이다. 박관현과 신영일이 이를 주목하고 내막을 캐기 시작하자 다른 양심수들도 따라서 실상을 밝혀갔다.

그들이 독방에서 칼을 만든 이유는 교도소 내에서 끊임없이 자행되는 무자비한 폭행과 비인도적인 생활 그리고 그 이면에 감춰진 교도관의 비리에 있었다. 재소자들이 격분하여 여러 차례 고쳐 달라고 건의했으나 번번이 무시되었다. 이렇게 정당한 개선 요구가 번번이 무시당하자 재소자들은 온건한 방법으로는 해결은커녕 의사전달조차도 불가능하다고 판단했다. 그리하여 알루미늄 식기를 시멘트 바닥에 갈아서 칼을 만들었다. 교도소장이 지나갈 때 칼로 위협해 납치한 뒤 사회 여론에 호소하려고 생각한 것이다. 양심수들이 이런 사실을 간과할 턱이 없었다. 교도관들이 재소자를 함부로 때리고 팔을 비틀거나 욕설을 하는 수는 흔했고, 누구에게나 반말하며 걸핏하면 징벌방·특수징벌방에 가두는데, 그곳에서 받는 짐승 같은 대우는 상상하기조차 힘든 가혹한 것이었다. 여기에 박관현과 신영일이 말 그대로 도저히 묵과할 수 없는 사건이 발생했다. 얼마 전 병보석으로 실려 나간 5·18 투사 기정도가 전대부속병원에서 치료를 받다가 숨진 소식이 전해진 것이다. 피가 거꾸로 치솟는 상황이었다. 그 옆방에서 수감 생활을 했던 양심수들은 기정도의 사인을 반드시 규명하지 않으면 안 되었다. 여기에 중대한 문제의식을 안고 정보를 수합하고 통방하여 전말을 그려본 박관현과 신영일은 경악을 금할 수 없었다.

나팔꽃 투쟁

기정도는 5월 항쟁 당시 시민군과 더불어 용감히 싸웠던 민주투사였다. 시민군이 도청을 점거했을 때 그는 시민군이 획득한 지프를 타고 다니며 희생자들의 관을 준비하는 등 도청 투쟁 지도부의 잔일을 도맡았고, 항쟁 이후에는 5월 정신의 의의를 되살리기 위한 모임을 헌신적으로 주도했다. 그런데 이 모임이 1981년 3월 경찰에 발각되어 반국가단체 '횃불회'라는 이름으로 둔갑하게 되었다. 미국의 교포신문인 《신한민보》를 구독하고 김대중을 존경한다는 이유였다. 기정도가 체포될 때 그는 십이지장궤양으로 입원 치료를 받는 환자였는데, 경찰은 전혀 개의치 않고 모진 고문을 가한 뒤에 중환자를 치료도 하지 않고 구속, 수감하였다. 그리고 식사도 불가능한 사람을 환자 사동으로 보내기는커녕 미결사 독방에 가두었는데, 박관현은 광주교도소에 첫발을 내디딘 날부터 기정도의 호소를 들었다. 통증으로 밥을 먹을 수 없으니 가족들이 넣어 준 빵 한 조각과 우유 한 봉지로 하루하루를 연명한다고 했다. 사지가 마른 나뭇가지처럼 앙상한 그가 교도소 측으로부터 받은 배려는 일주일에 한 번씩 병사에 가서 받아오는 소화제 두 알이 전부였다. 그토록 잔인한 교도소 측의 방관과 고의적인 외면으로 기정도는 병세가 더욱 나

빠져서 회복 불가능 상태로 병사로 옮겨졌다. 더는 돌이킬 수 없다고 판단한 교도소 측이 황급히 법적 절차를 밟아서 구속집행정지 처분을 받은 다음에 시체나 다름없는 육신을 가족의 품으로 떠넘긴 것이다.

이 천인공노할 일로 분통을 토하는 와중에 신영일이 매우 중요한 사실 하나를 알게 되었다. 자신들이 먹는 밥에 정체 모를 알갱이가 섞여 있는데, 아무리 봐도 나팔꽃 씨였다. 처음에는 골라내고 먹다가 재소자들의 밥에 왜 나팔꽃 씨가 들어 있는지 너무도 궁금했다. 그래서 항의했더니 교도소 측의 답이 시큰둥했다. 미국 농산물에 묻은 채 들어온 것이 아무리 골라도 완벽히 골라지지 않아서 더러 섞이게 됐다는 게 설명의 전부였다. 그런데 신영일이 일제 강점기의 독립운동사를 다룬 『분노의 계절』이라는 책을 읽다가 황당한 기록을 발견했다. 일제가 독립운동가들을 대상으로 생체 실험을 하느라 나팔꽃 씨를 먹게 했는데, 나팔꽃 씨는 복용 횟수가 늘고 다량으로 섭취하게 되면 신체가 무력해지고 시들시들해지는 성분을 함유한다는 것이었다. 신영일은 실로 경악을 금치 못했다. 광주교도소가 재소자들에게 나팔꽃 씨를 먹이고 있다니! 도저히 묵과할 수 없는 반인권 범죄였다.

그리하여 7월 7일 저녁, 광주교도소 미결 2사 독방에 수용된 신영일 외 다섯 명의 정치범들이 일제히 단식 투쟁에 돌입했다. 이들이 내건 사항은 다섯 가지였다. 첫째, 재소자에 대한 교도관의 폭행을 근절시켜 달라. 만성화·제도화된 매질·욕설·끔찍한 사형私刑 등이 공공연하게 자행되는 교도소 내 참상은 눈 뜨고는 볼 수 없는 지경에 이르러 있다. 둘째, 5월에 사망한 민주인사 기정도의 사인을 규명해 달라. 셋째, 주식과 부식을 정량으로 지급하라. 교도소 측은 규정된 양을 줄이거나 저질 또는 부패한 음식을 제공함으로써 이득을 취하기도 하고 부식 납품업자와 결탁하여 부당이득을 취하고 있다. 넷째, 정치범에 대한 부당한 차별대우를 즉각 개선하라. 정치범은 정치범끼리 또는 일반 재소자와의 합방이 엄격히 금지되었으며 직계 가족 외에는 접견이 완전히 금지되었다. 또 운동이나 서신도 필요 이상으로 제한이 따르고, 차입된 책도 본인에게 전달되지 않고 있다. 다섯째, 밥 속에 있는 나팔꽃 씨를 제거하라. 이렇게 단식 투쟁을 시작하자 교도소 측은 처음에는 회유책을 쓰면서도 조롱 섞인 말을 자주 던졌다. 특히 보안계장은 눈 하나 깜짝하지 않는다는 투였다.

"너희들이 굶는다고 요구가 받아들여진다고 생각하면 그건 오해야. 그걸 투쟁이라고 생각하는 모양인데 우선 당장 자기 몸부터 성하고 봐야지."

단식 투쟁을 한 지 사흘이 지나고 나흘째 되는 날, 신영일은 미결사 운동장에서 돌아와 책을 펼치는 순간 현기증이 엄습하는 걸 느꼈다. 그래서 되도록 움직임을 줄이고 휴식을 취했다. 그때 옆방에서 방문이 열리고, 잠시 뒤 사방 복도를 울리는 군홧발 소리가 들리더니 보안계장이 신영일, 박관현을 비롯한 단식 투쟁을 벌이는 정치범들의 방 앞에 각각 네 명씩의 교도관을 배치했다.

"짜식들! 시키면 시키는 대로 따를 것이지 말이 많아. 죄를 지었으면 반성할 줄 알아야지, 단식이 다 뭐야."

그러더니 냅다 고함을 질렀다.

"나와 임마!"

신영일과 박관현, 오상석, 김철수가 동시에 소리쳤다.

"못 나간다. 죽어도 못 나간다."

그런 정도의 협박에 포기할 단식이었으면 애당초 시작하지도 않았을 것이다. 신영일은 요구사항이 관철되지 않는다면 한 발짝도 움직이지 않을 작정이었다. 다들 태도가 결연하자 보안계장이 '군홧발'들에게 소리쳤다.

"야, 뭣들 하는 거야. 안 나오면 끄집어내."

명령이 떨어지자 교도관들이 달려들더니 사지를 번쩍 들어 끄집어냈다. 신영일은 끌려가면서 절규했다.

"정치범 탄압 말라."

박관현도 준엄하게 꾸짖었다.

"기정도의 사인을 규명하라."

신영일은 어깨를 붙잡은 교도관들을 뿌리치고 변소로 들어가 저항했다. 그와 동시에 군홧발을 신은 교도관들이 무지막지하게 덤벼들어 무차별적으로 구타를 시작했다. 박관현에게도 덤벼들자 "더러운 손을 놓아라! 내 발로 걷겠다."하고 뿌리쳤다. 교도관들은 이들을 떠메고 기결 6사 상층 지도방으로 가더니 짐을 부리듯이 한 명씩 던져 넣었다. 단식 투쟁을 한 탓에 신영일은 금방 탈진상태에 빠졌다. 다른 사람들도 다 기진맥진하였다. 교도소 측은 이들의 요구를 들을 가망성은 추호도 없다는 듯이 하나씩 독방에 처넣은 뒤 '지도'들을 들여보냈다. '지도'란 일반 재소자 중 말을 잘 듣는 사람을 골라 교도소 내 잡무를 보도록 하는 인력인데, 교도소 측에서는 이들을 사주하여 강제로 밥을 먹이도록 작정한 것이었다. 신영일의 방에도 지도들이 들어왔다.

"식사 하십시다. 오늘은 조금만 드쇼."

무작정 이렇게 덤비는데 실랑이가 벌어지지 않을 수 없었다.

"우리는 지금 재소자 처우를 개선하느라 단식을 하고 있소. 내게 식사를 권하지 말고 당신들의 일을 하시오."

"죽이 식으면 맛이 없어라우. 조금만이라도 드시오. 당신들이 식사를 안 하면 우리 지도들만 혼나요. 우리들 입장도 생각해 주셔야지라우."

"그냥 가서 우리가 식사하지 못하겠다는 뜻을 전달하세요. 주장이 받아들여지면 그때 밥을 먹겠다고."

말만으로는 식사를 하게 만들 수 없다고 판단했는지 협박이 시작되었다.

"정말 이럴 거요? 먹으라고 할 때 좀 먹으쇼. 지난번 특사 정치범 단식 때 이야기 들어봤소? 끝까지 협조 안 하면 재미없제."

태도가 점점 거칠어지면서 죽그릇을 입술에 들이밀자 신영일이 버럭 화를 내면서 당장 죽그릇을 치우라고 꾸짖었다. 그와 동시에 그들도 소리쳤다.

"야, 안 되겠다. 억지로 멕여라!"

그들은 일제히 달려들어 신영일을 쓰러뜨리고 강제로 손발을 붙잡더니 가슴 위에 올라타 짓이기면서 고개를 들어 올렸다. 손발과 몸뚱이가 붙잡혀 저항할 수 없는 상태가 되자 강제로 입을 벌려서 억지로 칫솔을 끼워 넣고 죽을 떠서 벌려진 입속으로 흘려 넣었다. 이런 짐승 같은 행위가 몇 차례 반복된 뒤에 지도들이 철창 밖으로 소리를 질렀다.

"먹였습니다."

다른 방에서도 "먹였습니다." 하는 소리가 들려와 사방 복도를 타고 메아리쳤다. 실로 어처구니없는 폭력과 구타를 당하면서 짐승처럼 강제로 급식 당한 이들은 분노로 몸을 떨었다. 신영일은 이를 절대 용서하지 않을 작정이었다.

신영일은 교도소 당국의 야비한 수법에 치미는 분노를 누를 길이 없었다. 가슴을 삭이느라 방안을 걸어 보기도 하고 쇠창살 너머로 보이는 푸른 하늘을 바라보기도 했다. 0.75평 독방에서 지내다가 서너 평이나 되는 넓은 방으로 옮긴 데다 2층이어서 뻥끼통 냄새가 나지 않았다. 하얀 담에 둘러싸인 교도소의 전경도 눈에 보였다. 오밀조밀하게 지어진 사옥들, 삼천 명에 이르는 인구의 취사를 담당하는 취사장과 취사장 보일러의 높다란 굴뚝도 보이고, 출역 나온 재소자들도 여기저기 눈에 띄었다. 교무과 옆 강당에서는 악대 재소자들이 부는 트럼펫과 색소폰 소리가 들려왔다. 하얀 담 너머 세상은 짙은 초록으로 물들어 있고 산등성이 몇 구비 너머 구름에 싸인 무등산정은 그날도 어김없이 광주를 내려다보고 있었다. 신영일은 사는 일이 모두 꿈같았다. 그날 밤 지도들과 함께 잤는데, 그들은 밤이 되자 복숭아 통조림을 들고 와 그에게 권했다. 우유에 달걀노른자를 넣어 먹으라고 내놓기도 했다. 폭력을 행사하던 대낮의 모습과 사뭇 달랐다. 사연을 들어보면 그들도 저마다 말로 하지 못할 곡절이 있었다. 서로 신상에 관한 이야기를 나누다가 지도들은 자신들이 폭행한 대상이 전남대학교 학생운동을 이끄는 사람과 1980년도의 총학생회장이라는 사실을 알고 몹시 미안해했다.

"당신들이야말로 애국자인데 이렇게 묶어 두고 있으니, 세상 참. 당신들 주장이 옳기는 하지만 그래도 건강을 해치면 무슨 소용이요. 내일부터라도 식사를 꼭 하세요."

그러나 이러한 태도는 날이 밝으면 다시 달라질 거였다. 악대 출역수가 부는 취침 나팔 소리가 들렸다. 신영일은 자리에 누웠지만 잠이 오지 않았다. 사방이 차단된 독방과는 달리 대지의 숨결을 훨씬 가까이에서 느낄 수 있었다. 모처럼 널따란 방에 누워서 여름 하늘에 빛나는 별들을 보았다. 5·18 때 꼭 붙잡고 놓아주지 않던 어머니의 얼굴이 떠올랐고, 먼저 죽은 박기순과 윤상원 선배, 또 얼굴을 알 수 없는 수많은 이름이 하늘의 별처럼 나타났다가 사라져 갔다. 신영일은 한 발자국도 물러설 자리가 없다는 사실을 가슴에 새기다가 잠이 들었다.

다음 날도 단식 투쟁은 계속되었고, 지도들의 강제급식도 어김없이 반복되었다. 그러다 한 번은 교도관이 억지로 강제급식을 강행하자 신영일이 발버둥을 치다 교도관을 발로 차 버렸다. 그러자 교도관이 곧장 신영일을 끌고 가서 매우 고약한 징벌방에 가두었다. 대법원 상고를 포기한 오상석과 김철수도 하필 이때 형이 확정되어 교도소를 옮기게 되었다. 그들이 본디 단식 투쟁을 시작하던 미결 2사 독방에는 박관현만 되돌아갔다. 신영일에게 2개월의 징벌 처벌이 내려지자 박관현은 면회 온 가족들에게 신영일의 징벌이 부당하다는 점, 빨리 철회되어야 한다는 점을 알리도록 부탁하면서 독방에서 홀로 단식 투쟁을 이어갔다. 그리하여 신영일은 7월 20일에야 거의 탈진 상태가 되어서 독방으로 복귀할 수 있었다. 신영일과 박관현이 다시 만나서 통방을 하는 게 가능해지자 교도소 측은 둘을 통제하기가 어렵다고 보았는지 미봉책을 내놓았다. 도서 열독 금지 규정을 완화하고 나팔꽃 씨를 제거하며 부식도 개선하겠다는 약속을 제시한 것이다. 아쉬움은 있지만 그래도 단식 투쟁이 일정하게 성과를 거둔 셈이라 둘은 이를 받아들였다. 미결 2사 정치범 6명이 시작한 단식 투쟁은 결국 이렇게 아쉬우나 일정한 성과를 내고 끝이 났다. 물론 박관현과 신영일의 건강은 심각한 타격을 입은 뒤였다.

　정치범들에게 교도소의 하루하루는 좀처럼 싸움 없이는 지나가는 법이 없었다. 나팔꽃 씨 사건으로 시작된 단식 투쟁이 끝난 지 채 한 달도 지나지 않은 시점이었다. 8월 30일 부림사건 관련자들이 대법원 상고 중에 대구교도소에서 광주교도소로 옮겨왔다. 이들 중 일부는 미결 2사 독방으로, 또 일부는 미결 1사 독방으로, 또 두 사람은 정치범 혼거방인 미결 1사 상층 10방으로 배정되었다. 그러나 독방에 배정된 사람들은 지정된 방 앞에 서서 들어가기를 완강히 거부했다.

　"우리가 왜 징벌방에 들어가야 하는지 이유를 대소. 징역살이도 억울한데 왜 징벌방에서 살아야 하노."

　이들은 특별한 이유 없이 징벌방에 들어갈 수 없다고 버티면서 보안과장이나 교도소장을 면담하겠다고 주장했다. 부산에서 대구를 돌아온 이들로 인해 광주교도소의 처우 조건이 전국 어느 곳과 견주어도 비교가 되지 않을 만큼 열악하다는 사실이 더욱 분명해졌다. 광주교도소는 재소자들이 주장한다고 해서 눈썹 하나 까딱하지 않는 곳이었다. 부림사건 관련자들의 주장에 응답이 없자 미결 1사에서 즉각 단식 투쟁이 시작되었다. 이들은 정치범의 합방, 도서 열독 제한 완화, 공동운동과 목욕, 서신·접견 제한 철폐, 박관현과 신영일에 가한 폭력 행위 사과 및 관계 교도관 문책, 부식 개선, 폭력·구타 행위 금지 등을 요구했다. 다음 날 교도소 측은 미결 1사에서 단식 투쟁을 하는 자들을 모두 끌어내 사형수 방으로 분산시키고 이들에게 실제 사형수가 나서서 강압적으로 단식을 중단시키도록 명령했다. 사형수가 어떤 방법을 써도 좋다고 했다. 실로 치졸하기 짝이 없는 대응이었다. 그로 인해, 신영일은 접견 갔다가 돌아오는 길에 이상한 장면을 목격했다. 사형수 방에서 부림사건으로 들어온 정치범을 향해 폭언을 퍼붓는 걸 본 것이다.

"야, 부산놈, 빨리 식사해. 빨갱이 새끼가 왜 이리 건방져."

그리고 구타하는 소리가 들렸다. 신영일이 즉시 통방을 하여 미결 1사 동료들의 단식과 사형수로부터 폭행을 당한 소식을 알렸다. 지난 7월 단식 이후 약속을 지키지 않는 교도소 측에 끓어오르는 분노를 억누르고 있던 사람들이 다시 폭발했다. 박관현, 신영일, 김경식, 최운용 그리고 새로 이감해 온 송병곤, 고호석 등이 단식을 결의하고 9월 2일 점심부터 식사를 거부했다. 신영일로서는 후유증이 가시지 않은 상태에서 감행된 제2차 단식이었다. 위험하기 짝이 없는 일이었다.

이렇게 사태가 확대되자 주임이 나서고 다시 보안계장이 찾아와 설득했지만, 단식자들은 요구 사항이 관철되지 않는 한 단식을 풀지 않겠다고 강경하게 대처했다. 공기가 심상치 않다고 판단된 교도소 측은 단식 4일째에 광주교도소 소장이 직접 나서서 단식 대표자를 면담하겠다고 밝혔다. 박관현이 나가서 폭력 금지·부식 개선·정치범에 대한 독방 수용 철폐, 서신·접견·목욕·운동 등에 대한 제한 금지, 기정도 사인 규명 등을 요구했다. 구렁이가 담을 넘듯 모호한 화법으로 교도소장이 아주 애매하게 답하는 걸 박관현이 수용할 턱이 없었다. 그리하여 다시 촉발된 투쟁이 14일째로 접어드는 날 박관현과 신영일의 공판이 있었다. 광주에서 이 두 사람의 중요성은 이루 말할 수 없었다.

군부 독재의 분위기가 아무리 삼엄해도 이들의 결심 공판을 보기 위해 청년 학생·재야인사·종교인·해직 교수 등이 모여들었다. 광주지방법원 대법정에는 발 디딜 틈 없이 사람들이 들어찼다. 오후 2시 신영일의 결심 공판이 먼저 진행되었는데, 검사가 그에게 징역 3년에 자격정지 3년을 구형할 때 신영일은 탈진 상태라 몸을 가눌 수 없었다. 담당 변호사가 신영일이 10일 이상 단식 투쟁한 상태이므로 최후 진술을 서면으로 하게 해달라고 요청했다. 논리 싸움에 누구보다도 뛰어난 신영일이 최후 진술을 서면으로 할 정도라는 건 건강 상태가 매우 심각하다는 걸 의미했다. 그래서 재판이 진행되는 동안 몇몇 방청객들이 피고인 대기실에 접근하여 박관현의 모습을 확인하려고 시도했으나 교도관의 제지로 차단되었다. 밀고 당기고 실랑이를 벌이면서 확인한 바로는 평소 건강하던 박관현이 뼈만 앙상한 상태로 의자 위에 길게 누워 있었다. 가족들은 광분하지 않을 수 없었다.

변호사가 교도관들을 밀치고 대기실로 들어가 박관현에게 다가갔다.

"관현이, 몸이 좀 어떤가?"

"괜찮습니다. 염려하지 마십시오."

"공판을 받을 수 있겠는가? 최후 진술을 서면으로 하는 수도 있는데."

"충분히 할 수 있습니다. 최후 진술도 하겠습니다."

잠시 후 구형 논고가 시작되고 이어서 변호사의 변론이 진행된 다음 박관현이 최후 진술을 할 시각이 되었다. 건강이 많이 상한 얼굴로 음성이 떨렸다. 하지만 그 탁월한 웅변 능력만큼은 여전하여 한마디 한마디가 방청객의 귓가에 또박또박 박히기 시작했다.

먼저 5월 광주항쟁 당시 끝까지 이 나라의 민주주의와 민족통일을 위해 싸우다가 처절하게 죽어간 영령들에게 삼가 묵념을 드리고자 합니다.

다들 일제히 숨죽이고 경청하고 있었다.

죽어 간 영령들에게, 또 죄 없이 끌려가 고문을 겪은 선배·동료·후배들에게 부끄러운 마음으로, 책임을 다하지 못한 총학생회장으로서 참회하는 마음으로 역사와 민족 앞에 진실을 말할까 합니다.

박관현이 검사의 공소장에 쉬운 예를 들어가며 일일이 통박하기 시작하자 갑자기 법정의 마이크가 꺼졌다. 방청석에서 거침없이 소란이 일어났다.

"마이크를 켜라."

여기저기에서 고함치는 소리가 커지는 걸 보고 재판장이 마이크를 켜라고 지시했다. 잠시 후 그의 최후 진술이 이어졌다.

5·17 조치는 역사의 수레바퀴를 거꾸로 돌리려는 조치였습니다. (…) 광주의 청년 학생들과 시민들은 계엄군의 총칼 앞에 분연히 일어났습니다. (…) 국토방위에 전념해야 할 국군이 장갑차와 헬기까지 동원하여 민족의 가슴에 총부리를 겨누었으나 시민들은 죽음을 무릅쓰고 시내로 몰려갔습니다. (…) 한마디로 전두환이라는 작자가 이끄는 현 정권은 광주 시민들의 민주화 열망을 짓밟고 일어선 정권입니다.

방청석에서 아들의 최후 진술을 듣던 박관현의 어머니가 격분을 참지 못해 벌떡 일어나 울부짖었다.

"옳다! 내 아들이 옳다. 전두환 이놈!"

박관현의 최후 진술은 후반부로 갈수록 더욱 격렬해졌다. 단식으로 지친 몸, 앙상한 가지처럼 보이던 박관현의 모습은 지워지고, 두 눈을 빛내며 사자후를 토하는 지도자의 음성이 법정을 쩌렁쩌렁 울리고 있었다. 소리 죽인 흐느낌이 방청석에 자욱이 깔렸다.

우리 시민들이, 아니, 항쟁의 거리를 빠져나간 부끄러움을 간직한 제가 시민들과 함께 심판할 것입니다. 구천으로 떠나가 아직도 너무 원통해 두 눈을 감지 못하고 있을 내 동포, 내 형제의 영령들에게 부끄럽지 않게 분명히 우리는 정확한 심판을 해야 할 것입니다.

이날 당당하게 최후 진술을 하던 박관현의 공판 모습이 순식간에 시내의 대학생들과 시민들에게 퍼졌다. 그가 법정에서 얼마나 통렬하게 현 정권을 폭로했으며, 또 감옥에서 처우 개선을 위해 단식 투쟁하느라 건강이 얼마나 망가졌는지, 그래서 내내 대기실에 누워 있을 수밖에 없었다는 소문이 삽시간에 퍼졌다. 이 같은 소식이 사회과학 서클에서 활동했던 학생들에게는 매우 심각하게 전달되었다. 그 뒤에서 실질적으로 투쟁을 이끌고 있을 신영일의 상태를 짐작할 수 있기 때문이었다. 더구나 신영일은 기력이 쇠잔하여 최후 진술조차 서면으로 대치한 점 때문에 불안한 소문이 꼬리에 꼬리를 물었다.

온 시내에 풍문이 끊이지 않자 박관현과 신영일을 그냥 방관해서는 안 된다는 여론이 일기 시작했다. 어쩌면 돌이킬 수 없는 결과가 초래될지도 모른다는 우려와 함께 구체적인 대응책을 찾겠다는 민주인사들이 늘었다. 한국기독교교회협의회 인권위원회 광주지부, 천주교 정의평화위원회 등 종교단체 소속 성직자들은 광주교도소를 방문하여 정치범들이 단식을 중지할 수 있도록 상응한 조치를 하도록 요구했다. 그리하여 박관현과 신영일의 공판이 끝난 다음 날 광주교도소장은 자기가 할 수 있는 일은 다 들어줄 것이며, 해결이 어려운 문제들은 교도소 당국·단식 중인 정치범·성직자들이 협의하여 방법을 찾겠다고 대답했다. 그 결과 교도소 당국과 박관현·신영일 그리고 성직자들이 광주교도소 소장실에서 자리를 갖게 되었다. 이 자리에서도 광주교도소장은 관련 교도관을 징계하고, 부식을 개선하며, 도서 검열 완화 등 정치범 차별대우 문제도 해결하겠다고 약속했다. 박관현·신영일의 2차 단식은 이로써 제법 큰 성과를 내고 끝이 났다.

단식 투쟁을 했던 사람들은 그날부터 일제히 복식에 들어가기로 했다. 그리하여 15일 만에 복식을 시작하는 참인데, 그로부터 이틀이 가고 사흘이 지나도 교도소에서 뭔가 달라지는 기미가 없었다. 폭력 관련 교도관은 징계를 받기는커녕 오히려 건재하다는 걸 과시하고 있었다. 나흘째 되는 날 박관현이 보안과장에게 면담을 신청해 지난 약속이 어떻게 되었는지 확인했다. 답변이 가관이었다.

"여러분의 요구사항은 교도소가 들어줄 수 없는 사항들이오. 아무리 여러분이 요구한다고 해도 교도소 행정을 바꿀 수는 없잖소. 다른 생각 말고 건강이나 잘 챙기시오."

박관현이 돌아와서 이 사실을 알리자 다들 격노하지 않을 수 없었다. 결국, 단식을 중지한 지 사흘도 채 지나지 않아서 재차 단식에 들어갔다. 세 번째 단식이었다. 그간에 있었던 단식의 후유증이 전혀 수습되지 않은 채 또다시 들어간 이 단식은 매우 위험했다. 교도소 측은 온갖 회유와 협박을 가하더니 급기야 노골적인 조소를 보내기 시작했다.

"죽으면 저만 손해지."

박관현과 신영일이 또 한 번 단식에 들어갔다는 소식은 모든 사람을 놀라게 했다. 9월 22일 부림사건 관련자 가족들까지도 부산에서 새벽차를 타고 광주로 왔다. 박관현의 어머니, 신영일의 아버지 등은 지난번 소장과의 면담에 나섰던 성직자들과 함께 광주교도소로 몰려갔다. 신영일의 아버지는 허리 통증 때문에 몸도 바로 세우지 못하는 아들의 푹 꺼진 두 눈과 사색이 된 얼굴을 차마 마주하고 있을 수가 없었다. 박관현의 어머니는 아들의 얼굴을 바라보다가 곧장 소장실로 달려갔다.

교도소 당국은 간부 교도관을 동원해 성직자들을 만나 설득하게 했다. 박관현 등이 요구하는 부식 개선, 사식·부식 판매금지, 폭력교도관 인책, 폭력근절 보장을 받아들이겠다는 취지였다. 그들은 보안계장이 이미 재소자 폭행의 책임을 지고 자리를 옮겼고, 지도반장도 자리를 내놓고 공장으로 내려갔다고 둘러댔다. 그런가 하면 간부 교도관들은 단식 중인 박관현과 신영일을 찾아가 폭력교도관 인책 등의 조치를 설명하고, 이 같은 사정을 알게 된 가족들이 모두 귀가했다면서 모든 걸 소장이 직접 보장해주면 좋겠지만 지금은 소장이 자리에 없으니 그리 알고 우선 복식부터 해달라고 부탁했다. 박관현과 신영일은 판단하기 어려웠다. 그리하여 소장에게 확실한 조치가 취해져서 문제가 완전히 해결될 때까지는 단식을 완전히 중지할 수 없으나, 우선 당장 저녁 식사부터 부분 단식으로 돌리겠다고 말했다. 그리하여 밥 대신 죽을 받았다.

이를 본 교도관들은 재빨리 농성 중인 가족들에게 달려가 문제가 모두 해결되어서 박관현과 신영일이 다시 밥을 먹기 시작했으니 어서 농성을 풀고 귀가하라고 종용했다. 성직자들이 단식 중인 정치범·그 가족들·교도소 책임자·성직자 대표가 모여 결정짓자고 제안했지만, 교도소 당국은 문제가 다 해결되었다는 이유로 완강히 거부했다. 하지만 구속자 가족들은 자식들이 단식을 중지했다는 설명에 안심하는 눈빛이 되어서 다들 귀가했다. 그러나 사실은 교도소 당국자나 법무부 관계자·담당 검사와 판사 그 누구도 단식 투쟁자의 건강 문제나 가족들의 울부짖음을 조금도 염려하지 않고 있었다. 특히 교도소 당국자는 계속되는 단식 과정을 지켜보면서 단식 투쟁을 감행한 자들에게 단 한 번도 검진을 허용하지 않았다. 그 자리에서 눈을 속이거나 감언이설을 내놓아 난처한 상황을 피하면 그것으로 만족했다. 그에 반해 박관현과 신영일은 단식 투쟁을 가장 정직하고 원칙적인 방식으로 수행했고, 투쟁 자세가 흐트러지지 않도록 모든 발언을 성실하게 이행했다. 그리하여 허리 디스크를 앓고 있는 신영일은 중병 환자의 모습이 역력했으나 박관현은 요가와 물구나무서기로 자세를 가다듬으면서 대쪽 같은 선비의 모습을 유지했다.

부분 단식 12일째까지도 교도소 측은 약속을 지키기는커녕 무조건 복식을 강요했다. 결국에는 박관현이 나서서 이 문제가 해결되지 않으면 단 한 숟갈도 먹지 않겠다고 선언하여 '2개월 금치 징벌'을 받게 됐다. 그리하여 가족 접견·운동·목욕·서신·구매·도서 열독 등의 권리가 박탈된 상태로 기결 4사 하층 특수 징벌방으로 끌려갔다. 이 징벌방은 사방의 벽이 탄력을 지닌 하얀색의 특수 물체로 되어 있어 수감자가 머리를 부딪쳐도 다치지 않게 돼 있었다. 방문에 붙어 있는 시찰구도 특수 유리로 제작해 바깥과 내부가 완전히 차단되었다. 방 안과 방 바깥이 얼마나 심하게 단절돼 있는지 대화도 인터폰으로 해야 했고, 빛과 소리와 공기도 서로 넘나들지 않았다. 환기통도 조그마한 것이 설치돼 있는데 이를 조절하는 일도 밖에서만 가능했다. 새하얀 벽면에 반사되는 불빛 때문에 눈도 제대로 뜰 수 없었다. 육체적·정신적 건강을 현격히 침해할 수밖에 없는 이 비인간적인 구조물 속에 박관현을 던져 넣었는데, 이때 박관현은 이미 한 달 이상을 단식한 끝에 정신력 하나로 버티고 있었으니 이는 누가 봐도 가장 무자비한 고문에 속했다. 그러나 박관현은 이 특수 징벌방에서도 단식을 중지하지 않았다.

아, 관현이 형

박관현의 건강이 극도로 위험한 지경에 처해 있다는 걸 누구나 조금만 주의를 기울이면 알 수 있었다. 실제로 이때 박관현은 자주 현기증이 일어나고 배의 통증이 찾아왔으며 의식이 혼미해지고는 했다. 그리고 의식이 혼미해질 때는 환청과 환각 현상이 일어나서 어머니가 부르는 소리, 윤상원 형의 다정한 손짓, 먼저 간 박용준의 얼굴이 눈앞에 나타나고는 했다. 하지만 그는 생명을 걸고 하는 단식 투쟁에서 약해지는 모습을 노출하지 않기 위해 교도관을 대할 때마다 기세를 꺾지 않았다. 그러나 가족의 눈을 피할 수는 없었다. 박관현의 누나는 동생이 그 상태에서 다시 징벌방에 들어가 면회를 할 수 없다는 소식을 듣고 미칠 지경이 되었다.

"한 달 이상 단식한 내 동생을 죽일 작정이란 말이냐."

그러나 신영일의 아버지와 함께 가서 아무리 항의해도 소용이 없자 인권위원회 목사들이나 정의평화위원회 신부들에게 달려가 동생의 징벌이 해제되도록 도와달라고 호소하고 다녔다. 그래도 박차고 나서 주는 사람이 없었다. 누님은 아무리 궁리해도 돌파할 길을 찾지 못하자 하늘이 무너지는 것 같았다. 그래서 갖은 궁리를 짜낸 끝에 자신이 죽어서라도 동생을 살려야 한다고 결심하고 볼펜을 들었다.

'내가 죽자. 내가 죽어서 의롭고 깨끗하고 정직하며 한없이 사랑스러운 내 동생을 살리자.'

누나는 유서를 작성해서 날이 밝으면 금남로 가톨릭센터 옥상에 올라가 몸을 던질 생각이었다. 그리하여 밤새 울던 끝에 잠이 들었는데 다음 날 어머니가 잠을 깨웠다. 아무래도 어머니가 심각한 느낌을 받았는지 영광에서 올라오더니 어서 교도소로 가자고 독촉했다. 그들은 일찍부터 신영일의 가족에게 연락하여 우루루 교도소로 몰려갔다. 교도소장을 만나겠다고 면담 요청을 하였으나 교도관에게 제지당했다. 어머니는 "소장놈 나와라, 나는 이 자리에서 못 돌아간다!" 하고 풀썩 주저앉았다. 그 자리에서 농성이 시작된 것이다. 무슨 예감이 들었는지 어머니는 거의 실성한 사람처럼 울부짖었다.

"내 자식 내놔라! 내 자식 죽는다."

천주교 정의평화위원회 신부들이 쫓아와 교도소장을 만나서 박관현 면담을 요청했으나 거절 당했다. 교도소장은 다음 달에 대주교를 찾아가 작금의 상황을 설명하고 문제 해결을 위해 타협하겠다고 말해서 신부들이 가족들을 설득해 돌아가게 해 놓고, 약속된 날이 되자 역시 대주교를 찾아가지도 않고 박관현의 징벌을 해제하지도 않았다. 가족들은 다시 또 교도소로 몰려가 박관현의 징벌 해제가 풀리지 않을 시에는 그 자리에서 철야 농성을 하겠다고 선포하였다. 교도소 측은 저녁까지 농성이 계속되어도 요지부동이었다. 인권위원회 강신석 목사가 찾아와 간부 교도관들로부터 내일까지 박관현의 징벌을 해제하겠다고 약속하고 소장과의 면담도 성사시키겠다고 약속했으나 가족들은 믿지 않았다. 박관현의 어머니는 단 한 가지 말만 계속하였다.

"오늘 관현이 얼굴을 보기 전에는 나는 이 자리를 절대 뜨지 않겠다."

어머니는 박관현의 신병에 이상이 있어서 보여 주지 않는다고 확신하고 있었다. 그래서 더욱 절망적으로 울부짖었다.

"소장놈 나와라! 이놈이 내 자식 죽인다!"

목사들은 절망과 분노에 정신을 잃고 울부짖는 어머니를 세 시간이나 설득하면서 박관현의 접견을 허용해달라고 교도소 측에 여러 차례 요청하였으나 계속 거절당했다. 그날 밤 구속자 가족들은 밤 10시가 훨씬 넘은 시각에 필사적으로 버티는 어머니를 가까스로 끌고 교도소 문을 나섰다. 그러나 버스 정류장에서 사람들이 우왕좌왕하는 사이에 어머니는 정류장을 빠져나와 깜깜한 샛길을 헤쳐서 교도소 담벼락 철망 앞에 다다랐다. 이미 밤 11시가 넘었는데 어머니는 수렁에 빠지기도 하고 돌멩이에 걸려 넘어지기도 하면서 교도소 담 바깥에 둘러쳐진 철조망을 손으로 움켜잡고는 그 위로 뛰어넘었다. 저고리와 치마가 철조망에 걸려 찢기고 살갗이 찢어져 피로 얼룩졌으나 전혀 개의치 않았다. 어머니의 뒤를 따라 누님도 담장 철망을 넘었다.

"관현아! 관현아!"

쏟아지는 눈물을 주체하지 못한 채 두 사람은 높다란 교도소 담을 달리며 박관현의 이름을 미친 듯이 불러 댔다. 교도관들이 호각 소리를 내면서 요란하게 뛰어왔다.

"내 자식 내놔라. 이 못된 놈들! 소장놈 나와라! 내 자식 얼굴을 확인하지 않고는 오늘 못 나간다!"

그러나 교도관들은 어머니와 누님을 강제로 끌어내서는 사정

없이 패대기쳐 버렸다.

박관현이 단식 투쟁에 돌입한 지 36일째, 특수 징벌방에 갇힌 지 5일째, 교도소장이 목사들과 만나 면담을 허락하겠다는 의사를 밝혔다. 목사들이 서둘러서 박관현과 면담이 이루어졌다. 교도소장이 그간의 사태에 대해 사과하고 징벌을 조만간 해제할 것이며 정치범의 처우 개선 주장을 모두 받아들이겠다고 말했다. 그 말을 듣고 목사들이 박관현을 설득하기 시작했다. 박관현이 나직하게 입을 열었다.

"재소자들에 대한 최소한의 인간적인 대접과 정치범들의 생존을 위한 차별대우 금지 요구가 진심으로 받아들여진다면 오늘 저녁부터라도 식사하겠습니다."

이렇게 해서 면담은 끝났다. 그리고 긴 단식 투쟁도 끝났다. 면담을 끝낸 목사들은 그날 아침 8시부터 농성하고 있던 구속자 가족들을 만나서, 모든 문제가 해결됐으니 농성을 풀고 귀가하라고 말했다. 그러나 교도소 당국은 그날 징벌을 해제하지 않았고, 박관현은 다시 특수 징벌방으로 되돌려졌다. 목사들의 설득에 응하기라도 하듯이 교도소 측은 정치범들의 접견을 5분씩 허용해주었으나 박관현의 접견만은 허용해주지 않았다. 어머니와 누님은 박관현이 죽어 가는 모습이 눈앞에 보이는 듯이 간절하게 호소했다.

"내 아들 얼굴을 한 번이라도 내놓아라. 이놈들아!"

이렇게 피맺힌 울음을 우는 모녀를 교도소 측은 간단히 외면했다. 낮에는 "접견이 금지되었으므로", 또 저녁에는 "업무시간이 지났으므로", 그리고 내일은 "한글날이므로", 모래는 "일요일이므로" 10월 11일에나 와보라고 했다.

한편, 목사들을 만나고 특수 징벌방에 돌아온 박관현은 그날 저녁 교도관이 가져온 죽을 몇 순갈 떠서 메마른 입속에 천천히 집어넣었다. 금방 구역질이 밀려와서 죽그릇을 밀어 놓은 채 가만히 엎드렸다. 가슴이 답답하고 두근거리며 간헐적인 통증이 가슴과 배를 흔들어 놓았다. 다음 날 아침에 다시 죽을 먹으려 했으나 구역질이 나서 먹을 수 없었다. 담당 교도관이 가만히 엎드려 움직이지 못하는 그를 발견하고 교도소 내 의무과로 데려가 간단한 건강 진단을 받았다. 의무과 교도관의 입회 하에 의무과 간병(의무과에 나와서 일하는 출역수)이 살펴보더니 상태가 매우 심각하다고 했다. 맥박은 불규칙했고, 혈압은 매우 낮았으며, 몸무게는 50킬로밖에 되지 않았다. 간병은 액면 그대로 보고했다. 의무과 교도관이 박관현에게 물었다.

"몸이 어떤가?"

박관현이 답했다.

"괜찮습니다."

그것으로 의무과 진찰은 끝이 났으나 박관현의 걸음걸이는 이미 산 사람의 걸음걸이가 아니었다. 얼굴은 더없이 창백했고, 깡마른 몸은 아슬아슬하게 지탱되었다. 곁을 통과할 때 사람이 지나가는 게 아니라 바람이 스치는 느낌이었다. 그래도 다시 특수 징벌방으로 돌아간 박관현은 소량의 죽으로 아픈 위장을 달랬다. 다음 날 교도소 측에서 징벌을 해제했다. 박관현은 교도관의 계호를 받으며 미결 2사 독방으로 돌아왔다. 그리고 식사 시간이 되자 다시 죽을 몇 순가락 떠먹어 보았지만 역시 배의 통증과 구토증, 현기증이 엄습해서 먹을 수 없었다. 죽그릇을 밀어 둔 그는 좁은 방 안을 거닐다가 곳곳에 먼지가 수북하여 담당 교도관을 불러 청소를 하겠다고 말했다. 담당 교도관이 물을 갖다 주자 걸레를 빨아서 방을 닦는 한편 담요와 이불을 가지런히 정리하고 식기와 변소도 구석구석까지 닦았다. 옆방에서 기진맥진해서 누워 있던 신영일이 그 소리를 듣고 걱정이 되어서 물었다.

"형님, 괜찮습니까? 무리하지 마시고 조금 쉬세요."

박관현은 조금만 움직여도 어지러워서 눈앞이 캄캄해지고 숨이 막혔으나 청소를 멈추지 않았다. 신영일이 다시 물었다.

"관현 형, 청소 다 했소?"

"응, 다해 간다."

이렇게 답을 하다가 아침에 조금 먹은 죽을 토했다. 통증도 심해졌다. 아픔을 참기 위해 아무리 애를 써도 신음이 흘러나와서 한 차례 눈물을 쏟았다. 그 상황을 신영일이 기척으로 느끼고 작은 소리도 놓치지 않으려고 귀를 기울였다가 불시에 튀어나온 신음을 들었다. 신영일은 즉시 일어나 시찰구에 입을 댔다.

"형님, 몸이 불편하죠? 형님, 지금 의무과로 갑시다."

"가슴이 아프고 좀 어지럽긴 하다만."

신영일이 있는 힘을 다해 교도관을 불렀다.

"담당! 담당!"

10월 10일 오전 10시 신영일은 박관현을 부축하고 미결 2사를 나와서 의무과로 향했다. 그리고 간병에게 간단한 진찰을 받았다. 간병이 혈압을 재고 청진기를 가슴과 등에 대보고 눈을 까보고 혓바닥도 살펴보더니 표정이 매우 심각해졌다. 그러면서 꼼꼼하게 진찰 기록을 작성해서 전해주자 의무과 교도관이 이를 의무과장과 간부 교도관에게 보고했다. 절체절명의 순간임이 분명했다. 교도관들은 박관현을 일단 의무과 옆 병사로 옮겨 영양주사를 놓았다. 병세가 시시각각 기우는 것을 곁에서 안타까이 바라보던 간병이 발을 동동 굴렀다. 광주교도소장은 보고를 받으면서도 전문의를 밖에서 부르지도 않았고 안으로 불러들이지도 않았다. 그는 박관현이 좀 더 확실하게 죽어가기를 기다리는 사람처럼 행동했다. 사경을 헤매던 박관현은 오후 여섯 시가 되어서야 앰뷸런스에 실려 개인병원으로 옮겨졌다. 의사는 박관현의 상태를 확인한 뒤에 빨리 종합병원으로 옮기라고 했다. 오후 일곱 시. 전남대부속병원에서 급성 심근경색증이라는 진단을 내렸다. 의사들은 치료한다 해도 회복하기에는 너무 늦었다고 말했다. 담당 의사들은 이 환자가 누구인지를 잘 알고 있었다. 그래서 정밀검사를 진행하면서 박관현을 살리기 위해 최선을 다했으나 사색이 시시각각 짙어져 갔다.

다음 날 새벽 두 시. 의식을 잃은 상태로 쌔근거리던 박관현이 전신에 퍼지는 통증 때문인지 신음을 내면서 붉은 피를 토했다. 황급히 달려온 의사들은 울혈성 심부전증의 원인인 급성폐부증 증세가 나타났다고 진단했다. 오전 10시, 어머니와 누님이 중환자실에 도착했다. 그리고 병실 바깥에는 다른 구속자 가족들과 청년 학생·민주시민들이 모여들기 시작했다. 어머니가 병실에 들어섰을 때 박관현은 인사하기 위해서 일어나려고 애를 썼다. 어머니가 눈물을 뚝뚝 떨어뜨리면서 아들의 손을 어루만졌다.

"어머니, 저 괜찮아요. 걱정을 끼쳐 드려 너무나 죄송합니다."

어머니는 눈물을 주체하지 못했다.

"관현아, 많이 아프냐? 아프지야? 이제부터 에미가 지킬 테니 걱정 마라. 어느 놈이 나가라고 해도 나는 여기서 절대 안 나간다."

5월 항쟁 이후 바람처럼 사라져 생사조차 확인하지 못하는 동안 눈물로 지새운 어머니였다. 의사가 절대 안정이 필요하다고 했으므로 어머니는 최대한 감정을 억누르며 지켜보았다. 박관현은 힘없이 눈을 뜨고 어머니를 바라보다가 의식을 잃기를 반복했다. 정신이 돌아올 때면 박관현은 말을 하려고 애를 썼다.

　"어머니, 임곡 윤상원 형님 댁에 다녀오셨어요?"

　"하도 바빠서 가보지 못했다."

　"제가 그 집 자식 노릇을 해야 합니다. 그리고 어머니, 우리 영일이도 몸이 불편해요. 영일이 아버지께 얼른 연락해야 돼요."

　"알았다."

　"아니, 어머니. 영일이를 지금 입원시키지 않으면 안 됩니다."

　박관현이 이렇게 신영일을 걱정하고 있을 때 광주지방법원에서 '구속집행정지' 결정을 내렸다. 중환자실 일대를 경계하던 교도관들이 무전기와 서류를 챙겨서 병원을 떠났다. 정부가 박관현의 죽음이 몰고 올 파장과 책임을 회피하기 위해 재빨리 술수를 쓴 것이다. 교도관들이 철수하자 학생과 시민들이 중환자실을 향해 몰려들기 시작했다. 광주 시내에도 삽시간에 소문이 퍼졌다.

　"박관현이 죽어간다. 오늘을 무사히 넘길 수 있을지 알 수 없다. 구속집행정지는 회생할 가능성이 없을 때 내리는 거다. 박관현이 시체가 되어서 돌아왔다."

　잠시 후 교도관들이 박관현의 소지품과 영치금을 가져왔다. 병실 복도에서 어머니가 분노를 참지 못했다.

　"말종들, 내 자식 죽여 놓고 책임 회피하려고 가져왔느냐? 너희 소장놈, 과장놈에게 갖다줘라. 이놈들, 이 짐승 새끼들아."

그때 신영일의 어머니가 병실에 들어와서 손을 어루만지자 박관현이 바람이 휘이이 불어가는 듯이 가는 소리로 말했다.

"어머니, 영일이 빨리 입원시키셔요."

밤이 깊어지면서 병세가 급격히 나빠졌으며 의식이 돌아올 때마다 '신영일을 구하라'는 말을 반복했다. 그리고 의식을 되찾는 간격이 줄어들고 또 의식을 잃는 횟수가 많아졌다.

바깥에서는 저녁 일곱 시부터 광주의 어른들이 가까운 남동성당에 모여서 대책 회의를 하고 있었다. 홍남순·이기홍·송기숙·문병란·황석영·김동원·명노근·강신석·박석무 등 재야인사들과 김상윤·김상집·전용호 등 선후배들이 모여 사후 대책을 세우고 있었다. 후배들도 삼삼오오 모여서 토론했는데, 그들에게 가장 다급한 사항은 신영일 선배가 죽을지 모른다는 점이었다.

10월 12일 새벽 2시, 박관현이 갑작스레 고통스러운 표정으로 몸을 뒤틀더니 피를 토하기 시작했다. 어머니가 아들을 두 팔로 감싸고 병실 안에 들어온 학생들이 의사를 불렀다.

"간호원, 의사를 불러요."

황급히 달려온 의사가 인공호흡을 실시하고 강심제를 놓았으나 맥박과 호흡이 아득히 멀어져 갔다. 필사의 노력을 다하던 의사가 눈에 눈물이 가득 담긴 상태로 박관현의 얼굴에서 인공호흡기를 떼어냈다. 그와 동시에 광주의 밤공기를 가로지르는 통곡 소리가 터져 나와서 시내 곳곳으로 전염되어 갔다. 광주 시민을 이끌던 별 하나가 떨어진 것이다.

7
신영일의 시간

광주를 깨우다

그날 새벽 2시, 전용호는 잰걸음으로 전남대병원 중환자실을 찾고 있었다. 상황이 긴박하여 잠시도 한눈을 팔 겨를이 없었다. 초저녁부터 뛰어다니며 대책 회의를 알리고, 회의에 참석한 뒤, 뒷수습까지 하고 나서야 병원에 닿았다. 그래서 가쁜 숨을 헐떡이며 3층 중환자실 계단을 막 오르는 참인데, 갑자기 울부짖는 소리가 병동을 가득 채웠다.

오메, 돌아가시고 말았구나!

계단을 두 개씩 뛰어올라 순식간에 병실 문을 열었다. 박관현의 어머니와 누님이 시신을 보듬은 채 통곡하고, 동지 선후배들이 머리를 벽에 찧으며 울부짖고 있었다. 그도 선배의 시신 곁에 다가가 엉엉 소리를 내며 울었다. 박관현과 함께 총학생회를 이끌던 선배들이 등을 툭툭 쳐서야 병실을 빠져나와 급한 대로 이곳저곳 전화번호를 돌리기 시작했다. 서늘한 가을밤을 깨우는 벨 소리와 함께 울먹이는 목소리들이 여기저기 퍼져갔다.

"관현 형이 운명하셨습니다. 오실 수 있는 분들은 오시고, 다른 분들에게도 전해 주십시오."

어둠이 걷히지 않은 이른 새벽부터 온 시내가 깨어 일어나 분주하게 움직였다. 통곡으로 밤을 새운 청년 학생들과 민주시민

들이 영안실 옆에 빈소를 마련하고, 박관현의 죽음을 알리는 벽
보와 현수막을 붙이고 다녔다.

80년도 전남대 총학생회장 사망!

곳곳에 플래카드가 나부끼고 건물마다 사망 경위를 알리는 벽
보가 게시되었다. 순식간에 조문 행렬이 불어서 병원 입구를 지
나 주변 도로까지 인파가 넘쳤다. 전남대병원 앞을 지나가는 차
들도 동참하는 경적을 울려서 광주시 전체가 우는 느낌이었다.
다급해진 경찰은 2개 중대 병력을 병원에 투입했다. 전남대학교
에서는 일찍 등교한 학생들이 수업을 팽개치고 분향소로 몰려
오느라 소란하기 그지없었다.

오전 11시, 광주 YWCA 강당에서 민주인사들과 청년 학생들
이 협의하여 '민주학생 고 박관현 장의위원회'를 구성하고, 장
례식을 광주 시민장으로 치를 것과 장지를 망월동으로 할 것을
결의했으며, 이를 슬퍼하는 모든 사람이 자유롭게 참배할 수 있
도록 YWCA 강당에 빈소를 마련하기로 했다. 그러자 경찰이 전
대병원을 봉쇄하고 주변을 포위했다. 또 병원으로 들어오는 모
든 출입구를 차단하여 조문객은 물론 일반 출입자까지 막았다.
경찰이 이렇게 봉쇄 작전으로 나오는 바람에 장의위원회는 하
는 수 없이 전대병원에 임시로 마련된 빈소를 장례식장으로 정
하고, 장례 절차 협의에 들어갔다. 그리하여 경찰의 포위망 안에
갇힌 상태로 위패·만장·상여가 준비되었다. 이윽고 대학생들
이 만장을 앞세우고 상여를 멘 다음 영안실 앞마당을 돌며 넋풀
이에 들어갔다. 오후에 경찰이 잠깐 포위망을 늦추는 사이에 수

많은 시민이 밀고 들어와 조문객들이 인산인해를 이루었다.

그런데 밤 11시 경찰기동대와 정사복 형사들이 갑자기 영안실을 에워싸더니 간부로 보이는 사람이 말했다.

"시신을 부검하라는 지시를 받았소. 넘겨주시오. 끝난 뒤 가족에게 인도하겠소."

나쁜 놈들! 청년들이 즉시 일어나 '주검'을 둘러싸고 방어 태세에 돌입했다. 어떤 사람은 조화의 다리를 뽑아서 작대기를 만들고, 어떤 사람은 또 다른 각목을 휘두르며 포위망을 좁혀 오는 경찰과 맞섰다.

"이놈들. 내 자식을 두 번 죽이려거든 나를 죽여라."

어머니가 울부짖고, 청년 학생들이 대항하며, 조문객들이 결사적으로 버텼다. 잠시 후 부장검사가 나타나 정식으로 '시체 부검 영장'을 제시했다. 그래도 대치가 계속되자 경찰이 '시신 탈취 작전'을 개시했다. 시민들이 분개하지 않을 수 없었다. 다들 여기에 혼신의 저항을 했으나 경찰은 청년 학생들과 조문객들을 무차별적으로 연행한 뒤 시신을 탈취하고 가족들을 감금했다. 그리고 자정 무렵, 아무도 입회하지 않은 상태에서 경찰이 제멋대로 부검을 하고, 새벽 3시에 갈기갈기 찢어 놓은 시신을 앰뷸런스에 싣더니 박관현의 고향인 전남 영광 생가에 던져 놓았다. 어머니와 가족들을 강제 호송한 상태였다.

천벌을 받을 놈들! 신영일은 이 기막힌 상황을 감옥에서 전해 듣고 엄청난 충격을 받았다. 아아, 관현이 형! 단 몇 초 사이에 눈앞에서 장편 서사 하나가 지나가는 느낌이었다.

김남주가 쓴 시 중에 다음과 같은 작품이 있다.

혼자서 당신이 단식을 시작하자
물 한 모금 소금 몇 알로
사흘을 굶고 열흘을 버티자
어떤 이들은 당신을 웃었습니다
배고픈 저만 서럽제 그러며

밤으로 끌려가 어딘가로 끌려가
만신창이 상처로 당신이 돌아오자
돌아와 앓는 소리 끙끙으로 사동을 채우자
어떤 이들은 당신을 웃었습니다
맞은 저만 아프제 그러며

물 한 모금 소금 몇 알로
끼니를 때우고 스무날 마흔날을 참다가
심근경색으로 당신이 숨을 거두자
어떤 이들은 당신을 웃었습니다
죽은 저만 불쌍하제 그러며

그러나 나는 보았습니다
그들이 냉수 한 사발로 타는 목 축이고
남은 물 그 물 손가락으로 찍어 세수하고
세수한 물 그 물로 양치질하고
여름이면 철창 밖으로 고무신을 내밀어 빗물을 받아
갈증을 풀던 그들이
당신의 죽음 그 덕으로 철철 넘치는 대얏물에 세수하고

따뜻한 물로 십 년 묵은 때까지 벗기는 것을
(김남주 시 「한 사람의 죽음으로 – 박관현 동지에게」 일부)

박관현이라는 이름으로 기록된 이 모든 시간을 처음부터 끝까지 신영일이 함께 했다. 아니, 오히려 신영일이 박관현의 소매를 끌고 간 길이었다. 그러나 자신이 먼저 쓰러지고, 또 그래서 정신이 오락가락하는 상태에서, 영일이를 꼭 살려야 한다는 말을 몇 번이나 들었는데, 정작 관현 형이 먼저 죽다니! 그 순간에 겨우 지탱해오던 마지막 의식의 끈 하나가 툭 끊어지고 말았다. 그리고 이내 눈앞이 깜깜해지는지 허공에 손을 내저었다. 이를 관찰하던 교도관들은 신영일이 정신 질환 증세를 보인다는 보고를 상부에 올렸다.

박관현이 절명했다는 소식은 전국 각지의 민주투사들에게 신속히 전달되었다. 전국의 교도소에서 추모 집회를 시작하고, 박관현의 죽음을 애도하면서 당장 그날부터 단식 투쟁에 돌입하였다. 같은 시기에 같은 교도소에서 또 다른 문제로 싸우고 있던 김남주 시인도 박관현 · 신영일의 단식에 내내 촉각을 곤두세우고 있었다.

학생들은 싸우고 있는데 바로 아래층에서
사흘 나흘 밥을 거부하며 싸우고 있는데
나는 위층에 앉아 밥을 먹고 있다
그들보다 넓은 공간에 그들보다 많은 책을 쌓아 놓고

밥을 입에 퍼 담기는 하지만 그러나 넘어가지를 않는다

가시처럼 목구멍에 걸리고 눈에는 금세 눈물이 고인다
산다는 게 이런 것이냐 -
나는 수저를 놓고 일어나 철창에 선다 멀리 침묵의 산이 보이고
청천 하늘에 잔별도 많고 이내 가슴에는 수심도 많고 ……
정말이지 산다는 게 이런 것이더냐 -

대답해다오 별아 내 가슴에
깜빡깜빡 알 수 없는 눈짓의 신호만 보내지 말고
고개를 끄덕여 주든지 설레설레 가로저어 주든지
내가 묻는 물음에 대답해다오 침묵의 산아
(김남주의 시 「별아 내 가슴에」 일부)

그래서 대응이 더욱 격렬할 수밖에 없었다. 남민전 관련자들을 위시한 광주교도소의 정치범 전원이 박관현의 사인 규명과 책임자 문책을 요구하며 강도 높은 투쟁을 전개하겠다고 선언했다. 미리 유서를 써 놓고 단식에 들어간 사람도 있었다.

"전남대학교 총학생회장 박관현이 광주교도소에서 죽었다. 살인 소장 최근식을 처단하라!"

"박관현은 재소자 처우 개선을 위해 40일이나 단식 투쟁을 감행했다. 광주교도소는 살인 교도소다!"

주요 외신들도 40일의 단식 투쟁 끝에 사망한 박관현의 소식을 전 세계에 알렸다. 이때 충격을 받은 전남대학교 후배들은 신영일 문제로 잔뜩 긴장하여 발을 굴렀다.

"지금 관현 형 곁에서 영일 형이 죽어가고 있다!"

이 심각한 소식이 퍼지면서 곳곳에 대자보가 붙었다.

박관현 사망, 신영일 혼수, 모두 전남대병원 영안실로!

박관현의 죽음은 광주 시민들에게 1980년 5월의 기억을 강력히 상기시켰다. 그래서 광주 시내 곳곳이 험한 바다와 같이 출렁거렸다. 서울을 비롯하여 다른 지역에서도 집회와 시위가 일어나고, 그 일부는 광주로 밀려들었다. 장의위원회가 시신을 탈취당해 광주 시민장을 치를 수 없게 되자 시민들이 남동성당에 따로 빈소를 마련하였다. 경찰기동대가 겹겹으로 포위한 상태이나 조문 행렬이 끝없이 이어졌다. 한동안 고요했던 학교 교정도 분노의 함성으로 뒤덮였다.

"우리의 학생회장 박관현의 시체를 빼앗겼다. 탈환하자."

학생들은 수업을 전면 거부했고, 교수들도 이를 말릴 엄두조차 내지 못했다. 서클 활동을 주도하는 학생들은 강의실 칠판 위에 적고 또 적었다.

전대인이여! 우리 모두 분노하자!
오전 10시에 도서관 광장 앞으로!

다음 날 오전 10시, 도서관 광장 앞에는 6천 명의 학생이 꽉 찼다. 아침부터 시작된 교내시위는 '도청 앞으로!'를 외치더니 빠른 속도로 경찰의 저지선을 뚫고 무등경기장을 통과했다. 경찰도 얼마나 강력히 대응했는지 젊은이들의 머리에 최루탄 가루가 하얗게 뒤덮여 있었다.

"박관현의 죽음을 규명하라! 전남대 총학생회장 박관현의 시신을 사수하자! 시민 여러분, 도청 앞으로!"

전남대생들은 신영일의 목숨까지 위태롭다는 사실 때문에 매우 과격했다. 후배들의 참여가 더욱 적극적이었다. 신입생 환영회에서 계절보다 일찍 핀 진달래 같은 모습으로 나타나 "이 세상이 무지개처럼 곱기만 하다면 그 누가 그 누가 눈물 흘리나" 하는 유행가로 운동권 진출의 숨통을 열어 준 선배였다. 그 기억이 아직 2년도 지나지 않았다.

학생들의 기세가 심상치 않자 경찰은 시나브로 태도를 바꾸었다. 학생과 시민들이 거리를 누비며 큰소리로 외쳐도 경찰은 이제 꼼짝 않고 오직 도청으로 가는 길목만 지켰다. 성난 시위대가 한없이 격앙되어 있었는데, 어디에서도 충돌이 일어나지 않았다. 대신에 저녁 7시가 되자 도청 주변이 경찰의 장막으로 철통같이 차단되었다. 물론 다음 날, 또 다음 날도 시위가 일어났다. 대학생들은 끝없이 박관현을 추모하고, 경찰은 시위대열이 형성될 때마다 그 복판을 향해 최루탄을 쏘아 대고, 또 학생들은 최루탄 발사가 어려운 지점으로 올라가 투석전을 전개했다. 송재형·임낙평·전용호가 쓴 「민주·통일운동의 횃불로 힘차게 타오른 청년운동가 신영일!」은 그날을 이렇게 기록한다.

5월 광주의 아들 박관현의 죽음으로 전남대에서는 5·18 이후 최대 시위사태가 벌어졌고, 전국 각 대학으로 시위가 확산되었으며, 국회에서도 정치 공방이 계속되었다. 전두환 정부는 신영일에 대해서 이런 정치·사회적인 분위기와 도저히 수감 생활할 건강 상태가 아님을 판단했는지 병보석 구속집행정지 결

정을 내렸다. (『신영일을 배우자』, 146쪽)

　당국은 신영일을 표나지 않게 슬그머니 내놓았다. 반은 죽음에 이른 자식을 아버지가 인수해 갔다. 이내 병상에 눕혀졌으나 그의 신체는 과연 예전의 건강을 회복할 수 있을지 장담할 수 없는 상태였다. 혹독한 고문과 장기간에 걸친 단식으로 신영일은 몸과 마음이 상할 대로 상해 의식의 끈을 놓았다 쥐기를 반복했다. 육신도 반은 마비되어 있었다. 그래서 신영일의 얼굴은 날씨가 조금만 안 좋아도 삶과 죽음의 경계가 희미해졌다. 금방이라도 꺼질 듯이 위태로운 숨을 다시 내쉴 때마다 고등학교 때 읽었던 『갈매기 조나단』이 눈앞에 나타나 더 높이 오르고 더 멀리 날고자 몸부림을 쳤다.

꿈에 쓴 시

　죽음 앞에 다다른 생명체도 태어나던 자리로 되돌려지면 감쪽같이 소생하는 수가 있다. 신영일은 어머니가 보살피자 조금씩 차도를 보였다. 만신창이가 된 몸이 통원 치료와 요가로 나날이 회복되면서 이내 자가 치료 과정에 들어갔는데, 이때부터 그는 자기 몸을 어지간해서는 남의 손에 맡기지 않았다. 스스로 진단하고, 스스로 처방하고, 스스로 치료하는 걸 최우선으로 삼았다. 그러는 와중에 일본의 대안 의학을 알게 되어 '조식 폐지'를 단행하고, 몸이 안 좋을 때는 고양이처럼 팔다리를 터는 등의 자가 조절을 했다. 일본에서 전해진 '니시이 건강법'이라는 자연 건강 요법을 공부하는 모임에서 습득한 이 치유법을 신영일은 오래 길들인 버릇처럼 몸에 달고 살았다. 아침 식사를 폐지한다든지, 감잎차를 상식한다든지, 니시이식 체조를 한다든지, 감기에 걸려도 약을 먹지 않고 뜨거운 물에 발을 담가서 땀을 흘리는 치료를 한다든지 하는 식이었다. 그 원리를 「민주·통일운동의 횃불로 힘차게 타오른 청년운동가 신영일!」은 이렇게 설명한다.

　기존의 서양의학은 병원균에 의해 질병이 발생한다는 이론인 데 반하여 니시이 건강법은, 병원균은 도처에 존재하지만 신체의 상태나 체질에 따라 발병한다는 일종의 체질론이었다. 니시이의 체질론은 논리적으로 세균병원론보다 훨씬 더 합리적인 것으로 이해되었으며, 따라서 신영일을 비롯해 공부에 참여하였던 여러 사람이 니시이 건강법을 실천하였다. (『신영일을 배우자』, 161쪽)

하지만 치유의 시간이 길어지다 보니 시내에 매우 쓸쓸한 소문이 돌았다. 신영일이 박관현과의 단식 투쟁으로 끝내 정신병자가 되었다더라 하는 사람도 있고, 신영일이 정신병자 흉내로 석방되어 꼭꼭 숨었다더라 하는 풍문을 전하는 사람도 있었다. 그러던 어느 날 김정희는 친구로부터 뜻밖의 소식을 들었다. 신영일이 김정희를 몹시 보고 싶어 한다는 것이었다. 김정희는 전남대학교를 졸업하고 두 해째 목포에서 영어를 가르치는 동안 한 번도 만난 적이 없었다. 교사 발령을 받으면서 더는 미련을 두지 않기로 마음먹은 사이였다. 5·18은 신영일의 영혼을 정확히 이등분했다. 과거의 부드러움보다 확고한 의지를 중시했고, 낡은 체제를 부수는 일에 목숨을 내건 사람처럼 사고했으며, 일상에서도 사적 관계가 전혀 없는 사람처럼 행동했다. 자신이 곁에 있는 게 방해가 될 것 같은 느낌이 들었다. 전남대학교 안에는 그와 시대적으로, 또 명분상으로 오월의 짐을 나눠서 질 사람이 없어 보여서 신영일이 차라리 서울에서 대학을 다녔더라면 좋았을 거라는 생각도 해 봤다. 감성적이고 연약한 개인에게 '전남대학교'와 '5·18'이 지우는 짐이 너무나 큰 까닭이었다.
"면회를 꼭 와 달라더라."
어디에 있는지 물었더니 정신병동에 입원해 있다고 했다. 김정희는 수업이 없는 날에 월차를 내고 광주로 올라갔다. 하필 그 날, 같은 학교에 근무하는 선생님의 심부름을 맡게 되어 그 남동 생이 모든 일정을 동행하고 있었다. 친구가 알려 주는 대로 약도 를 들고 병원을 찾아가 문을 열었더니 병상에 허깨비 같은 사람 이 앉아 있었다. 김정희는 나직하게 탄식을 올렸다.

"어째야 쓰까."

얼굴을 찬찬히 뜯어보니 생명이 다 빠져나간 사람 같았다.

'아, 이 남자가 굉장히 많이 상했구나. 내상이 크네.'

얼마나 안타까운지 몰랐다. 신영일은 같은 학번 동기 중 군계 일학이었다. 가장 잘생기고 똑똑하고 유능하고 문화적으로도 멋 있어서 주위에 늘 사람이 끓었다. 첫눈에 촌스럽고 규범화돼 있 지 않으며, 자연 그 자체처럼 원시적인 힘이 샘솟아서 자기는 왠 지 가까이 갈 수 없는 사람이라 생각되었다. 더구나 그는 학내 운동을 지휘하는 편이라 보안 문제 때문에라도 작고 세세한 문 제를 묻거나 챙길 수 없었다. 그래서 김정희는 마음을 정리하고 되도록 그에게 무심해지려고 했다. 박관현의 죽음을 듣고 가장 먼저 떠오른 이도 신영일이었지만 면회 한 번 가지 않은 처지에 소식을 묻는 것도 겸연쩍어서 속으로 삼켜 버린 뒤였다.

"정희야. 잘 지냈어?"

마치 깊은 고랑이 파인 계곡 하나를 사이에 두고 이쪽 편과 저 쪽 편에 서서 이야기하는 느낌이 들었다.

"지금 내 걱정할 때가 아니지. 어서 건강해져야지."

그래도 살아 있다는 사실을 확인한 것만으로도 얼마나 다행인 지 몰랐다. 그래서 매우 짧은 만남이나마 얼굴을 보았다는 사실 로 만족했는데, 병실을 돌아 나오기 직전에 신영일이 이상한 말

을 꺼냈다. 동행한 남성에게 손을 내밀더니,

"참 좋겠습니다."

하고 부럽다는 표현을 한 것이다. 그 순간 김정희는 한편으로는 우스꽝스러우면서도 한편으로는 정신이 번쩍 들었다. '저 사내도 참, 함께 간 사람이 누군지도 모르고 부러워하다니.' 그와 동시에 안심이 되기도 했다. 신영일은 지금 몸이 쇠잔할 뿐 정신이상자가 아니다. 단지 기운을 모두 소진했을 뿐이다. 그리고 더불어서 마음이 너무나 아프고 미안해서 어찌해야 할 줄을 몰랐다. 자신이 사회과학을 공부하고 싶을 때 찾아 준 사람이고, 광천동 실태조사를 할 때 합류할 걸 제안해 준 사람이었다. 그래서 김정희는 장차 '존재에 대한 의문'을 풀어가는 데 신영일이 필요했고, 또 그와 함께 가고 싶었다. 그런데 지금은 그 반대되는 상황이 펼쳐져 있었다. 신영일은 이미 세계의 낮고 깊은 수렁 속에 빠져 있었다. '누군가 신영일의 손을 붙들지 않으면 안 돼.' 그리하여 다시 마음에 불이 붙었다. 그것이 또 다른 시작이었다.

김정희가 다시 마음을 열자 신영일은 틈만 나면 편지를 보냈다.

당신께 곧바로 달려갈 수 없음이 참으로 안타깝습니다. 당신이 가장 고통스러운 순간에 항상 함께하지 못하는군요. 당신이나 나나, 우리는 정신적으로 그리고 육체적으로 다 함께 참으로 어려운 투병기에 처해 있습니다.

모난 데라고는 없이 한 획, 한 획 그려 간 가지런한 필체 안에 신영일의 입김이 가득 담겨 있었다. 김정희는 겉으로 내색하지 않았지만, 그 시기는 세상 누구도 챙길 수 없는 자기 연민의 극한에 이르러 있었다. 김정희는 큰딸인데 손아래 남동생이 예비군 훈련을 받다가 익사하는 참변을 겪었다. 집안의 장남이 그런 청천벽력 같은 사고를 입는 바람에 온 가족이 충격에서 벗어날 수 없었다. 그래서 신영일이 오히려 위문편지를 쓰는 사람처럼 되었다. 그에 의하면 신영일은 계속 통원 치료를 받으며 정신이 맑아질 때마다 김정희에게 편지를 써 보냈다. 그 내용은 잃어버린 거리로 되돌아가려는 그의 몸부림으로 가득 차 있었다.

그리곤 아무것도 쓸 수가 없다.
그저
그저
온갖 것이 무너져 내린 폐허의 돌더미 위에서 새로운 탑을 쌓아가고자 하는 나를 포함한 모든 세계 내적인 것들과의 치열한 싸움 속에서 네가 생각날 뿐. 단 한 번도 의심해본 적이 없는 너를 향한 신뢰 때문이지. 자신 있는 꿈틀거림과 찬연한 움직임은 항상 뜨거운 사랑의 뿌리로부터만 가능한 것. 그리고 이론과 실천의 일치! 사랑으로부터의 출발과 사랑 속에서의 통일! 그것만이 발전하는 삶의 지향을 살아 움직이게 하는 것이 아니겠느냐?

이렇게 문학적인 편지는 매번 시가 인용되고 있었는데, 신경림의 시도 있으나 태반은 김지하의 전투적인 시였다. 그의 호흡이 뜨겁게 박동한다는 증거였다. 그리고 이 무렵에 사랑에 대한 사색을 집중적으로 하는지 신영일의 모든 말들이 사랑으로 향했다.

안녕!

바람 소리 나는 터전을 지나면 이내 당신의 숨결을 느낄 수가 있습니다. 진실로, 사랑을 만들어 나가는 우리를, 변화하는 전진의 상으로 체득할 수 있음은 우리에게 더 없는 자신을 갖게 합니다. 내가 당신을 사랑하고 있다는 것은, 당신이 성취하고자 하는 그 무엇과 그 무엇의 실현을 위하여 정진해 나가는 움직이는 당신의 온 몸뚱어리를 사랑한다는 것입니다. 거기에 함께 하는 나를 사랑하는 것입니다. 그리고 우리의 사회를…. 우리가 만들어내는 사랑의 문화가 결코 정제된 어떤 알맹이가 아니라, 기어코 개화해야만 하는 움트는 싹의 행진일 것입니다. 나는 당신을 통해서 인간을 만나고 세계를 호흡하면서 그 실체를 당신과 함께 참으로 절실하게 느끼고 기어이 태동하고야 말 빛나는 새벽을 봅니다. 안녕!

신영일은 부드럽지만 강한 사람이었다. 글씨를 한 자만 틀리게 써도 고치기 어려운 우편엽서에 이 같은 글을 쓸 수 있는 사람은 문장력은 말할 것도 없고 집중력도 매우 뛰어난 편에 속한다. 날마다 이렇게 혁신을 거듭하는 회복력도 매우 놀라웠다. 그리하여 1980년 5월의 패배로 흩어져 있던 친구들에게 서서히 안부를 묻고 편지를 쓰면서, 어쩌다 만나면 꽤 진지한 이야기를 꺼내는가 싶더니 어느 순간 옛 모습으로 돌아와 있었다. 김정희는 신영일을 보면서 자신도 강해지는 느낌이었다. 그는 본디 대화나 토론에 있어서 빈틈이 없는 성격이라 보통의 경우에 그냥 넘어갈 수 있는 것처럼 보이는 것도 결코 허투루 넘어가질 않았다. 항상 '왜, 그리고, 무엇 때문에'라는 물음이 끊이지 않았고, 더욱 중요하게는 모든 얘기의 중심에 어렵고 힘든 사람들의 이야기, 그들의 생활, 그리고 미래에 대한 배려가 담겨 있었다.

개인의 운명은 시대라고 하는 광활한 대륙 위에서 운동한다. 그곳에서는 불이 연기로 변하듯이 개인의 체험도 해체되어 그 시대의 공기처럼 세계의 일부가 된다. 당시 광주지역의 재야운동은 1980년 패배 이후의 긴 좌절과 침묵의 터널을 지나고 있었다. 온 시내가 공동묘지 같았다. 전두환 정권은 자신감이 붙었는지 폭압 통치에 대한 국민의 불만과 정통성의 결여로 말미암은 권력의 불안정성을 타개하는 방편으로 일시적이나마 통치 방식의 변화를 꾀하는 중이었다. 특히 박관현의 죽음으로 광주가 깨어나기 시작하자 당국은 이를 되도록 건드리지 않으려는 눈치가 역력했다. 그해 겨울이 가고 신학기가 되면서 5·18 사태와 관련돼 제적당한 전국의 학생들을 복학시킨 것도 그러한 여파였다. 그리하여 재야운동에도 일정하게 유화 국면이 찾아와서 각 지역에서 새로운 투쟁들이 준비되었다. 특히 서울에서 '민청련'이라는 공개적인 단체가 출범했는데, 이는 매우 중요한 전환점이었다.

당시 정세에서 민청련이 사무실을 마련하고 간판을 내걸 때 당국은 상상도 할 수 없었다. 민청련이 내건 상징물은 두꺼비였는데, 두꺼비는 자신을 잡아먹은 독사의 배 안에서 알을 낳는다. 잡아먹히면서 내뿜는 치명적인 독 때문에 뱀은 죽고, 그 몸 안에서 바야흐로 새끼 두꺼비들이 부화하여 자란다. 엄마 두꺼비의 죽음으로 태어난 새끼들은 비록 선대의 희생을 기억하지 못하지만, 그들도 또 다른 독사를 잡기 위해 다시 잡아먹히는 것이다. 낡은 체제를 향해 이토록 당돌하고 간 큰 도전을 꾀하는 이들을 정보부는 묵과할 수 없었다. 까닭에 그 주역인 김근태를 미행하던 어느 날 골목길에서 테러를 감행했는데, 이 폭력으로 그만 김근태의 코뼈가 부러졌다. 이게 사회적 문제가 될까 봐 감추다 보니 결국에는 민청련을 허용하는 꼴이 되고 말았다. 예전처럼 몰래 숨어서 활동하는 것도 아니고, 도회 거리에서 환한 대낮에 아예 사무실을 차려 놓고 체제를 반대하는 운동을 하면서 그 정당성을 홍보하는 회사가 출현한 셈이다. 여기에 고무되어 광주에서도 5·18 민중항쟁을 통해 내부에 응축된 힘들을 모으고 반독재 투쟁의 대오를 새롭게 구축하기 위한 조직 건설 논의가 시작되었다. 때마침 일상의 활동력을 회복한 신영일은 이 상황을 놓치지 않았다.

1984년 봄이었다. 박관현의 죽음 이후 신영일이 어떻게 되었는지 다들 궁금하게 여기는 참이었다. 모진 고통을 그가 어떻게 견디고 있는지 알 수 없었다. 정신적 내상 때문에 안부조차 전하기 어려운 그가 봄볕이 나른하게 내리는 날 불현듯이 황지서점에 나타났다. 송재형의 눈이 동그래졌다.

"영일아, 너 몸 괜찮아?"

"형, 나 이제 많이 좋아졌어."

건강이 꽤 회복된 모습이었다.

"술집에 가도 돼?"

"괜찮아, 형."

송재형은 대번에 손을 잡아끌고 술집으로 데리고 갔다. 그와 건강하게 이야기를 나눌 수 있다는 게 한없이 반갑고 기뻤다. 두 사람은 이날 밤늦도록 술잔을 기울이며 회포를 풀었다. 송재형의 눈에 신영일은 항간에 돌던 소문과 달리 너무도 멀쩡했다. 신영일이 김윤창의 까치 만화방을 찾아간 것도 이때였다. 김윤창은 신영일이 '날라리'라 불리던 고교 시절에 학생운동을 시작했고, 졸업 후 대학이 아니라 노동현장을 선택했으며, 세계에 대한 사유가 깊고, 경험의 폭이 넓은 친구였다. 그래서 두 사람은 광주를 놓고 심도 있는 토론을 나눌 수 있었다. 아마도 그런 행보를 통해 광주의 운동권에 대해서 많은 논의가 진행되었을 텐데, 훗날 기록을 보니 신영일이 바깥으로 나돌기 시작하면서 가시화된 모임이 '구속자협의회'이다. 1984년 5월에 결성된 이 모임은 한 달에 한 번 정도 만나는 자리를 가졌는데, 모두 신영일의 공이었다. 그는 어느 틈에 구속자협의회의 실무를 맡아서 이 모임을 기반으로 광주지역의 운동을 풀어 가려고 갖은 애를 썼다. 이제야말로 5·18을 통해 응축된 저항적 힘을 발산할 때가 되었다고 판단한 듯이 반독재 투쟁의 대오를 새로 구축하기 위한 논의에 열심히 불을 지폈다. 그러나 모임의 성격과 구성원들의 성향이 하도 다양해서 그가 원하는 활동이 매번 좌절되었다. 그리고 광주에도 공개적인 운동단체가 이어서 출현해야 하는데 5·18의 상처가 아물지 않아서 맡을 사람이 없었다.

이때도 신영일의 머릿속을 온통 점령하고 있는 것이 5·18뿐이라는 사실을 가장 먼저 알아챈 사람은 김정희였다. 그날은 결혼식을 앞둔 며칠 전이어서 주변의 관심이 모두 거기에 가 있는데, 아침에 일어나자마자 신영일이 간밤에 꾸었던 꿈 이야기를 했다.

"정희야, 나 꿈에 시를 썼다."

"시인이 다 되셨네. 꿈에서까지 시를 쓰고."

"그런디 그 시가 안 잊히고 그대로 다 생각난다."

"와, 신기하다."

"들어볼래? 뭐라고 썼냐면."

하고 웃으며 뜸을 들이더니 다음과 같이 읊었다.

오월 세 번
우리운동
이야기운동

"그게 다야?"
"응."

처음엔 장난 같은 시라 여겼던 김정희는 생각을 거듭할수록 신영일의 영혼을 사로잡고 있는 게 무엇인지를 실감했다. 시를 여러 번 곱씹을수록, 5 · 18을 세 번이나 맞는 동안에 광주의 저항운동은 말로만 시끄러웠을 뿐 한 번도 제대로 된 적이 없었다는 뜻이 더욱 선명해진 것이다. 김정희는 신영일을 바라보면서 저 남자는 아직도 '나의 것'이 아니라고 생각했다.

겨울나무에서 봄나무로

그렇다. 정열로부터 휴식을! 이 같은 구호는 신영일의 사전에 없는 말이었다. 역사의 시간을 회피하는 가장 안전한 동굴조차도 그는 출발을 위해 입장하는 정거장으로 생각했다. 가령, 문익환 목사는 가정을 만드는 일을 '하느님의 기업'이라고 말한 적이 있다. 신영일도 그와 비슷한 심사였는지, 남녀가 만나 가정을 이루는 일을 '신이 만든 사업'이라 생각하는 사람 같았다. 그래서 전용호를 찾아와 결혼하겠다는 포부를 밝혔을 때 피식 웃으며 축하해 주었다. 그런데 난데없는 부탁을 하는 것이다.

"용호야, 나 명함 하나 파 주라."

"어디다 쓰게야?"

"장인한테 잘 보이려고."

어처구니가 없었으나 그 또한 축하해 주었다.

"좋아. 장인한테 잘해야지. 도서출판 일과놀이 간사라고 파줄까?"

"아니제. 더 높은 것으로 파 줘야 어르신 눈에 잘 띄지."

신영일에게는 세속사회의 용무들도 뛰어난 드라마 속의 장면으로 승화시키는 재주가 있었다. 그가 김정희와 혼례를 올릴 때 얼마나 많은 인파가 몰렸는지 모른다. 1984년 7월의 무더위 속이었다. 가톨릭센터 7층에서 송기숙 교수가 주례를 보았는데, 예식이 진행되는 동안 김정희의 아버지가 몰래 눈물을 훔치느라 정신을 차리지 못할 정도였다. 딸이 어릴 때부터 보아온 아버지의 모습으로는 감히 상상도 할 수 없는 광경이었다. 이때 김정희는 목포여상에 근무했으므로 목포 MBC 뒤쪽에 있는 아파트를 얻어서 신혼살림을 차렸다. 그러나 신영일은 이미 시위를 떠난 화살과도 같았다. 그는 많은 시간을 광주에서 보내면서 상당히 낯선 행보를 만들어 갔다. 어쩌면 이때 이런 생각을 하고 있었는지 모른다. '광주 곳곳에 운동 역량이 없는 건 아니다. 문제는 여기에 방향성을 부여할 지도력이 조직되지 않아서 산발적인 힘들이 강물처럼 굽이치지 못할 뿐.' 그것은 마치 5월 항쟁 초기의 풍경처럼 어지러운 것이었다. 다들 혼비백산하여 좌충우돌할 때 윤상원이 들불야학으로, 녹두서점으로, 극단 광대가 연습하는 YWCA로 뛰어다닌 까닭도 5·18이 흘러갈 방향성을 찾을 지도부를 구축하기 위함이었다. 1984년의 가을바람 속에 흩어진 신영일의 발자국도 딱 그와 같은 지문을 그리고 있었다. 그래서 내딛는 걸음마다 간절함이 담겨 있으니, 그의 움직임이 곧 후배들의 눈길에 포착되지 않을 수 없었다.

1984년은 전두환 정권의 학원 자율화 조치가 시행되기 시작한 해였다. 대학에 매우 제한되나마 그래도 합법적인 공간이 생겼는데, 때마침 81학번들이 지도부를 구성하고 있었다. 이들은 5·18 이듬해에 입학하여 1학년 때부터 신영일의 '9·29 투쟁 선언문'을 공부한 첫 세대였다. 그래서 막연한 민주주의가 아니라 반제 반파쇼 투쟁의 물꼬를 트려고 한다는 점이 선배 세대와 달랐다. 또 청바지를 입은 특공 진압 부대 백골단이 처음 나타난 것도 '9·29 투쟁' 때였으니, 탄압에 맞서는 태도도 전혀 달랐다. 적이 강고하므로 저항도 드세어야 한다. 물론 세상은 이렇게 등 장한 전투적인 세대에게 호의적이지 않았으나 이들은 조금도 위 축되지 않고 자신들의 대지를 젊음과 과감, 정열과 조급함으로 가득 채웠다. 그래서 언젠가 "태양은 묘지 위에 붉게 타오르고 한낮에 찌는 더위는 나의 시련일지라" 노래하며, "타는 목마름 으로" "신새벽에 남몰래" "민주주의여 만세" 하고 멋있게 탄식하 던 선배들의 낭만을 오히려 부끄럽게 여겼다. 그뿐만 아니라 그 들 앞에 존경의 예를 갖춰야 마땅한 '전설'들이 나타나도 기존의 느슨함을 오히려 수정하려고 했다. 보라. 저 거리에서 아무 기득 권 없는 이웃들이 "사랑도 명예도 이름도 남김없이" 앞서서 갔 나니. 뒤에 남겨진 자들의 소명은 명백할 것 아닌가. 그래서 한 마디로 살아 있는 사람들이 아니라 그날 현장에서 죽어 버린 이 들에게 부끄럽지 않고, 또 실망을 주지 않는 삶을 웅변하고자 애 쓰는 세대가 된 것이다. 이때 전남대학교는 민주회복추진위원회 를 만들어 5·18 진상 규명과 반제 반파쇼 총학생회 부활을 추 진하고 있었다. 그들에게 신영일 선배가 건재하다는 소식이 전 해진 건 여간 기쁜 일이 아니었다. 이상걸은 이렇게 말한다.

그리하여 10월 12일을 전후하여 박관현 열사 정신 계승 주간 을 설정하고 추모제와 각종 기념행사를 준비하였다. 그리고 출 소 후, 사회운동조직의 재건에 바쁘던 신영일 선배를 추모대회 의 초청 연사로 모시기로 하였다. (이상걸 「막차로 떠나자」, 같 은 책 106쪽)

전남대학교에 신영일 선배를 연사로 청한 건 박관현 열사와 함께 벌였던 단식 투쟁에 관한 증언을 듣기 위함이었다. 5·18 진상 규명 투쟁의 열기를 규합하는데 그보다 더 설득력 있는 일은 없다고 본 탓이었다. 그리하여 신영일의 최측근 김상전을 통해 연락을 넣었는데, 신영일은 어려운 여건임에도 흔쾌히 승낙했다. 후배들에게 그는 이미 새로운 전설의 출발점에 속했으니, 신영일이 온다는 소식이 알려지자 다들 잔뜩 기대에 부풀었다. 그렇다면 경찰이 그를 방관할 리 없다. 어느덧 그의 집에는 행사에 나가지 못하도록 정보원들이 들이닥쳤다. 꼼짝없이 가택연금 상태가 되어 버린 신영일은 어떤 항의로도 집에서 바깥으로 나가는 게 불가능하게 되었다. 당시 민주회복추진위원회 위원장으로 매일 같이 시위를 주동하던 홍범택은 아쉽지만 어쩔 수 없이 포기할 수밖에 없었다. 그런데 집회 전날 오후에 인편을 통해 신영일 선배가 심야에 공대 쪽 울타리에서 만나자고 한다는 전갈이 왔다. 통보된 시간에 홍범택이 공대 울타리 담벼락 앞으로 나가 봤더니 정말로 신영일 선배가 기다리고 있었다. 그래서 철조망을 사이에 두고 짧게 대화를 나눴는데, 약속을 지키기 위해서 왔다, 집회에는 참석하지 못하지만 5·18 진상 규명에 관한 나의 의견을 써 왔다, 이 편지를 대신 읽어 달라, 하는 내용이었다. 신영일이 가택연금 상황을 벗어나는 위험한 선택을 하리라는 건 예측하지 못한 일이다. 그래서 이 사연을 집회 현장에서 들은 후배들은 아무리 어려운 상황에서도 선배가 약속을 지켰다는 사실 자체에 엄청나게 감동했다. 이렇게 해서 신영일의 이름은 나날이 더 크고 높은 이정표가 되고 있었다.

이 시기의 사회운동은 비합법 조직이 폭넓게 퍼져 있었다. 활동가들도 자신을 민주화운동을 하는 사람이 아니라 혁명가라고 여겼으나 사실은 대부분의 활동이 금서를 읽고 토론하는 것이 고작이었다. 신문에 발표되는 뉴스들도 의식화 조직을 검거했다는 보도뿐이었다. 노준현을 회고하는 박병기의 글에도 이런 언급이 나온다.

언제부터인가 팸플릿을 잔뜩 가져다주면서 읽어 보라고 했다. 여러 실천 그룹의 문건들을 노선별로 구별하고 각각의 입장을 요약 정리해 달라는 것이었다. 2~3년간 그렇게 해서 준현으로부터 받은 팸플릿이 커다란 마대로 3개나 되었다. (박병기 「한 시대의 꿈과 좌절」, 『남녘의 노둣돌 노준현』 168~169쪽)

그러나 신영일은 운동에 임하는 방식이 상당히 달랐다. 그는 추상적인 진보보다 구체적인 변화를 얻는 데 관심이 컸다. 누구보다도 공부를 열심히 했지만, 마르크스, 레닌, 모택동의 길보다 지금 한반도에서 속박당하는 민중이 장기적으로 원하는 길이 무엇인가를 고민하고 찾아내려 했다. 이는 그에 관한 여러 회고에도 언급된 사항이긴 하나 실감을 주는 설명이 달려 있지 않다. 신영일의 정체는 무엇인가? 내가 생각하는 핵심은 이세천의 회고에 나오는, 다음 세 문장의 갈피에 숨어 있다.

그의 대중에 대한 사랑은 운동을 위한 의도적인 것이 아니었다. 그는 진정으로 민중의 어려운 삶과 그들이 원하는 바를 이해하고 있었다. 그리고 시간이 갈수록 그들을 사랑했으며, 특히 민중인 자신에 대하여 깊이 이해하고 사랑했다. (이세천 「영일이

를 생각하며」,『신영일을 배우자』, 44~45쪽)

신영일이 늘 '(인민) 대중'을 사랑했다는 말은 어쩌면 그의 인생을 이해하는 열쇠에 속하는 건지 모른다. 신영일의 어머니도 자식의 가장 큰 특징을 어려서부터 친구들에게 무엇이건 퍼주는 것을 좋아했다는 점에다 둔다. 그것이 '의도적인 게 아니'라는 말은 그게 그의 본질이었다는 말이며, 이웃의 '어려운 삶과 원하는 바를 항상 이해하고' 있었다는 말은 그의 노선이 항상 거기에 있었다는 것을 뜻한다. 여담이지만, 나는 그해에 도서출판 청사에서 근무하고 있었다. 광주에서 올라가 반년 만에 얻은 직장이었는데, 이케다 마코토가 지은『중국현대혁명사』를 편집하다가 어느 구절에서 계림동 까치 만화방에서 본 신영일 형의 모습이 떠올라 이를 뒤표지에 들어가는 광고 문구로 뽑은 기억이 난다. 예컨대, 지식인들은 혁명기에 등장한 수많은 노선을 대략 넷으로 나눈다. 극좌, 중좌, 중우, 극우가 그것인데, 중국혁명을 분석하는 글들도 늘 네 가지 노선의 각축으로 정치 동향을 평가한다. 그러나 이케다 마코토는 '대륙에 제5의 정치세력이 존재'했다고 말한다. 그게 (인민) 대중이다. 당시 혁명가 중에서 바로 제5의 정치세력을 믿고 따른 유일한 지도자가 있었던바, 그는 이들의 이해관계에 자신의 노선을 끝없이 일치시켜 간 끝에 중국혁명에 성공했다는 논지였다. 지금도 나는 신영일의 이미지, 즉 최초로 이웃들에게 각인된 인상이 통기타를 든 모습이요, 또 날라리처럼 유행 문화에 민감하며, 후배들에게 세계의 진실을 전하는 자리에서도 민중가요가 아니라 별스럽게 대중가요로 현실을 은유하는 데서도, 이후에 전개된 활동상에서도 이것을 일관되게 느낀다.

신영일이 언제나 우리가 소위 '민중'이라 부르던 제5의 정치세력을 놓치지 않고 자신과 그들의 정치적 운명을 일치시키려고 노력했다는 말은 과학이 아니라 미학적 상상력을 요구하는 개념이다. 그래서 말로 설명할 때는 식별하기 어려우나 거리에 나서면 확연하게 표시가 난다. 예컨대 도청 앞 분수대와 함께 광주의 정치 1번지를 상징하는 공간은 금남로이다. 이와 정확하게 대칭되는 자리가 첨단의 유행 문화를 전파하는 충장로인데, 둘은 미처 오십 미터도 되지 않는 간격을 두고, 그러나 이승과 저승처럼 떨어져서 '나란히' 서 있다. 더욱이 두 거리는 1가, 2가, 3가, 5가까지 평행한 까닭에, 외지인이 볼 때 한쪽은 사람의 길이요 한쪽은 자동차가 다닌다는 게 다를 뿐이나 원주민들에게는 둘의 '거리 언어'가 천양지차로 멀다. 금남로 시위 현장에서 탁월한 언어가 충장로에서 선망받기란 하늘의 별 따기만큼 어렵다. 고상한 정치가 비속한 광대의 도움을 빌려야 하는 지점이 여기이다. 신영일은 두 언어에서 능력을 발휘하는 극히 희귀한 재능을 가진 사람이었다. 1984년의 거리에 나왔을 때는 그런 모습이 더욱 도드라졌다. 지도자의 사랑과 광대의 사랑을 함께 갖는 것, 그는 이를 확신했다. 흡사 피안의 등불 같은 둘의 거리를 극복하는 길은 저마다의 삶 속에서 정치와 문화가 통일되는 수밖에 없다. '삶과 운동의 통일' 이것이 답인 것이다. 이 점을 알려주는 신영일의 대사 하나를 다음 이춘문의 글이 전하고 있다.

"내가 이제 가장 좋은 길을 여러분에게 보여드리겠습니다. 내가 인간의 여러 언어로 말하고 천사의 말까지 한다 하더라도 사랑이 없으면 나는 울리는 징과 요란한 꽹과리에 다를 것이 없습니다. 내가 모든 지식을 가졌다 하더라도, 산을 옮길 만한 완전한 믿음을 가졌다 하더라도 사랑이 없으면 아무것도 아닙니다. 비록 내가 모든 재산을 남에게 나눠 준다 하더라도, 또 내가 남을 위하여 불 속에 뛰어든다 하더라도 사랑이 없으면 아무 소용이 없습니다."(이춘문 「세상의 단 한 사람이라도 기억할 수 있다면」, 『신영일을 배우자』, 97쪽)

신영일은 바로 이 같은 사랑을 나눌 젊음의 결사체를 만들고 싶었다. 그래서 기회가 있을 때마다 직장생활을 하던 장갑수를 찾아가 어려움을 호소하고, 이 얼어붙은 시대를 함께 건너갈 청년조직이 필요하다고 역설하였다. '전남사회운동협의회'가 결성되면 좋은데, 지금 수준에서는 이게 도대체 되지 않으니 먼저 청년단체가 만들어져야 한다는 것이었다. 신영일은 평소에도 해박한 논리를 가지고 있었으나 이때는 논리적 설득력 외에도 한 번 꺼낸 주장을 끝까지 포기하지 않는 집요함과 끈질김까지 장착하여 좀처럼 굽히지 않았다. 그만큼 절실하다는 이야기였다. 그래서 장갑수는 결국 직장까지 때려치우고 그가 말하는 대열에 합류해야 했다. 그리고 그러한 결과 그해 11월 18일에 광주의 정치 지도에 한 획을 긋는 조직이 출범한다. 이것이 어쩌면 신영일이 세상에 내놓은 제대로 된 '정치적 작품의 결정판'이었다 해도 될 것이다.

광주 YMCA 백제실에서 '전남민주청년협의회(전청협)'가 출범한 날은 1984년 11월 18일이었다. 정동년을 고문으로 두고, 공동의장에 정상용, 김종배(도청 항쟁지도부 위원장), 부의장에 정용화, 사업부장 송재형, 조사부장 장갑수, 홍보부장 신영일, 여성부장 이춘희, 실무자에 김전승, 김상전, 이춘문이 포진한, 그야말로 재야와 구속 인사와 학생운동가 출신 인재들이 총망라된 단체였다. 출범 당일에 정보기관이 얼마나 긴장했는지 광주 YMCA 앞과 뒤, 또 1층 현관까지 경찰 2개 중대가 철통 경비를 과시하며 식장을 포위했다. 여기에 맞서 광주·전남 지역 구속 출소자들과 전남대·조선대의 학생운동가들도 무진관, 그리고 2층 백제실과 입구 계단을 가득 채웠다. 행사 사회는 신영일이 맡았는데, 선배 세대의 엄숙주의와는 달리 예의 신명이 넘치는 몸짓으로 전청협을 상징하는 깃발의 죽순 문양을 설명하고, 재미있게 노래와 구호를 선창하면서 탁월한 선동 능력을 발휘하자, 1980년 5월 이후 흩어져 있던 민주 청년들은 호남 최초의 공개 대중운동 단체의 출현에 감격하지 않을 수 없었다.

새로 창립된 조직에서 신영일은 다수의 선·후배와 함께 활동하기 시작했으나 이 기관의 실질적인 동력이 신영일에게서 나온다는 사실을 모르는 사람은 없었다. 신영일은 이론과 실천, 조직 활동과 사생활의 모든 측면에서 매우 특별한 면모를 보였다. 당시 전남대 학생운동을 지도하던 이상걸은 선배가 주장하는 지역운동의 개념과 현황 및 전망을 청해 듣곤 했는데, 하루는 전남대 학생들이 학원 자율화를 추진하면서 기관원이 상주하는 학생 상담관실을 걸어 잠그고 총장실을 점거 농성한 일을 설명하다가 깜짝 놀랐다. 신영일은, 비상 학생총회를 먼저 개최해서 학우들의 의견을 모으지 않은 지도부가 민주적이지 않다고 생각한다는 것을 알게 된 것이다. 학생운동가들이 그간에 민주주의적 절차를 전혀 중시하지 않았다는 각성이 들지 않을 수 없었다. 신영일의 활동은 그 점을 매우 중시하고 철저하게 관철했다. 그의 24시간은 빈틈없이 운동과 조직의 발전, 동료들에 대한 세세한 관심과 배려에 바쳐졌다. 그리하여 조선일보가 5·18을 왜곡하여 불매운동을 전개했을 때는 파급 효과가 얼마나 컸던지 김대중 주필이 직접 광주에 내려와서 해명하지 않을 수 없었다.

물론, 호남동 성당 골방에서 언 손을 녹이며 시작한 단체의 재정은 열악하고 활동가들은 언제나 수배와 투옥의 위험 속에 놓여 있었다. 이를테면, 그들은 창립하자마자 가톨릭농민회 전남연합회가 주최한 '추수감사제 및 농민대회'를 지원하느라 행사에 참여하고 지지성명서를 낭독했다. 그 일로 정상용 의장이 연행되어 구류처분을 받고 여기에 항의했던 집행부도 연달아 유치장 신세를 졌다. 전청협 활동은 이렇게 감시, 연행, 구속, 수배… 속에서 계속될 수밖에 없었다. 하지만 신영일은 이를 극복할 창조적 원형을 1980년 5월의 투쟁에서 찾고자 했다. 독재와 외세와의 피할 수 없는 투쟁에 대한 확신, 마지막까지 투쟁의 깃발을 놓지 않았던 이름 없는 민중에 대한 무한한 신뢰, 민중 자치의 모범으로 10일간의 광주 공동체를 만들어낸 대동 세상의 꿈, 이것이 출발점이고 목적지였다. 그를 위해 신영일은 대중에게 보일 조감도이자 투쟁의 설계도로서 운동이론을 정립하는 것이 얼마나 중차대한 일인지 거듭 강조했다. '전청협' 초기 기관지라 할 『광주』를 발간하는 일에 신영일이 온 열정을 쏟는 건 그 때문이었다. 그리고 신문 형태의 「광주의 소리」를 매월 또는 격월로 발행하여 다른 운동단체와 집회 현장에 배포하였다. 기관지 『광주』가 활동가들을 위해 운동론을 펼치는 지면이었다면 「광주의 소리」는 대중용 선전매체였다. 까닭에, 기관지에서 꼭 필요한 글은 신영일이 직접 집필하지 않을 수 없었는데, 여기서 신영일은 자신이 주장하던 '지역운동론'을 구체적인 담론으로 제시하기 시작했다.

지방이라는 것은 원래 서울과 비교하여 촌놈들이 사는 방향을 표시해 주는 것으로써 중심의 우월감과 주변의 피해의식을 동시에 호도하는 것이다. (신영일 「지역운동의 올바른 방향모색을 위하여」, 『광주』전청련 기관지)

이 같은 주장을 민청련 의장 김근태가 매우 주목하고 있었다. 신영일이 '중앙'과 '변방'을 위계로 인식하지 않고 '지역들'로 인식하는 지역운동론을 설파한 것은 '전청협'의 준비 단계부터 시작된 일이었다. 지역을 중심으로 조직을 건설하고, 지역을 중심으로 활동을 전개하자는 견해는 '지역성'을 '계급성'과 똑같은 차원에 둔다는 걸 의미했다. 예컨대 맹목적으로 서울을 '중앙'으로 알고 쳐다보기만 하던 '변방'이 5·18 같은 위기를 맞을 때 겪는 한계는 너무나 자명했다. 그래서 신영일은 지역적 특수성을 강조하는 것이 자칫 '고립 배타적인 오류' 그리고 '저차원의 대중성으로 만족해 버릴 수 있는 정치적 오류'를 초래할 수 있음에도 불구하고, 서울운동을 하나의 지역운동으로 재인식하고, 이제 민주적이고 수평적인 원칙에 의거, 진정한 의미의 '중심들의 연대'를 다시 세우자고 주장하는 셈이었다. 당시에 이 같은 '지역운동론'이 설득력을 얻는 데는 5·18 전후에 나타난 두 가지의 전조적 현상이 있었다고 볼 수 있다. 하나는 이강·김남주가 「함성」지를 제작할 때부터 지적된 '서울 중심주의'의 폐해였다. 온 나라에 근대화가 시작되고 산업적 재편이 가속화되면서 농경문화 지역이라 할 호남은 걷잡을 수 없이 부서져 버린다. 대지를 잃고 근거지를 상실한 떠돌이 민중이 부지기수로 양산되는 현실에서 공공선을 무너뜨리는 사회적 불의에 반발하는 모든 저항운동이 언제나 서울에서 시작되고 지방에서 동조하는 형식이 돼 있었다. 이강이 「함성」지 제호를 「고발」로 바꾸고 그를 위해 김남주가 서울로 올라가는 것도 '중앙'을 통하지 않으면 전국적 소통이 불가능해지는 한계를 극복하기 위해서였다. 그래서 광주에서 자기 지역의 저항운동을 자기 지역에서 결정해야 한다는 의견이 출현하는데, 이것이 바로 민청학련 세대가 석방된 직후에 만든 '전남구속자협의회'였다. 광주의 윤한봉 체제가 녹두서점이며, 들불야학이며, 송죽회 같은 거점을 중시한 점이나, 윤상원의 역사도 그 연장선에서 펼쳐진 것이다. 이것이 5·18의 '전사前史'를 이룬다.

그리고 또 하나는 5월 항쟁의 결과로 발동되기 시작하는 현상인데, 최정운의 『오월의 사회과학』에 이런 말이 나온다.

5·18 이후 광주 시민들은 그들의 모습을 되찾기 위한 투쟁을 폭력에만 의존할 수는 없었다. (…) 예술작품들은 5·18 당시 그들이 싸우던 진정한 모습, 논리와 언어로는 도저히 표현할 수 없는 모습, 위대한 인간의 모습들을 재현시키는 일이었고, 이것은 바로 위대한 절대 공동체와 거기에서 느꼈던 인간 지고의 존엄성을 다시 창조하는 일이었다. (최정운 『오월의 사회과학』 339~340쪽)

이는 전두환 정권이 언론을 통폐합하고, 『창작과비평』이며 『문학과지성』, 『뿌리 깊은 나무』 같은 매체를 폐간하는 등 사상표현의 자유에 대한 탄압이 극에 달한 상태에서 민중이 앞장서서 놀라운 비상구를 찾게 만든다. 신군부의 폭압적 상황이 계속되는 시대에 5·18의 정신을 먼저 표출하기 시작한 게 민중 문화와 예술의 영역인데, 이 물결이 매우 거세었다. 광주를 거점으로 한 '오월시' 동인이 출현한 데 이어서 서울에서 '시와 경제' 동인이 결성되더니, 그 열기가 금방 대전의 '삶의 문학', 대구의 '분단시대', 전주의 '남민시' 등으로 우후죽순 번져갔다. 이들은 각기 지역문화를 거점으로 부정기간행물('무크지'운동)을 출간하면서 문학과 민중을 결합하는 새로운 열정을 만들어낸다. 또 1970년대부터 부흥하기 시작한 민중문화운동의 토착적 역량들이 쌓여서 수없이 많은 공연물이 쏟아져 나오기 시작했다. 그래서 이 무렵의 민중운동은 계급적(아니, 계급만의) 이해관계보다 지역적 열정이 훨씬 강고했다. 신영일의 지역운동론은 이런 움직임이 활성화되던 당시의 시대상을 반영하기도 했지만, 보다 근본적으로는 '지역성'이 5·18 같은 상황을 만났을 때 겪게 되는 '고립무원의 항쟁과 그 필연적인 좌절'이라는 뼈아픈 경험의 산물이었다. 그래서 그의 지역운동론은 사회학적으로는 '중앙집권적 상상력'에 대한 반발이고, 철학적으로는 '대지적 공동체 정신'의 현현이라 할 수 있었다.

'전청협'은 얼마 안 되어서 '전청련(전남민주주의청년연합)'으로 개칭하고 '광주 공동체'의 새로운 활로를 모색했다. 지역적 근거지에 굳건히 뿌리를 박고 각종 홍보 활동과 크고 작은 집회와 모임을 주도했다. 특히 기관지 『광주』를 통해 '만민공동회'

라는 토론을 조직하고, 또 연대운동도 활발하게 전개하여 농민회와 5·18 관련 단체, 문화운동 단체 등 지역 내 여러 운동단체의 협의체인 '전남사회운동협의회'를 끌어내기도 했다. 그리하여 유동 YWCA 6층에는 전청련, 전남사회운동협의회, 기독교운동단체, 문화운동단체, 5·18 관련 단체들이 들어서 신영일은 순차적으로 시간을 정해 바로 옆방에서 열리는 각종 회의에 주르르 참석하고는 했다. 서울 민청련에서도 이범영이 내려와 전청련을 지역조직으로 삼고 싶어서 송재형과 신영일을 만나고는 했다. 이 기간에 광주·전남만큼은 아니지만 다른 지역에서도 운동 역량이 크게 성장하였다. 서울에서는 종로 5가에 있는 기독교운동단체들과 민청련을 비롯한 기타 단체들이 모여서 '민중민주화운동협의회(민민협)'를 결성하고, 1984년에 문익환, 계훈제 같은 어른들이 참여하는 '민주통일국민회의'를 띄웠으며, 또 양쪽 모두에 지역조직이 만들어졌다. 급격히 깃발을 올리기 시작한 부문운동 단체들과 지역운동 단체들은 필연적으로 전국적·전 부문적 전선 운동체를 건설하려고 모색하지 않을 수 없었다. 때마침 각지의 실무자들은 주로 1970년대 후반에 학생운동을 하면서 징역을 살고, 1980년대 초에 각지의 노동 현장이나 민중운동을 경험했던 사람들이 맡고 있었다. 까닭에, 전국의 실무자들이 한두 차례의 만남으로도 아주 쉽게 의기투합할 수 있었다. 그 속에서 어느덧 '통합조직을 만들자는 파'와 '각 조직 중심의 협의체를 만들자는 파'로 나뉘어 설왕설래가 많았는데, 각 지역에서도 이런 움직임이 있었고, 서울에서도 양 단체를 통합하자는 의견이 들끓었다. 그리고 그러한 결과로 1985년 3월에 '민통련'이 창립되었다.

'민통련'은 통합 선언문에서 '운동의 통일, 통일의 운동'을 바라는 민중의 뜻을 받아들여 '국민회의'와 '민민협' 두 단체가 통합하는 것은 시대적 사명이라고 규정했다. 그리고 통합단체가 기층운동과 일반 부문운동 위에 군림하는 게 아니라 독자적인 활동을 강화하면서 항구적으로 연대하는 기구라고 밝히고, 앞으로 민주화와 통일을 민족의 지상과제로 하여 어떤 집단이나 개인과도 흔쾌히 함께할 뜻을 분명하게 했다. 당연히 이는 '부문'과 '부분' 단체의 연합체이므로 미리 시간을 두고 전통을 띄워 사람을 모으고 회의를 해서 "찬성이오!"를 받아낸 뒤에 움직이는 단체가 되었다. 신영일의 '지역운동론'이 관철된 셈이다. 그래서 민통련은 처음부터 부문운동 협의체가 한 축, 지역운동협의회가 한 축이 되었다. 그리고 지역운동협의회를 이명식이 담당하였는데, 여기에 참여하는 각지 대표들의 역량이 대단했다. 인천 이우재, 전북 이광철, 부산 고호석, 광주에서는 신영일, 송재형, 장갑수가 번갈아 가면서 참여했다. 이명식은 이때 단연 두각을 드러낸 사람이 광주의 신영일이라고 말한다. 왜냐면 신영일은 매번 열정과 진정성의 크기에서 모든 참석자를 압도했기 때문이다. 신영일이 참여한 회의는 늘 내용이 충실하고 치열해서 다른 때보다도 시간이 길어지고 논의사항이 철저하게 점검되었다. 그가 의제를 애매하게 봉합하지 못하도록 논의를 치열하게 만드는 이유는 당시 국면에서 기성 정치에 대한 태도를 뚜렷하게 보이는 게 무엇보다도 중요하기 때문이었다.

제5의 정치세력을 향하여

　세상의 흐름이 강물처럼 여울을 앞두고 굽이친다는 건 참 특이한 현상이다. 늘 고요하던 잔물결이 한번 꿈틀대기 시작하면 누구도 잠재울 수 없다. 그것이 격류로 굽이칠 때 둑조차 없으면 속수무책이 된다. 혁명가들의 시간이 찾아오는 것은 대개 군중의 욕망이 범람할 때이다. 역사의 제방이 무너지는 순간에 어떤 흐름을 따를 것인가 하는 것만큼 중요한 주제는 없다. 1985년 초의 한국 정치가 그런 상황을 맞고 있었다. 12대 총선을 앞두고 대통령직선제 개헌을 바라는 국민의 열기가 후끈 달아오르고 있는데, 제도권에 안주하려던 야당은 국민의 열망을 조직하기에는 역량이 턱없이 부족했다. 독재정권을 흔드는 일은 당연히 재야운동의 몫이 될 수밖에 없었다. 그런데 그해 2·12 총선에서 뜻밖에도 신생 정당 하나가 전두환 독재에 일격을 가한다. 미국에서 망명 생활을 하던 김대중이 돌아와 치른 첫 선거였는데, 당시 운동권은 냉담하게 총선 무용론을 펼쳤다. 하지만 뚜껑을 열어 보니 대중의 온도는 천양지차로 달랐다. 창당한 지 한 달도 되지 않은 신민당이 순식간에 제1야당으로 등극하며 정국 주도권을 확보한 것이다. 그것도 김대중과 김영삼이 정치 규제에 묶여 있고, 언론조차 이를 보도하지 않는 상황에서 벌어진 일이다. 이는 그간 민정당의 2중대 역할을 하던 민한당에 실망한 국민이 전두환 정권을 견제할 야심으로 급조된 '민추협'과 '신민당'에 기대를 건 결과였다. 신민당은 여세를 몰아 국회가 열리자마자 민주화 요구를 하기 시작했다. 핵심 주장은 대통령을 국민의 손으로 뽑도록 개헌하라는 것과 1980년 5월 사태에 대해 전두환 정권이 사과하라는 것이었다. 여기에는 당연히 진상 규명과 책임자 처벌이 포함되었으므로 여론이 걷잡을 수 없이 끓었다. 그리하여 1985년 말부터 제기된 개헌 논쟁이 그야말로 신민당의 장외 투쟁 성격인 '직선제 개헌현판식' 정국으로 발전하는데, 당시 민중운동 진영은 제도권 정당에 대해서 매우 냉소적이었다. 그러나 신영일은 이 중요한 '권력 교체기'를 그대로 흘려보내선 안 된다고 생각했다. 민중운동은 여기에 반드시 개입할 필요가 있었다. 그것이 불가능한 일은 아니었다.

그러니까 1986년 개헌 싸움이 시작될 때 김근태가 이끄는 '민청련'은 '직선제 개헌 쟁취'를 구호로 걸었다. 가장 낮은 수준에서 대중과 더불어 가자는 취지였다. 이때 민통련은 통일문제, 직선제 문제 등을 중시하면서 민주헌법을 쟁취하자는 주장을 걸었다. 그리고 신민당은 3월 16일 서울에서, 또 3월 23일 부산에서 '직선제 개헌현판식'을 거행하였다. 광주에서는 이 행사를 3월 30일에 열기로 발표해 놓고 있었다. 당연히 이를 놓고 전청련에서도 논의가 시작되었는데, 의견들이 다양했다. 우선 이 행사는 제도정치권인 신민당의 행사이므로 민중을 위해 싸우는 운동권이 여기에 일일이 대응할 필요가 없다는 의견, 다음으로, 행사를 지켜보되 필요하다면 시민과 함께 움직이면서 '민주헌법 쟁취' 투쟁으로 발전시켜야 한다는 의견, 끝으로, 행사에 적극

가담하여 여기에 집결한 시민을 우리의 구호 아래로 결속시켜야 한다는 의견, 세 가지가 큰 흐름이었다. 신영일은 세 번째 의견을 강하게 내세웠다.

"저 거리를 보세요. 시민들은 자신의 정치적 요구를 실현할 장을 찾고 있어요. 문제의 본질은 이게 제도권 행사냐 아니냐 하는 게 아니에요. 비록 신민당이 개최하는 행사일지라도 거기에서 솟구치는 민중의 힘을 우리가 모으지 않으면 우리의 지도력이라는 게 허구에 불과해져요. 시민들에게 명확히 알려야 합니다. 우리의 슬로건과 전술이 어떤 건지, 그리고 시민을 최대한 조직하여 민중적 대열에 참여시켜야죠. 그래야 형식뿐인 직선제 개헌이 아니라 민중의 입장에 선, 근본적이고 철저한 민주헌법을 쟁취할 수 있어요."

꽤 모험적인 주장이었다. 신민당 개헌추진 현판식 행사를 방관하지 말고 적극적으로 개입하여 이를 민중이 주도하는 투쟁으로 바꿔야 한다는 논지인데, 활동가 다수는 이때 '남의 잔치'에 괜히 끼어들어서 욕만 먹는 게 아닌가 하는 우려를 제기했다. 두 의견이 극명하게 갈리자 다들 난처했으나 신영일은 굽히지 않고 개진했다. 물론, 신영일이라고 야당을 믿을 까닭이 없었다. 민청련처럼 뛰어난 조직이나 활동가들, 또 노동운동, 농민운동이 성숙한 정도를 믿지도 않았다. 계급·계층운동의 힘으로 독재정권을 응징할 지도력은 아직 어디에도 없었다. 그러나 총선투표장에 밀고 들어온 익명의 군중이 보이는 정치적 감수성은 이미 1980년 5월 초의 광주 시민 수준에 이르러 있었다. 에구, 익명의 세력이라니! 군중적 힘이라니! 이렇게 추상적인 실체가 어디에 있단 말인가. 하지만 김대중의 열혈지지자인 아버지를 보면 알 수 있었다. 신영일의 아버지는 당시에 복덕방을 운영하고 있었는데, 그곳에 드나드는 아버지의 친구들은 박관현 총학생회가 등장할 무렵의 전남대 서클 활동가들처럼 들떠 있었다. 이들이 움직이면 되는 것이다. 그런데 이때 신영일의 눈을 번쩍 뜨게 만든 사건이 언론에 등장했다. 그것은 이국에서 타전해 온 필리핀 2월 혁명에 관한 소식인데, 이를 바라보는 신영일의 해석은 매우 독창적이고 뛰어난 것이었다. 신영일은 필리핀의 민주화운동이 야당과 함께 발맞추면서, 수위가 낮더라도 대중이 쉽게 참여할 공간을 만들었다는 점, 미국은 민중의 힘을 타산해가면서 군부 독재와 손을 잡을지 말지를 결정하므로 대중적 결집이 강해지면 슬그머니 후퇴 전술을 쓴다는 점, 또 정치를 주제로 싸워야 광범한 대중이 어깨를 걸 수 있다는 점을 우리에게 가르친다고 주장했다. '전청련' 집행위원회는 몇 차례 밤을 새운 끝에 신영일의 주장을 모두 받아들였다. 그리하여 다음과 같은 슬로건을 채택하게 되었다.

민중의 힘으로 민주헌법 쟁취하자
민주헌법 쟁취하여 민주정부 수립하자
민주정부 수립하여 민중에 의한 민주주의 이룩하자

이렇게 의견 통일이 이루어지자 신영일 특유의 열정과 치밀한 기획력이 작동하기 시작했다. 신영일은 서울과 부산 집회를 검토한 다음에 앞으로 광주 YMCA에서 진행될 행사의 흐름을 파악하고 시간대별로 각각의 역할을 분담했다. 전청련은 오후 2시로 예정된 행사에 앞서 유인물 배포, 물품 판매, 시위 주도 및 선동, 상황 파악 및 연락 등을 맡기로 했다. 이때 단계별 상승효과를 불러일으킬 수 있도록 설정된 슬로건과, '민주헌법 쟁취'의 당위성을 「광주의 소리」에 게재하여 현장에서 배포하기로 하였다. 그리고 그 예상은 적중하였다.

3월 30일 오전 10시부터 시민의 발길이 끊이지 않았다. 금남로는 차량 통행이 금지되자 순식간에 해방의 거리로 돌변했다. 전청련 회원들이 배포하는 「광주의 소리」는 반응이 얼마나 뜨겁던지 삽시간에 바닥나고 말았다. 재정이 부족하고 시간도 없어서 많은 부수를 발행하지 못한 게 너무나 안타까웠다. 오후 2시가 되자 이민우 신민당 총재의 개회사를 필두로 본 행사가 시작되었다. 가장 중요한 순서는 당시 민추협 공동의장이자 신민당 고문인 김영삼의 발언이었는데, 그가 의례적인 수사로 가득 찬 연설을 하고 나자 몇몇 지역 정치인이 싱거운 연설을 뒤따라하는 것으로 행사가 종료되는가 싶었다. 당시 김대중은 광주 행사에 참석하겠다고 언론에 발표했으나 당국이 연금하는 바람에 꼼짝할 수 없었다. 경찰이 희망하는 그림은 여기까지였을 것이다. 하지만 직선제 개헌에 대한 광주 시민의 열망은 컸고, 5·18을 겪은 후 전두환 정권에 대한 분노를 직접 표출할 최초의 기회였다. 그래서 10만여 군중이 운집했는데도 지도력의 부재와 야당의 소극적인 태도로 행사가 형식적으로 끝날 상황이었다.

그런데 신민당 지도부가 행사장을 빠져나오는 시간에 절박하게 군중을 부르는 외침이 하늘에서 터져 나오기 시작했다. 고개를 들어 보니 YMCA 옥상 난간에서 위태롭게 춤을 추는 청년이 있었다. 그는 신들린 사람처럼 온몸으로 해방 춤을 추면서 전청련의 슬로건을 외쳐댔다. 군중집회가 있을 때마다 시위대 앞에 나서곤 하던 신영일의 탁월한 광대 같은 모습이었다. 갑자기 방향성을 찾은 사람들이 전일빌딩 앞으로 모여들어 그에 호응하기 시작했다. 신영일은 시위용 마이크와 안전장치도 없었으나 그 특유의 몸짓으로 군중의 눈길을 사로잡았다. 그리고 그와 함께 광주 개헌현판식 열기가 새롭게 점화되었다. 1980년 5월 이후 최초로 광주 시민이 모여 내지르는 정치적 함성이 우렁차게 터져 나왔다.

"민주헌법 쟁취!"

"쟁취, 쟁취, 쟁취."

"김대중을 광주로!"

"광주로, 광주로, 광주로."

"민주정부 수립하자!"

"수립하자, 수립하자, 수립하자."

큰길을 가득 메운 군중이 전청련 활동가들을 따라 움직이기 시작하자 금남로는 순식간에 해방구로 바뀌고 말았다. 이때부터 즉석 집회가 만들어져 1시간 넘게 진행되면서 다양한 선전 선동이 이루어졌다. 사회자가 김영삼 총재의 서울행을 막아야 한다고 외치는 순간 시위 군중이 일제히 어깨를 걸고 '해방 광주'를 외치며 대인동 '(구)공용정류장'으로 떠밀려 갔다.

"김영삼은 남아서 광주 시민과 함께 하자!"

"함께 하자, 함께 하자. 함께 하자."

"김대중을 광주로!"

"광주로, 광주로, 광주로."

시위대는 이런 구호를 외치면서 마침내 대인동 공용정류장에서 연좌시위를 하기에 이르렀다. 얼마나 많은 인파가 몰렸던지 함성을 지를 때마다 온 시내가 흔들렸다. "민주헌법 쟁취!" "정권타도!" 등의 구호 사이로 〈5월의 노래〉 〈아리랑〉 〈농민가〉 등의 노래가 울려 퍼졌다. 그러다 김영삼이 광주를 떠났다는 소식이 전해지자 대번에 "가자, 도청으로!" 하고 외치는 소리가 터져 나왔다. 시위대가 다시 도청으로 이동하면서 이때부터 자발적인 진짜 시민들의 투쟁이 시작되었다. 경찰이 질서를 잡으려 하였으나 아랑곳없이 도청 앞 연좌시위가 밤까지 이어졌다. 5·18의 상징물인 분수대를 점령하고 꽹과리까지 동원한 군중은 경찰이 아무리 진압하려 해도 해산되지 않았다. 밤이 깊어지면서 추위와 배고픔을 견디던 시민들은 '직할시 승격 기념 광고탑'을 쓰러뜨려 불을 지폈다. 갈수록 열기가 높아지고 격렬해지는 상황에 위기의식을 느낀 경찰이 더욱 과격하게 시위진압에 나섰다. 경찰이 최루탄을 발사하고 백골단이 극렬하게 해산하는 과정에서 다치거나 붙잡혀 가는 시민이 속출하였다. 전청련 활동가 중에서도 김창중, 위성삼, 김태찬 등이 연행되었다. 그리하여 오전 10시부터 밤 12시까지 계속된 장장 14시간의 시위가 마침내 끝났지만, 이는 전두환 정권에게는 엄청난 타격이요 시민에게는 실로 오랜만에 맛보는 승리의 환희였다.

이 모든 과정을 신영일과 함께 준비한 김전승은 이렇게 평한다.

그때 신영일은 앞에서 얘기했듯이 정확한 목표와 방향, 구체적인 슬로건까지 제시하면서 설득하고 토론하고자 했다. 더 나아가 「광주의 소리」의 내용과 문안을 제안하고 배포의 방법, 시위의 상황에 대한 예견, YMCA 옥상에서의 선동에 이르기까지

합의 내용의 실천을 위해 최선을 다했다고 생각한다. 준비하는 동안 며칠 동안 밤을 새우면서도 앞에 닥칠 위험에 대해서는 전혀 내색하지 않고 동료와 선후배들의 고민까지 배려하면서 하나의 목표를 향해 치열하고 의연한 모습을 보여주었다. (김전승 「민주헌법 쟁취 투쟁과 신영일님」, 『신영일을 배우자』, 86쪽)

그토록 치열한 시위를 끝낸 뒤 전청련 간부들은 충장파출소 옆 지하 카페에 모였다. 얼마나 뛰어다녔는지 다들 파김치가 돼 있었다. 그래서 허기진 배를 술로 달래면서 그날에 펼쳐진 일을 평가하고 대책을 세웠다. 경찰은 집회에 대한 책임을 지우기 위해서 몇몇 활동가에게 수배령을 내릴 것이고, 전청련은 받아둔 밥상처럼 이를 감당해야 할 터였다. 그래서 그날의 경험을 토대로 '민통련'과 연계하여 전국화를 시도할 필요가 있으므로 조직의 입장을 다시 정리하고 이후 연락체계를 구축하였다. 과연, 시위 주동자로 신영일, 김전승, 정순철이 긴급 수배되었다.

자유롭게 사고하는 사람은 자신의 운명을 자신이 끌고 가려는 의지가 충만하다. 세계의 흐름도 자신이 극복할 수 있다고 믿는다. 신영일은 수배 상태에도 아랑곳하지 않고 곧장 외지로 떠날 준비를 하였다. '민통련'과 연계하여 광주의 열기를 전국화하지 않으면 안 된다고 생각한 것이다. 그에 대해 전청련 동지들이 할 수 있는 일은 매우 제한적이었다. 애초에 신영일의 건강 문제 때문에 다들 지금 같은 역할을 기대하지 않았다. 그는 옥중 투쟁 시 망가진 몸이 겨우 회복되긴 했으나 신체적 내실을 다질 여가가 없었고, 또 고질적인 허리 디스크를 앓는지라 틈만 나면 누워서 허리 운동을 하지 않으면 오래 앉아 있을 수 없었다. 그러니

조금만 무리해도 감기 기운이 들거나 허리 통증 때문에 기어 다니는 일이 비일비재했다. 그런데 항상 긴장된 생활에다 저녁 늦게까지 회의를 하거나 술을 마시는 경우가 많아서 건강한 사람도 버티기 어려운 상황이 반복되었다. 그런데도 신영일이 남보다 더 부지런하고 열심히 뛰어다니는 통에 다들 약속을 어기거나 요령을 피우기가 쉽지 않았다. 이를 지켜본 한 후배는 신영일의 활동 장면을 이렇게 설명한다.

형님은 상당히 약주를 즐겨 하셨다. 그런데 소주를 마시든 막걸리를 마시든, 많은 수가 있든 없든 취중에도 형님의 손에는 꼭 수첩이 들려 있었다. 아무리 하찮은 말인 것 같아도 형님은 그게 중요하다고 판단되면 놓치지 않고 적었다. 그리고 그것이 나중엔 훌륭한 운동의 논리로 변해가는 것이었다. (이경률 「늘 가슴에 담고 싶은 열사」, 『신영일을 배우자』, 99쪽)

그런데 이제는 더 어려운 일을 헤쳐 나갈 계획을 세우고 있었다. 아무도 말릴 수 없었다. 그에 의하면 신영일이 가장 먼저 방문할 곳은 4월 5일로 예정된 대구집회를 준비하는 '대구 민통련'이었다. 물론 대구에도 신영일을 챙길 동지가 있긴 하겠지만, 그래도 객지에서 신변 보호가 제대로 이루어질지 걱정하지 않을 수 없었다. 후배들이 궁리 끝에 여성 활동가가 동행하는 방안을 내놓았다. 유사시에 데이트족으로 위장할 그림을 만들어낸 것이다. 전남대 학생운동가 출신 양혜단 후배가 역할을 자원하여 버스에 올랐는데, 신영일의 측근들은 이 지점을 바로 6월 항쟁의 발화점으로 본다. 전청련 동지들은 두 사람이 그저 다치지 말고

잡히지 않기를 바랄 뿐이었다. 신영일도 머릿속에, 대구에 닿으면 서울 민통련 실무자들과 대구 민통련 간부들을 만나서 광주의 경험을 자세히 소개하고, '4·5 대구집회'를 어떻게 준비하는 게 좋을지 개인 의견을 피력하는 정도의 구상을 하고 갔다. 그러나 모든 현장은 언제나 긴박한 법이다. 대구는 낯선 곳이지만 두 사람이 할 일은 너무나 많았다. 살아 꿈틀대는 상황 속에서 정세의 흐름과 변화의 추이를 읽으면서 논리적 근거를 바탕으로 과학적인 판단을 내리고 실천의 방향을 정하는 일에 신영일은 타의 추종을 불허했다. 그래서 잠시도 쉴 틈이 없이 발을 놀렸다.

대지는 하나이나 세계는 수천, 수만, 수억 개의 길을 갖는다. 그래서 어떤 일은 아무리 역량이 탁월한 사람이 역할을 대신해도 출입구 자체가 열리지 않는다. 마치 당사자의 지문을 보여야 통과를 허락하는 자동문 같다. 민통련 지역운동협의체는 실무책임자인 이명식 간사를 중심으로 활동이 전개되었는데, 그는 부산 현판식 직전에 '박영진 열사 추모식' 행사에 참석했다가 구속된 상태였다. 신영일은 개헌현판식 정국을 매우 중요하게 생각했으므로 이명식의 부재가 너무나 아쉬웠다. 그는 신영일과 호흡이 잘 맞는 동지이자 민통련의 신체를 연결하는 생명선인데, 가장 필요한 시기에 하필 자리에 없었다. '투쟁 환경이 어려운 대구 현장에 있었으면 좋았으련만!' 그래도 대구집회 또한 시민·학생들의 참여 속에 비교적 성공적인 행사를 마칠 수 있었다. 그러나 신영일의 신변 보호를 위해 뛰었던 양혜단이 붙잡혀 구속되고 말았다. 신영일은 '민통련' 본부 식구들과 함께 무사히 탈출하였다. 그리고 5월 3일 인천에서 있을 개헌현판식을 준비하기 위하여 곧장 서울로 올라간 것이다. 신영일은 이미 광주가 쏘아 올린 하나의 불꽃이었다.

민통련 사무실은 서울 장충동 분도빌딩 4층에 있었다. 신영일은 이곳에 닿자마자 민중운동의 지도부는 언제나 살아서 숨 쉬는 세계를 손아귀에 쥐고 있어야 한다고 역설하기 시작했다. 그에 의하면 개헌현판식 투쟁의 현장에서 확인된 대중의 열기를 놓치지 않는 게 어느 때보다도 중요한 시기였다. 신영일은 민통련 중앙회의에서 이 중차대한 기회를 살릴 것을 강력히 제기했다. 민통련이 전국의 투쟁 역량을 총동원하여 당장 5·3 현판식 때부터 적극적으로 나서야 한다, 필리핀 2월 혁명을 타산지석으로 삼자, 광주학살로 권좌를 차지한 자들을 지금 응징하지 않으면 기회를 놓친다! 이런 주장이 계속되자 다른 지역에서 온 대표들이 신영일을 보고 시한폭탄 같다고 했다. 그 자신도 깜짝 놀랐다. 타지의 분위기는 체감되는 온도가 광주와는 사뭇 달랐다. 뜨거운 용광로가 뿜어내는 열기 속에서 사는 사람과 아직 차가운 계곡 바람을 견디며 인내하는 사람이 차이가 나듯이, 그는 뜨거우나 동지들은 미지근했다. 그래서 신영일은 광주의 투쟁 경험을 조목조목 예를 들어가며 각지의 동지들에게 최선을 다해 설득했다. 민통련 지역조직이 개헌현판식 투쟁을 앞장서서 이끌면 전두환 정권도 무너질 수 있다는 확신이 얼마나 뚜렷하던지 다들 그를 따르지 않을 수 없었다. 그리하여 5·3 인천 행사에는 인천지역의 동지뿐 아니라 민통련 본부는 물론 각 지역의 간부들까지 대거 투입되어 현판식 투쟁에 앞장서게 되었다.

그러나 세상은 때로 인간의 인식 속에 갇혀 있기를 원하지 않는다. 소풍 가는 날에 비가 오듯이 민통련의 계획에도 찬물을 끼얹는 변수가 발생했다. 행사가 며칠 안 남은 시점에서 김대중 등 정치권 인사들과 백기완 등 재야의 어른들이 김세진·이재호 열사의 분신 사건에 관한 입장을 발표했는데, 그 내용이 아직 독자적 운동노선을 정립하지 못한 민통련 내부를 펄펄 끓는 도가니 속으로 만들었다. 민주화운동이 '용공'이 되어서도 안 되고, 폭력적이어서도 안 되며, 반미를 해서도 안 된다는 주장이 발표되자 여기에 반발하지 않는 부문과 지역 단체가 하나도 없을 지경이었다. 이를 '민국련 파동'이라 한다. 청년 학생이 둘씩이나 목숨을 바쳐 반미자주화 투쟁의 깃발을 올린 자리에서 '비非용공' '비非폭력' '비非반미'를 선포하다니. 반대 여론이 하도 거센 탓에 어른들의 태도가 마구 흔들리면서 민통련이 분명한 방침을 내세울 수 없는 상황이 되었다. 이게 큰 한계로 작용하는 변수가 된 것이다.

그래도 강물은 흐른다. 1986년 5월 3일 인천 개헌현판식은 주안 사거리에 있는 시민회관에서 개최되었다. 광장에 모인 대규모 인파에 비추어 신민당 당원들은 극소수에 지나지 않았다. 민중운동을 외치며 참가한 군중 시위대에게 신민당의 주장은 소음에 불과할 뿐이었다. 민중의 요구에 턱없이 모자라고 의례적이며 고리타분한 행사장 연설은 그러나 스피커 성능이 얼마나 좋은지 온 광장을 제도 정치의 소음으로 가득 채우고 있었다. 이 타오르는 환희의 순간, 광주사람들에게 아주 익숙한 신영일 특유의 신명에 찬 몸짓이 군중 시위대 앞에 나타났다. 그의 시선은 지상의 청년들을 향해 열려 있었다. 그는 신나는 춤을 추며 구호를 외치더니 스피커가 설치된 가로수 위로 올라갔다. 정치인들의 마이크를 빼앗아 버릴 작정이었다. 그는 광장으로 울려 퍼지던 스피커 소리가 회관 내부의 행사장으로 되돌아가도록 방향을 거꾸로 돌려 버렸다. 광장을 가득 메운 청년들이 그걸 보고 일제히 박수로 환호했다. 행사장 안에서는 갑자기 소리가 커져서 오히려 좋아했을지 모른다. 하지만 군중들도 소음이 적어지자 각자의 주장을 외치기가 한결 쉬워졌다. 그 속에서 신영일도 구호를 외치고, 엄청난 군중이 그를 따라서 외쳤다. 얼마 안 되어서 정당 쪽 행사가 끝났으나 거대한 군중 속에서 그들이 흩어지는 정도의 소요는 표시도 나지 않았다.

당일 주안 사거리는 민주화운동을 갈망하는 모든 합법·비합법 세력이 총출동했다고 할 만큼 다양한 정치적 설계의 전시장이 되었다. 각종 노선을 표방하는 소그룹에서 뿌려댄 유인물이 길바닥을 덮었다고 해도 과언이 아닌데, 여기에 민통련이 단일한 태도로 방향성을 제시하지 못하니 광장은 야단법석인 장바닥이 되었다. 새로운 세계를 꿈꾸는 민중의 열망은 충분히 확인할 수 있었으나 그 전망의 통일성은 아직 요원하기만 했다. 각기 제멋대로 움직이는 가운데 광장에 모인 사람들의 낮은 흐느낌이 시작되었다. 누군가 조용히 노래를 부르기 시작하자 울음 섞인 목소리가 퍼져 가더니 이내 커다란 합창이 되어서 온 광장을 출렁이게 했다. 이렇게 산불처럼 타오르던 집회는 오후가 되자 온통 최루탄 속에서 쑥대밭이 되었다. 흐리던 하늘에서 소나기가 쏟아지고, 땅에 누운 사람들은 얼굴에 비를 맞으며 〈동지가〉를 불렀다. 비가 그치고 노래가 끝나기도 전에 난사되는 최루탄, 빗물에 섞인 지랄탄 파편이 반소매의 팔뚝에 박혀 피를 흘리는 사람들이 속출했다. 이내 피에 젖어 경찰에 끌려가는 사람들이 있는데도 "호헌 철폐 직선 개헌"을 외치는 집단은 한동안 흩어지지 않았다. 이윽고 격렬한 시위가 가라앉은 다음에 주안 시민회관 앞을 가득 메운 것은 전경들이었다.

　이 사건으로 민통련은 70명 이상이 수배되었다. 그 와중에 광주에서 올라간 전청련 송재형 의장이 구속되었다. 신영일은 마음이 아팠다. 인천 5·3 투쟁은 민통련이 중심에 선 개헌 투쟁의 절정이었으나 지도부의 와해와 운동권의 분열로 탄압과 고립을 자초한 셈이 되었다. 그리고 그로 인해 대중적인 민주화운동이 소강상태에 접어드는 걸 막을 수 없었다. 그리하여 투쟁에 대한 평가와 반성이 진행될 때 신영일은 작심이나 한 듯이 민통련이 고유의 운동노선을 정립할 것을 강력히 제기했다. 방만한 단체가 독자적 노선을 정립하지 못하면 '민국련 파동' 같은 상황적 변수가 생길 때마다 대책 없이 휘둘릴 수밖에 없었다. 그리하여 정책실장 장기표가 5·3 항쟁 수배자의 신분으로 작업을 맡게 되었는데, 얼마 안 되어서 그도 역시 초안을 지닌 채 체포되어 국가보안법 위반으로 구속되었다. 이때 이명식 간사가 석방되지 않았으면 민통련 본부는 얼마나 곤란한 지경이 됐을지 모른다. 이명식은 곧바로 지역운동협의회를 소집하여 수배 상태에 들어간 지역 책임자들을 불러 모았다. 그리고 회의가 펼쳐지자 신영일은 이명식이 공식적으로 반성의 뜻을 밝히도록 요구했다. 중요한 시국에 지역운동 담당자가 자신의 역할을 방기하는 결과를 빚었다는 이유였다. 사실인즉, 신영일은 야당의 한계와 민중 노선의 괴리를 처음부터 예측한 상태로 행사를 준비했고, 이명식은 소통이 가장 잘되는 동지이자 집행력이 뛰어난 본부 요원이었던 까닭에 5·3 때 두 사람이 함께 뛰었으면 투쟁의 결과가 크게 달라질 수도 있었다. 그래서 신영일은 조직의 생명선을 책임지는 사람이 다른 일로 위험을 자초해서 구속되는 잘못을 다시는 저지르지 않겠다고 서약서를 쓰라고 압박했다. 이명식은 신영일에게 두 손 두 발을 다 들 수밖에 없었다.

신영일이 각박한 성격이 아니라는 것은 누구나 다 아는 바였다. 지역 대표들이 만났을 때 뜨거운 동지애를 나누는 온갖 여흥들의 발원지가 되는 인물이 바로 신영일이었으니까. 하지만 그는 이 가파른 고비를 반드시 넘지 않으면 안 된다는 결의에 가득차 있었다. 그래서 지역운동협의회가 일정하게 수습되자 그들은 다시 뜨겁게 뭉쳐서 몰려다니기 시작했다. 죄다 수배자 신분이라 행동반경에 제약이 컸지만, 다들 그만큼 또 관록 있는 활동가들이기도 했다. 그래서 거듭된 논의를 통해, 장기표 선배의 뒤를 이어서 수배자들이 단일한 운동론을 정립하여 조직에 제출하는 것이 급선무라는 결론을 내리고, 이를 8월에 끝내기로 했다. 그 일이 계획대로 되려면 먼저 기초위원을 선정해서 안정된 환경을 제공해야 하는데, 민통련 조직이 뒷바라지할 형편이 안 되었다. 하지만 자신들이 지역운동 대표이므로 솔선수범하여 기초위원을 자임하고, 뒤이어 부문운동 측 대표를 파견을 받아서 작업에 들어가기로 했다. 그러나 부문운동 측 대표들의 시간 약속이 맞지 않아 그들이 먼저 해인사에 들어가서 4박 5일 동안 토론에 토론을 거듭하면서 운동론 초안을 작성하게 되었다. 참여자는 인천의 이우재, 대구의 권오국, 광주의 신영일, 본부 이명식, 청년 이승환, 문화 김영철이었다. 이들은 팔월의 태양이 작열하는 동안, 낮에는 주로 가야산 기슭에서 발가벗고 물장구치며 놀고, 밤이 되면 온밤을 꼬박 새워가며 격론을 벌였다. 한국 사회구성체의 성격, 기본모순과 주요모순, 주체의 문제, 변혁운동의 전략과 전술 등 수많은 문제를 놓고 토론하여 초고가 작성되었다. '하나, 미국을 제국주의로 규정한다. 둘, 군부 독재와 타협할 수 없다. 셋, 재벌과 타협할 수 없다. 그리고 자주 · 통일 · 민주주의를 과제로 민중 생존권을 확보하는 투쟁에 나선다.' 대략 이런 담론을 주도한 사람은 당연히 신영일이었다. 그는 4박 5일을 함께하는 동안 사소한 견해 차이도 용납하지 않고, 동지들 간에 완벽한 일치가 이루어질 때까지 끝없이 토론을 요청하여 대부분 항복(?)을 받아내는 끈기를 발휘했다. 이로써 민통련에 소속된 전국 각지의 부문과 부분 단체들은 통일된 투쟁론 하나를 품게 되었다.

그렇다고 이후의 행로가 순탄해진 건 아니었다. 그해 여름을 지나면서 '민통련'에 대한 탄압의 강도가 더욱 심해진 까닭이다. 구속된 활동가가 비운 자리를 다른 이름으로 채우면 얼마 되지 않아서 그 사람이 다시 구속되거나 수배되는 상황이 반복됐다. 전국을 돌며 개최하던 중앙집행위원회 회의는 수배자가 절반이 넘어서 비밀회의로 진행할 수밖에 없었다. 그래서 부문 단체의 중견 활동가 성유보, 김정환, 박우섭 등이 중앙의 집행 간부로 참여했으며, 수배 상태에 있는 지역운동 책임자들이 잠행하면서 '민통련' 사수 투쟁을 벌여가게 되었다.

썰물이 질 때

    드넓은 바다를 체험한 자는 결코 자신의 내부에 갇힐 수 없다. 수배자, 즉 지하생활자의 삶이란 언제나 미지의 어둠 속을 항해하듯이 일상의 안정을 등지고 펼쳐진다. 그들에게는 정해진 일정이 없지만 연속되는 긴장을 해소할 휴식도 없다. 수배자로 사는 동안 신영일은 의미가 없다고 생각되는 일에 매달리지 않고, 허영도 욕망도 채우려 하지 않았다. 그가 촉각을 세우는 것은 다만 사명감뿐이고, 귀를 기울이는 것은 오직 눈에 보이지 않는 소명의 소리뿐이었다. 돌이켜 보면 신영일은 그간에 얼마나 과감한 한계 초월을 지속했는지 모른다. 그는 언젠가 자신의 '머리'를 변혁운동의 무기로 삼았던 사람이었다. 들불야학 시절에서 5·18을 겪기까지 눈앞에 닥쳐오는 모든 상황을 마지막까지 분석하고 판단하려 했었다. 그리하여 이성적 원칙론을 신봉하며 5·18 기간에도 전망을 타산하느라 '절대 공동체'에 발을 들여놓지 못했다. 그로 인해 통렬한 반성의 시간을 겪은 뒤에는 이제 모든 시련을 '가슴'으로 헤쳐 가려고 했다. 광주교도소에서 박관현과 함께 단식 투쟁에 임할 때는 전략과 전술 따위에도 집착하지 않았다. 그에게는 오직 무소불위의 죄책감이 있었으며, 그의 신체에서는 줄곧 어떠한 적도 두려워하지 않는 격정적인 동작들이 솟구쳐 나왔다. 그러다 박관현을 잃고, 그 자신도 죽음의 입구까지 갔다가 되돌아온 자리에서 새로운 탄생을 맞은 사람처럼 다시 시작했다. 이제 그에게는 사유의 경직이 없고, 감정에의 경도도 없었다. 어떤 일에도 자연스럽게 온몸을 투여하여 모든 살아 있는 현실 속에서 길을 찾으려 했다. 그렇다, 온몸이다. 그는 야만의 시대 한복판에 자신의 온몸을 던져 넣어서 온몸으로 밀고 가는 사람이 되었다. 그래서 어떤 자리에서는 박기순의 기질이 작동되고, 어떤 때는 윤상원의 시야가 확보되며, 또 어느 순간에는 박관현의 지도력이 발휘되었다. 만일 1980년대의 한국에 참다운 직업혁명가가 있었느냐고 묻는다면 바로 이 시절의 신영일을 상기하면 될 것이다. 그 신영일은 셀 수 없는 '신영일들'을 낳는 두꺼비였다.

뱀에게 잡아먹힌 두꺼비는 그 배 안에서 번식한다. 일상을 포기하고 방랑자처럼 끝없는 길 위에서 사는 것만큼 고단한 일은 없다. 신영일이 인천 5·3 항쟁 이후에 후유증을 겪기 시작한 것은 근거지에 대한 탄압 때문이었다. 형사들이 수배된 신영일을 찾는다고 아버지도 만나고 가택을 급습하곤 했는데, 신영일의 가족은 훈련이 많이 되어 얼마든지 견딜 수 있었다. 하지만 아내 김정희의 일자리를 빼앗는 탄압은 참으로 견디기 어려운 것이었다. 그에게는 사실, 가옥이 아니라 아내가 집이었다. 그런데 경찰의 공격에 교사처럼 취약한 직업은 없다. 경찰은 틈만 나면 김정희가 근무하는 학교에 쳐들어가 신영일을 찾아내라고 으름장을 놓았다. 어떤 날은 교무실로 찾아가고, 또 어떤 날은 창밖에서 수업을 감시하더니, 나중에는 아예 교무실이고, 교장실을 가리지 않고 드나들며 닦달하는 바람에 더는 교직 생활을 할 수 없게 되었다. 결국에는 김정희가 울며 겨자 먹기로 자진 사표를 냈는데, 그것은 명백한 강제 퇴출이었다.

신영일이 광주에 와서 아내를 만나려면 매우 은밀한 장소가 필요했다. 가장 안전한 곳은 CBS 기자인 박용수 선배의 신혼집인데, 그곳에 가면 신영일을 끔찍이 아끼는 부부가 있었다. 대학 신입생 시절에 이미 서클 '독서잔디'에 신영일을 끌어들인 이 선배는 한때 교직 생활을 했으나 그 무렵에는 CBS 기자가 돼 있었다. 게다가 친척네 빈집에 살림을 차리고, 다른 수배자 정순철까지 숨겨온 터라 마음의 부담도 크지 않았다. 그래서 신영일은 김정희를 만날 때 주로 이 집으로 와서 며칠씩 묵고 갔다. 급할 때는 선배가 직접 운송해주기도 했다. 가령, 전라도를 빠져나가려면 광주는 위험하므로 장성역에서 차를 타야 했는데, CBS 기자가 운전하는 승용차 트렁크에 실려 있으면 불심검문을 얼마든지 피할 수 있었다. 하지만 너무 과도한 폐를 끼치면 안 되는 까닭에 가족 상봉이 아니면 되도록 다른 장소를 사용했다. 그와 함께 쫓기는 친구 수배자 장갑수를 볼 때는 김상전의 집에서 만났다. 김상전은 오랜 날을 신영일의 그림자 역할을 해온 활동가라 매사에 사려 깊고 뜻이 잘 통했다. 그래서 신영일이 찾아가면 창밖에 대형 수건을 걸어서 안전하다는 신호를 알렸는데, 이러한 배려 때문에 보안이 필요한 일도 계속할 수 있었다.

그러는 동안에도 세월은 흐르고, 잊을 만하면 또 명절이 찾아왔다. 아내가 퇴직한 해에는 유난히 마음이 착잡했는데, 장갑수에 의하면 신영일은 그해 추석을 정순철의 아파트에서 맞았다고 한다. 이곳이 혹시는 박용수의 집일지도 모른다.

1986년 추석, 우리는 정순철 선배 아파트에서 쓸쓸한 명절을 보내게 되었다. 또 서울에서 박계동 선배가 내려와 세 명의 수배자가 한집에서 추석 명절을 쇤 것이다. 수배자에게 가장 외로운 날은 명절. 남들은 고향에도 가고 친척 친구들을 만나 즐거운 시간을 갖는데 우리는 그럴 수가 없었다. (장갑수 「항상 우리 곁에 있는 친구 신영일」, 『신영일을 배우자』, 65쪽)

　　까닭에 명절 당일에 신영일의 아내 김정희가 아들 새벽이를 데리고 '그리운 아빠'를 찾아왔다. 그 덕분에 수배자들은 다섯이나 되는 숫자로 임시 가족을 만들었는데, 그들은 명절에 아파트에서만 죽치는 모습이 처량하다 하여 무등산에 올라가 한가위를 맞았다. 산에서 내려올 때 신영일 가족의 단란한 시간을 보장하기 위하여 박계동과 장갑수가 앞장서 걸었더니 뒤에서 일가족이 합창하는 소리가 들렸다고 한다.

아빠의 소원은 통일
엄마의 소원도 통일
새벽이 소원도 통일
통일을 이루자

　　이것이 신영일의 힘이었다. 아무리 엄혹한 상황에도 그는 전혀 흐트러짐이 없었다. 수배 중에도 놀라운 점은 단지 도피 생활만 하는 게 아니라 상근하는 사람보다 훨씬 많은 일을 한다는 것이었다. 예컨대 당국은 민통련에 대한 공세를 늦추지 않았고, 신영일은 기관지 「민중의 소리」를 중단하지 않는 것을 '민통련'

사수의 핵심 내용으로 생각했다. 편집인 김종철, 편집국장 김도연, 인쇄 및 배포 이명식의 이름을 건 「민중의 소리」는 민통련의 자긍심을 지키는 마지막 숨소리였다. 바로 이 매체를 수배자들이 편집해야 하는 상황이 됐는데, 이를 책임진 이명식은 본부에 상근하면서 각 지역의 동지들과 각종 현안을 토론하는 교량 역할을 맡았다. 그래서 신영일은 민통련 대변인 김종철 선생이 주재하는 편집회의에 참여하고, 원고를 작성하는 실무에도 앞장섰다. 그뿐만 아니라 전주의 이광철, 대구의 김균식, 인천의 이우재 등과 만나며 각지의 민주화운동 상황도 점검해야 했다. 그중에서도 5·3 인천 투쟁의 책임자 이우재는 전국에 사진을 걸어 수배 벽보까지 붙었던 까닭에 활동 영역이 더욱 제약되어서 이 지하생활자들은 노상 불심검문이 없는 이태원이나 방배동 일대의 심야 술집에서 만나야 했다.

강폭이 좁으면 강줄기는 흐름이 격해지기 마련이다. 제법 떠돌이 기질이 있는 활동가라 할지라도 그런 상황에서 혁명적 낭만주의가 허용하는 포용력의 범위가 그다지 넓지 않을 건 분명했다. 더구나 그들은 민통련을 전선이라고 생각했고, 과거의 '민주주의민족전선'은 '당'이 있었으나 민통련은 당이 없다는 점을 치명적인 약점으로 여겼으며, 한국의 민주화 투쟁은 왜 '전민항쟁(전국민중항쟁)'으로 갈 수밖에 없는지를 놓고 치열하게 고민하고 토론했다. 그러니까 노선 차이로 사분오열되고 분파가 늘어나기에 딱 좋은 환경이었다는 말이다. 이럴 때 더욱 빛나는 사람이 신영일이었다. 그들의 눈에 신영일은 전국적으로 가장 논리력이 뛰어나고 실천력이 있는, 단연 발군의 활동가였다. 그런데 그는 특유의 '날라리 기질'을 발휘하면서도 아무리 사소한 문제에 대해서라도 누가 옳으며 그른지를 밝혀서 한쪽이 승복하지 않으면 토론을 흐지부지하는 일이 결코 없었다. 신영일이 관념적인 '주의'와 '주장'을 앞세우는 활동가가 아니라는 점은 모두가 알고 있었다. 하지만 멀고 험한 투쟁의 길을 함께 갈 사람들이기 때문에 동지들 간에 환멸의 감정이 생기지 않도록 염려스러운 요소를 미리 없애려 했던 신영일의 '꼬장꼬장한 성격'은 '용어 하나만 달라도 일치시키려 했던' 인식의 영역에만 작동되는 게 아니라 '밥을 먹는 버릇'에까지 미쳤다. 삼겹살을 구워 먹든 해물탕을 시켜 먹든 신영일은 마지막에는 늘 밥을 볶아먹어야 했다. 물론 그에게는 몇 해 전 광주교도소에서 박관현과 함께 벌인 무기한 단식 투쟁의 후유증이 있다는 걸 다 아는 까닭에 음식 메뉴까지 고집 피울 수 있는 특권이 있기도 했다. 당시의 동고동락을 지켜본 전주 대표 이광철 선배는 신영일의 인성을 이렇게 평한다.

마치 바다를 보는 듯했다. 정의 실현에 대한 그의 열정과 불의에 저항하는 그의 분노는 성난 파도와 같았고, 민주와 통일을 향한 집념과 추진력은 협곡을 휘감는 거센 물줄기와 같았고, 동지를 대하는 다정다감한 마음은 오만 가지 종류의 물길을 하나로 포용하는 평안한 아침 바다와 같았다. (이광철 「영일이를 그리며」, 『신영일을 배우자』, 57쪽)

그것을 동지들에게 자유롭게 이해시킬 수 있고, 양해 받을 수 있는 능력을 갖는 건 크나큰 축복에 속할 것이다. 신영일은 인간의 사생활을 매우 소중하게 여겼다. 우선 그 자신부터 아내 사랑이 끔찍했으니, 당시 서른두 살의 노총각이었던 이명식은 '이성관'이 소극적이고 보수적이라는 이유로 틈만 나면 신영일의 장광설을 들었다고 한다. 일찍 결혼하여 슬하에 자식을 둔 신영일이 가족 자랑을 늘어놓을 때면 이명식은 한없이 부럽기도 하고 달리 변명할 말도 없었다.

"자, 우리 불쌍한 이명식 동지께서 어서 장가를 들도록 건배!"

여기에 이명식이 신통치 않은 반응을 보이면 신영일은 보채다 못해 그의 여성관을 마구 비판했다. 그리하여 신영일의 연애담과 '혁명적인 애정관'에 세뇌된 이명식은 신영일이 혁명가가 되는 데 가장 큰 영향을 미친 사람은 그의 아내였을 거라고 믿는다.

이 같은 신영일의 활약이 없었다면 이듬해에 전국 각지의 유월 하늘을 불태울 소중한 불꽃들이 그 문턱 앞에서 죄다 꺼져 버렸을지 모른다. 인천 5·3 투쟁의 여파는 극심했다. 재야에 대한 탄압이 날로 강도를 더하면서 민통련은 이내 최악의 상황을 맞지 않을 수 없었다. 문익환 의장, 강희남 대의원총회 의장, 백기완·이창복 부의장, 이부영 사무처장, 장기표 정책연구실장, 김정환 대변인, 장영달 총무국장 등 민통련 핵심 간부 전원이 구속되었다. 그와 더불어 몇 남지 않은 간부들조차 죄다 수배되었다. 하는 수 없이 이창복 부의장이 언론운동협의회를 이끌던 성유보에게 민통련의 명맥이라도 유지해달라고 호소하여 마침내 성유보 사무처장 체제로 조직이 재편됐다. 그런데 가을에 건국대학교에서 '애학투련' 사건이 터져서 대학생들이 대규모로 구속되는 상황이 발생했다. 경찰이 빨갱이를 사냥한다고 교정에 들어가서 전쟁을 벌이듯이 진압을 시도하고, 저항하던 학생들이 무더기로 잡혀가서 어려움을 겪는데도 성명서를 내는 단체조차 없었다. 재야가 무인지경이었다. 한 달이 지난 뒤에야 민통련이 성명서를 냈는데, 이를 빌미로 수백 명의 전경이 장충동 분도회관에 있는 사무실을 봉쇄했다. 계훈제 부의장, 김인환 동아투위 위원장 등 30여 명이 철문을 닫고 농성을 시작했다. 썰물이 질 때 개펄에서 퍼덕거리는 물고기들처럼 마지막 버티기를 하지 않으면 안 되었다.

민통련 폐쇄조치는 국제적인 관심사라 외신 기자들이 열심히 취재 경쟁을 벌였다. 민통련 의장 문익환은 옥중에서 성명서를 발표했다.

동지들이여! 조금도 흔들리지 말고 민중과 함께 나라의 민주화와 통일 대업이 끝날 때까지 민통련의 깃발을 들고 앞으로 전진해주시오. 겨레 여! 두려워 맙시다. 두려운 것은 우리가 아니라 저들입니다.

민통련 간부들은 건물을 겹겹이 에워싼 백골단의 머리 위에 확성기를 대고 구호를 외쳤다.

"민중의 힘으로 민통련을 사수하자!"

"군부 독재 타도하고 민주정부 수립하자!"

"장기집권 획책하는 군사 독재 타도하자!"

그렇게 철야 농성이 이어져 나흘이 지난 심야였다. 회원들이 지칠 대로 지쳐서 잠에 빠져든 새벽 4시, 창문에 플래시 불빛이 어른거리더니 칠흑 같은 어둠 속에서 백골단이 헬멧을 번들거리며 스며들기 시작했다. 회원들은 안에서 튼튼한 철문을 걸어 잠갔으나 백골단은 5분도 안 되어서 이를 찌그러뜨리고 들이닥쳤다. 뒤이어 경찰이 용접기로 철문을 떼어 내고 들어와 농성하는 사람들을 한 명씩 들고 나가 내동댕이쳤다. 그리고 이들을 모두 정치범을 고문하는 남영동 대공분실로 연행하여 일주일 동안 조사를 실시했다. 그때 담당 형사가 이렇게 장담했다고 한다.

"이제 우리가 재야를 다 평정했다. 소감이 어때?"

그러나 역사의 시간은 결코 그렇게 끝나지 않는다. 어둠이 칠흑처럼 짙어지면 여명도 곧 밝아 오기 마련이다. 이제 민통련 집행부는 감옥에 있고, 나머지 활동가는 모두 지하로 숨었다. 그래서 한편에서는 '퇴각론'까지 출현했다. 여기에 신영일은 당치도 않은 소리라고 단호하게 반발했다.

"각자 흩어져서 숨어 살자는 소리여? 대한민국에 숨을 곳이 있어?"

물론 수배자들은 드러내 놓고 할 수 있는 일이 없었다. 그런데 춥고 답답한 겨울 거리에 어느 날 난데없는 소식이 날아들었다. '박종철 고문치사' 사건이 발생한 것이다. 경찰은 '탁!'치니 '억!' 하고 죽었다고 발표했으나 비보를 접한 시민들은 놀라고 슬퍼하고 분노했다. 모두가 고문에 의한 죽음임을 믿어 의심치 않았다. 신영일은 동지들에게 조만간에 다시 올 대중 투쟁의 중요성을 역설하면서 그간에 그리다 만 그림을 조심스럽게 다시 그리기 시작했다. 민통련 지운협에서 가능성으로만 논의했던 전국 동시다발 거리 투쟁의 국면이 펼쳐질 거라고 본 것이다. 그때는 전두환 정권을 반드시 끝장내야 한다, 그가 필리핀의 마르코스보다 더 강한 건 아니다, 지난해 개헌현판식 투쟁으로 이미 전국 각지의 역량이 파악되지 않았는가, 하고 주장했다.

신영일은 이태원 근처에서 숨어 살면서도 대학생들의 움직임을 유심히 살폈다. 사실, 고문 피해의 심각성은 김근태 사건으로 1년 전부터 폭넓게 인지돼 있었다. 3월을 앞두고 그가 예상했던 그림이 눈앞의 현실로 드러나기 시작했다. 어느 틈에 기소유예로 풀려난 성유보 사무처장이 정의구현전국사제단, NCC 인권위, 불교계, 변호사, 해직 교수 등과 만나 고문치사 규탄 대회를 열기로 합의했다. 여기에 일반 시민이 공감하고 참여할 수 있도록 화염병이나 돌멩이 투석 등과 같은 방식을 피하고 평화적인 시위방식을 택했다. 그리하여 2·7 국민대회부터 시민들이 가세하기 시작하더니 3·3평화대행진도 기대 이상으로 호응을 얻었다.

신영일은 인근에 있는 대학교 앞까지 살피고 다녔다. 삼월의 하늘에서 가끔 눈이 내리듯 최루탄가루가 내리고 있었다. 그러더니 어느 날 학생 시위대가 북소리와 함께 지나갔다.

"종철이를 살려 내라 좋다 좋다"

"두환이는 물러가라 좋다 좋다"

따라가 보니 대열이 학교 앞 정문 쪽으로 길게 이어져 있었다. 만장 같은 깃발이 붉게 흔들렸다. 신영일이 대열의 중간에 서서 춤을 추며 구호를 외치자 신명이 전염되는지 그 주위로 사람들이 모여들었다. 곧이어 최루탄이 터지고 하얀 연기 속에서 화염병이 솟구쳤다. 붉은 꽃불 같은 화염병이 솟구친 쪽을 향해서 지랄탄이 연발로 쏟아졌다. 숨도 쉴 수 없는 지독한 연기 속에서 신영일이 쪼그려 앉자 키 작은 여학생이 화장지를 건네주었다. 눈을 들어 보니 남산 언덕에는 목련이 지고 진달래가 피었다. 산야에 점점 물이 오르고 있는데, 전두환이 '4·13 호헌 조치'를 발표했다. 평화적인 정부 이양과 서울 올림픽의 성공적인 개최를 위해 소모적인 개헌논의를 없애겠다는 조치를 취한 것이다. "개헌논의를 빙자해 실정법을 어기는 행위를 엄단한다는 것과 이와 관련한 사범은 구속수사를 원칙으로 하며 법정 최고형을 구형하겠다는 것, 이에 따라 모든 시위·농성 등의 집단행동을 불허한다는 것"이 전두환의 입장이었다. 웃기는 자식! 그런데 제5공화국 헌법으로 1988년 2월에 정부를 이양한다는 것과 그에 따른 대통령 선거인단 선거 및 대통령 선거를 연내에 실시하고 개헌논의를 서울 올림픽 대회 뒤로 미루겠다는 한심한 발표에 독재정권의 나팔수들이 일제히 호응하기 시작했다. 전국경제인연합회, 한국반공연맹 등이 앞장서서 4·13호헌선언을 지지하고 나서자 한국문인협회 같은 관변단체들도 뒤따라서 지지 성명을 냈다. 특히 4·13호헌선언이 나온 지 열흘 뒤에 한국노총이 '구국의 결단을 환영한다'는 성명을 냈다. 퉤, 쓰레기 같은 놈들! 그런데 갑자기 당시로서는 상상도 할 수 없는 반란이 발생했다. 5월 6일에 한국노총 산하 금융노련 제2금융권 노조 대표 20여 명이 반박성명을 낸 것이다. 그들은 성명서를 통해 "현 정권은 비민주적 작태를 그만두고 호헌을 철폐하라"라고 외쳤다. 그것은 장차 6월의 거리를 가득 메운 이른바 '넥타이 부대'의 출현을 예고하는 서곡이었다. 과연 4·3 호헌 조치에 반발하여 그간에 개헌을 갈망하던 각계각층이 호헌반대 서명운동 및 삭발·단식 등 다양한 반대운동을 전개하기 시작했다. 거리는 나날이 뜨거워져 갔다. 눈앞의 장면들이 어떻게 바뀌는지 알 수 없을 만큼 빠르게 교체되었다. 대학에는 대자보들이 가득 차고, 붉은 머리띠를 두른 학생들이 무슨 발족식을 하는 풍경이 출몰하곤 했다. 그곳은 틀림없이 잠시 후 사과탄이 터질 장소였다.

이렇게 투쟁이 고양되어 가자 서울에 있던 신영일 등 수배자들은 각자 자기 지역으로 돌아가 현장을 지휘하는 현업에 복귀하기로 했다. 물론 그것이 쉬운 일은 아니었다. 신영일은 밤차를 타고 광주에 닿자마자 후배 김종호에게 연락을 취했다. 그는 대학 시절에 매우 뛰어난 활동가였으나 졸업 후에는 활동을 접고 취업해서 직장생활에 충실했다. 때마침 결혼해서 운암동 주공아파트에다 신접살림을 차린 터라 자신이 몰래 얹혀 지내도 민폐가 되지 않겠는지 의사를 떠보았다. 기관의 감시망이 미칠 리가 없는 집이라 은신처로 삼기에 적당한 장소로 여겨졌던 까닭이다. 김종호는 딱히 잘못한 일도 없으면서 부채감을 가지고 있었던지 신영일의 제안을 흔쾌히 받아들이고 신혼방 두 칸 중 한 칸을 내줬다. 그리고 일주일을 묵었을 것이다. 어느 날 외출을 나가다가 후배 부부가 현관문 앞에서 다투는 소리를 듣게 되었다. 퇴근하던 아내가 불안하고 퉁명스러운 목소리로 후배를 추궁하던 소리였다.

"대체 형님은 언제까지 계신대요? 이러다 잡혀가면 당신도 우리집도 절단날 텐데?"

이 말을 듣고 후배가 목청을 높여서 한참을 신경전을 벌였다. 신영일은 그날부로 자취를 감추었다. 그런데 며칠이 지나지 않아서 신영일에게 두 가지의 희소식이 날아들었다. 하나는 신영일의 수배가 해제됐다는 전갈이었다. 그동안 광주의 어르신들이 중재하여 개헌현판식 시위로 수배된 신영일과 장갑수를 간단한 조사를 마치고 기소 유예하는 것으로 종결짓게 된 것이다. 또 하나는 전주에서 민주화 투쟁을 주도하며 오랜 기간 고초를 겪어온 지운협 이광철 형의 결혼 소식이 당도했다. 신영일은 소중한 동지가 결혼할 때면 꼭 편지를 썼다. 수배자가 편지를 쓴다는 게 얼마나 크게 부담되는 일인지 알고 있는 이들은 신영일의 축하 편지를 받으면 눈물을 흘리지 않을 수 없었다.

무지무지하게 오랜 세월을 거치고 드디어 같이 살게 되는군요. 정말 잘하셨습니다.

형! 그리고 형수님! (…) 함께 살아간다는 것처럼 아름다운 것은 없지만, 그만큼 진짜로 한몸 한뜻이 되어 살기 위해서는 눈물 나는 노력과 투쟁이 요구됩디다. (…) 남자들은요, 가사노동 하는 게 익숙하지 않습디다. 아니 방 치우고, 이불 개고, 밥하고 빨래하고 애 보는 것을 시시콜콜하고, 아무 의미도 없는 하찮은 것이며, 그런 것은 여자들이나 하는 것이라는 것이 엄청난 관습으로 굳어져 있습디다. (…) 형님 잘 부르시는 노래도 형수와 가끔 합창도 하시면서, 정말로 서로 깊은 충족감을 느끼면서 맺어지는 그런 나날이 되길 바랍니다.

1987. 4. 7. 사랑하는 후배 영일 올림

신영일이 이 편지를 보내고 사무실에 도착했을 때 광주는 용광로처럼 들끓고 있었다.

8
저 먼 별들의 곁으로

광주에 돌아와서

신영일이 광주로 돌아와서 가장 먼저 읽은 글자는 오래된 흑백 영화처럼 익숙한 현수막의 문구였다.

전제와 폭압을 격파하자. 해방 광주여.

순간적으로 너무나 비현실적이라는 생각이 들었지만, 눈에 닿는 풍경들은 모두 일관된 방향을 가리키고 있었다. 전청련 상근자의 책상에 '광주 오적 수배 대자보'가 놓여 있었다. 성조기 그림 밑에 학살의 배후 조종자라는 죄명이 붙어 있고, 상금은 '민족해방'이었다. 전두환의 사진 밑에는 12·12 군부 반란죄, 광주 2천 애국시민 학살죄, 애국학생 고문치사죄가 붙어 있는데, 그 아래 노태우·정호용·박준병의 얼굴이 걸리고 이들을 처단하면 '민주주의 나라'가 건설된다는 말도 쓰여 있었다. 아니나 다를까 오월의 광주는 초순부터 뜨거워서 발바닥이 델 것 같은 느낌이었다. 대학생들이 5·18 사진 전시회를 거리까지 끌고 나왔다. 그 참혹한 주검들, 망월동 묘지의 묘비들, 그러나 아직도 매일 수십 명씩 끌려 들어가고, 걸개그림들이 걸렸다 찢기기를 반복하는 중이었다. 금남로의 은행나무, 광주천의 물줄기, 그곳에 담긴 신록을 보면서 신영일은 끊임없이 자유를 맛보고 싶고, 어딘가로 떠나고 싶었다. 한순간도 긴장을 풀 수 없게 하는, 공기 속에서 팽팽하게 잡아당기는 역사의 줄다리기에서 벗어나는 시간을 살 수 없을까? 집회가 없는 광장, 대열이 없는 거리, 그러면서도 평화롭고 고요한 세상, 그것이 그가 꿈꾸는 '해방 광주'였다.

그러나 그 아득한 유토피아와 현실의 거리는 너무나 멀었다. 지상의 풍경은 지나치게 비정하리만큼 비극적이면서 몸서리가 나지만 신영일은 절망하지 않고 더 새로운 정세에 대응하기 위하여 발걸음을 분주하게 움직였다. 서울에서 경찰이 민통련을 침탈하고 있을 때 그는 이미 그 일을 준비하고 있었다. 「전청련의 올바른 발전을 위하여」라는 제하의 문건을 작성하며 '삶과 정치의 통일'에 충만한 조직 발전을 꾀하기 시작한 것이다.

우리는 민주주의 청년 대중 조직으로서 '전청련'의 위상과 임무에 관한 명백한 입장의 부재로 민주주의 청년 대중 조직의 굳건한 지역적 토대 구축에 실패했으며, 청년 대중 조직의 전국적 통일에 관한 올바른 전망과 구체적 실천에 실패했다.

이렇게 시작된 문건은, "구체적 자기 대중 조직에 근거하지 못하고 무작위 대중을 상대로 선동 일변도로 흘렀던" 지난 일을 반성하면서, 이제 활동 대상을 "운수 노동자, 영세수공업체 생산직 노동자, 상업노동자, 비생산직 노동자, 교육노동자, 건축노동자, 진보적 여성, 부유하는 학생운동 출신, 양심적 청년·종교·문화인, 실업자, 중·고교·대 열혈청년, 5·18, 3·30 등 역사적 경험 속에서 투쟁을 통해 배출된 청년, 다양한 대중단체, 대·

중·소 그룹에 소속된 청년"들로 설정하고, 투쟁 목표도 '민중연합민주정부 수립'으로 적시하고 있었다. 그러니까 그간의 '지역운동론'이 몇 차례의 투쟁 속에서 검증되고 세부화되면서 어느덧 '청년운동론'을 정립하는 단계로 발전하고 있었던 것이다.

광주는 발목에 피가 묻어 있는 도시였다. 신영일은 여기에 하늘을 가릴 만큼 커다란 마음의 빚이 있었다. 신영일이 윤상원 형만큼이나 좋아하던 김영철 형은 항쟁 때의 고문 후유증으로 그 순간에도 정신병원 신세를 지고 있었다. 그들의 기억을 마주하기가 고통스러워 신영일은 윤상원 묘소에 다녀온 뒤 단 한 차례도 5·18 사진이나 기록물을 들여다보지 않았다. 역사 속 개인은 모두 시간과 장소의 희생물이다. 세계를 덮고 있는 하늘은 인간의 온유한 감정보다 서릿발처럼 날카로운 정신 속에서 본모습을 보인다. 운동의 객관적 정세는 1987년 봄을 지나며 혁명적 분위기가 가파르게 고양되는 중이었다. 대중운동의 파고가 높아지면서 운동의 외연도 다양하게 확장되고, 그만큼 관심을 쏟아야 할 영역도 넓어진 것이다. 전청련도 5·18 진상 규명과 책임자 처벌을 주장하며 열정적으로 대중적 거리 투쟁에 나서야 했다.

전청련의 5·18 진상 규명 투쟁은 조직 출범 초기부터 이미 불붙어 있었다. 정상용 의장과 정용화 부의장이 이재의를 불러서 비밀리에 5·18 항쟁을 종합 정리하는 작업을 맡기면서 일은 시작되었다. 내용을 최대한 충실하게 확보해서 백서를 출간할 목표로 추진된 이 작업은 1984년 가을에 개시되어 1985년 5월에 최종 탈고되고, 6월에 풀빛출판사에서 출간되기에 이르렀다. 그것이 바로 소설가 황석영의 이름을 달고 나온 『죽음을 넘어 시대의 어둠을 넘어』이다. 전청련이 풀빛출판사 나병식, 소설가 황석영 같은 거물들을 움직일 수 없다면 이룰 수 없는 쾌거였다. 이 책은 서점에 깔리자 온 나라를 벌집 쑤셔 놓은 듯이 뒤집어 놓았다. 그동안 숨겨졌던 5·18의 실상이 대구며 강원도며 제주도까지 한사코 퍼져 나갔다. 그러자 조양훈 등 작업팀이 다시 5·18 자료집을 발간하고, 화가 홍성담과 더불어 5·18 사진 화보 및 판화집 발간, PD 오정묵과 함께 5·18 비디오 제작, 윤장현과 함께 5·18 영문책자 발간 등이 이어져 5·18 투쟁은 나날이 2차, 3차 텍스트를 확대해 갔다. 그 정신없는 와중에 서울에서 국민운동본부가 출범하고, 6·10 대회를 열기로 한 전날, 연세대에서 이한열 학생이 최루탄을 맞고 쓰러졌다.

신영일은 이곳에서 뿜어 나오는 열기를 모아 광주의 유월 투쟁에 쏟아부었다. 역시 광주는 대중운동의 파고가 높아서 그 기세 또한 맹렬한 열기를 뿜으며 타올랐다. 6월 10일, '박종철 고문살인 은폐조작 규탄 및 호헌철폐 범국민대회'를 저지하기 위하여 경찰은 오전 6시부터 도청 앞 주차장을 폐쇄하고, 오후 4시부터는 금남로 일대 버스·택시 승강장을 폐쇄했으며, 충장로 입구, 한은 사거리, 노동부 사무소 앞에 바리케이드를 설치하여 행사장인 YMCA와 도청 앞 광장으로 통하는 금남로에 차량은 물론 행인의 출입까지 통제했다. 그뿐만 아니라 6·10 대회를 원천 봉쇄하기 위해 경찰은 재야인사들을 가택보호 조처하고, 광주시 교육위원회는 중고생의 참가를 막기 위해 학생들을 밤 10시 이후에 귀가시켰다. 택시 회사들은 대회를 응원하는 운전자들의 경적을 막기 위해 오전에 소속 택시의 경음기 연결 부분을 미리 떼어 내기도 했다. 그러나 6월 항쟁은 쾌청한 초여름 날씨 속에서 근 한 달 가까이 전개됐다.

아무도 신영일을 멈추게 할 수 없었다

한낮은 비교적 무더운 편이지만 시위에 지장을 줄 정도는 아니었다. 국민운동본부에서 설정한 '비폭력 평화시위'의 원칙은 시위대의 도덕성을 높여 주고 대중의 참여를 촉구시켰다. 그러나 경찰의 무자비한 진압이 계속되자 시위는 점차 폭력 투쟁의 양상을 띠었는데, 그래도 가장 밑바닥에서 가장 열심히 싸운 사람들은 시민과 학생이었다. 전남 지역은 6월 18일의 최루탄 추방대회부터 시작하여, 광주·목포는 19일에서 21일, 순천은 20일에서 21일, 여수는 23일, 전주·이리는 23일에서 25일, 군산은 27일에서 29일에 각별히 치열한 투쟁을 전개했다. 특히 광주는 6월 19일부터 28일까지 매일 3만에서 30만 명의 시민들이 참가했고, 무려 10일 동안 밤낮을 가리지 않는 '시위 전쟁'을 방불케 했다. 온 세상이 마술에 빠져든 것 같았다. 이 기간 동안 최루탄으로 부상한 시민이 신원을 확인할 수 있는 사람만도 4백80명에 이를 정도로 격렬했고, 26일 '국민평화대행진'에는 90만 시민 중 30만 명이 참가할 정도로 열기가 뜨거웠다. 그리하여 군부 독재의 하수인 역할을 해온 지배기구들은 시민들의 집중적인 공격을 받았다. 민정당사와 KBS는 동네북과 다름없었으며 파출소와 세무서도 화염병 세례를 받았다. 그만큼 정신없이 영역이 확장되고 있었으며 거의 모든 활동가가 타오르는 불길에 온몸을 던져 넣었다. 신영일은 이 시기를 도대체 어떻게 지내는지 알 수 없었다. 혁명전야였다. 민통련 이명식은 명동성당 농성투쟁을 수습하고 광주에 내려와 '그리운 신영일'을 만났는데, 이때 신영일은 운동의 흐름을 대중의 자발성에 맡기자고 주장하고 있었다. 그리고 광주는 시민들의 자발성이 어찌나 높던지 현장을 보고 매우 놀랐다고 한다.

치안본부가 1987년에 발간한 『1987년, 그 격동과 경찰』은 6월 20일 이후 긴박하게 전개됐던 광주의 시위 상황을 이렇게 기록한다.

광주의 극렬 가두시위는 19일에 이어 28일까지 열흘간 전남도청 주변과 시내 중심가 일원에서 계속되었다. 시위대는 대부분의 경우 금남로, 충장로 등 전남도청 앞 로터리 4개 도로로부터 출발하여 전남도청을 목표로 시위를 감행했다. 경찰은 도청을 비롯한 시내 일원에 진압경찰 18개 중대를 배치하여 가두시위에 대처하였으나, 당시 전남경찰국은 진압 부대의 수적 열세와 최루탄 부족 및 보급의 애로 등으로 큰 어려움을 겪고 있었다. 실제로 전남도청은 수차에 걸쳐 시위대에 점거당할 뻔한 위기를 넘기고 있었다. (『말』 창간 12주년 · 6월 항쟁 10주년 별책부록, 월간 말, 116쪽)

까닭에 경찰은 사람이 많은 초저녁 시위는 적당히 대처하다 사람이 줄어드는 밤 10시쯤이 되면 시위대열을 해산시키기 위해서 서현교회 쪽으로 거칠게 몰아붙였다. 그래서 마지막 시위대열은 항상 서현교회 인근 골목 앞에서 끝났다. 주동 인물들이 골목 속으로 흩어지고 나면 그 일대의 사람들은 경찰의 포위망이 풀릴 때까지 몇 시간 동안이고 발이 묶였다. 신영일은 그 시각에 슈퍼 앞 평상에 앉아서 막걸리를 마시는 사람들을 모아서 하루 시위를 마감하는 토론을 벌이고는 했다. 신영일 인생의 절정이 그렇게 지나가고 있었다.

그리고 그러한 결과일 것이다. 6월 29일 오전 9시 10분 서울 종로구 관훈동 민정당사 9층 회의실에서 노태우 대표가 항복 의사를 밝히는 선언문을 읽는 장면이 TV로 중계되었다.

친애하는 국민 여러분! … 여야 합의하에 조속히 직선제 개헌을 하고 새 헌법에 의한 대통령 선거를 통해 88년 2월 평화적 정부 이양을 실현토록 하겠습니다.

소위 6·29선언을 발표한 것이다. 6월 항쟁이 이렇게 승리로 끝나자 불과 몇 개월 만에 세상은 엄청나게 변하고 있었다. 수배된 사람들이 대부분 풀려났다. 어두운 장막 하나가 걷혔다고 하지만, 아무도 신영일이 위태롭다고 여기지도 않고, 그를 잠시라도 멈춰 세워야 한다고 생각하지 않았다. 걷잡을 수 없는 변화의 물결 속에서 '전청련'도 급격하게 변하고 있었는데, 신영일은 그 한복판에 놓여 있었다.

오직 일하는 청년이 주체가 되는 대중 조직을 만들기 위해서 그는 물불을 가리지 않고 뛰었다. 대중적 청년조직의 근간은 지역위원회와 일하는 청년들의 취미와 직장에 걸맞은 대중적 조직이었다. 이에 따라 지역조직과 직장위원회 안에 사무직반 바둑반 등이 만들어지고, 광주지역위원회를 포함하여 목포, 여수, 순천, 보성에 다섯 개 지역위원회가 만들어졌다. 신영일이 직접 위원장을 맡은 광주지역위원회에서는 정동년 고문을 교장으로 모시고 '청년학교'를 개설하여 일반 청년들을 대상으로 한 정치 학교를 운영했다. 그러나 무엇보다도 중요한 점은 신영일 자신이 직장을 갖게 된 점이었다. 그는 선배가 운영하는 의료기 상사에 판매원으로 취직하여 출퇴근하게 됐는데, 이는 그에게 매우 중요한 문제의 하나였다. 생활 속에 뿌리박지 못하는 민주주의는 허상이라고 하면서 건강한 시민의 삶을 통해 민주주의를 정착시켜야 한다는 자신의 지론을 최종적으로 실천하는 지점이었던 까닭이다.

그러나 아내 김정희는 이때의 신영일이 불안하기 그지없었다고 한다. '신념의 세계'와 '현실의 세계' 사이의 틈새가 점점 벌어지다 어느 순간 감당하지 못하는 지점에 이를지 모른다는 염려가 솟아난 탓이다. 그렇다. 그것은 실존 세계가 겪는 '틈새'의 문제이다. 가령, 신영일에게 제1의 동지가 아내 김정희라는 건 말할 필요도 없는데, 그가 죽을 때까지 일관되게 견지하고자 한 태도는 결혼과 동시에 여러 차원에서 자꾸 부하가 걸리고 있었다. 그러니까 대학 신입생 시절부터 김정희를 사귈 때, 결혼할 때, 또 자식을 낳아서 기를 때 그리고 그 이후까지 한 번도 사랑의 태도를 잃은 적이 없었다. 그것은 신영일이 부모로부터 물려받은 천성이요 또 신념이었다. 그래서 청년조직을 구상하는 단계에서 결혼식을 올릴 때도 늘 자신이 하는 일을 아내와 토론하고 문제를 함께 풀어갈 것을 희망했다. 그때마다 아내는 감동했으나 정작 그의 장단에 박자를 맞출 수는 없었다. 우선 신영일은 거리에 나설 때부터 몸이 회복되지 않은 상태였다. 1983년 정신병원에서 만난 이후 허약하지 않고 위태롭지 않은 적이 한 번도 없었다. 그렇게 옥중 단식의 후유증을 극복하지 못한 채 본인도 무엇인가 반전을 모색하고는 있지만, 눈앞의 현실은 늘 비상 상황의 한복판이었다. 김정희가 보기에 신영일은 일정 기간 일을 멈추지 않고는 치유될 수 없는 상태인데, 그 때문에 하는 말을 신영일은 도저히 받아들일 수 없었다. 왜냐면 투쟁을 쉬는 것은 5·18에 대한 배신이었으니까. 까닭에 언제나 늦게 들어오고, 수시로 외박하고, 항용 눈코 뜰 새 없이 바빴다. 이는 김정희가 말릴 수 있는 문제가 아니었다. 신영일을 가장 잘 아는 어머니조차도, 오히려 아들을 너무나 잘 알기 때문에 한 번도 말릴 수 없었다.

다음으로 신영일의 자리에서 바라보는 삶의 지평선과 김정희의 자리에서 바라보는 삶의 지평선이 달랐다. 김정희의 눈길은 세계를 향해 자아실현을 준비할 단위가 늘 집안의 조건을 토대로 하고 있는데, 신영일의 관심은 언제나 공동체 전체의 운명을 단위로 하고 있어서 시간이 흐를수록, 또 경험이 쌓일수록 두 사람의 주제와 범주가 서로 멀어져 갔다. 신영일은 김정희의 말을 늘 귀담아듣고 토론하지만, 김정희는 신영일이 부딪치는 문제가 일개 교사로서 감당할 수 있는 수준이 아니었다. 그래서 점점 흘려듣고, 아는 문제를 만나도 판단을 보류했다. 그러나 전체적으로는 모든 가족이 저마다 존중하고, 각자의 역할에 충실하며, 또 언제나 분주했기 때문에 싸울 겨를도 없고 서로를 멈추게 할 틈도 없었다.

그 결과 1986년에는 이미 가정 형편이 정상 가동이 안 될 정도로 어려운 지점에 닿고 말았다. 김정희가 학교를 그만두고 시댁으로 복귀했을 때 어머니는 두암동 단독주택 2층에 흙을 쌓아서 옥수수 농사까지 짓고 있었다. 시부모가 생활비를 아끼느라 가을에 메주를 삶을 때도 방앗간에 가지 않고 두 어른이 밤새 절구를 찧는 걸 보고는 얼마나 놀랐는지 모른다. 자신은 일찍부터 교사 모임에 나갔고, 해직된 동안에는 교사신문을 만드는 일을 했는데, 어머니는 가정에 충실할 수 없는 아들을 둔 덕에 고생길에 빠진 며느리를 위해 늘 무한히 배려하려고 애를 썼다. 이를테면 이웃들이 석유 보일러를 두고 있을 때 신영일의 집에서는 아직 연탄을 때는데, 시어머니는 이를 몹시 미안하게 생각했다. 그래서 김정희는 잠결에 어머니가 발소리를 내지 않고 조심스럽게 다가와서 연탄불을 갈아주고 가는 소리를 듣고는 했다. 신영일은 섬세한 성격이라 이 같은 현실을 모두 알고 있었다. 그래서 전주 이광철 형이 결혼할 때 쓴 축하 편지(1987년 4월 10일자)에도 이런 말을 남긴다.

요즘 저는 제 아내와 아들과 함께 앞으로의 가정생활이나 직장생활, 사회활동 등에 관해 가능한 한 구체적으로 서로가 책임 있는 가정의 주인으로서 함께하기 위해 고군분투하고 있습니다. (…) 직장 문제는 자본도 경험도 일천한 데다가, 건강에도 그리 자신이 없고, 제 여타의 조건도 까다로워서 쉽게 결정이 안 되네요. 하지만 가정경제를 이번에는 제가 실질적으로 주도하려고 합니다.

돌이켜 보면 이때가 신영일로서는 '자신의 삶과 운동'을 일치시킬 마지막 기회였던 셈이다. 삶과 정치의 통일, 그러니까 나약한 일개 지식인이 세계를 변혁하는 투쟁에 몰두하면서, 동시에 한 사람의 훌륭한 생활인이 되는 일처럼 어려운 과제가 있을 수 있을까? 그래서 신영일의 의료기 상사 시절은 신영일을 아는 모두에게 뼈아픈 추억담을 상기시킨다. 다음은 후배 김종호가 들려주는 말이다.

대우전자의 나주지점장으로 근무하던 시절이었다. 지점의 3층에는 극장이 있었고, 가끔 몸이 피곤해서 쉬고 싶을 때 난 극장엘 갔다. 평일 대낮에 그곳은 늘 비어 있어서 영화를 보다 졸기도 하면서 두 시간쯤 쉬기에는 적격인 장소였다. 나 혼자려니 하고 극장에 들어선 어느 날 어둠 속에 앉아 있는 한 남자를 발견했다. 뭔가 실루엣이 낯설지 않았지만 영일 형이라고는 생각하지 못했다. 영화가 끝나고 놀라움 속에서 조우하게 된 우리는 차를 마시면서 이런저런 얘기를 나눴다. 형은 의료기 회사에서 판매 일을 하고 있다고 했다. 그 대화 말고는 어떤 얘기도 지금은 기억에 없다. (김종호 구술자료)

한국의 가장 가난한 도시에서 의료기 상사의 외판원을 하여 생계비를 번다는 것은 우리가 상상할 수 있는 육체적 피로와 감정 노동의 최대치를 체험한다는 것을 의미한다. 의료기 외판원의 특징은 인맥을 파는 것인데, 신영일은 의료기 하나를 팔기 위해 광주일고 출신 의사 100여 명을 찾아다니며 온갖 접대 문화에 시달려야 했다. 투사 신영일의 냄새가 풍기는 순간 판촉은 실패하는 것이었다. 그토록 헌신적이고 치열한 삶의 한쪽을 헐어서 의사 선배들의 비위를 맞추며 찾아다니다 보면 엄청난 환멸의 시간을 견뎌야 했을 것이다. 아마 그날도 그런 스트레스에 시달렸을 것이고, 또 계속되는 수면 부족 상태와 '역사 피로'에 지친 마음을 수습하기 위하여 극장에 들어가 두 시간의 휴식을 누렸을 게 틀림없다. 그런데 하필 그곳에서 자신을 '운동권에서 도망 나와 자본가의 수하가 되어 버린 나'라고 표현하는 이 '형형한 자의식'을 가진 후배를 만났으니 시시껄렁한 농담 외에는 한 마디도 꺼낼 수 없었을 터이다. 더구나 이 후배는 '왜 형은 나에게 청년운동에 참여하라는 얘기를 끝내 하지 않을까?' 또 '왜 나에게는 한 마디도 질타하지 않고 사람 좋은 얼굴로 웃기만 할까?' 하는 마음을 내내 품고 있었다.

그러나 당시의 신영일은 수준 높은 백수 논객들이 아니라 우직하게 세속사회의 피로를 견디며 세계와 개인의 조화를 깨뜨리지 않는 진짜 생활인들에 의해서 사회변혁운동이 추진되어야 한다고 생각하고 있었다. 그래서 그런 건강한 조화를 획득하는 자리에 자신이 먼저 닿아 있고자 했다. 물론 세상은 아직 신영일이 자기 투쟁에만 몰두하도록 놓아주지 않았다. 그 앞에는 어김없이 그해 12월에 있을 '직선제에 의한 대통령 선거'라는 소용돌이가 닥쳐오게 돼 있었다. 그로 인해 야당은 물론 운동권 전체가 모처럼 맞은 '군정 종식의 기회'를 어떻게 소화할지를 놓고 소란해지기 시작했다.

1987년은 한국 사회 대중운동의 전환점이었다. 6월 항쟁 때 '넥타이 부대'를 목격한 사람들의 눈앞에, 보란 듯이 7~8월 노동자 대투쟁의 감격이 찾아왔다. 당시에 아무도 민중의 폭발적인 동력이 그처럼 잠재해 있었다는 사실을 알지 못했다. 그래서 6·29 선언을 확인한 '민주헌법쟁취 국민운동본부(국민운동본부)'가 그해 8월에 하반기의 목표를 '군사 독재 종식을 위한 선거혁명'으로 규정하면서 한국의 정국은 또 다른 격랑 속으로 빠져들고 있었다. 실로 오랜만에 대선 정국이 시작되자 네 사람의 출마자가 유권자의 눈길을 사로잡게 되었다. 김대중·김영삼·백기완·노태우. 여기서 김대중과 김영삼이 둘 다 나오면 모두 떨어지므로 당연히 후보를 단일화해야 한다는 의견이 나왔다. 그런데 누구를 중심으로 단일화해야 옳은가 하는 문제는 생각처럼 간단한 사안이 아니었다. 김대중이 사퇴해야 한다는 안과 김영삼이 사퇴해야 한다는 안을 놓고 민주화 세력이 나뉘어서 연일 논쟁을 벌였다. 일각에서는 일찌감치 백기완을 지원하자는 주장까지 등장하여 머리가 아플 지경이었다. 민통련도 어떻게 할 것인지를 선택해야 했는데, 신영일이 꺼내든 노선은 가장 민주주의적인 후보를 '비판적으로 지지하자'라는 것이었다. 언젠가 민중 승리의 날이 찾아오리라는 희망과 확신을 안고, 긴 안목으로 시민 대중과 함께 달려갈 때만이 그 이후의 상황을 극복할 수 있다는 판단과 믿음 때문이었다. 내부에 많은 논란과 비판이 있음에도 불구하고 민통련은 신영일의 주장대로 '비판적 지지' 노선을 표방하게 되었다. '전청련'도 '민통련'의 '비판적 지지' 입장을 수용하고, 한 발 더 나가 적극적인 당선 투쟁을 벌이기로 방침을 정했다.

선거 기간 동안 신영일은 물불을 가리지 않고 뛰었다. 김대중 당선을 위한 청년 모임을 조직하고, 거리 홍보와 연설에도 참여했다. 그러나 대선 결과는 참담한 패배로 이어졌다. 군인들이 민간인을 학살하여 얻은 권력을 순순히 내줄 턱이 없었으니, 곳곳에서 부정선거의 혐의가 포착되었다. 대선 실패와 그로 인한 좌절, 그리고 부정선거에 대한 시민들의 분노가 하늘을 찔렀다. 전청련은 12월 24일에 「광주애국시민 청년에게 드리는 글」이라는 성명서를 발표하고 투쟁에 나섰다. 그리하여 광주에서는 서현교회를 근거지로 해서 일주일 넘게 선거무효 투쟁이 계속되었다. 하지만 살인적인 최루가스와 곤봉 세례 앞에서 결코 빼앗긴 승리를 되찾아올 수 없었다. 그로 인해 '전청련'의 조직이 순식간에 휘청거렸다. 하루에도 몇 명씩 늘어나던 신입 회원의 수가 어느 날 갑자기 줄더니 어느 순간 활동 회원들의 숫자까지 줄기 시작했다. 전청련 지도부는 조바심을 내지 않을 수 없었다. 지도부 모두가 토론과 고민으로 밤을 새우는 날이 많아졌다. 신영일은 그 후유증이 특히 컸다. 대통령 후보를 둘러싼 민주세력의 분열 양상도 심각했지만, 선거 패배의 여파가 커서 운동권의 분위기가 이루 말할 수 없이 위축돼 있었다. 자칫하면 1987년 6월 항쟁의 성과 자체가 무산될지 모른다는 위기감이 팽배했다.

　이때 신영일은 아내가 몰두하고 있는 교사운동에도 많은 시간을 할애하지 않으면 안 되었다. 아내는 일찍부터 윤영규 선생이 이끄는 YMCA 교사협의회에 나가고 있었고, 부부 토론을 할 때도 교사운동에 관한 관심이 훨씬 컸다. 신영일 역시 본디 사범대생이고 본인의 직업적 정체성도 교사에 있었으므로, 교사운동에 관한 애정이 누구보다도 컸다. 그가 자주 상의하던 선배 이세천도 그 무렵에 교사운동에 빠져 있었는데, 신영일은 수배 중에도 이세천의 집에 머물면서 몰래 아내의 일을 도왔다. 게다가 김정희가 '전교협'을 결성하는 과정에 총력을 쏟고 있던 까닭에 신영일은 거의 남모를 직업 하나를 더 가진 사람처럼 뛰어야 했다. 그에 대해 이세천은 이렇게 말한다.

1986 · 1987년경은 '전국교사협의회'와 '전국교직원노동조합'이 탄생하기 위해 진통을 겪던 시기였다. 나도 그 일에 참여했는데 그 과정에서 영일이의 도움을 받은 바가 적지 않다. 전교협의 결성 과정에서 나는 서울에서 전교협 결성을 제안하는 발제를 맡았다. 그 발제의 영향이 어느 정도였는지는 알 수 없으나 곧바로 '전교협'이 결성되었는데, 이 과정에서 영일이의 올바른 판단에 의한 충고와 숨은 노력을 아는 전국의 선생님들은 많지 않을 것 같다. (이세천 「영일이를 생각하며」, 『신영일을 배우자』, 48쪽)

이처럼 바쁜 교사운동 안에는 교사 발령을 받지 못한 자의 역할이 또 하나 있었다. 당시 운동권 전력 때문에 교직을 이수하고도 발령 받지 못한 사람을 '미발령자'라고 하는데, 교육청은 그들이 사면 복권이 된 뒤에도 발령을 내주지 않고 있었다. 신영일은 이것이 불법이라고 하여 앞장서서 바로 이 싸움을 하고 있었다. 몸이 다섯 개라도 부족할 판이었다.

그렇게 정신없는 나날 중에 하루는 청년회 모임이 끝나고 동료들과 헤어진 뒤 신영일과 송재형이 술집을 찾았다. 새벽 2시가 지난 시간이었다. 청년운동의 지도부에서 지역운동을 주도했던 신영일은 5 · 18 직후의 시련을 떠올리지 않을 수 없었다. 당연히 두 사람은 청년조직을 함께 띄운 인물들로서 당면 정세와 조직문제는 물론 개인적인 고충까지 들먹이며 많은 이야기를 나누었다. 생명의 본질은 매 순간 장애를 넘는 것이다. 두 사람이 처음 만났을 때 광주공동체에게 가장 필요한 일은 누군가 나서서 5·18 이후 폐허가 된 도시가 다시 일어나 걸어갈 방향성을 찾아서 알리는 일이었다. 독재자의 탄압이 극심했으므로 용기 있는 사람이 앞장서서 깃발을 흔들어야 했는데, 그곳에서 '개헌현판식'을 계기로 대중 투쟁의 길을 확보하여 6월 항쟁까지 끌고 간 장정은 기적에 가까운 쾌거였다. 이제 소수 몇몇이 아니라 다수 청년으로, 지식 청년 몇몇이 아니라 일하는 청년들의 조직으로 동력을 바꾸는 일에 신영일은 총력을 쏟고 있었다. 그런데 6개 지역위원회까지 만들어서 전청련이 살아 있는 대중적 민중조직의 한 견본 같은 틀을 완성해 가는 마지막 고비에서 대선 후유증이 조직 내부에까지 심각한 문제를 야기하고 있었다.

"영일아."

송재형 선배가 술을 따르고 있을 때 신영일은 이미 새로운 타개책을 세워 놓고 자신의 역할을 재조정하고 있었다.

"형, 내가 직장을 그만두고 조직활동으로 전면 복귀할게."

이미 마음의 준비가 끝났다는 이야기였다. 신영일은 눈앞에 놓인 그림을 설명하듯이 청년운동론의 갈 길을 조목조목 짚어 가며 술을 마셨다. 모처럼 만에 나눈 진지한 대화였다. 이날 송재형은 새벽 동이 틀 무렵에야 신영일과 헤어졌다. 그런데 고민이 너무 깊었던 탓일까? 아침이 다 되어서야 잠자리에 들었는데, 과로가 지나쳤는지 신영일이 며칠을 일어나지 못했다.

마지막 지상에서

　신영일이 앓는다는 소식을 듣고 지인들은 다들 그가 과로로 인한 단순한 몸살감기에 들었다고 생각했다. 신영일이 며칠 눕는 상황은 누구나 쉽게 상상할 수 있었다. 당연한 일이었다. '전청련'은 대선 당시 선거 투쟁에 참여하면서 새로 가입한 회원이 얼마나 많은지 몰랐다. 조직의 확장뿐 아니라 성격 자체가 변해야 할 시점이었다. 이를 가장 적극적으로 생각하는 사람이 신영일인지라 그는 낮에 회사에서 일하고 퇴근하기가 무섭게 밤에 사무실로 출근하였다. 조직은 회원이 느는 만큼 내부가 아직 정돈되지 않고 있었는데, 그 어수선한 상황에서 대선 패배의 국면까지 맞았다. 그래서 다들 학습이나 친목 행사 등 다양한 사업을 계획하여 판을 벌여두기만 한 채 열기가 푹푹 빠져나가자 당황하지 않을 수 없었다. 신영일은 되도록 많은 행사에 참여하여 꺼져 가는 불꽃을 되살리려 했다. 까닭에 밤이 깊어서 행사가 끝나면 다시 간부들과 만나 정세의 흐름이나 조직의 운영문제를 놓고 밤새 토론을 벌이는 날이 계속되었다. 그래서 희뿌옇게 날이 새어 헤어질 때면 신영일은 출근 걱정을 시작하였다. 깊은 잠에 빠지면 아침 출근 시간에 일어나지 못할까 봐 잠깐 샤워한 다음에 바로 사무실로 가서 눈을 붙이겠다며 목욕탕으로 향하는 경우가 태반이었다. 그렇게 지내는 날이 일주일에 적어도 사흘은 넘었다. 그야말로 몸을 혹사하면서 불철주야 활동하는 사람이 몸살이나 감기를 앓지 않을 재간이 없었다.

처음에는 신영일 스스로도 몸살이 났거니 생각했다. 그런데 여러 날이 지나도 회복되지 않자 병원을 찾지 않을 수 없었다. 그를 아끼는 전홍준 선배가 원장으로 있는 병원을 찾아가 진단을 받아 보니 과로와 열병이라고 했다. 신영일이 과로한다는 사실이야 천하가 다 아는 일이니 논외로 치고(아니, 그런데 이 중차대한 문제를 논외로 치다니! 여기에 신영일 서사의 본질이 있었다. 아내는 남편과 5 · 18 이야기를 단 한 번도 나눈 적이 없다고 한다. 신영일의 내면은 5월에 입은 생채기가 가득하였고, 그는 언제나 윤상원을 향하여 뛰고 있었는데 다들 아차 하는 순간에 그걸 놓치고 있었다) 열병은 생명을 앗아가는 병마가 아니니 며칠 입원하면 된다고 보았다. 병원에 입원한 신영일은 으레 자연 건강식 치료와 체질 변화를 통해 몸을 치유하겠다고 판단하고, 야채 단식과 생수를 마시며 건강 체조를 시작하였다. 그 특유의 기질이 발동되어 한동안은 병상 일지를 꼼꼼히 작성하면서 스스로 조율해 나갔다. 신영일은 자신이 옳다고 생각하면 어떤 험한 길이라도 가리지 않고 어떤 주장이라도 관철하는 성격인지라 아내도, 어머니도, 의사 선생님도 크게 간섭하지 않았다. 하지만 그토록 심하게 몸을 혹사해 온 끝에 한없이 쇠약한 상태에서 칼로리가 낮은 채소를 생식하여 체질 개선을 한다는 것은 너무나 위험한 처방이었다. 그로 인해 여러 날이 지나도 차도가 없자 아내가 병원 원장을 만나 치료 방식을 바꾸기로 하였다. 이때 확인해 보니 내장의 염증이 퍼져 패혈증이 전신으로 퍼진 뒤였다. 그간에 신영일의 문제에 최대한 간섭하지 않고 묵묵히 뒷바라지만 하던 어머니도 더는 두고 볼 수 없게 되었다.

"이 답답한 사람아. 아픈 사람은 너라도 그걸 고치는 사람은 의사야."

가족들이 서둘러 병원 응급실로 옮겨 긴급 처방을 받았으나 병세는 호전되지 않았다. 담당 의사가 백방으로 노력했지만 허사였다. 기가 막힌 사실은 신영일이 이렇게 사경을 헤매고 있을 때 교육청은 부랴부랴 교사 발령을 냈다. '미발령자' 건이 사회적인 문제가 될까 봐 응급 처방을 한 것이다. 김정희는 화가 머리 꼭대기까지 올라서 견딜 수 없었다. 그래도 만사를 제치고 신영일을 살리는 일에 심혈을 기울였으나 때늦은 후였다. 마침내 회생 불능 통고가 떨어지자 그 느닷없는 소식을 들은 선후배 동지들은 벼락을 맞은 듯한 충격에 빠졌다. 아니, 열병으로 죽는 법이 어디에 있는가? 그가 위독하다는 사실을 아무도 믿는 사람이 없었다. 그래도 마지막 얼굴이라도 보려면 오라는 말을 듣고는 다들 황망한 얼굴로 걸음을 재촉했다. 그리고 병실에 들어선 순간 유령 같은 모습에 전율을 느꼈다. 신영일은 누구에 대한 원망도, 어떤 후회도 없다는 표정을 하고 있었다. 기가 막혔다.

신영일은 잠시 정신이 돌아올 때마다 보고 싶은 이름들을 하나씩 불러 면담을 자청했다. 그리고 호출된 사람에게 일일이 예를 들어가며 전청련을 위해 할 일, 광주를 위해 할 일, 참다운 청년의 미래를 위해 할 일을 일러주었다. 전근을 떠나려고 하는 담임 선생님 같았다. 앞으로 자신이 부재할 세계를 위해 정성을 다하는 모습을 보면서 가까운 후배들은 발을 동동 굴렀다. 다들 주마등처럼 스치는 지난날을 상기하며 회한을 삼키느라 사색이 돼 있었다. 복도에서는 여자 후배들이 삼삼오오 모여 소리를 죽이며 흐느껴 울었다. 그 힘겨운 중환자실 병상으로 이상걸이 찾아갔을 때는 꽤 혼미한 상태였다. 다급한 마음에 꾸벅 인사를 올리자 그 상황에도 얼굴을 알아보고는 이렇게 말했다.

"상걸아, 너하고는 밤을 새워 이야기를 해 봐야 해."

상상도 하지 못했던 말이라 슬그머니 얼굴을 들여다보니 아무 표정이 없었다. 무심코 던진 말인가 하고 다시 쳐다보았는데, 눈빛이 너무도 맑고 강렬하게 빛나고 있었다. 그날 밤 이상걸은 '나와 밤을 새워 이야기하고자 했던 게 무엇이었을까?' 하고 골똘하지 않을 수 없었다. 그러나 야속하게도 바로 그 시각에 신영일은 눈을 감았다. 운명은 이렇게 세상 사람들에게 신영일의 청춘만을 보여주고, 영원히 청년의 인상만을 간직하도록 남겨둔 채 언젠가 늙게 될 모습을 거칠게 빼앗아 버렸다. 영안실로 옮겨진 마지막 얼굴은 촛불이 다 타 버린 것 같은 잿빛을 하고 있었다. 그토록 젊고 아름다운 영혼은, 31살의 젊은 나이에 사랑하는 동지이자 아내 김정희 여사와 두 자식 새벽이와 누리를 남겨두고 저 홀로 천상에 오른 것이다. 통렬한 생의 뒤끝이었다.

*

장례식은 민주시민장으로 치러졌다. 1988년 5월 11일 오전 10시 유족과 민주단체 동지 500여 명이 참석한 가운데 기독교병원에서 영결식을 하고, YWCA 앞에서 노제를 올렸다. 전청련 의장 송재형은 조사를 통해 "그대는 민주화운동을 해나가는데 누구보다도 열정적이었지만 자신의 몸을 돌보는 데는 안쓰러울 정도로 소홀했다" 말하고, 유족회 회장 전계량은 "큰 별은 땅에 떨어지고, 광주는 자랑스러운 해방 전사를 잃어버렸다"라고 슬퍼했다. 영결식을 마친 운구 행렬은 대형 초상화와 50여 개의 만장을 앞세우고 금남로를 지나고 전대교정을 거쳐서 망월동을 향했다. 상두꾼이 이끄는 전통적인 장례 행렬을 청년 학생들이 뒤따르며 〈임을 위한 행진곡〉과 〈광주출정가〉를 불렀다. 망월동 장지에서 운구가 안장될 때 묘소 앞에서 통곡하던 후배가 두 명이나 기절했다. 살아생전 신영일을 그림자처럼 붙어다니며 보필했던 김상전이 혼절하자 군중 속에서 잠시 소란이 일었다. 그래도 끝까지 흐트러지지 않고 의연하던 아내 김정희는 공적인 절차가 모두 끝난 다음에야 묘소를 차지했다. 그리고 최종적으로 그 앞에 꿇어앉아 오래오래 묵상을 올렸다.

에필로그
20세기의 청년이 21세기의 청년들에게

다시 관찰자 시점으로

　나는 이 책의 프롤로그를 관찰자 시점으로 시작하였다. 이야기를 끝내는 자리에서 다시 관찰자 시점으로 돌아와 작가 개인의 상념에 속하는 군더더기 몇 가지를 덧붙이고자 한다.

　나는 처음에 이 글을 실명 소설로 쓰고 싶었다. 이유는 두 가지인데, 하나는, '평전'이라는 장르 자체에 대한 부담 때문이었다. '평전'은 대상 인물을 증언하고 평가할 수 있는 자의 위치와 자격을 전제로 하는 문학 장르이다. 나는 신영일의 캠퍼스를 공유한 적이 없으며, 그가 관여한 서클이나 동아리, 혹은 조직에도 가입한 적이 없다. 내게도 취재할 기회가 있지만, 모든 답변은 항상 '질문의 식민지'가 된다. 하나의 사건을 다루는 '프레임 전쟁'이 시작되는 지점이 여기에 있다. 가령, 신영일이 5·18때 고민했던 것들을 구체적으로 특정할 수 없다는 사실이 내게는 얼마나 큰 부자유를 주었는지 모른다. 공식적으로 확인된 것은 항쟁 초기에 어머니에게 붙들려 있었다는 것, 연이어서 임낙평의 전화를 받고도 "도대체 아무것도 판단할 수가 없다. 어떻게 해야 좋을지 알 수 없다."라는 이유로 나오지 않았다는 것, 그리고 '해방 광주'가 만들어졌을 때 광주 YMCA에 나타났으며, 도청 집회를 진행하느라 목이 쉰 김태종을 만난 뒤 다시 모습을 보이지 않았다는 것뿐이다. 우리가 '천형'처럼 앓았던 5월의 부끄러움 속에는 '용기'의 부족도 있었지만 '인식'의 한계도 있었다. 엄청난 재앙의 현장에서 상황 판단이 어려워 고민에 빠지는 일은 사유와 행위가 일치되는 사람의 특성이다. 그 때문에 나는 '(신영일은 전망이 보이지 않는) 허공을 향해 총구를 겨눌 수 없었다'라는 표현을 몇 번이고 썼다 지우기를 반복했다. 또 하나는, 내가 신영일 서사를 '20세기의 청년이 21세기의 청년들에게' 전하는 이야기로 쓰고 싶었다는 점이다. 하나의 인간형을 그려야 하는 자리에선 일상적 진위를 가리는 일이 전체의 맥락을 살리는 데 장애가 되기도 한다. 게다가 나는 '사료'를 취급하는 능력이 떨어지는 반면에 '존재의 매혹'에 경도되는 성향은 매우 강하다. 사실적 엄정성을 위반하지 않으면서도 『아무도 미워하지 않는 자의 죽음』이나 『꽃도 십자가도 없는 무덤』 같은 책들처럼 우리와 다른 세대 혹은 먼 나라의 독자들에게 전파하는 작업을 하기에는 시간이 더 많이 필요하다는 걸 너무 늦게 깨달았다.

어쨌든 분명한 것은 이 글을 쓰는 데 나의 젊은 날이 '신영일의 대지'와 '신영일의 시대'에서 펼쳐졌다고 생각한 사실만큼 중요한 동기는 없다. 만약 '청년의 나라'가 있다면 한국의 1980년대는 '청년들의 춘추전국 시대'로 비유할 만한 소란과 난세를 헤쳐 갈 '청년 제자백가'들이 출현한 시대였다. 우리가 그토록 야만스러운 시대에 태어났다는 말은 우리 세대가 탄생 자체로 하나의 모험을 시작했음을 의미한다. 나는 신영일을 내가 아는 세계를 상징하는 '기표'로 사용하고 싶었다. 제목을 『신영일 평전』으로 붙임으로써, 나는 신영일의 궤적을 추적하며 생의 해석을 시도하는 동시에 그의 아름다운 모습을 실존계의 보편적 지평

위로 띄워 올리고자 하였으나, 결과적으로 시대를 막론하고 '살아 있는 청년'의 기호로 띄워 올리고자 했던 의지는 약화되었다. '승화된 허구'를 잃은 대신에 기대하지 않은 '팩트'를 더 많이 건진 것이다.

덧붙여서, 집필자의 의지가 가장 크게 드러나는 대목은 글을 구성하는 목차다. 내가 신영일 서사의 척추를 5·18에 둔 사실은 누구나 알아볼 수 있을 것이다. 그런데 5·18을 '광주사태'라 부르는 것과 '광주민중항쟁'이라 부르는 데는 큰 차이가 있다. 광주사태는 전두환의 보안사령부에서 시작되었다고 할 수 있으나 광주민중항쟁은 더 장구한 '저항적 격류'에서 돌출된 사건이라 할 수 있다. 그렇다. 나는 이 글을 광주민중항쟁은 이미 1978년에 시작되었다고 생각하면서 썼다. 만약 광천동의 들불야학이 없었다면 5·18은 부마항쟁이 '호남에서 다시 발생한 사건' 정도에 지나지 않았을 것이다. 그래서 청년 신영일의 '5·18'은 1978년 박기순의 시간에서 1980년 박관현의 시간을 거쳐, 공동체의 존엄을 지킨 윤상원의 시간을 경험한 뒤, 신영일이 6월 항쟁을 맞는 것으로 대장정을 마친다. 그것이 낳은 결과를 사회학자들은 '1987년 체제'라고 부른다. 1987년 체제라는 말 속에는 청년 신영일의 뜨겁고 슬픈 역사가 있으며 또 그가 못다 이룬 미완의 꿈이 있다. 나는 목차에 이 점을 반영하고자 했다. 신영일의 가치가 여기에 있다고 보았으므로.

잊힌 정거장

　그렇다면 청년 신영일의 정신사적 기표가 시작되는 발원지는 어디일까? 도대체 역사의 어느 정거장에서 이 같은 영혼이 길을 나서기 시작했을까? 신영일의 일대기에서 공적 가치를 부여할 페이지가 서구의 '청년문화'에서 시작된다는 점은 매우 주목할 대목이 아닌가 한다. 이 드라마가 1980년대 후반의 '청년운동론'에서 끝난다는 사실은 우리를 자못 각성시키는 측면이 있다. 왜냐면 그것은 '방탄소년단'의 팬클럽에서 미래의 신영일이 나올 수 있다는 점을 예시하는 까닭이다. 물론 그 장소는 미얀마의 소수 부족이 사는 마을일 수도 있고, 아프리카의 어느 골짜기일 수도 있다.

　이제 그런 궤적이 어떻게 그려졌는지 간추려 볼까 한다.

　신영일은 농촌해체기의 실향민 자식으로 도시 주변부에서 소년 시절을 맞았다. 그의 정신사적 출발점이 반봉건 자유주의자의 속칭인 '날라리'였다는 사실은 알려진 바이다. 다만 '날라리'라는 표현은 전통적인 질서를 중시하는 엘리트 집단에 형성된 편견의 산물인바, 통기타를 앞세운 포크송 운동의 본질은 미국에서 수입된 저항적 '청년문화'였다. 이 동력의 상당 부분이 유럽 6·8혁명에서 제공되었다는 점은 중요하다. 한대수, 김민기,

이연실, 송창식의 노래를 당국이 금지한 가장 큰 이유는 그것이 독재 정권의 통치를 방해하는 불온한 문화였다는 데 있다. 그렇지 않고서야 '명랑 이데올로기'를 전파하느라 국가 예산을 투여했던 박정희 유신체제가 '고래사냥' 같이 신나는 노래를 굳이 금지가요로 옭아맬 까닭이 없다.

신영일이 참여한 '청년문화' 사조의 흔적은 그가 『갈매기의 꿈』을 좋아하여 재수생 시절에 '조나단 신'으로 불렸다는 데도 남아 있다. 그는 1978년에 전남대학교를 흔드는 6·29 시위 현장에서 주동급 인물로 떠오르기 전까지도 이 모습을 간직하고 있었다. 예컨대 대학가요제 예선에 나갔다가 탈락했다는 얘기도 풍문 이상이었음을 '독서잔디' 후배들이 기억한다. 80학번 정광엄은 참가 사실뿐 아니라 참가곡 〈작은 태양〉의 노랫말까지 알고 있었다. 내용은 이렇다.

우리들의 사랑 명사 작은 태양
태양이 아쉬웠기에
기다렸던 그날에는 비가 내리고
우리들의 사랑도 흘러내린다.
우리들의 사랑 명사 작은 태양
태양이 아쉬웠기에
기다렸던 휴일에는 비가 내리고
우리들의 슬픔도 흘러내린다.
보이지 않는 슬픔은 커져만 가고,
소리 없는 멍에는 붉어만 간다
태양이 아쉬웠기에, 휴일이 아쉬웠기에

그러나 아무것도 할 수 없었던

그래서 사랑할 수도 없었던 인간들

없었던 태양들

신영일은 이 노래를 폴란드 작가 마렉 플라스코의 소설 『제8
요일』을 읽고 지었다고 한다. 당시 한국의 청소년들은 바르샤바
를 정치적 억압과 감시가 삼엄한 '자유의 폐사지' 정도로 생각하
고 있었다. 초등학교 국어 교과서에서 '퀴리 부인'을 배운 까닭
이다. 방사성 원소인 폴로늄과 라듐을 발견하여 노벨상을 받은
퀴리 부인의 어릴 적 교실 풍경은 마치 일제 강점기의 조선 학교
를 연상시킨다. 『제8요일』은 그 우울한 도시에서 목요일 낮부터
일요일 밤까지 나흘 동안 평화와 안식을 갈망하는 청춘남녀의
사랑을 그린다. 세상의 모든 나날은 일곱 개의 요일로 구성되므
로 제8요일은 허수에 속한다. 마치 게오르규의 『25시』가 구제
불가능한 시간을 지칭하듯이 제8요일도 구원이 끝나버린 시간
을 호명한다. 젊은 여대생 아그녜시카에게 '제8요일'이란 일주
일의 모든 날 속에서 이룰 수 없었던 소망을 꿈꾸는 날이다. 태
양이 숨어 버린 회색빛 하늘, 날마다 내리는 비, 어깨가 늘어진
젊은이들의 현실은 늘 고독하고 불안하다. 그러나 절망의 끝에
는 새로운 시작이 붙어 있으므로 그들은 오늘을 헤치고 꿈을 찾
아야 한다.

신영일의 대학 시절이 불확실한 미래 속에서 구원을 갈망하는
동작으로 개시된다는 점은 그의 감수성과 존재의 기질을 엿보
게 하는 중요한 단서다. 그는 일찍부터 하나의 지적 태도를 지니
고 있었는데, 또 다른 자작곡 〈사생아〉는 그 정체를 더욱 선명히

드러낸다.

세상 속을 살아 나가는 고독한 군중 속에
너와 내가 살아야 하는 사생아들
교정 위로 피곤한 얼굴들
메마른 입술에 사랑이 감돌면
빌딩 사이를 헤매야 하는
친구야 우리는 사생아 사생아 우주의 사생아
아 아 아 아 우주의 사생아

노랫말의 행간에 자욱하게 깔린 냄새를 실존주의 철학이 아니고선 설명할 수 없다. 실제로 신영일은 정광엄에게 실존철학을 공부하면서 지은 노래라고 말했다고 한다. 그래서 이 노래는 '독서잔디' 후배들이 그들의 단가를 대체할 정도로 모일 때마다 부르는 단골 가요가 되었다. 그러니 어쩔 수 없이, 고개를 15도로 숙이고 기타를 연주하면서 노래 부르는 모습은 신영일의 첫 이미지가 되었다.

실존주의에서 민중주의로

그러나 사회 현실에 눈뜨면서 그의 태도는 빠른 속도로 바뀌게 된다. 정광엄에 의하면 후배들이 그에게 트윈폴리오의 〈웨딩케익〉를 불러 달라고 조르면 마지못해 응하면서 이렇게 말했다는 것이다.

"엄혹한 시절에 이런 낭만적인 노래를 부르는 게 죄스럽다. 이번만 부르고 앞으로는 이런 노래 안 부를 거다."

실존주의에 경도된 신영일이 변천한 것은 박기순을 만난 이후이다. 그는 들불야학을 준비하면서 노동자계급을 발견하고 민중운동에 집착하기 시작하는데, 나는 그가 광주의 지적 전통 위에 우뚝 서는 게 이때부터라고 본다. 여기서 말하는 광주의 '지적 전통'이란 학교 교육이나 제도 교육을 통해 형성된 게 아니다. 예를 들면 이렇다.

때는 1981년 여름방학이었다. 신영일이 독서잔디 6기(80학번)를 소집했을 때 오현희가 자취하는 쌍촌동 양옥집 2층에 모인 숫자는 대략 10여 명이었다. 이때 신영일은 5·18 이후 첫 시위를 9월로 계획하고 있었으므로 얼마 뒤면 전남대학을 영영 떠날지도 모른다고 생각하고 있었다. 차후 일정이 수배, 도피, 감옥살로 이어진다면 그가 후배들과 공부할 기회는 다시 오지 않을 것이다. 그래서 신영일은 2학년 때 공부를 많이 해야만 3, 4학년 때 제 역할을 할 수 있다면서 거의 강제적으로 공부를 시키려고 했다. 그가 사범대 출신이면서 교육자를 꿈꾸고, 들불야학을 준비하면서 제삼세계 민중교육론의 전범이라 할 파울루 프레이리의 『페다고지』를 중시했다는 사실은 이 같은 학습이 얼마나 우격다짐에 가까운지 알 수 있다. 신영일이 방학을 이용하여 이들에게 가르치려고 한 과목은 '강독을 위한 일본어 문법'이었다. 강의내용은 그것이 비상 상황에 대비하는 것임을 더욱 실감케 한다. 강독 수업은 되도록 최단 시간에 끝내야 다음 학습에 돌입할 수 있다. 그래서 강의 기간을 열흘 정도로 잡고, 아침 10시부터 저녁이 될 때까지 강행했다. 하루 8시간 이상을 강의하는데 신영일은 목이 아프지도 않은지 멈추지 않았다.

"일본 말을 못 해도 돼. 사회과학 서적만 읽을 수 있으면 되니까 순전히 그 목적에 부합하는 문법을 최대한 빨리 끝내자."

신영일은 이렇게 설명해주고 곧장 히라카나, 가타카나를 외우게 했다. 어찌나 다그치는지 후배들은 첫날에 전원이 오십음도를 다 외웠다. 그리고 1주일 정도의 강의를 듣고 겁도 없이 일본 서적 『자본주의資本主義의 구조構造와 발전發展』을 강독하는 수업에 들어갔다. 여름 한낮의 더위 속에서 졸음에 겨워하는 후배들을 마구 뒤쫓듯이 주입식 교육을 하는 이 풍경은 내가 까치만화방에서 전해 들은 광주 선배들의 학습법에 완벽히 부합한다. 이 시기는 우리말로 번역된 사회과학 서적이 많지 않아서 이론적·철학적 기반을 다지기 위해 할 수 없이 일본 책을 봐야 할 상황이었다. 김남주 시인은 이 방식의 원조로 녹두서점 뒷방에서 숱한 후배들을 양성했다. 박기순도 그 일원이었다. 나는 『김남주 평전』을 쓰면서 편의상 이를 '광주학파'로 명명했는데, 하나의 방편에 불과한 이 용어가 현실에서 발휘하는 위력은 너무나 컸다. 그것이 결국에는 최정운의 『오월의 사회과학』이 말하는 '절대공동체'를 만들어내는 까닭이다.

그렇다면 광주학파의 사상적 근간을 무엇이라 해야 할까? 그것을 나는 이 글에서 '제5의 정치세력'이라 썼는데, 사회학적 용어로는 주로 '민중주의'라고 일컫는다. 물론 학자들은 여기에 동의하지 않을 것이므로, 이건 어디까지나 '일반적인 견해'가 아니라 내가 그렇게 생각했다는 사실을 전제로 하는 설명이다.

김남주 세대에서 신영일 세대까지 입에 달고 살았던 '민중'이라는 낱말은 지금은 사어에 가깝다. 그러나 당시에는 젊음의 열정을 사로잡는 용어였다. 『민중교육』지 사건 재판 때도 이는 '인민' 즉, 프롤레타리아를 번안해서 사용했다는 혐의를 적용하여 뜨거운 논란을 불러일으켰다. 검찰은 사상적 유죄 판결을 얻어내기 위해 말꼬리를 잡았지만, 대응하는 쪽에서도 설득력 있는 의견을 내지 못한 게 사실이다. 나는 이렇게 생각한다. 1980년대의 민중주의는 한국 변혁운동에서 출현한 독자적 개념이다 (학계에서 '보편'을 따지는 개념에 나는 동의할 수 없다. 새로 출현하는 모든 낱말은 반드시 '수입품'이어야 한다는 말인가? 나는 지구촌에 광범하게 퍼져 있는 사상적 질병 중의 하나가 이것이라고 생각한다. 가령, 인구 몇백만에 불과한 유럽적 상상력을 '보편'이라 부르고, 아시아, 아프리카, 유라시아 대륙에 퍼져 있는 몇십억에 달하는 광범한 '인식 현상'을 '특수'라 부른다. 지구촌 기득권 엘리트층이 유포한 지배 이데올로기가 감염시킨 질환이다).

광주학파에 축적된 실천적 내공이 광주민중항쟁을 낳았다는 점은 그들의 민중주의에 대한 평가를 다시 할 필요를 웅변한다고 본다. 민중은 단지 기본계급을 지칭하는 낱말에 국한되지 않는다. 예컨대 1990년대에 이르러 한국의 사회운동은 '민중' 담론이 해체되고 '시민'의 시대로 이월하는데, 나는 이때 '민중'에서 계급관념이 해체되어 '시민'으로 변용되었다고 생각하지 않는다. '블루칼라'의 시대가 '화이트칼라'의 시대로 이동된 상황이 자본과 계급 관계를 변동시키지 않는 것처럼. 그럼 무엇이 바뀐 것인가? '봉기'의 시대가 '집회'의 시대로 바뀐 것인가? 아니다. '대지'가 소거된 것이다. 그것은 서구에서 형성된 근대 철학의 사각지대에서 발생한 현상이다. 한국 민족문학 운동은 여기에 통렬한 문제의식을 제공한다. 김수영까지 '시민'에 집착했다면 신동엽부터는 '민중'에 관심을 둔다. 이후 김지하에서 김남주에 이르기까지 1970년대에서 1980년대의 문제작은 민중 현실을 포착하는 능력에서 실로 눈부신 결과를 남긴다. 소설에서도 황석영의 「객지」와 이문구의 『관촌수필』과 조세희의 『난장이가 쏘아올린 작은 공』이 신영일 시대의 대표작으로 꼽히는데, 이 소설들은 근대화의 그늘에서 폭력적 산업화로 붕괴하는 공동체의 절망적 분위기를 서로 다른 각도에서 포착한다는 점에서 공통된다. 급속한 산업화 과정을 겪으면서 농경적인 전통사회가 길러 온 공동체적 삶의 양식이 해체되는 것에 저항하는 사상이 필요하다는 걸 이 시대의 지성처럼 뜨겁게 갈구한 사례는 없다. '산업화 파동'에 맞서는 정신을 소거하면 뒤따르는 세대는 일방적으로 선행 세대의 이데올로기에 흡수되고 만다. 그렇다면 근대 산업사회가 한국 사회의 기본 단위였던 촌락공동체를 해체하던 시기에 공허한 도회지로 내몰린 인간들이 대지 위에서 나누던 연대감을 어떻게 재구성해야 하는가? 바로 그것이 '민중'이라는 단어가 지목하는 '연대감의 틀'이다. 물론 사회변혁운동에서 노동계급적 당파성이 여기에 시련을 주지 않을 수 없다. 그런 의미에서 봐도 광주민중항쟁은 '민중' 담론의 절정을 상상하는 실체라 해도 될지 모른다. 윤상원은 그 체현자이며, 그 혼란의 와중에 유일하게 가치 지향성을 잃지 않고 자신이 설정한 방향을 찾아간 훌륭한 지도자이다. 마치 도청 지도부가 '광주시민 전체'가 아니었음에도 모든 것을 끌고 갔듯이, 윤상원의 민중 노선 또한 아무도 1980년대를 파괴하지 못하도록 일관되게 끌고 간 힘이 되었다. 나는 그가 남긴 사상의 무기를 신영일이 붙들고 놓지 않았다고 보는 것이다.

그의 죽음은 지나간 추억이 아니다

5·18을 겪은 신영일이 소비에트 과학아카데미에서 나온 『철학교정』을 학습한 사실이나 1981년 시위에서 '반제 반파쇼 투쟁 선언'을 발표한 사실은 우리 세대가 5·18을 겪고 '반미'와 '변증법적 사유'를 얻었음을 설명한다. 분단 이데올로기로 봉쇄된 사회에서 국제관계와 제국주의의 준동을 이해하는 일은 매우 중요한 숙제였다. 이때 봉인된 세계를 깨뜨리는, 그러니까 장장 40일의 단식투쟁을 겪으며 '새가 알을 까고 나오는' 장엄한 역사를 그리는 신영일의 모습은 '성서'적 신화를 연상시킨다. 1982년 광주교도소에서 반신불수가 될 때까지 결행한 40일간의 처절한 단식 끝에, 신영일이 다시 세상으로 돌아와 진지를 구축한 것이 최전선 야전사령부였을 것이다. 나는 그것이 '전청협'이었다고 본다. 전청협에서 꼭 활동해야 할 사람이 있으면 그를 설득하기 위해서 새벽 2시고 3시고 가리지 않고 세 번 네 번 찾아가서 설명했다고 이야기되는 것의 실체, 거기에서 느끼는 가장 큰 아쉬움과 성과의 경험이 그로 하여금 '지역운동론'을 정리하게 했을 것이다.

"우리는 지역운동 역량의 재생산 구조가 확립되어 있지 못한 상황 속에서 전체운동의 보편성만을 강조하며 지역운동의 배타성과 고립성을 비판하는 것을 커다란 방법적 오류라고 판단하며, 오히려 지역운동의 독자성과 차별성을 강조함으로써 지역운동 내부의 동질성과 통일성을 강화해 나가는 것이 곧바로 전체운동의 생명력을 잃지 않을 수 있는 것이라고 믿는다."

이 같은 논지를 오늘날 학자들에게 읽힌다면 매우 느슨하게 받아들일 것이다. 모두 그때 그 현실을 망각한 상태에서는 그 일의 가치를 실감할 수 없다. 그가 회복기의 잠 속에서 꿈에 "오월 세 번/우리운동/이야기운동"이라는 시를 지었듯이 1980년대 상반기는 '의식화 운동'이 세상을 끌고 가던 시대였다. 변혁의지는 넘치고 국가폭력은 삼엄하니 골방에서 엄청난 수의 '관념적 급진주의'가 출현했다. 러시아혁명을 모르면 사회변혁운동에 대한 토의 자체가 불가능했다. 도대체 어떻게 해야 자신의 대지 위에서 변혁의 한 걸음을 뗄 수 있단 말인가? 굳이 비유하자면 우리는 '서학'이 아니고서는 인간의 평등이 이야기될 수 없었던 시대에 수운 최제우가 '동학'을 들고나왔던 장면을 연상할 수도 있다. 신영일의 지역운동론이 말하고자 한 것은 '이야기운동'을 '현실운동'으로 전환하는 데 필요한 실천 담론이었다. 이것이 개헌현판식 투쟁을 거쳐서 6월 항쟁을 이룩한 다음에 신영일에게는 그 이후의 모습이 또 나온다. 3·30 개헌현판식 때 투쟁 현장에서 빠져나가려는 신민당 간부들의 차 앞에 드러누워 항의하고, 도청 옆 가로수에 올라가 목이 터지도록 민주주의를 외치며, 그 열기를 전국화하기 위해 전국을 뛰어다닌 결과로 얻은 당면 실천론이 '청년운동론'이다.

아, 신영일의 청년운동론!

"그러므로 최근 각 계급 · 계층의 운동에서 대중 조직화에 대해 보다 정성 어린 노력이 이루어지는 것은 당연한 일이다. 동일한 맥락에서, 청년운동에 대한 논의가 활발해지고, 특히 청년운동이 대중 속에 굳건하게 자기 기반을 굳혀야 한다는 주장이 제기되는 것도 백번 타당한 일이다."

이를 오늘날의 사람들에게 어떻게 설명해야 좋다는 말인가. 나는 이를 헝가리 출신 작가 콘라드의 '반反정치'라는 개념을 빌려 설명하는 게 좋을 것 같다. 콘라드는 제도권에 포함되지 않는 정치가가 되고자 하는, 또는 권력의 한 자리를 차지할 생각이 없는 사람들의 정치 행위를 '반정치'라 한다. 반정치는 정치적 권력과 독립적인 거리를 유지하게 되므로 권력에 도달할 수도 없고, 권력을 얻으려는 의지도 없지만, 오직 도덕의 힘으로 세상을 이끌어간다. 신영일의 '청년운동론'은 87년 체제 이후의 세계에서 청년들이 자신의 삶을 통해 만들어가는 '청년들의 반정치'를 창조하려는 열정의 산물이었다. 실존의 현장과 가치 지향성의 세계를 일치시켜 갈 방법론을 잃으면 낱낱의 개인들은 가지를 떠난 이파리처럼 흩어져 버리고 만다. 그러나 전선이 없는 시대가 어찌 있을 수 있단 말인가. 역시, 오늘의 세계에서 가장 비어 있는 영역이 어디이며, 반대로 가장 필요한 영역이 어디인지를 살핀다면 세계가 '21세기의 신영일'을 얼마나 애타게 기다리고 있는지를 깨달을 수 있다.

신영일이 겪었던 수난과 시련은 그 강도가 다를지언정 인간의 역사가 지속되는 한 세계 곳곳에서 일어날 것이며, 그 불구덩이 속에서 또 다른 '신영일'들이 출현할 것이다. 우리가 과거에 동학농민혁명이라 불렀고 전봉준이라 불렀듯이, 미래는 또 다른 명명이 나올 것이고, 새로운 표상이 등장할 것이다. 그 어지럽고 괴기스러운 권력이 춤추는 동굴 속에서도 누군가는 출구를 찾아서 온몸을 던지고, 그의 이웃들은 그곳에서 터져 나오는 빛을 볼 게 틀림없다. 문제는 이때 신영일처럼 뛰어다닌 자들의 발걸음이 헛되지 않다는 것을 어떻게 증명할 수 있는가 하는 점이다. 이 대목에서 신동엽의 서사시 『금강』에 나오는 한 대목을 읊고자 한다.

당신 말씀대로
정말 우리는, 한가지 목숨의
흐름일까요

이 세상은,
우주에 있는 모른 생물은
한가지 목숨의
강물일까요.

그래서
죽음도, 삶도
없는 걸까요

영원한

바람만 있는 걸까요,
정상을 향한.

당신도, 나도
한가지 강물의 흐름 위에
돋아난 잠깐의
표정일까요.
(신동엽 서사시 『금강』 25장 중에서)

그들은 세월이 흐를수록 목격자들의 기억에서 한사코 멀어지고 멀어져서 세계의 중심이 된다. 세상이 그가 확보한 도덕과 윤리를 지평으로 내놓는 까닭이다. 나는 그렇게 해서 생겨난 수많은 지층의 하나를 이 책에 새기고자 했다. 내가 광주 청년들의 위대한 물결로 그리고 싶었던 신영일의 시간을 함께 만들어 간 그의 선배들, 친구들, 또 후배들의 젊은 날에 경의를 표한다. 끝으로, 아쉽지만 나도 나의 문장을 다 썼으므로 단테의 『신곡』에 나오는 마지막 문장처럼 이제 별을 보러 밖에 나가야겠다.

사진 자료

∘ 아버지 신만원 선생과 어머니 김순례 여사
그리고 그의 어릴 적 모습(가운데).

∘ 부인 김정희 여사와 단란한 한때.

○ 광주제일고등학교 시절.

○ 고교시절부터 기타에 심취했었다.

◦ 신영일의 산수동 시절.

◦ 신영일의 청년 시절.

◦국사교육과 답사 현장에서.

◦신영일의 사범대 시절.

◦ 한 달 후의 9.29 시위를 준비하면서 졸업식에 참석했다.

○ 집에서 어머니와 함께.

◦신영일의 대학 4년은 학생운동과 노동운동에 대한 새로운 비전을 세우던 시기이기도 했다. 윤상원, 임낙평, 서대석, 그리고 사랑하던 들불야학 제자들과 졸업여행을 마치고 광주역 앞에서.

◦국사교육과 1년 후배인 김경옥과.

◦독서잔디 회원들과 함께.

○ 역사학과 동료들은 사회문제에 관심이 많아 신영일의 활동을 지지하였다.
박병섭(첫번째), 임주형(네번째), 신영일의 오른편에 배환중.

○ 문승훈 선배와 함께.

○ 친구 박순과 함께.

∘ 1983년 광주교도소에서 가석방 된 후
전남대병원에서의 단식을 마치고 난 후의 모습.

∘ 졸업식날 친구이자 동지였던 임낙평과 김태종.

○ 직선제 개헌투쟁의 촉발제가
되었던 3.30 광주 개헌 현판식 투쟁.

○ 청년운동 4년간을 광주YMCA6층에서 내내 살다시피 했다.
광주YMCA 1층 대강당에서의 1987년 송년회 행사.

∘ 광주광역시 북구 망월동구 5.18묘역에 있는 묘비.

○ 묘역에 새겨진 비문.

신영일 연보

1958년   10월 18일, 전남 나주시 남평면에서 아버지 신
만원, 어머니 김순례 사이에서 3남 1녀 중 장남
으로 태어남.

1970년   광주 중흥초등학교 졸업.

1973년   광주 북성중학교 졸업.

1976년   광주제일고 졸업.

1977년   전남대학교 사범대학 국사교육학과 입학.

1978년   6월, 광천동 광주공단에서 박기순, 임낙평,
최기혁, 나상진 등과 들불야학 창설. 나중에
윤상원 선배가 참여하여 함께 활동하게 됨.
전남대 6 · 29 시위에 참여하여 무기정학을
받음.
11월, 박관현, 이세천, 안진, 김정희, 박병섭, 박
용안 등과 함께 「광주공단 노동자 실태조사」
실시.

1979년   10월, 전남대학교 상담지도관실 방화 사건 배

후 조종으로 긴급조치 위반 투옥됨.

10월 26일, 박정희 대통령이 저격당하자 한 달 만에 구속 집행정지되어 출소됨.

1981년   9월 29일, 1980년 5월 항쟁 이후 침묵과 패배 의식을 극복하고자 이광호, 임낙평과 함께 「반제 반파쇼 민족해방 학우 투쟁 선언」 성명서를 발표하며 전남대학교 교내시위를 주도함.

1982년   10월, 광주교도소에서 5·18 진상규명과 교도소 내 처우개선을 주장하며 40일간 단식 투쟁을 벌임. 이때 함께 투쟁을 시작한 박관현은 숨지고, 신영일은 기적적으로 소생함. 이때 받은 충격으로 신경쇠약 증세가 나타나 병보석으로 출소됨.

1984년   7월, 아내 김정희를 만나 광주 가톨릭센터에서 혼례를 올림.

11월 18일, 전남지역 민주화운동의 구심체가 되는 '전남민주청년운동협의회' 창설. 홍보부장으로 활동하며 기관지 『광주』를 제작하고, '지역운동론' 전개.

1986년   3월 30일, 신민당 개헌추진 현판식 때 금남로에 운집한 3만여 군중을 YMCA 건물 옥상에서

구호와 율동으로 선동하여 대중적인 시위로 점
화함. 그로 인해 수배됨.

4월 5일, 개헌추진 현판식 대구집회 참여.

5월 3일, 민통련의 장기표, 전청련의 정상용,
정동년 선배들과 함께 '인천 5 · 3 항쟁'에
주도적으로 참여.

1987년 6월, 전청련 부위원장으로 순천, 여수, 보성 지
역위원회 조직을 건설, 6월 항쟁 주도. 이후 학
생운동 관련 투옥 전과를 이유로 교사 발령을
받지 못한 사람들과 함께 '미발령 대책위' 조직
에 참여. 발령 요구 투쟁을 하면서 교사운동 지
원활동에 나섬.

1988년 2월, 87년 대통령선거 투쟁에서 패배한 뒤 낮
에는 직장생활, 밤에는 조직 정비. 새로운 방향
모색을 위해 과로하던 중 열병으로 앓기 시작.

5월 9일, 소생을 기원하던 수많은 선후배 동지
들의 애끓는 염원에도 끝내 별세함.

광주 5 · 18 묘역에 안장.

유족으로 부인 김정희 여사와 두 아들 신새벽,
신누리가 있음.

이야기를 전해 주신 분들

김정희
임낙평
박용수
문승훈
이세천
김태종
전용호
김경옥
송재형
장갑수
이명식
김전승
이상걸
김종호
홍범택
이춘문

참고 문헌

신영일을 생각하는 모임, 『신영일을 배우자』, 산하기획, 1998

송경자, 『스물두 살 박기순』, 심미안, 2018

임낙평, 『박관현평전』, 풀빛, 1987

박호재 · 임낙평, 『윤상원평전』, 풀빛, 1991

전용호, 『못 다 이룬 공동체의 꿈』, 5 · 18기념재단, 2015

최정운, 『오월의 사회과학』, 오월의봄, 2012

김상윤 · 정현애 · 김상집, 『녹두서점의 오월』, 한겨레출판, 2019

노준현 추모문집 발간위원회, 『남녁의 노둣돌 노준현』, 미디어민, 2006

문규현 · 임재경 · 유홍준 외, 『합수 윤한봉 선생 추모문집』, 한마당, 2010

김남주, 『김남주 시전집』, 창비, 2014

리처드 바크, 『갈매기의 꿈』, 공경희 역, 나무옆의자, 2018

『광주』 전청련 기관지 다수

『민중의 소리』 민통련 기관지 다수

『말』 창간 12주년 · 6월 항쟁 10주년 별책부록

김태종, 「1970년대 광주 문화운동의 형성과 전개과정」, 국사편찬위원회, 2017년도 구술자료수집사업

전용호, 〈투사회보 제작에서 소설가로〉, 5.18연구소 구술기록, 1998

신영일 평전 광주의 불씨 하나가 6월 항쟁으로 타오르다

2023년 5월 9일 1판 1쇄 펴냄

지은이　김형수

펴낸이　김성규

편집　　김안녕 한도연

디자인　신아영

펴낸곳　걷는사람

주소　　서울시 마포구 월드컵로 16길 51 서교자이빌 304호

전화　　02 323 2602

팩스　　02 323 2603

등록　　2016년 11월 18일 제25100-2016- 000083호

ISBN　979-11-92333-74-8

　　　　979-11-91262-50-6　[04990] 세트